世纪高教·工商管理系列教材

# 进出口业务教程

（第三版）

主　编　宫焕久　许　源

格致出版社　上海人民出版社

# 工商管理系列教材

# 总　序

伴随着争论与共识，中国管理步入了21世纪，更走入了全球化的视野当中，这是一个全新的时代，新知识的爆炸、新观念的碰撞、新思想的诞生不断催生着中国管理的变迁，我们的企业开始迈向全球，我们的管理学界开始向世界进言，我们的市场开始让国外的管理人士瞩目，可以说，中国管理正走向成熟，我们正面临着前所未有的机遇。

机遇往往伴随着挑战，对于中国管理而言，挑战存在于各个方面。千百年来，我们的祖先给予了我们丰厚的文化瑰宝，其中很多都是管理思想的精髓，我们该如何深入挖掘？经济全球化进程带来的是越来越前沿的管理理念与实践方法，不断冲击着中国的触觉，我们该如何去面对？中国正逐渐成为世界的焦点，国外管理人士纷纷开始研究中国本土市场，而作为中国管理学界的成员，我们又如何在本土化的实践中找到更加适合中国管理发展的路？种种的挑战提出了一个崭新的命题：如何在我们的管理教学中结合机遇与挑战，向我们的学生——未来的管理人才——展现出知识与实践结合的力量。但现实情况是，我国国内现代企业管理起步较晚，国内经济社会环境的变革中现实管理问题迭起，高校教学实践不足，相当多的经济管理类教材是根据国外教材改编而成的，无法完全适用于中国的特殊国情与新时期下的要求，不能充分解决中国企业的实践问题，更未必满足实际的学生教学需要。因此真正拥有属于中国自己的、前沿的、既自成理论体系又具有实用性的教材，成为了我们经济管理界成员的心声。

令人欣慰的是，力求体现中国前沿管理特色的"工商管理系列教材"终于面世了，这套教材不仅为中国经济管理类理论领域增添了一道独特的风景，更为从事管理学教学的教师提供了本土化的教学范本。这套系列教材紧跟时代步伐，以培养学生能力为目标，汇集了国际各相关领域的最新观点、内容、原理和方法，吸收了国内外教材的众多优点，考虑了中国国内的实际管理教学情况，更力求于体现中国管理的独特思维，既适合于全国各高等学校经济管理类专业的本科生使用，同时也可以成为管理实践第一线工作的各类管理人员系统学习管理理论的参考书。

本系列教材力图从不同的视角，在多种层面对经济管理领域内的各种问题作全面、系统和深入的研究。既有教授经典管理理论的，又有关注管理前沿趋势、讲授最新兴管理技术的；既有对管理学科现代化观点的科学审视，又有对中国悠久的管理哲学的深邃思考；既有以国际化的视野引入的西方成熟经济管理理论，又有以本土化的视角进行的实践研究。期待这套教材能为改进我国高等教育经济管理类课程的教学工作起到重要作用，同时对于推动我国经济管理理论的发展，提升我国企业经济管理的实践水平，也能有所帮助。

“传道、授业、解惑”为师者肩扛之责。背负起为国塑才的重任，不辜负人类灵魂工程师的称号，一直是我们每个教师心中的孜孜追求。这套教材凝结了我们教育工作者多年的思想结晶，更包含了我们对莘莘学子的深切期望。在此，谨希望这套教材能够起到抛砖引玉的效果，为我国管理教育和管理实践的发展、繁荣尽到应有的责任。

是为序。

上海交通大学校长特聘顾问　王方华

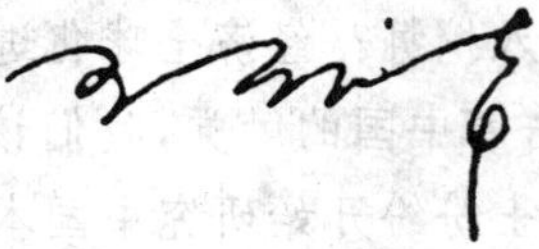

# 前　言

2001年12月11日，中国加入了世界贸易组织，标志着中国经济正式纳入了全球化发展的轨道。2004年6月，商务部公布了《对外贸易经营者备案登记办法》(2004年7月1日开始实施)，标志着中国的对外贸易操作方法与世界接轨。作为经济全球化发展最基础的手段——进出口业务，也必将获得加速发展。为了适应中国经济的发展形势和进出口业务操作方法的改革，同时便于学员对课程内容的理解，本书在编写的过程中力求体现以下特点：

第一，经济全球化的发展形势。

随着经济全球化形势的发展，越来越多的国家参与到国际贸易中来，使各国对国际贸易惯例的理解和进出口业务的操作方法渐趋一致。这样，可以减少贸易中的争议，促进国际贸易的进一步发展。例如，在贸易术语方面，人们越来越多地采用《国际贸易术语解释通则》(INCOTERMS)的解释方法。另外，随着经济全球化的发展，技术的创新速度加快，使产品在市场中的生命周期缩短。同时，技术对进出口业务操作方法的影响也越来越大。例如，电子商务在进出口业务操作中的应用，对商品检验、检疫方法的改革等。其主要原因是，一方面，贸易商品的技术含量越来越高；另一方面，技术在非关税措施等方面的作用也越来越大。这种形势必将推动进出口业务操作程序的不断细化和技术性的提高。

第二，中国对外贸易发展的特点。

中国是一个发展中国家，与发达国家相比，中国的对外贸易仍然处于初级发展阶段。中国对外贸易的发展还必须用微观的方法，以促进行业、企业对外贸易的发展为目标。另外，对外贸易工作越来越多的是生产企业直接从事进出口工作，因此，外贸人员应该较好地掌握商品知识、生产管理知识、价格以及利润的计算知识和销售服务等方面的有关知识等。

还有一点值得一提，那就是理念问题。这是一个对中国经济发展影响较大的问题。中国虽然改革开放已多年，也加入了世界贸易组织(WTO)，但是，闭关自守的经营习惯、计划经济的理念还在无形中影响着国人国际化的步伐。只有当人们充分理解国际贸易的意义和方法，才能做到充分利用国际市场的相对优势来发展自己。

金融危机的发生和发展给中国的对外贸易带来了严重的影响，但同时也使中国的对外贸易孕育着新的生机。在金融危机中，通过刺激内需等国内政策，中国的经济获得了前所未有的发展，大大缩小了与发达国家的差距，为中国对外贸易未来的发展打下了良好的基础。

第三，国际贸易知识的重要性及其与其他研究领域的关系。

从理论上界定，进出口业务课程的主要目的是介绍进出口业务的操作方法。但是，由于对外贸易的发展首先是从贸易实践发展起来的，并且经过了漫长的发展历程，其理性知识的作用已经远远超过了实践知识本身，可以促进学生和读者对国际商务理念的提高、思路的扩展，并学习如何利用两个市场、两种资源发展本国或企业的经济。另外，经济全球化的发展已经使国际贸易成为新技术、新方法诞生或交流的促进因素或摇篮。例如，物流技术、电子商务技术等，在最有商品集约作用的国际贸易实践中，可以获得充分的发展和有效的应用。因此，作为国际贸易核心课程的进出口业务，与相关课程有着非常紧密的联系。

第四，尽量遵循国际惯例。

国际贸易首先是在西方世界广泛发展起来的，对进出口业务有较大影响的很多国际贸易惯例也由此而生。为了使读者对进出口业务的有关问题有较好的理解，在编写过程中尽量做到遵循有关惯例。

第五，编写思路尽量符合人们的认识规律，文字力求简洁易读。

本教材的编写思路是按照进出口业务的操作程序展开的，即从业务关系的建立、贸易谈判、备货、报关、结汇、结算、争议及其解决等逐渐展开。这样有利于读者对问题的理解和对实践知识的认识。另外，作为教材，其主要目的是让读者尽快理解和掌握其中的有关知识，本教材在编写过程中内容力求完整，避免庞杂。

本教材在编写过程中得到了上海交通大学技术学院姚惠峰老师的热情帮助，尤其是对教材中货款的支付一章进行了认真的审阅和修改；另外，还得到了其他很多同志的支持和帮助，例如，上海交通大学管理学院的王曼天老师、钟根源老师，在这里谨向他们表示诚挚的谢意。



由于水平有限和时间仓促，不妥之处在所难免，欢迎老师、同学和读者不吝批评指正，编者将不胜感激。

宫焕久

# 目　录

001　绪　论

001　0.1　《进出口业务教程》的教学方法
003　0.2　进出口业务程序
010　0.3　机电商品及其对外贸易
012　复习与思考
012　案例分析

013　第 1 章　贸易术语

014　1.1　贸易术语的含义和作用
016　1.2　有关贸易术语的国际贸易惯例
019　1.3　对《2010 年国际贸易术语解释通则》的说明
023　1.4　对《2010 年国际贸易术语解释通则》中贸易术语的解释
054　1.5　贸易术语总结
058　本章小结
058　复习与思考
059　案例分析

061　第 2 章　交易磋商

062　2.1　交易磋商的方式
063　2.2　交易磋商的主要环节
072　2.3　交易磋商的内容
073　2.4　交易磋商技巧
080　2.5　签订合同
087　本章小结
087　复习与思考

087 案例分析

089 **第3章 商品的品质、数量和包装**

090 3.1 商品的品质
098 3.2 商品的数量
104 3.3 商品的包装
117 本章小结
118 复习与思考
119 案例分析

120 **第4章 商品的检验**

122 4.1 出入境检验检疫的作用
122 4.2 商检工作的标准
123 4.3 如何办理进出口商品检验
124 4.4 商品检验的时间和地点
126 4.5 商品的检验机构
129 4.6 商品检验证明书
131 4.7 合理订立商检条款
137 本章小结
138 复习与思考
138 案例分析

140 **第5章 商品的通关**

141 5.1 海关的性质和任务
147 5.2 一般进出口货物的报关程序
150 5.3 技术改造项目设备的进口报关程序
151 5.4 对外承包工程、劳务合作项目货物进出境报关
151 5.5 保税货物进出境报关
153 5.6 进出口报关的其他要求
157 5.7 对外贸易税收

165　5.8　出口退税
166　5.9　反倾销税
169　本章小结
169　复习与思考
170　案例分析

171　**第 6 章　商品的装运**

172　6.1　运输方式
201　6.2　运输单据
211　6.3　合理订立装运条款
217　6.4　国际货运代理
221　本章小结
221　复习与思考
222　案例分析

223　**第 7 章　运输货物保险**

224　7.1　保险的基本原则
227　7.2　对外运输货物保险的作用和业务分类
229　7.3　风险和损失
232　7.4　C.I.C. 海洋运输货物保险条款
239　7.5　其他国家的海洋运输货物保险条款
244　7.6　陆、空、邮运输货物保险
247　7.7　投保运输货物保险的注意事项
253　7.8　订立保险条款应该注意的问题
254　7.9　保险单证
255　7.10　保险索赔与理赔
259　本章小结
259　复习与思考
260　案例分析

262 **第8章　出口商品报价和外贸业务核算**

263 8.1　出口商品价格的构成
266 8.2　佣金、折扣及其计算方法
269 8.3　出口商品的报价
274 8.4　商品报价计算过程中应该注意的问题
276 8.5　合理订立价格条款
278 8.6　外贸业务核算
282 本章小结
283 复习与思考
283 案例分析

285 **第9章　货款的支付**

286 9.1　支付工具
294 9.2　支付方式
314 9.3　信用证支付方式风险
327 9.4　合理选择支付方式
330 9.5　合理订立信用证支付条款
330 9.6　出口信用保险
333 本章小结
333 复习与思考
334 案例分析

335 **第10章　合同的履行**

336 10.1　出口合同的履行
354 10.2　进口合同的履行
359 本章小结
359 复习与思考
359 案例分析

361　第 11 章　索赔、仲裁和不可抗力

362　11.1　争议和索赔
367　11.2　仲裁
374　11.3　不可抗力
377　本章小结
377　复习与思考
378　案例分析

379　第 12 章　进出口业务的核销管理和电子口岸

380　12.1　进出口外汇核销
382　12.2　电子口岸
386　本章小结
387　复习与思考
387　案例分析

388　主要参考文献

389　附录　合同、商业发票和装箱单一般格式

# 绪　论

“进出口业务”，又称为“进出口贸易实务”或“国际贸易实务”，是一门专门研究商品跨国交易的理论、惯例、业务操作方法和技巧的课程。该课程是经济贸易类专业本科生的核心课程，是从事外经贸业务人员的必修课。随着中国经济国际化的发展，市场营销活动中“国界”的概念将逐渐淡化，跨国经营将成为营销领域最基本的概念之一。越来越多的销售人员、生产管理人员、各类服务贸易机构的工作人员等都必须掌握相关的进出口业务知识，因此，《进出口业务教程》也成为他们业务学习的教材或参考书。

进出口业务是紧密结合国际经济贸易实践发展起来的业务。进出口业务是从单纯的货物交换开始的，发展到今天，其业务范围已经扩大到包括货物进出口、技术进出口、服务进出口等多项内容的综合贸易业务。

改革开放以来，中国的对外贸易得到了空前的发展。主要表现在：(1)贸易额和贸易量逐年增加，中国已经成为当今世界上最主要的贸易大国；(2)商品结构不断优化，附加值高、关联效应好、创汇能力强的机电产品和高新技术产品的出口业务发展迅速；(3)与跨国公司所进行的贸易在贸易统计中所占的比例越来越大。加入 WTO 以来，由于成员方之间要遵循最惠国待遇、国民待遇等原则，中国的国际市场环境不断优化，国际贸易的发展将进一步加速，贸易质量将进一步提高。国际贸易的健康发展需要进出口业务与之相适应，同时，也会进一步推动进出口业务的改进和发展。



## 0.1 《进出口业务教程》的教学方法

进出口业务是经过长期的国际贸易实践发展起来的，《进出口业务教程》是集法规、惯例、理论和理性知识、业务技术和操作方法为一体的课程。因此，在教与学的过程中应该注意以下有关问题：

(1) 以国际法规和惯例为指导原则。

国际贸易，简言之是在国际市场中进行的贸易。与国内市场的贸易相比，由于存在着不同的市场环境因素，因此，会产生对相同的业务方法理解不同的问题。为了保证业务操作的公平性和公正性，进行业务操作时，必须以国际法规和惯例为基础。目前，进出口业务中经常应用的国际法规和惯例主要有：《联合国国际货物销售合同公约》(United Nations Convention on Contracts for the International Sale of Goods, CISG)、《跟单信用证统一惯例》(Uniform Customs and Practice for Documentary Credits Publication No. 500, UCP500)(国际商会第500号出版物)、《托收统一规则》(Uniform Rules for the Collections)(国际商会第522号出版物)、《2010年国际贸易术语解释通则》(《INCOTERMS 2010》)、《中华人民共和国合同法》等。

(2) 以理论和理性知识为基础。

上面已经谈到，对外贸易的发展首先是从贸易实践开始的，并且经过了漫长的发展历程。在贸易实践的发展过程中，经济贸易理论以及符合人类思维发展规律的理性知识也随之逐渐发展起来。这些理论和理性知识已经成为进出口业务的基础和依托，直接或潜移默化地指导着进出口业务的操作，并贯穿进出口业务的始终。通过学习，理性知识的作用有时可能超过实践知识本身。因此，在教与学的过程中，应该注意理性知识的作用。这里所说的理性知识除了国际法规、惯例等对贸易操作的指导性知识以外，更主要的是指在贸易发展的过程中人们的认识规律结合进出口业务操作方法而发展起来的知识。例如，当学习到信用证是以银行为第一付款责任人的付款保证文件时，应该自然会想到，为了规避风险，出口人发货时应该以符合合同的信用证为依据。

(3) 注意与其他学科领域的联系。

由于进出口业务是国际间经济活动的核心环节，因此，它也是一种涉及面广泛的业务实践。可以说，从原材料的采购业务到产品的销售和售后服务业务的全过程，都与进出口业务息息相关。尽管一个人所从事的进出口业务工作可能集中于其中的某一个环节，但是，不了解该环节与其他环节之间的联系，以及其他环节的主要功能、发展水平等，就不可能真正做好该环节的工作。例如，从事商品出口工作的业务人员，应该熟悉该商品的性能知识，也应该掌握一些该商品的生产工艺等生产知识。

另外，进出口业务与很多学科都会有较密切的联系，其操作过程会因为其他学科的发展而获得改进，也可能成为其他学科发展的重要载体。对于这样的学科，例如电子商务、物流、金融、市场等学科，在教与学的过程中也应该注意紧密结合。

(4) 要紧密结合贸易实践。

《进出口业务教程》是一门实践性很强的课程，因此，在教学过程中应该紧密结合贸易操作实践，贸易实践应该是辅助的，应该在课堂教学的基础上进行。具体可以有以下实践途径：

① 社会实践。到有关的公司、部门实习，例如，贸易公司、报关企业、生产企业等，向业务人员学习有关理论与实践知识；也可以到国际贸易商品展览会去实习。

② 教学实验。根据教学环节的需要，利用教学软件进行贸易模拟操作实验，例如，贸易谈判、报关，等等。

## 0.2 进出口业务程序

业务程序是指业务操作的顺序。进出口业务程序是进口业务程序和出口业务程序的总称。为了有利于下面各章节的学习，首先需要对进出口业务的操作程序有一个整体的、梗概的了解。现对进口业务程序和出口业务程序分别介绍如下。

### 0.2.1 进口业务程序

图 0.1 表示了进口业务程序。

从图 0.1 中我们可以看出，进口交易过程主要由交易磋商前的准备工作、交易磋商和履行合同三个阶段组成。

1. 交易磋商前的准备

交易磋商前的准备工作主要包括制定商品使用或经营计划、制定商品进口计划、市场调研选择卖主、申办进口管理手续，并且要在此基础上初步拟定商品的品质、数量、价格等合同条款，为交易磋商作准备。

制定商品使用或经营计划直接涉及商品进口后的使用和经济效益问题，这个环节主要涉及进口商品的目的和商品的特点两个问题。对一般商品，由于其进口目的是满足市场消费的需要，因此商品经营计划要紧密结合市场的需求情况。如果进口的是机器设备等，其进口的目的主要是满足生产上的需要，因此使用计划应该由企业根据本厂的生产条件和进口机器设备的性能具体制定。在制定机器设备使用计划时，应该注意发挥机器设备的作用，并且在可能的情况下，对不适应的部分进行改进。这就需要注意发挥本企业技术人员的作用，使他们千方百计地对技术进行消化吸收，并在此基础上对技术进行改进，生产出比计划更好的产品。有了商品使用或经营计划，就可以进一步制定商品进口计划，并按商品进口计划安排各项有关工作。

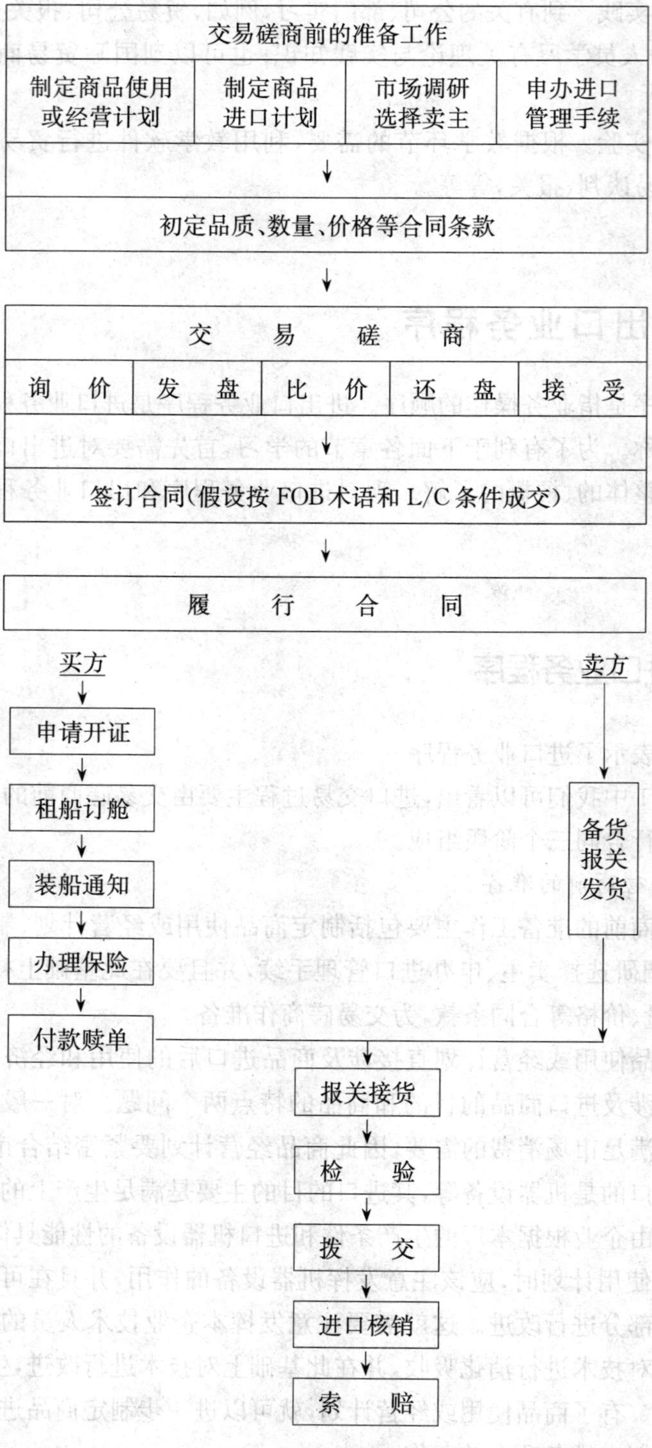
交易磋商前的准备工作
制定商品使用或经营计划
制定商品进口计划
市场调研选择卖主
申办进口管理手续
初定品质、数量、价格等合同条款
交　易　磋　商
询　价
发　盘
比　价
还　盘
接　受
签订合同(假设按 FOB 术语和 L/C 条件成交)
履　行　合　同
买方
申请开证
租船订舱
装船通知
办理保险
付款赎单
卖方
备货
报关
发货
报关接货
检　验
拨　交
进口核销
索　赔

**图 0.1　进口业务程序**

市场调研、选择卖主是进口工作的关键环节。如果这个环节完成得好，不仅可以使进口商品，尤其是机器设备的性能良好、货真价实，而且可以保证及时进口，抓住有利的市场时机。为了保证这个环节的顺利进行，进口的企业应该和外贸公司紧密配合并请其协助，准确地说明需要进口的商品的名称、用途、结构和性能等，然后，与外贸公司一起对国际市场进行调查研究。对外贸人员来说，由于其对国际市场的商品结构和同类商品的性能情况比较熟悉，应该积极、热情地帮助企业搞好市场调查研究，选好合适的国外卖主。

为了使工作环节之间有机结合，市场调研、选择卖主这一环节也可以提前进行，例如，可以与制定计划同时进行，这样，既可以提高工作的主动性，又可以使两方面的情况互为参考，以便提高工作效率和获得好的工作成果。随着中国经济国际化发展的深入，每个企业都应该保持与国际市场的联系，把自己置于国际市场的竞争之中。只有这样，才能使企业的核心竞争力不断提高，适应国内外市场形势的变化。我国加入 WTO 的时间不长，企业还需要尽快熟悉国际市场环境和发展形势。

选择卖主，首先涉及的是对商品的选择问题，这是一个很重要的问题。例如，选择机电商品，对于日用类的机电商品，既应该考虑其技术性能的先进性、适用性（方便、安全等），又要考虑价格的合理性；如果进口的是包含较多技术内容的机器设备，则应主要考虑其技术的先进性（在国际上所处的位置、生命周期所处的阶段等）、实用性。在满足了这些要求以后，即使价格高一些，也应该安排进口。要从企业的长远利益和国家的整体利益考虑，宁可少进口一部分一般水平的机器设备，也要进口具有世界先进水平的，能够促进我国技术进步的机器设备。为了选择到理想的进口商品，首先应该尽量多选择一些卖主，以便有足够多的卖主供自己选择。

选择卖主需要考虑的另一个重要问题是卖方的资信问题。在现代国际贸易的操作过程中，一般业务都是采用凭单买卖的方法。采用这样的方法，进口商品即使出现严重的质量问题，也都要在买方付了货款以后才能得到解决。因此，在选择卖主阶段，应该注意选择比较了解的、有过交往的、资信情况较好的公司，尤其是一些较大型的跨国公司。

申办进口管理手续是指按照政府的有关规定办理有关的进口手续，申领有关进口文件，以便进口通关时使用。为了保护本国产品在本国市场中的份额和地位、保持本国市场的秩序，各国都会有计划、有选择地进口本国市场所需的商品。这种计划有时是主动的，有时也可能是被动的。例如，在与 WTO 成员谈判中，除了已经被列入对方将对我国出口的商品表中的商品外，我国还要向对方出口其他商品，这就必须将对方的出口商品列入我国的进口商品计划，这种计划就属于被动的。如果不是为了出口，而是纯粹为了市场需要而制定的进口商品计划，就应该是主动的。

国家对外贸易管理部门根据不同时期的市场发展情况，会制定相关的进口管理办法，作为企业或有关管理部门进行进口操作的依据。凡是国家管理较为严格的进口商品，一般需要到相应的主管部门办理许可手续。为此，需要编制计划、上报审批、申领进口配额和许可证等。另外，中国有关主管部门正在根据 WTO 原则和谈判结果对有关法律和规定进行修订，企业应该随时了解这方面的变化情况。

进出口买卖合同一般包括以下条款：品质条款、数量条款、包装条款、价格条款、装运条款、保险条款、支付条款、检验条款、索赔条款、仲裁条款、不可抗力条款等。初步拟定品质、数量、价格等合同条款的目的是为交易磋商作好充分的准备。该环节是在做好上面的各项准备工作以后进行的。在草拟品质、数量、价格等条款时，既要全面考虑，又要注意重点。例如，在进口机器设备时，首先应该注意对技术的要求，在此基础上再考虑对价格等方面的要求。另外，在初定合同条款时，要尽量将条款列得详细一些，不利的情况要设想得多一些。

2. 交易磋商

进口交易磋商主要包括询盘、发盘、比价、还盘、接受和签订合同几个环节。询盘是指交易一方向另一方发出的是否想达成某项交易的询问。询盘的目的主要是诱发对方发盘。发盘是指向一个或一个以上特定的人提出的订立合同的建议。比价是指受盘人对收到的发盘进行分析研究和比较，以便最后接受符合自己交易目的的发盘的过程。对于进口交易来说，比价是一个比较重要的环节，因为只有“货比三家”，才能最后达成使自己感到满意的交易。为了使比价环节的工作做得更好，需要在比价之前收集较多的资料，收到较多、较好的发盘。因此，在询盘阶段应该尽量对一定数量的信用较高的卖主询盘。



通过比价，如果对某一项发盘满意并愿意接受，就可以签订合同，达成交易。通过签订合同，买卖双方的权利和义务就固定下来了。如果一方对另一方发盘的关键条款有异议，例如价格、数量、交货期等，可提出修改意见，这就构成了还盘。为了使双方的权利和义务能得到充分体现，避免发生纠纷，在交易磋商中，双方应该认真对待每一个条款和每一个环节。对容易产生分歧的地方要作出明确、详细的规定。

与出口交易磋商相比，进口方更容易找到出口方，因此处于主动地位。改革开放以来，我国引进技术、进口的设备较多，已引起国外厂商的关注。因此，我们一定要注意与国外厂商的联系，大力发展我国对外经贸关系。同时，又要注意交易的质量，使进口的商品真正做到货真价实。

3. 履行合同

履行合同是进出口交易的最后阶段，它涉及合同中所规定的买卖双方的义务是否得到履行的问题。履行合同所包含的环节较多，如果按FOB价格条款签订合同，则进口方履行合同的工作有：申请开证、租船订舱、发装船通知、办理保险、付款赎单、报关接货、检验、拨交、索赔等。

申请开立信用证是买方履行合同的关键义务之一。如果进口方不能及时开立信用证，出口方就不会及时发货，因为在以信用证为支付方式的交易中，出口方的发货是以收到进口方的来证为条件的。因此进口方不及时开证，不仅会贻误自己的市场时机，而且还会因此违约而必须承担责任。

进口方开立信用证以后，还要及时租船订舱，之后要将船名、航次、到装运港的时间等情况及时通知卖方，以便让卖方作好装船的准备，待船到港后及时装船。由于在外贸货物运输过程中存在着风险，因此，每笔业务都要办理保险，以便一旦发生风险造成损失时，可以及时得到补偿。如按FOB术语成交的合同，保险应由买方办理。

当货和单据到达目的港以后，买方应该按照要求及时进行付款赎单、报关接货、检验、拨交等工作。买方一般都希望尽早得到货物。但同时，又要注意来货的品质、数量等情况。如果收到的货物与合同条款所规定的不相符，应及时向有关方面提出索赔。

## 0.2.2 出口业务程序

图0.2表示出口业务程序。

1. *交易磋商前的准备*

出口交易磋商前的准备工作的目的是为出口交易磋商做充分的准备，以便在交易磋商中做到知己知彼，应付自如，公平合理地达成交易。出口交易磋商前的准备工作包括国际市场调查研究、生产、货源可行性研究、制定出口营销计划、申办出口管理文件以及初定品质、数量、价格等合同条款等。

对国际市场的调查研究可以分成以下三个方面的内容：(1)对原有市场销售和服务情况的调查研究；(2)对潜在市场需求的调查研究；(3)对买方资信情况的调查研究。

对原有市场销售和服务情况的调查研究的方法很多，可参考有关教材。但是，不论采取什么方法，最好要深入到用户当中去，调查了解用户对商品结构、性能、售后服务等方面的意见，以便作出相应的改进。有一些商品，如果直接对用户进行调查比较困难，也可以用对供货情况的调查结果代替对销售情况的调查研究。

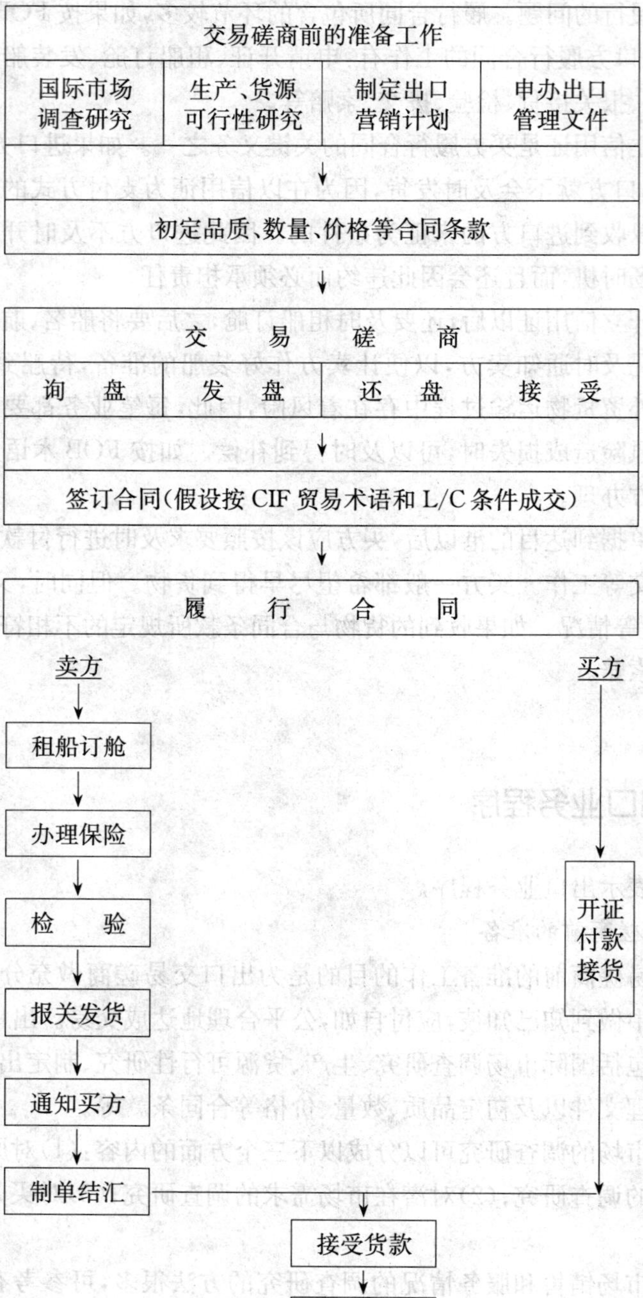
交易磋商前的准备工作
国际市场调查研究
生产、货源可行性研究
制定出口营销计划
申办出口管理文件
初定品质、数量、价格等合同条款
交　易　磋　商
询　盘
发　盘
还　盘
接　受
签订合同(假设按 CIF 贸易术语和 L/C 条件成交)
履　行　合　同
卖方
买方
租船订舱
办理保险
检　验
报关发货
通知买方
制单结汇
开证付款接货
接受货款
出口核销
理　赔

**图 0.2　出口业务程序**

对潜在市场需求的调查研究是指对于产品的市场开发所进行的调查研究，这是一项艰苦细致的工作。对于中国的企业来说，应该大力加强对潜在市场的开拓。一方面，虽然已经加入了 WTO，但是由于计划经济的影响等原因，大部分企业对市场情况还缺乏了解；另一方面，由于一些发达国家掌握较多的先进技术，因此，它们的产品具有相当强的竞争力，在国际市场上占据了主导地位。面对这样的现实，应该首先促进核心竞争力较强的生产企业开拓国际市场，带动其他企业逐步进入国际市场。

对于出口贸易，对买方资信情况的调查研究是非常重要的。在贸易实践中，买卖双方的信用主要是商业信用，因此，一方的资信情况对另一方来说是相当重要的。在出口贸易实践中，合同签订之后，卖方先要备货；如果采用信用证支付方式，要等买方开来信用证后卖方才发货，货到目的地后买方再付款。由此可见，在整个过程中，买方履行付款义务一般是在卖方作出很多努力的情况下实现的，因此，一般情况下卖方在交易中有时是很被动的，发货之后可能存在风险。正因如此，卖方在对市场进行调查研究时应该注意了解有关买主的资信情况。买方的资信情况主要包括：(1)买方的资金情况。对于国际市场上的畅销商品，订货总金额不应该超过买方的资金总额。(2)买方的信誉情况。信誉是指别人对某人信守诺言情况的评价。如果买方能经常信守诺言，忠实于合同，则会有较高的信誉，就会有较多的贸易伙伴，与这样的买方做交易，就会减少风险。对买方的资信情况，可以通过贸易实践了解，也可以通过银行、专门的征信机构获得。

生产可行性研究是指生产企业根据对市场需求情况进行调查研究的结果，对本企业技术力量、生产能力等情况所进行的分析研究。生产可行性研究主要包括两个内容：一是，生产哪种产品最有利；二是，生产出口产品，尚需做哪些准备工作，如何组织技术力量、机器设备和原材料等。我国政府积极鼓励开发新产品出口。早在 1986 年 10 月 27 日，对外贸易部就公布了《开发新产品管理暂行办法》，其中的第四条指出："各单位（含生产企业、外贸公司）应积极开发新产品出口。"

货源可行性研究，是指专业外贸公司或需要别的企业提供产品配套出口的企业对所经营或需要配套的产品供货情况所进行的调查研究。货源调查研究的主要内容有：产品的品质是否满足图纸、来样或其他形式的技术要求，企业是否能按时完成计划、及时供货，等等。

制定出口营销计划是指企业在一系列调查研究的基础上制定将产品出口到目标市场的实施计划。出口营销计划主要包括出口商品价格的制定、出口销售渠道的建立、促销手段的设计、销售服务的组织等。

申办出口管理文件是国家保护国内资源、对出口秩序进行管理的重要方法之一。为了繁荣本国经济，各国都大力发展和促进产品出口工作，尤其是机电商品的出口工作。因此，对出口的限制措施较少。但是，为了有计划、有秩序地搞好出口工作，提高本国产品在国际市场的竞争能力，各国政府一般也都制定了相关法令或相应的管理办法。各企业在产品出口之前，应该向有关部门进行咨询。

2. 交易磋商

出口交易磋商过程与进口交易磋商相比，仅少了一个比价环节，主要包括询盘、发盘、还盘、接受和签订合同几个环节。这几个环节的意义和进口交易的相应环节的意义在本质上是相同的。但是，由于出口贸易与进口贸易的性质有差别，各环节的操作方法也不尽相同。例如，当今的国际市场主要表现出买方市场的特点，商品的竞争比较激烈，卖方主动询盘和发盘较多，对买方比较有利。

3. 履行合同

履行合同是出口交易的最后阶段，它涉及合同是否能完满完成。履行合同所包含的环节也较多，如果按 CIF 价格条件签订合同，出口方应该完成的工作有：备货、租船订舱、办理保险、检验、报关发货、制单结汇、接受货款、出口核销、理赔等环节。

申请开立信用证是买方履行合同的关键义务之一。如果买方不能及时开立信用证，卖方就无法发货。

## 0.3 机电商品及其对外贸易



随着经济全球化的发展，各国政府越来越重视并积极促进本国机电商品的生产和出口工作。机电商品已经成为国际市场竞争最激烈的商品之一，同时，机电商品的生产能力和出口竞争力已经成为国力强弱的标志。主要原因如下：

(1) 机电商品具有较高的技术性。

与其他商品相比，机电商品一般都含有高新技术，因此，机电商品的生产能力和出口竞争力应该是国家或企业技术研发能力的标志。另外，技术是企业核心竞争力的重要组成部分，随着市场经济的发展，技术对企业核心竞争力的作用越来越大。

机电产品的技术性强还表现在其知识产权具有较强专业性方面。一般的机电商品贸易都与专利、商标、专有技术、著作权等知识产权相联系。专业性则主要表现在两个方面。一方面，机电商品的设计技术和生产技术都具有专业性；另一方面，其应用范围也具有一定的专业性。

(2) 机电商品容易实现高附加值。

由于机电商品具有较高的技术性、较复杂的结构及需要较高的加工质量等特点，因此，容易产生较高的附加值。尤其是具有高新技术的机电商品，在市场需要的情况下，会产生相当强的创汇能力。世界上一些发达国家之所以成为世界贸易的核心，是与它们利用技术提高机电产品附加值分不开的。

(3) 机电商品的关联度高。

这里所说的关联度是指机电商品与其他商品或一种机电商品与另一种机电商品在价值链中的关系密切程度，是机电商品能够带动其他商品或另外一种机电商品生产或销售的能力。与其他商品相比，机电商品具有较高的关联度。例如小汽车，其生产过程和冶金、橡胶、零部件加工等行业有着非常密切的关系，因此，可以说小汽车是一种高关联度的商品。

(4) 机电商品种类繁多，结构复杂，性能各异。

机电商品一般都具有作用机理复杂、应用范围广的特点。因此，机电商品种类繁多、结构复杂、性能各异。尤其是大型机器设备，有的要由上百个甚至上千个零件组成；有的零件则形状奇特，工艺复杂，加工难度大。例如，一台载重汽车要由几千个零件组成，其中的凸轮轴、曲轴、汽缸体、汽缸盖等零件，结构相当复杂，设计和制造也较为困难。

(5) 机电商品对用户的依赖性较强。

由于机电商品具有较强的技术性和专业性，因此，每种机电商品都会有自己特定的客户群体。同时，当今的机电商品市场竞争激烈，企业要想获得较好的市场利益，就必须千方百计地满足客户的需求。因此，机电商品对用户的依赖性较强还表现在一般的机电商品都要求有较完善的售后服务。



(6) 经营机电商品的外贸人员需要掌握较全面的业务知识。

机电商品结构复杂、性能难以掌握，因此，经营机电商品的外贸人员不仅需要有外贸业务知识、外语交流能力和对外交往能力，而且还必须掌握一定程度的商品技术知识和商品生产管理知识。这不但是进出口业务的需要，而且也是收集市场信息等方面业务的需要。对于机电商品来说，市场信息是非常重要的。只有不断收集市场信息，及时改进产品的结构、性能，才能提高产品对市场的适用能力。

由于机电商品及其对外贸易的特点与其他商品有所不同，所以，机电商品在进出口业务中形成了自己的特点。

## 复习与思考

1. “进出口业务”是一门专门研究哪些知识的课程？你认为“进出口业务”是一门什么样性质的课程？
2. 改革开放以来，中国的对外贸易得到了空前的发展，具体表现在哪些方面？
3. 《进出口业务教程》准备采用哪些教学方法？你认为如何才能学好《进出口业务教程》这门课？
4. 请分别简述出口业务和进口业务的程序。
5. 机电商品成为国际市场中竞争最激烈的商品之一是因为机电商品具有哪些特点？

## 案例分析

1. A国的A公司就一项产品出口业务和B国的B公司进行贸易磋商。在磋商前，A公司听说海洋运输费用将要上调，但是，对具体的调整情况没有进行认真的调查研究；同时，考虑到B国的B公司是老客户，合同签订之后如果有问题还可以进行协商，于是还是按照以前的运费率进行了报价。合同签订后A国的A公司发现，由于运费的上调幅度较大，该笔出口业务出现了亏损。请分析：

(1) A国的A公司应该如何处理该项业务？

(2) A国的A公司应该汲取什么教训？

2. 改革开放以来，中国的对外贸易形势发展良好，进出口总额呈现逐年上升的好态势。可是，中国某些专业外贸公司的出口业务却每况愈下，请分析其原因，并且回答，除了合法的对外贸易身份以外，成功的出口贸易业务还应该具备哪些最基本的条件？

# 第 1 章　贸易术语

## 本章关键词

贸易术语(trade term)
价格术语(price term)
国际贸易惯例(international trade practice)
备货(provision of goods)
支付价款(payment of the price)
许可证、其他许可手续(licenses, authorizations and formalities)
运输合同(contracts of carriage)
保险合同(contracts of insurance)
交货 (delivery)
受领货物(taking delivery)
风险转移(transfer of risks)
费用划分(division of costs)

## 互联网资料

中国国际贸易网站　www. chinaintertrade. com/terms

ICC 与 ICC China 简介

ICC 是国际商会(International Chamber of Commerce)英文名字的缩写。ICC 是为全球商业服务的组织,是世界上重要的民间经贸组织,成立于 1919 年,总部在巴黎。其宗旨是:在经济和法律领域里,以有效的行动促进国际贸易和投资的发展。其工作方式为:制定国际经贸领域的规则、惯例并向全世界商界推广;与各国政府以及国际组织对话,以求创造一个有利于自由企业、自由贸易、自由竞争的国际环境;促进会员之间的经贸合作,并向全世界商界提供实际的服务等。

ICC 目前在 83 个国家设有国家委员会,拥有来自 140 个国家和地区的 8 000 多家会员公司和会员协会。这些会员多是各国和地区从事国际经贸活动的中坚企业和组织。ICC 现任主席为维旺迪(Vivendi Universal),首席执行官为让-勒内・福尔图(Jean-Rene Fourtou),秘书长为玛丽亚・利瓦诺斯・卡托伊(Maria Livanos Cattaui)。

ICC CHINA 是国际商会中国国家委员会英文名字的缩写。1994 年 11 月 8 日,国际商会在巴黎举行的第 168 次理事会会议上通过决议,接纳中国加入国际商会并成立国际商会中国国家委员会(ICC CHINA)。1995 年 1 月 1 日,由中国贸易促进委员会牵头组建的 ICC CHINA 正式宣告成立。ICC CHINA 以组织各种规模和形式的会议、研讨会,培训人员,组织出国访问团,提供咨询服务、信息等形式,向中国国内传播国际商会的最新规则以及国际商贸动态。

资料来源:国际商会网站(www. iccwbo. org)。

价格(price)是进出口贸易中买卖双方交易磋商的重要内容之一。因此,价格条款是合同中的重要条款之一。在国际贸易中,商品的价格通常是指商品的单价(unit price),即商品的每一个计量单位以某一种货币所表示的价格。在国际贸易中,买卖双方相距较远,其所交易的商品,一般需要经过很多环节才能到达买方所在地。这些环节都会对商品的价格产生影响。例如,在运输、交接货物的过程中,由谁办理进出口手续,由谁签订运输合同,由谁签订保险合同,由谁支付运费和其他费用等。另外,货物在装卸运输过程中还可能遭受风险、发生损失。风险如何划分,费用由谁负担等,买卖双方在交易磋商过程中,都应该一一予以明确,并在合同中订明。

由于交货地点、交货条件和货价构成等因素相当复杂,要在合同条款中一一列明,也是很复杂的事情。在国际贸易的实践中,人们力求用简短的语句尽量充分地说明上述问题。于是,在长期贸易实践的基础上,一些贸易较发达的国家或地区逐渐形成了文字简练、含义深刻、使用方便、能够表示买卖双方所承担的责任和义务的国际商务通用语言——贸易术语。



## 1.1 贸易术语的含义和作用

贸易术语(trade term)是指在进出口业务中用几个大写的英文字母(英文缩写)组成的用来表示交货的地点、风险和费用的划分等买卖双方责任和义务的贸易用语。贸易术语是对外贸易的语言(the language of foreign trade),在国际贸易中又称为贸易条件。由于贸易术语与商品的价格直接相关,因此,贸易术语有时又被称为价格术语(price term)。但是,实际上,价格术语应该是包括贸易术语在内的用来表示交易价格条件的贸易用语。例如,在下列两例中,FOB 和 CIF

是贸易术语：

US＄300 per M/T FOB New York.

每公吨300美元纽约港船上交货。

EUR800 per case FCA Beijing including 1% Commission.

每箱800欧元，货交北京承运人，其中包括1%的佣金。

### 1.1.1 贸易术语的作用

贸易术语的作用可以归结为以下两个方面：

(1) 规范对贸易用语的解释，防止发生误解和分歧。

由于贸易所处的环境和贸易双方的习惯不同，合同双方当事人对同一个问题的理解也会有所不同，因此，就很容易产生分歧。《国际贸易术语解释通则》(INCOTERMS)的宗旨就是为国际贸易术语提供一套解释的国际规则，避免各国因解释不同而引起误会、争议和诉讼，这样可以减少及避免时间和费用的浪费。

(2) 可以简化交易过程，缩短成交时间。

由于每一种贸易术语都是用几个英文字母构成的缩写形式，代表该项贸易业务相应的操作规则以及买卖双方各自所承担的责任和义务，因此，在国际贸易中，使用贸易术语后，可以简化交易过程及磋商内容，缩短了成交时间，节省了业务费用。这对促进国际贸易的发展是具有重要意义的。贸易术语具有两重性，一方面表示货价的构成因素，另一方面表示业务操作的规则，因此，每种贸易术语都有其特定的含义。



### 1.1.2 贸易术语可以说明的内容

贸易术语可以说明以下几方面的内容：

(1) 卖方的交货地点；

(2) 货物风险转移的界限；

(3) 买卖双方各自承担的责任、义务(包括风险和费用等)；

(4) 商品价格的构成因素；

(5) 合同的性质。

## 1.2 有关贸易术语的国际贸易惯例

所谓国际贸易惯例(international trade practice),或被称为国际商务惯例(international commercial practice),是指在长期的国际贸易实践中,由于某种原因,例如某地区对外贸易活动开展得较早或者由于贸易活动开展得比较成功等,而积累了一定的经验,使该地区逐渐形成了某种被人们所公认并采用的习惯做法。随着贸易时间的推移,这种习惯做法逐渐在越来越大的范围内被越来越多的人们所理解和接受,对国际贸易的实践产生了越来越大的影响,于是,成为国际贸易中被一些国家自觉遵循的一种类似于行为规范和准则的东西,对国际贸易业务的进行和发展起着某种指导或制约作用。

国际贸易惯例并无统一和确定的含义,《联合国国际货物销售合同公约》第九条规定:"(1)双方当事人业已同意的任何惯例和他们之间确立的任何习惯做法,对双方当事人均有约束力。""(2)除非另有协议,双方当事人应视为已默示地同意对他们的合同或合同的订立适用双方当事人已知道或理应知道的惯例,而这种惯例,在国际贸易上,已为有关特定贸易所涉同类合同的当事人所广泛知道并为他们所经常遵守。"美国的《统一法典》对贸易惯例是这样解释的:"一项贸易惯例是在某一地方、某一行业或某项贸易中所习惯奉行的某种做法或方法,并在发生争议的交易中被认定应该执行的、原来所期望的过程。"

一般说来,在国际贸易实践中,法律高于惯例。因此,双方当事人在进行交易的过程中,首先应该注意选择所适用的法律,然后确定所要适用的贸易惯例,以便分清双方的权利、义务,为避免分歧、有效地开展业务打好基础。



### 1.2.1 国际上影响较大的国际贸易惯例

国际贸易惯例虽然不是法律,但是,在国际贸易中经常可以起到法律的作用。因此,对一些重要的、影响较大的国际贸易惯例,我们应该熟悉、掌握它们,并争取在贸易实践中灵活运用。目前,在国际上影响较大的国际贸易惯例主要有以下三个:

(1)《1932年华沙—牛津规则》(Warsaw-Oxford Rules 1932)。

该规则是国际法协会于1928年在波兰华沙召开的会议上制定的文件,当时被称为《1928年华沙规则》。在该规则中,对使用CIF贸易术语的买卖合同的统一原则进行了说明。该协会后来又在1932年的牛津会议上对华沙规则进行了修改，修改后的规则被叫做《1932年华沙—牛津规则》。全文共21条，主要内容是对CIF贸易术语的性质、特点、适用范围等作了比较详细的说明和规定。

(2)《1941年美国对外贸易修订本》(Revised American Foreign Trade Definitions 1941)。

这个贸易惯例是由美国9个商业团体于1919年首次制定的，后来又于1941年进行了修改，定名为《1941年美国对外贸易修订本》。该修订本对Ex Point of Origin，FOB，FAS，C&F，CIF，Ex Dock等六种贸易术语作了较详细的解释。其中，FOB术语有五种类型，但只有第五种类型“FOB Vessel”同其他惯例中的FOB解释相似。所不同的是，使用该术语时，在FOB与装运港的名字之间一定要加上Vessel一词，表示在城市的装运港船上交货。否则，其含义不是“装运港船上交货”，而是“装运港所在城市交货”。

(3)《国际贸易术语解释通则》(International Rules for the Interpretation of Trade Terms，INCOTERMS)。

正如上面所述，贸易术语是人们在长期的贸易实践中将实践知识积累和总结的结果。从19世纪初，人们就开始采用FOB(Free on Board，装运港船上交货)这一贸易术语了。随着贸易的发展，FOB这一术语已不能完全满足各种贸易业务的需要，于是，人们在实践的基础上，于19世纪中叶又产生了CIF(Cost，Insurance and Freight，成本、保险费加运费)。但是，由于各国、各地区的贸易环境和贸易条件的不同，人们对同一种贸易术语的理解和解释方法也不尽相同。这样，就给世界范围内的贸易带来很多不便。于是，国际商会于1936年制定了《国际贸易术语解释通则》。随着国际经济的不断发展，装运、通讯等各方面的技术也获得了很大的发展，使国际贸易环境和条件不断得到优化。为了使《国际贸易术语解释通则》更好地适用于发展着的国际贸易环境，促进国际贸易业务的不断发展，国际商会于1953年、1967年、1976年、1980年、1990年、2000年、2010年对《国际贸易术语解释通则》先后进行过多次修改。2011年开始执行《2010年国际贸易术语解释通则》(《INCOTERMS 2010》)。但考虑到业务的连续性和人们的行为惯性，《2000年国际贸易术语解释通则》(《INCOTERMS 2000》)也会延续使用一段时间。这样就会出现《2000年国际贸易术语解释通则》与《2010年国际贸易术语解释通则》中的贸易术语同时适用的现象。《国际贸易术语解释通则》的制定和发展，促进了各国在国际贸易业务中对买卖双方权利、义务等问题的统一认识，从而促进了国际贸易的发展。与此同时，《国际贸易术语解释通则》的制定和发展也使其他国际贸易惯例的作用逐渐淡化。因此，在学习中，应该以学习《国际贸易术语解释通则》(INCOTERMS)中最新规定的贸易术语为主。

### 1.2.2 《国际贸易术语解释通则》修订的原因

进入20世纪80年代以来，人们逐渐走入了信息时代和科学技术迅速发展的时代。在这种形势下，作为国际经济纽带的国际贸易业务也必然随之发展。促进修改《国际贸易术语解释通则》的具体因素主要有以下几项：

(1) 装运技术的发展。

随着技术和国际贸易形势的发展，集装箱运输、滚装船运输和多式联运等运输方式的发展非常迅速，物流技术的发展又进一步促进了各种运输方式的整合和现代化发展。这一切，都会使原来的某些贸易术语的作用发生变化。例如，FOB(装运港船上交货)术语规定，自货物在装运港越过船舷时(as the goods have passed the ship's rail)起买方开始承担货物的风险和费用。可是，在用集装箱运输和滚装船运输的情况下，"越过船舷"并无实际意义。《1980年国际贸易术语解释通则》中，增加了术语FCA[Free Carrier(…named place)，货交承运人(……指定地点)]，并且指出，FCA术语可适用于各种运输方式，当然也包括集装箱运输、滚装船运输和多式联运了。正因为如此，在该通则中删去了可由FCA术语包括的其他一些贸易术语，例如FOR/FOT和FOB机场交货等。为了进一步适应运输等技术的发展，《2010年国际贸易术语解释通则》中对FOB术语作了进一步改进，由原来的在指定装运港货物"越过船舷"时交货改为在指定装运港货物"装到船上"时交货，增加了"交货"的灵活性。与此同时，部分术语由原来单纯装船改为"装船"和"接受已装船货物"(procure the goods already so delivered)两种方式，这样，可以更好地适应连锁交易和物流业发展的要求。



(2) 电子商务技术的发展。

由于国际贸易是一种远距离的商品交易活动，因此，以电子数据交换(electronic data interchange，EDI)为标志的电子商务技术的发展必然会在国际贸易业务实践中获得应用和发展。有了电子商务的发展，可以使原来复杂的交易程序得到简化，纸制的单证可以被电子单证(equivalent electronic message，同等作用的电子单证)所代替。同时，利用电子商务可以使贸易公司、运输公司、客户等各方面保持紧密联系，缩小了交易空间，缩短了交易时间，提高了进出口业务的效率，也促进了相关各方信用程度的提高，从而促进了国际贸易的发展。

(3) 相关业务的发展。

近年来，随着技术和经济全球化趋势的发展，和有形商品贸易休戚相关的服务贸易也获得了很大的发展，服务贸易的发展促进了社会分工的进一步细化，从而反过来又促进了国际有形商品贸易的发展。例如，“承运人”的发展方便了卖方的交货，贸易术语 FCA 的出现就成为一种必然的结果。

(4) 最大限度地为交易提供方便。

为了最大限度地为交易提供方便，国际商会通过各国家委员会听取各方面的意见和建议，以便在修订《国际贸易术语解释通则》时对其内容加以改进。例如，2010 年国际贸易术语中增加了 DAP 和 DAT 两个术语，同时删除了 2000 年贸易术语中 D 组的 DDU、DAF、DES、DEQ 四个贸易术语。DAP(Delivered at Place，目的地交货)取代了 2000 年的 DDU 和 DAF、DES 三个术语；DAT (Delivered at Terminal，终点交货)取代了 2000 年的 DEQ 术语。

鉴于国际商会对《国际贸易术语解释通则》随着国际贸易的发展形势不断进行修订，所以，合同双方当事人在商定要将《国际贸易术语解释通则》的有关内容订入合同中时，应该清楚地说明所引用的内容属于哪一年的《国际贸易术语解释通则》。例如，当双方当事人选用《2010 年国际贸易术语解释通则》中的贸易术语时，应该在合同中明确说明该合同受《2000 年国际贸易术语解释通则》的约束。

## 1.3 对《2010 年国际贸易术语解释通则》的说明

需要强调的是，虽然进出口业务操作过程中要涉及销售合同、运输合同和保险合同等，但是，《国际贸易术语解释通则》主要涉及销售合同和销售合同中买卖双方的关系，只适用于销售合同当事人的权利和义务中与合同标的(有形商品，如包括计算机，但是不包括其软件)交货有关的事宜。



### 1.3.1 《2010 年国际贸易术语解释通则》的用语说明

在修订《2010 年国际贸易术语解释通则》的过程中，根据国际贸易发展的特点，将《2000 年国际贸易术语解释通则》中的 13 个术语调整为 11 个，并且避免了用不同表述方式表达相同的意义，这样可以避免因为理解不同而可能出现的争议。而且，只要可能，尽量使用《联合国国际货物销售合同公约》中的表述方法。

1. 托运人

“托运人”(shipper)一词既可以表示将货物交付运输的人，又可以表示与承运人订立合同的人，而这两个“托运人”可能是不同的人。例如在FOB合同中，卖方将货物交付运输，而买方则与承运人订立运输合同。

2. 交货

需要特别注意的是，“交货”(delivery)这个词在《2010年国际贸易术语解释通则》中仍然保有两种不同的含义。首先，“交货”一词被用来判断卖方何时完成了其交货义务，具体内容在《2010年国际贸易术语解释通则》每种术语的条款中都作了具体规定。其次，“交货”也用来描述买方受领或接受货物的义务，具体内容在《2010年国际贸易术语解释通则》每种术语的条款中也作了详细规定。当“交货”用以表示第二种含义时，“交货”首先意味着卖方已经将货物交运，同时，还意味着买方有受领货物的义务。

3. 港口、地点

在交货地点的问题上，《2010年国际贸易术语解释通则》中使用了不同的表达方法。对于适用于海运的术语，如FAS、FOB、CFR、CIF，使用了“港口”(port)，即“装运港”(port of shipment)和“目的港”(port of destination)两种表述。在所有其他的术语中使用的是“地点”(place)一词。在某些场合，有必要指明在“港口”和“地点”内的某一确定的“点”(point)交货。

4. “无义务”的含义

“卖方必须”和“买方必须”这样的表达方法体现出《2010年国际贸易术语解释通则》只涉及当事双方对对方承担的义务。这样，“无义务”(no obligation)一词则被用于一方对另一方不承担义务的情况。例如，CIF术语中，在“运输合同”项目下，卖方须签订运输合同，安排运输并支付运输费用；而买方则“无义务”签订运输合同，安排运输。同样，当任何一方对对方都不承担义务时，在双方名下都会出现“无义务”一词，例如FOB术语中对有关“保险”的规定情况就是如此。



应该指出的是，在上述任何一种情况下，即使一方“无义务”为另一方完成某项任务，也并不意味着该项任务无任何一方完成。例如，对于CFR术语，按照条款的规定，卖方没有义务办理保险，买方也无义务办理保险。但是，实际上，由于货物装到船上后买方要负责货物损失和灭失的一切风险，因此，一般情况下由买方签订运输货物保险合同，按照自己的要求办理运输货物的保险。

5. “风险”与“风险转移”

本教材所提到的风险主要指货物的运输风险。由于对外贸易运输往往是一种距离远、时间长的运输，运输途中所经历的环境也会有很大变化，因此，运输货物可能存在着风险。为此，在货物由卖方所在地向买方所在地运输的过程中，买卖双方总应该有一方时刻关照货物的情况，发生问题及时处理，于是就有了“风险转移”的问题。

### 1.3.2 《2010年国际贸易术语解释通则》对贸易术语的表述方法

《2010年国际贸易术语解释通则》中一共有11个贸易术语，如表1.1所示。为了便于学习，将从不同角度说明这11个贸易术语的表述方法，并且采用与《2000年国际贸易术语解释通则》中术语相对照的方法。

1.《2010年国际贸易术语解释通则》中贸易术语概述

《2010年国际贸易术语解释通则》中贸易术语如下表所示：

**表1.1 《2010年国际贸易术语解释通则》中的11个贸易术语**

| 缩写 | 贸易术语 | 中文解释 |
|---|---|---|
| EXW | Ex Works(insert named place of delivery) | 工厂交货(指定发货地) |
| FCA | Free Carrier(insert named place of delivery) | 货交承运人(指定发货地) |
| FAS | Free alongside Ship (insert named port of shipment) | 船边交货(指定装运港) |
| FOB | Free on Board (insert named port of shipment) | 船上交货(指定装运港) |
| CFR | Cost and Freight(insert named port of destination) | 成本加运费(指定目的港) |
| CIF | Cost, Insurance and Freight (insert named port of destination) | 成本、保险费加运费(指定目的港) |
| CPT | Carriage Paid to(insert named place of destination) | 运费付至(指定目的地) |
| CIP | Carriage and Insurance Paid to(insert named place of destination) | 运费和保险费付至(指定目的地) |
| DAP | Delivered at Place(insert named place of destination) | 目的地交货(指定目的地) |
| DAT | Delivered at Terminal(insert named terminal at port or place of destination) | 终点交货(目的港或目的地指定终点) |
| DDP | Delivered Duty Paid (insert named place of destination) | 完税交货(指定目的地) |

注：与《2000年国际贸易术语解释通则》相比，《2010年国际贸易术语解释通则》新增了两个术语，取代了《2000年国际贸易术语解释通则》中的四个术语。新增的DAT(Delivered at Terminal,终点交货)取代了《2000年国际贸易术语解释通则》中的DEQ，DAP(Delivered at Place,目的地交货)取代了DAF、DES和DDU。这几个被替代的贸易术语如下表：

| | | |
|---|---|---|
| DAF | Delivered at Frontier(…named place) | 边境交货(……指定地点) |
| DEQ | Delivered ex Quay(…named port of destination) | 目的港码头交货(……指定目的港) |
| DES | Delivered ex Ship(…named port of destination) | 目的港船上交货(……指定目的港) |
| DDU | Delivered Duty Unpaid(…named place of destination) | 未完税交货(……指定目的地) |

2. 按照交货方式和地点分类

在上面的术语中,第一组术语(E 组)中只有一个术语,即 EXW,是以发货为交货方式的术语,指卖方在卖方所在地点为买方备好了货就履行了交货义务;第二组术语(F 组,FCA、FAS 和 FOB),是以装运为发货方式的术语,指卖方将货物交至买方指定的运输工具上或交给指定的承运人就履行了交货义务;第三组术语(C 组,CFR、CIF、CPT 和 CIP),也是以装运为发货方式的术语,但是与上面的 F 组术语不同,指卖方订立运输合同,支付运费,将货物发运就完成了交货任务。交货后,在运输中货物发生损坏、损失或灭失的风险和额外费用,卖方不承担责任;第四组术语(D 组,DAP、DAT 和 DDP),是以到达为交货方式的术语,指卖方必须承担费用和风险,将货物送至买方所在地。

可以看出,第一组贸易术语是卖方所承担的义务为最小的术语,从第一组到第四组术语,卖方所承担的义务逐渐增大,第四组贸易术语所规定的卖方的义务达到最大。第四组中的 DDP 术语规定,卖方不仅要将货物发运给买方,还要在买方国承担为买方报关纳税等义务。因此,上述贸易术语具有较大的适用范围。

3. 按照运输方式分类

(1) 任何运输方式(rules for any mode of transport)。

① E 组术语:EXW。

② F 组术语:FCA。

③ C 组术语:CPT 和 CIP。

④ D 组术语:DAP、DAT 和 DDP。

(2) 水运方式(rules for waterway transport)。

① F 组术语:FAS 和 FOB。

② C 组术语:CFR 和 CIF。



## 1.3.3 买卖双方所承担义务的表述方法

在《2010 年国际贸易术语解释通则》中,所有 11 个贸易术语的买卖双方当事人各自的义务均采用10个项目列出，其中A项表示卖方的义务，B项表示买方的义务。各项具体义务如下：

A. THE SELLER'S OBLIGATIONS(卖方义务)

A1. general obligations of the seller(卖方基本义务)

A2. licenses, authorizations, security clearances and other formalities (许可证、其他官方许可、报关手续等事宜)

A3. contracts of carriage and insurance(运输合同和保险合同)

A4. delivery(交货)

A5. transfer of risks(风险转移)

A6. allocation of costs(费用的分担)

A7. notice to the buyer(通知买方)

A8. delivery document(交单)

A9. checking-packaging-marking(检验、包装、标志)

A10. assistance with information and related cost(信息协助与相关费用)

B. THE BUYER'S OBLIGATIONS(买方义务)

B1. general obligations of the buyer(买方基本义务)

B2. licenses, authorizations, security clearances and other formalities (许可证、其他官方许可、报关及其他事宜)

B3. contracts of carriage and insurance(运输合同和保险合同)

B4. taking delivery(接收货物)

B5. transfer of risks(风险转移)

B6. allocation of costs(费用的分担)

B7. notice to the seller(通知卖方)

B8. proof of delivery(交货证明)

B9. inspection of goods(货物检验)

B10. assistance with information and related costs(信息协助与相关费用)



## 1.4 对《2010年国际贸易术语解释通则》中贸易术语的解释

《国际贸易术语解释通则》的宗旨是为国际贸易中最普遍使用的贸易术语提

供一套进行全面解释的国际规则，以避免因各国的不同解释而出现不确定性或分歧，或至少可以在相当程度上减少这种不确定性或分歧。

对进口商和出口商来讲，完成一笔国际贸易业务不仅需要销售合同，而且需要运输合同、保险合同和融资合同等，而《国际贸易术语解释通则》只涉及其中的销售合同。因此，在销售合同中正确选用贸易术语，买卖双方统一对所选用贸易术语的解释是非常重要的。为了使我国相关专业的学生和对外贸易人员对《国际贸易术语解释通则》中贸易术语的解释更符合国际商会所阐述的原意，本书对《2010 年国际贸易术语解释通则》中贸易术语的叙述尽量做到忠实于原文。

在《2010 年国际贸易术语解释通则》中共有 11 个贸易术语，下面首先对 FOB、CFR、CIF、FCA、CPT 和 CIP 六个术语进行解释，然后对其余的术语进行解释。FOB、CFR、CIF、FCA、CPT 和 CIP 这六个术语按照合适的运输方式可以分为两组，一组为 FOB、CFR 和 CIF，适合于水运；另一组为 FCA、CPT 和 CIP，适合于任何运输方式。在这两组中，FOB 和 FCA、CFR 和 CPT、CIF 和 CIP 在一些特点上是一一对应的，因此，在对 FOB、CFR、CIF、FCA、CPT 和 CIP 进行解释时，是按照 FOB、FCA、CFR、CPT、CIF、CIP 顺序进行的，以便于读者进行总结比较。

在对贸易术语进行学习的过程中，应该重点理解以下几个问题：

(1) 交货地点和交货点在哪里？

(2) 风险是如何转移的？风险的含义是什么？

(3) 费用是如何分担的？

(4) 运输合同和保险合同是由谁负责办理的？

下面，按照 FOB、FCA、CFR、CPT、CIF、CIP、EXW、FAS、DAP、DAT、DDP 的顺序对《2010 年国际贸易术语解释通则》中的 11 个贸易术语进行解释。



### 1.4.1 FOB: Free on Board(insert named port of shipment)——船上交货(指定装运港)

*1. 买卖双方的责任和义务*

FOB 术语仅适用于海运或内河运输。

"Free on Board"是指在指定装运港，卖方将货物装到买方指定的船上或接受已装船货物时，卖方完成交货义务。买方自交货时起承担货物损失或损坏的风险和费用。

卖方交货意味着将货物装到船上，或者接受已装船货物。此处，"接受"

(procure)主要用于连锁交易(string sales)的商品贸易中，尤其适合于一般商品贸易。

FOB 不适合于货物交到船上之前交给承运人的情况，例如，一般在集散站交货的集装箱货物。此时可选用 FCA 术语。

FOB 术语要求卖方办理出口清关手续，而没有办理进口清关手续和缴纳进口税费的义务。

A. 卖方义务

A1. 卖方基本义务

提供货物和合同要求的商业发票等单证。A1—A10 所涉及的单证也可以是双方商定的具有同等作用的电子凭证。

A2. 许可证、其他官方许可、报关手续等事宜

承担风险和费用，申领出口许可证和其他官方文件，办理出口海关手续。

A3. 运输合同和保险合同

(a) 运输合同。

卖方没有签订运输合同的义务。如买方要求或按商业惯例而买方没有及时指示，在买方承担风险和费用的条件下，卖方可以签订一般条款的运输合同。任何情况下，如果卖方签订运输合同，一定要尽快通知买方。

(b) 保险合同。

卖方没有签订保险合同的义务。但在买方要求并由买方承担费用和风险的情况下，卖方应该向买方提供相关的投保信息。

A4. 交货

在规定的时间或期限，按照港口习惯将货物交到船上。如果未指定船舶停靠地点，应该选择最适合的地点。

A5. 风险转移

承担交货前货物损失和损坏的一切风险。

A6. 费用的分担

(a) 承担交货前与货物有关的费用，买方应该支付的费用除外；

(b) 承担出口关税、其他税和相关费用。

A7. 通知买方

在买方承担风险和费用的条件下，卖方必须将按规定交货或船舶没有在规定时间装货的信息及时通知买方。

A8. 交单

卖方承担费用，向买方提供按规定交货的证明。同时，在买方要求并承担风险和费用的情况下，卖方必须协助买方获取有关运输单据。

A9. 检验、包装、标志

除了政府有关出口部门规定的检验项目以外，卖方要承担费用，按规定进行质量、尺码、重量等项目的检验和计算，以便按规定进行交货。

除了有些货物不需要包装以外，卖方要自担费用对货物进行包装。如果买方在合同签订前没有提出特殊要求，包装方法应该适合于货物运输。包装上应该按规定刷制唛头。

A10. 信息协助与相关费用

在买方要求并由买方承担风险和费用的情况下，卖方应该及时协助买方获取有关单证和信息，以便使买方顺利办理进口手续和/或将货物运至最终目的地。

卖方应该补偿买方由于提供单证和信息帮助而发生的额外费用。

B. 买方义务

B1. 买方基本义务

按照合同支付货款。

B1—B10 所涉及的单证可以是双方商定的具有同等作用的电子凭证。

B2. 许可证、其他官方许可、报关及其他事宜

承担风险和费用，申领进口许可证和其他官方文件，办理进口海关手续和通过他国过境运输的手续。

B3. 运输合同和保险合同

(a) 运输合同。

买方自担费用签订从装运港装运货物的运输合同。卖方签订运输合同除外。

(b) 保险合同。

买方没有签订保险合同的义务。

B4. 接收货物

买方必须接受按规定交货的货物。

B5. 风险转移

承担交货后货物损失和损坏的一切风险。还要承担：

(a) 未按规定将租船订舱的情况通知卖方；或者

(b) 指定船舶未按时到达，或船舶未按规定装货，或提前停止装货，按以下时间承担所发生的货物损失和损坏的一切风险：

(i) 从规定的时间或期满之日起；

(ii) 从合同规定的卖方通知交货之日起；

(iii) 从规定的交货期满之日起。

B6. 费用的分担

买方承担：

(a) 交货后与货物有关的一切费用和出口清关应该由买方支付的费用；

(b) 由下列原因引起的额外费用：

(i) 未能按规定通知卖方；或

(ii) 船只未按时到达，或未按规定接货，或提前停止装货而发生的费用。

(c) 办理进口海关手续发生的税费及通过他国过境运输的费用。

B7. 通知卖方

要将船舶到达的时间、装货地点、规定期限内的交货时间通知卖方。

B8. 交货证明

接受卖方提供的符合合同规定的交货证明。

B9. 货物检验

承担费用对货物进行出口前的检验，除非该项检验是由出口国政府有关部门规定的。

B10. 信息协助与相关费用

买方要及时向卖方提出要求其提供相关信息的建议，以便卖方能够按要求提供信息。

买方应该补偿由于卖方提供单证和信息而发生的额外费用。

在卖方要求并由卖方承担风险和费用的情况下，买方应该及时协助卖方获取有关单证和信息，以便使卖方能够顺利办理运输、出口和通过他国过境运输的手续。

2. 其他注意事项

(1) 应在术语后标出装运港的名称。

由于FOB术语表示装运港船上交货，因此，在合同中选用该术语时，应该在FOB的后面写上装运港的名字，例如 FOB Dalian，FOB Vessel New York，FOB Doha 等等。

(2) 应明确交货地点。

由于《1941年美国对外贸易修订本》(Revised American Foreign Trade Definitions 1941)在国际贸易实践中有过很大的影响，尤其是该惯例中对FOB术语的解释对美国等国的客户影响很大。例如，FOB术语的第五种类型“FOB Vessel”表示“装运港船上交货”，如果没有“Vessel”，就表示“装运港所在城市交货”。因此，在选用FOB术语时，即使是采用《2010年国际贸易术语解释通则》的解释方法，买卖双方也应该就交货地点问题洽谈清楚，并在合同中订明。

(3) “船上交货”的要求。

卖方要及时将货物装上船，是FOB术语的基本要素(essence)。卖方必须及时在装运港将货交到船上(to deliver the goods on board)或将货装上船(to load the goods on board)。

(4) 船货衔接的问题。

FOB合同存在着船货衔接的问题。买方在合同规定的期限内安排船只到合同指定的装运港装货。如果船只按时到达装运港，卖方因货未备妥而未能及时装运，则卖方应承担由此而造成的空舱费(dead freight)、滞期费(demurrage)等费用。反之，如果买方延迟派船，使卖方不能按照合同条款的规定在装运期内将货物装上船，由此而引起的风险和额外费用均需由买方负责。

空舱费，也称亏舱费，是指租船人未能按船长宣载量装船所需承担的空舱运费。滞期费是指在租船合同规定的装卸时间内租方未能把货物装卸完，使船方遭受船期损失，租方按合同规定支付给船方的补偿金。

3. FOB术语的变形术语

在选用FOB术语的合同中，由于船舶的特点、买卖双方的具体要求等不同，对装运过程中的装卸费(包括装船费以及与之有关的理舱费、平舱费和在目的港的卸货费等费用)的划分情况也不同。例如，在FOB合同中，如果使用班轮运输货物，由于班轮运费内包括装卸费用，因此，这些装卸费用都由买方负担。但是，对于大宗货物，需要使用租船装运时，则装卸费用由何方负担应该进行洽商，并在合同中作出明确的规定。

理舱费是指对被装入舱的货物进行安置和整理所发生的费用。平舱费是指对装入舱的货物进行整理、平整作业所发生的费用。

在国际贸易的发展实践中，与贸易术语的形成过程一样，常用的贸易术语还形成了术语的变形，或称为贸易术语的变形术语。FOB术语常见的变形术语有以下几种：

(1) FOB班轮条件(FOB liner terms)，指装卸费用由支付运费的买方承担。

(2) FOB吊钩下交货(FOB under tackle)，指卖方将货物置于轮船吊钩可及之处，从货物起吊开始的装卸费用由买方承担。

(3) FOB包括理舱(FOB stowed, FOBS)，指卖方负担将货物装入船舱并支付包括理舱费在内的装货费用。

(4) FOB包括平舱(FOB trimmed, FOBT)，指卖方负担将货物装入船舱并支付包括平舱费在内的装货费用。

(5) FOB包括理舱和平舱(FOB stowed and trimmed, FOB S/T)，指卖方负担将货物装入船舱并支付包括理舱费和平舱费在内的装货费用。

在合同中选用上述FOB变形术语时，应该注意其写法和所表示的实际意义。

4.《2000年国际贸易术语解释通则》中FOB买卖双方的基本责任和义务

FOB：Free on Board(…named port of shipment)——船上交货(……指定装运港)是指当货物在指定的装运港越过船舷时，卖方即完成了交货义务，买方则必须从该点起承担货物损失或损坏的一切风险。FOB术语要求卖方办理货物出口清关的有关手续。该术语仅适用于海运或内河运输。如合同当事各方不希望通过越过船舷的装货方式交货，则应该选择FCA贸易术语。

### 1.4.2 FCA：Free Carrier (insert named place of delivery)——货交承运人(指定发货地)

1. 买卖双方的责任和义务

FCA术语可用于各种运输方式，包括多式联运。

"Free Carrier"指卖方在其所在地或其他地点将货物交给买方指定的承运人或其他人处置，即完成交货义务。装运地的指定交货地点要明确具体，交货后风险转移给买方。

在卖方所在地交货，应该具体标明地址。如果在其他地点交货，也应标明该地点。

卖方负责办理出口清关手续，没有义务办理进口清关手续和缴纳进口税费等。

A. 卖方义务

A1. 卖方基本义务

提供货物和合同要求的商业发票等单证。A1—A10所涉及的单证也可以是双方商定的具有同等作用的电子凭证。

A2. 许可证、其他官方许可、报关手续等事宜

承担风险和费用，申领出口许可证和其他官方文件，办理出口海关手续。

A3. 运输合同和保险合同

(a) 运输合同。

卖方没有签订运输合同的义务。如买方要求卖方签订或按商业惯例可以签订，而买方并没有及时指示，在买方承担风险和费用的条件下，卖方可以签订一般条款的运输合同。任何情况下，如果卖方签订运输合同，一定要尽快通知买方。

(b) 保险合同。

卖方没有签订保险合同的义务。但在买方要求并由买方承担费用和风险的情况下,卖方应该向买方提供相关的投保信息。

A4. 交货

在指定地点、日期或期限,将货物交付给买方指定的承运人或其他人,卖方完成交货义务。具体情况如下:

(a) 如果指定地点在卖方所在地,货物装上买方指定承运人或其他人的运输工具时;

(b) 其他地点,未卸货交给承运人或其他人或按规定处置时;

(c) 若未约定具体交货地点,或有几个地点供选择,应该选择最适合的交货地点;

(d) 若买方没有指明具体地点,应该根据货物的数量、性质选择合适的交货地点。

A5. 风险转移

承担交货前货物损失和损坏的一切风险。

A6. 费用的分担

(a) 承担交货前与货物有关的费用,买方应该支付的费用除外;

(b) 承担出口报关关税、其他税和相关费用。

A7. 通知买方

在买方承担风险和费用的条件下,卖方必须将按规定交货或者承运人或其他人没有在规定时间装货的信息及时通知买方。

A8. 交单

卖方承担费用,向买方提供按规定交货的证明。同时,在买方要求并承担风险和费用的情况下,卖方必须协助买方获取有关运输单据,以便按规定进行交货。



A9. 检验、包装、标志

除了政府有关出口部门规定的检验项目以外,卖方要承担费用,按规定进行质量、尺码、重量等项目的检验和计算,以便按规定进行交货。

除了有些货物不需要包装以外,卖方要自担费用对货物进行包装。如果买方在合同签订前没有提出特殊要求,包装方法应该适合于货物运输。包装上应该按规定刷制唛头。

A10. 信息协助与相关费用

在买方要求并由买方承担风险和费用的情况下,卖方应该及时协助买方获取有关单证和信息,以便使买方顺利办理进口手续和/或将货物运至最终目的地。

卖方应该补偿买方由于提供单证和信息帮助而发生的额外费用。

B. 买方义务

B1. 买方基本义务

按照合同支付货款。B1—B10 所涉及的单证可以是双方商定的具有相同作用的电子凭证。

B2. 许可证、其他官方许可、报关及其他事宜

承担风险和费用，申领进口许可证和其他官方文件，办理进口海关手续和通过他国过境运输的手续。

B3. 运输合同和保险合同

(a) 运输合同。

买方自担费用签订从装运地装运货物的运输合同，除非卖方签订运输合同。

(b) 保险合同。

买方没有签订保险合同的义务。

B4. 接收货物

买方必须接受按规定交货的货物。

B5. 风险转移

承担交货后货物损失和损坏的一切风险。还要承担：

(a) 未按规定将指定的承运人或其他人通知卖方；或

(b) 所指定的承运人或其他人未按规定接收货物，按以下时间承担所发生的货物损失和损坏的一切风险：

(i) 从规定的时间或期满之日起；

(ii) 从合同规定的卖方通知交货之日起；

(iii) 从规定的交货期满之日起。

B6. 费用的分担

买方承担：

(a) 交货后与货物有关的一切费用和出口清关应该由买方支付的费用；

(b) 由下列原因引起的附加费用：

(i) 未能按规定指定承运人或其他人；或

(ii) 指定的承运人或其他人未按时接货；或

(iii) 没有按规定通知卖方。

B7. 通知卖方

买方必须通知卖方：

(a) 将指定的承运人或其他人通知卖方，并且要预留充足的时间，以便使卖方能够按规定交货；

(b) 如果需要,在交货期内指定承运人或其他人具体的接货时间;

(c) 承运人或其他人的运输方式;

(d) 指定地点的具体交货地点。

B8. 交货证明

接受卖方提供的符合合同规定的交货证明。

B9. 货物检验

承担费用对货物进行出口前的检验,除非该项检验是出口国政府有关部门规定的。

B10. 信息协助与相关费用

买方要及时向卖方提出要求其提供相关信息的建议,以便卖方能够按要求提供信息。

买方应该补偿由于卖方提供单证和信息而发生的额外费用。

在卖方要求并由卖方承担风险和费用的情况下,买方应该及时协助卖方获取有关单证和信息,以便使卖方能够顺利办理运输、出口和通过他国过境运输的手续。

2. FCA 与 FOB 两个术语的不同点

从上面的 FOB 和 FCA 两个贸易术语买卖双方的义务等情况中可以看出,这两个术语买卖双方的义务有很多相似之处,所不同的主要是:

(1) FOB 只适用于海洋和内河运输方式,而 FCA 可以适用于任何运输方式,包括国际多式联运。

(2) FOB 术语中负责运输的人主要是船公司或与船公司有关系的、负责办理运输的人,而 FCA 术语中所指的承运人则是指在运输合同中承诺通过铁路、公路、空运、海运、内河运输等或上述运输的联合方式履行运输义务的任何人。若买方指定承运人以外的人领取货物,则当卖方将货物交给此人时,即视为已履行了交货义务。



3.《2000 年国际贸易术语解释通则》中 FCA 买卖双方的基本责任和义务

FCA: Free Carrier(…named place of delivery)——货交承运人(……指定发货地)是指卖方只要将货物在指定的地点,交给由买方指定的承运人,并办理了出口清关手续,即履行了交货义务。需要说明的是,交货地点的选择对于在该地点装货和卸货的义务会产生影响。若卖方在其所在地交货,则卖方应负责装货,若卖方在任何其他地点交货,卖方不负责卸货。该术语可用于各种运输方式,包括多式联运。

“承运人”是指在运输合同中承诺通过铁路、公路、空运、海运、内河运输或上述运输的联合方式履行运输义务的任何人。若买方指定承运人以外的人领取货物，则当卖方将货物交给此人时，即视为已履行了交货义务。

### 1.4.3　CFR: Cost and Freight (insert named port of destination)——成本加运费(指定目的港)

1. 买卖双方的责任和义务

CFR 术语仅适用于海运或内河运输。

"Cost and Freight"是指在指定装运港，卖方将货物装到船上或接受已装船货物时，卖方完成交货义务。货物装到船上时起货物损失或损坏的风险开始转移。卖方必须签订运输合同、支付成本和运费，将货物运至指定目的港。

当选用 CPT、CIP、CFR 和 CIF 术语时，如采用货交承运人的交货方式，则货交承运人后就完成了交货，而不是到达目的地。

该术语有两个关键地点，即风险转移地点与费用分界地点，两个地点是不同的。合同中通常都会规定目的港，而可能不规定风险转移的装运港。如果装运港对买方的利益有特殊的意义，建议合同中也予以明确。

由于卖方要支付到目的港的运费，所以目的港的到达地点要尽量规定明确。如果运输合同中规定运输费用包括在目的港指定地点的卸货费，向买方收取卸货费是不合理的，除非双方另外商定。

CFR 术语不适合于船上交货前货交承运人的情况。例如集装箱货物一般要到集散站交货。这种情况下，应选用 CPT。

卖方负责办理出口清关手续，而没有办理进口清关手续、缴纳进口税费的义务。

A. 卖方义务

A1. 卖方基本义务

提供货物和合同要求的商业发票等单证。A1—A10 所涉及的单证也可以是双方商定的具有同等作用的电子凭证。

A2. 许可证、其他官方许可、报关手续等事宜

承担风险和费用，申领出口许可证和其他官方文件，办理出口海关手续。

A3. 运输合同和保险合同

(a) 运输合同。

卖方必须签订运输合同或接受已装船货物合同，将货物从指定发货地点运至指定目的港或该港的指定地点。卖方承担费用签订由一般条款构成的合同，利用通常航线和船只进行运输。

(b) 保险合同。

卖方没有签订保险合同的义务。但在买方要求并由买方承担费用和风险的情况下,卖方应该向买方提供相关的投保信息。

A4. 交货

卖方通过将货物装上船或接受已装船货物两种方式交货。任何方式都必须在规定的时间或期限,按照港口习惯完成。

A5. 风险转移

承担交货前货物损失和损坏的一切风险,买方承担的风险除外。

A6. 费用的分担

(a) 承担交货前与货物有关的费用,买方应该支付的费用除外;

(b) 运输合同规定由卖方承担的运费和包括装船费、卸货港卸货费等在内的其他费用;

(c) 承担出口报关关税、其他税和相关费用,以及运输合同规定的应由卖方支付的过境费。

A7. 通知买方

应买方要求,卖方必须将相关信息通知买方,以便使买方能够采取必要措施接收货物。

A8. 交单

卖方承担费用,尽快向买方提供货物将按规定运输到指定目的港的运输单据。

该运输单据必须标明合同货物、装运期限内的装运日期,以便使买方能够在目的港向承运人申请提货。也可以通过协商,使买方通过转让运输单据或通知承运人将运输途中的货物转售给另一个买方。



如果运输单据是可转让的,并有几份正本单据,所有的正本单据都应该一起转让。

A9. 检验、包装、标志

除了政府有关出口部门规定的检验项目以外,卖方要承担费用,按规定进行质量、尺码、重量等项目的检验和计算,以便按规定进行交货。

除了有些货物不需要包装以外,卖方要自担费用对货物进行包装。如果买方在合同签订前没有提出特殊要求,包装方法应该适合于货物运输。包装上应该按规定刷制唛头。

A10. 信息协助与相关费用

在买方要求并由买方承担风险和费用的情况下,卖方应该及时协助买方获取有关单证和信息,以便使买方顺利办理进口手续和/或将货物运至最终目的地。

卖方应该补偿买方由于提供单证和信息帮助而发生的额外费用。

B. 买方义务

B1. 买方基本义务

按照合同支付货款。B1—B10 所涉及的单证可以是双方商定的具有同等作用的电子凭证。

B2. 许可证、其他官方许可、报关及其他事宜

承担风险和费用申领进口许可证和官方文件，办理进口海关手续和通过他国过境运输的手续。

B3. 运输合同和保险合同

(a) 运输合同。

买方没有签订运输合同的义务。

(b) 保险合同。

买方没有签订保险合同的义务。但应卖方要求，买方应该向卖方提供投保所需要的信息。

B4. 接收货物

买方必须接受按规定交货的货物，并且在指定目的港向承运人收取货物。

B5. 风险转移

承担交货后货物损失和损坏的一切风险。

如果未按规定通知卖方，则从规定的装运时间或期限届满时起，承担货物损失和损坏的一切风险。

B6. 费用的分担

买方承担：

(a) 交货后与货物有关的一切费用和出口清关应该由买方支付的费用；

(b) 运输过程中直至到达目的港为止所发生的费用，除非按运输合同规定，应由卖方支付的费用；

(c) 包括驳运费、码头费在内的卸货费，除非按运输合同规定，应由卖方支付的费用；

(d) 没有按规定通知卖方，承担从规定时间或期限届满之日起所产生的额外费用；

(e) 承担进口报关关税、其他税和相关费用以及运输合同规定的应由买方支付的通过他国过境运输的费用。

B7. 通知卖方

如果买方有权确定装运时间和/或目的港的接货地点，要及时通知卖方。

B8. 交货证明

必须接受符合合同规定的运输单证。

B9. 货物检验

承担费用对货物进行出口前的检验，除非该项检查是出口国政府有关部门规定的。

B10. 信息协助与相关费用

买方要及时向卖方提出要求其提供相关信息的建议，以便卖方能够按要求提供信息。

买方应该补偿由于卖方提供单证和信息而发生的额外费用。

在卖方要求并由卖方承担风险和费用的情况下，买方应该及时协助卖方获取有关单证和信息，以便使卖方能够顺利办理运输、出口和通过他国过境运输的手续。

2. CFR 与 FOB、FCA 相比较

很显然，与 FOB 术语相比，CFR 术语所规定的卖方的义务多了，主要差别是运输合同的签订和与之相关的费用。

CFR 术语与 FCA 术语相比，除了运输合同的签订和与之相关的费用以外，最主要的是适合的运输方式不同。

3.《2000 年国际贸易术语解释通则》中 CFR 买卖双方的基本责任和义务

CFR：Cost and Freight(…named port of destination)——成本加运费(……指定目的港)是指在装运港当货物越过船舷时，卖方即完成交货义务。交货后货物灭失或损坏的风险，以及由于各种事件造成的任何额外费用，即由卖方转移给买方。卖方必须支付将货物运至指定的目的港所需的运费和费用。CFR 术语要求卖方办理出口清关手续。该术语仅适用于海运或内河运输。如果各方当事人不希望通过越过船舷交货，则应使用 CPT 术语。



### 1.4.4 CPT：Carriage Paid to (insert named place of destination)——运费付至(指定目的地)

1. 买卖双方的责任和义务

CPT 术语可用于各种运输方式，包括多式联运。

“Carriage Paid to”指卖方签订运输合同，支付到指定目的地的运费，在指定地点(双方同意的任何地点)将货物交给卖方指定的承运人或其他人。

当选用 CPT、CIP、CFR 和 CIF 术语时，如采用货交承运人的交货方式，则

货交承运人后就完成了交货，而不是到达目的地。

该术语有两个关键地点，即风险转移地点与费用分界地点，两个地点是不同的。建议双方协商后在合同中明确风险转移给买方的装运地点和卖方签订的运输合同中货物的目的地。如果运输过程中有几个承运人，而双方对交货地点的选择意见不统一，则货交卖方选定的第一承运人以后风险转移。如果双方希望在后程地点(海港或航空港)转移风险，双方应该在合同中订明。

由于卖方要支付到目的地的运费，所以目的地的具体到达地点要尽量规定明确。卖方接受已装船货物合同适合该术语。在该运输合同的条件下，如果在目的地发生卸货等费用，不应该由买方承担。

卖方负责办理出口清关手续，而没有办理进口清关手续、缴纳进口税费的义务。

A. 卖方义务

A1. 卖方基本义务

提供货物和合同要求的商业发票等单证。A1—A10 所涉及的单证也可以是双方商定的具有同等作用的电子凭证。

A2. 许可证、其他官方许可、报关手续等事宜

承担风险和费用，申领出口许可证和其他官方文件，办理出口海关手续和交货前从他国过境运输的手续。

A3. 运输合同和保险合同

(a) 运输合同。

卖方必须签订运输合同或接受已装运的货物合同，将货物从指定发货地点运送到指定目的地的任何指定地点。卖方承担费用签订由一般条款构成的运输合同，利用通常路线、按照习惯做法进行运输。如果双方对具体的交货地点意见不统一或实际上没有规定，卖方应该选择最适合货物的目的地和目的地的具体交货地点。

(b) 保险合同。

卖方没有签订保险合同的义务。但在买方要求并由买方承担费用和风险的情况下，卖方应该向买方提供相关的投保信息。

A4. 交货

在指定地点、日期或期限，将货物交给与其签订运输合同的承运人或其他人。

A5. 风险转移

承担交货前应该由卖方承担的货物损失和损坏的一切风险。

A6. 费用的分担

(a) 承担交货前与货物有关的费用，买方应该支付的费用除外；

(b) 运输合同规定由卖方承担的运费和包括装货费、目的地卸货费等在内的其他费用;

(c) 承担出口报关关税、其他税和相关费用,以及运输合同规定的应由卖方支付的过境费。

A7. 通知买方

卖方必须将按规定交货的信息通知买方。应买方要求,卖方必须将相关信息通知买方,以便使买方能够采取必要措施接收货物。

A8. 交单

如果有惯例或者买方要求,卖方承担费用,向买方提供按规定运输货物的单据。

该运输单据必须标明合同货物、装运期限内的装运日期,以便使买方能够在目的地向承运人申请提货。也可以通过协商,使买方通过转让运输单据或通知承运人将运输途中的货物转售给另一个买方。

如果运输单据是可转让的,并有几份正本单据,所有的正本单据都应该一起转让。

A9. 检验、包装、标志

除了政府有关出口部门规定的检验项目以外,卖方要承担费用,按规定进行质量、尺码、重量等项目的检验和计算,以便按规定进行交货。

除了有些货物不需要包装以外,卖方要自担费用对货物进行包装。如果买方在合同签订前没有提出特殊要求,包装方法应该适合于货物运输。包装上应该按规定刷制唛头。

A10. 信息协助与相关费用

在买方要求并由买方承担风险和费用的情况下,卖方应该及时协助买方获取有关单证和信息,以便使买方顺利办理进口手续和/或将货物运至最终目的地。

卖方应该补偿买方由于提供单证和信息帮助而发生的额外费用。

B. 买方义务

B1. 买方基本义务

按照合同支付货款。B1—B10 所涉及的单证可以是双方商定的具有同等作用的电子凭证。

B2. 许可证、其他官方许可、报关及其他事宜

承担风险和费用申领进口许可证和官方文件,办理进口海关手续和通过他国过境运输的手续。

B3. 运输合同和保险合同

(a) 运输合同。

买方没有签订运输合同的义务。

(b) 保险合同。

买方没有签订保险合同的义务。但是，应卖方要求，买方要向卖方及时提供投保所需要的信息。

B4. 接收货物

买方必须接受按规定交货的货物，并且在指定目的地向承运人收取货物。

B5. 风险转移

承担交货后货物损失和损坏的一切风险。

如果未按规定通知卖方，则从规定的装运时间或期限届满时起，承担货物损失和损坏的一切风险。

B6. 费用的分担

买方承担：

(a) 交货后与货物有关的一切费用和出口清关应该由买方支付的费用；

(b) 运输过程中直至到达目的地为止所发生的费用，除非按运输合同规定，应该由卖方承担的费用；

(c) 卸货费用，除非按运输合同规定，应该由卖方承担的费用；

(d) 没有按规定通知卖方，承担从规定时间或期限届满之日起所产生的额外费用；

(e) 承担进口报关关税、其他税和相关费用以及运输合同规定的应由买方支付的通过他国过境运输的费用。

B7. 通知卖方

如果买方有权确定发货时间和/或指定目的地或具体接货地点，要及时通知卖方。

B8. 交货证明

接受卖方提供的符合合同要求的运输单据。

B9. 货物检验

承担费用对货物进行出口前的检验，除非该项检验是出口国政府有关部门规定的。

B10. 信息协助与相关费用

买方要及时向卖方提出要求其提供相关信息的建议，以便卖方能够按要求提供信息。

买方应该补偿由于卖方提供单证和信息而发生的额外费用。

在卖方要求并由卖方承担风险和费用的情况下，买方应该及时协助卖方获取有关单证和信息，以便使卖方能够顺利办理运输、出口和通过他国过境运输的手续。

2. CPT与CFR术语的区别

CPT术语所规定的买卖双方的义务与CFR术语所规定的基本相似，主要的差别在于运输方式不同。

3.《2000年国际贸易术语解释通则》中CPT买卖双方的基本责任和义务

CPT：Carriage Paid to (…named place of destination)——运费付至(……指定目的地)是指卖方向其指定的承运人交货，但卖方还必须支付将货物运至目的地的运费。买方要承担交货之后发生的一切风险和费用。

"承运人"是指在运输合同中，承诺通过铁路、公路、空运、海运、内河运输或上述运输的联合方式履行运输或由他人履行运输的任何人。如果在运输过程中有接续的承运人将货物运至约定目的地，则风险自货物交给第一承运人时转移。

CPT术语要求卖方办理出口清关手续。该术语可适用于各种运输方式，包括多式联运。

### 1.4.5 CIF：Cost, Insurance and Freight (insert named port of destination)——成本、保险费加运费(指定目的港)

1. 买卖双方的责任和义务

CIF术语仅适用于海运或内河运输。

"Cost, Insurance and Freight"是指在指定装运港，卖方将货物装到船上或接受已装船货物时，卖方完成交货义务。货物装到船上时起货物损失或损坏的风险开始转移。卖方必须签订运输合同、支付成本和运费，将货物运至指定目的港。

卖方还要签订保险合同，为买方投保运输货物损失和损坏的风险。买方应该知道，在CIF的条件下，卖方投保只能投保最低险别。如果买方希望投保较高的险别，买方应该与卖方协商由卖方代为办理或者自己加保其他险别。

当选用CPT、CIP、CFR和CIF术语时，如采用货交承运人的交货方式，则货交承运人后就完成了交货，而不是到达目的地。

该术语有两个关键地点，即风险转移地点与费用分界地点，两个地点是不同的。合同中通常都会规定目的港,而可能不规定风险转移的装运港。如果装运港对买方的利益有特殊的意义,建议合同中也予以明确。

由于卖方要支付到目的港的运费,所以目的港的到达地点要尽量规定明确。该术语适用于卖方接受已装船货物合同。如果运输合同中规定运输费用包括在目的港指定地点的卸货费,向买方收取卸货费是不合理的,除非双方另有约定。

卖方或者需要将货物装到船上或者需要接受已装船货物,将货物运至指定装运港。从另外的角度,卖方需要或者签订运输合同,或者接受已装船货物合同。此处,"接受"(procure)主要用于连锁交易(string sales)的商品贸易中,尤其适合于一般商品贸易。

CIF术语不适合于船上交货前货交承运人的情况。例如集装箱货物一般要到集散站交货。这种情况下,应选用CIP。

卖方负责办理出口报关手续,而没有办理进口清关手续、缴纳进口税费的义务。

A. 卖方义务

A1. 卖方基本义务

提供货物和合同要求的商业发票等单证。A1—A10所涉及的单证也可以是双方商定的具有同等作用的电子凭证。

A2. 许可证、其他官方许可、报关手续等事宜

承担风险和费用,申领出口许可证和其他官方文件,办理出口海关手续。

A3. 运输合同和保险合同

(a) 运输合同。

卖方必须签订运输合同或接受已装船货物合同,将货物从指定发货地点运送到指定目的港或该港的指定地点。卖方承担费用签订由一般条款构成的运输合同,利用通常航线和船只进行运输。

(b) 保险合同。

卖方自担费用,签订最低为伦敦保险协会的《协会货物条款》(C)(LMA/IUA)运输货物保险合同或作用相同的其他运输货物保险合同。应与资信较高的保险公司或保险人签订保险合同,以有保险利益的买方或其他人为受益人,以便能够直接向保险人索赔。

在买方要求并由买方提供信息、承担费用,以及应卖方要求由买方向卖方提供信息的情况下,卖方可增加投保险别,例如《协会货物条款》(A)、《协会货物条款》(B)、战争险、罢工险或险别相同的其他险。

保险合同中的保险金额应该包含最低10%的保险加成(保险金额为

110%),计价货币与合同相同。

保险责任从交货地点开始,至少到目的港为止。

卖方要向买方提供保险单或其他保险凭证。

在买方承担风险、费用的情况下,应买方要求,卖方应该向买方提供买方要求提供的投保附加险的信息。

A4. 交货

卖方或者将货物装上船,或者接受已装船货物后完成交货义务。任何方式都必须在规定的时间或期限,按照港口习惯进行。

A5. 风险转移

承担交货前货物损失和损坏的一切风险,买方承担的风险除外。

A6. 费用的分担

(a) 承担交货前与货物有关的费用,买方应该支付的费用除外;

(b) 运输合同规定由卖方承担的运费和包括装船费、卸货港卸货费等在内的其他费用;

(c) 办理运输货物保险的费用;

(d) 承担出口报关关税、其他税和相关费用,以及运输合同规定的应由卖方支付的过境费。

A7. 通知买方

应买方要求,卖方必须将相关信息通知买方,以便使买方能够采取必要措施接收货物。

A8. 交单

卖方承担费用,尽快向买方提供货物将按规定运输到指定目的港的运输单据。



该运输单据必须标明合同货物、装运期限内的装运日期,以便使买方能够在目的港向承运人申请提货。也可以通过协商,使买方通过转让运输单据或通知承运人将运输途中的货物转售给另一个买方。

如果运输单据是可转让的,并有几份正本单据,所有的正本单据都应该一起转让。

A9. 检验、包装、标志

除了政府有关出口部门规定的检验项目以外,卖方要承担费用,按规定进行质量、尺码、重量等项目的检验和计算,以便按规定进行交货。

除了有些货物不需要包装以外,卖方要自担费用对货物进行包装。如果买方在合同签订前没有提出特殊要求,包装方法应该适合于货物运输。包装上应该按规定刷制唛头。

A10. 信息协助与相关费用

在买方要求并由买方承担风险和费用的情况下，卖方应该及时协助买方获取有关单证和信息，以便使买方顺利办理进口手续和/或将货物运至最终目的地。

卖方应该补偿买方由于提供单证和信息帮助而发生的额外费用。

B. 买方义务

B1. 买方基本义务

按照合同支付货款。B1—B10 所涉及的单证可以是双方商定的具有同等作用的电子凭证。

B2. 许可证、其他官方许可、报关及其他事宜

承担风险和费用申领进口许可证和官方文件，办理进口海关手续和通过他国过境运输的手续。

B3. 运输合同和保险合同

(a) 运输合同。

买方没有签订运输合同的义务。

(b) 保险合同。

买方没有签订保险合同的义务。但应卖方要求，买方应该向卖方提供投保信息，以便使卖方按照买方的要求投保其他附加险。

B4. 接收货物

买方必须接受按规定交货的货物，并且在指定目的港向承运人收取货物。

B5. 风险转移

承担交货后货物损失和损坏的一切风险。

如果未按规定通知卖方，则从规定的装运时间或期限届满时起，承担货物损失和损坏的一切风险。

B6. 费用的分担

买方承担：

(a) 交货后与货物有关的一切费用和出口清关应该由买方支付的费用；

(b) 运输过程中直至到达目的港为止所发生的费用，除非按运输合同规定，应该由卖方支付的费用；

(c) 包括驳运费、码头费在内的卸货费，除非按运输合同规定，应该由卖方支付的费用；

(d) 没有按规定通知卖方，承担从规定时间或期限届满之日起所产生的额外费用；

(e) 承担进口报关关税、其他税和相关费用以及运输合同规定的应由买方

支付的通过他国过境运输的费用；

(f) 买方要求投保其他附加险的费用。

B7. 通知卖方

如果买方有权确定装运时间和/或目的港的接货地点，要及时通知卖方。

B8. 交货证明

必须接受符合合同规定的运输单证。

B9. 货物检验

承担费用对货物进行出口前的检验，除非该项检查是由出口国政府有关部门规定的。

B10. 信息协助与相关费用

买方要及时向卖方提出要求其提供相关信息的建议，以便卖方能够按要求提供信息。

买方应该补偿由于卖方提供单证和信息而发生的额外费用。

在卖方要求并由卖方承担风险和费用的情况下，买方应该及时协助卖方获取有关单证和信息，以便使卖方能够顺利办理运输、出口和通过他国过境运输的手续。

2. 选用 CIF 术语注意事项

(1) 选用 CIF 术语的贸易合同的性质是凭单据买卖(a sale of the document)。

凭单据买卖，即卖方发货后，向买方提供符合合同或信用证条款规定的单据(主要是提单、装箱单、发票、保险单等)就完成了交货任务。因此，这种交货也被称为象征性交货(symbolic delivery)。既然卖方提交了符合规定的单据就完成了交货义务，因此，买方见到符合合同规定的单据后就应该履行付款义务，而不必考虑货物的具体情况。即使货物出现损坏或灭失，也要首先履行支付货款的义务，然后再通过索赔等其他途径解决货物的损失和损坏等问题。这种做法也是符合 CIF 术语的具体情况的。

在 CIF 术语的条件下，卖方一般都是在发货期间投保运输货物保险的，有的卖方在发货前就投了保。一旦发生保险责任范围内的损失，索赔时“保险利益”已经存在，保险公司较容易按照保险合同的规定给予补偿。

(2) CIF 术语合同的卖方不应该承担有关到货的责任。

在 CIF 术语条件下，卖方在装运港将货物装到船上以后，货物损失和损坏的风险就由卖方转移给买方。同时，卖方无法准确估计货物运输途中的风险和货物是否损失等情况。因此，在 CIF 术语合同的条件下，卖方不应该承担何时到货、保证货物的完整性等义务。否则，如果合同中规定了具体到货时间等条款，则该合同就改变了 CIF 合同的性质，即不是真正的 CIF 术语性质的合同。同时也可能会使卖方陷入被动的境地。

3. CIF术语的变形术语

与上面提到的FOB术语一样，CIF术语也有其变形术语。CIF常见的变形术语有以下几种：

(1) CIF班轮条件(CIF liner terms)，指装卸费用由支付运费的卖方承担。

(2) CIF舱底交货(CIF ex ship's hold)，指买方承担将货物从舱底起吊并将货物卸到码头上的费用。

(3) CIF吊钩下交货(CIF under tackle)，指卖方承担将货物从舱底吊至船边脱离吊钩为止的费用。

(4) CIF卸到岸上(CIF landed)，指卖方承担将货物从舱底卸到目的港岸上的费用。其中包括驳船费和码头费(literage and wharfage charge)。

在合同中选用上述变形的贸易术语时，应该注意其写法和所表示的实际意义。

4.《2000年国际贸易术语解释通则》中CIF买卖双方的基本责任和义务

CIF：Cost，Insurance and Freight(…named port of destination)——成本、保险费加运费(……指定目的港)是指在装运港货物越过船舷时卖方即完成交货。卖方必须支付将货物运至指定目的港所需的运费和费用，但交货后货物灭失和损坏的风险，以及由于各种事件造成的任何额外费用，即由卖方转移给买方。但是，在CIF条件下，卖方还必须办理货物在运输途中损失和损坏风险的海运保险。应卖方要求，买方应该提供办理保险所需要的信息。因此，卖方要订立保险合同并支付保险费。买方应该注意到，CIF术语只要求卖方投保最低的保险险别。如果买方需要更高的险别，则应与卖方达成协议，或自行投保。CIF术语要求卖方办理货物出口报关手续。该术语仅适用于海运或内河运输。若当事双方无意越过船舷交货，则应使用CIP术语。



### 1.4.6 CIP：Carriage and Insurance Paid to (insert named place of destination)——运费和保险费付至(指定目的地)

1. 买卖双方的责任和义务

CIP术语可用于各种运输方式，包括多式联运。

"Carriage and Insurance Paid to"是指卖方签订运输合同，支付到指定目的地的运费，在指定地点(双方同意的任何地点)将货物交给卖方指定的承运人或其他人。

卖方还要签订保险合同，为买方投保运输货物损失和损坏的风险。买方应该知道，在CIP的条件下，卖方投保只能投保最低险别。如果买方希望投保较高的险别，买方应该与卖方协商由卖方代为办理或者自己加保其他险别。

当选用CPT、CIP、CFR和CIF术语时，如采用货交承运人的交货方式，则货交承运人后就完成了交货，而不是到达目的地。

该术语有两个关键地点，即风险转移地点与费用分界地点，两个地点是不同的。建议双方协商后在合同中订明风险转移给买方的装运地点和卖方签订的运输合同中货物的目的地。如果运输过程中有几个承运人，而双方对交货地点的选择意见不统一，则货交卖方选定的第一承运人以后风险转移。如果双方希望在后程地点(海港或航空港等)转移风险，双方应该在合同中订明。

由于卖方要支付到目的地的运费，所以目的地的具体到达地点要尽量规定明确。卖方接受已装运货物合同适合这种情况。在该运输合同的条件下，如果在目的地发生卸货等费用，不应该由买方承担。

卖方负责办理出口报关手续，而没有办理进口清关手续、缴纳进口税费的义务。

A. 卖方义务

A1. 卖方基本义务

提供货物和合同要求的商业发票等单证。A1—A10所涉及的单证也可以是双方商定的具有同等作用的电子凭证。

A2. 许可证、其他官方许可、报关手续等事宜



承担风险和费用，申领出口许可证和其他官方文件，办理出口海关手续和交货前从他国过境运输的手续。

A3. 运输合同和保险合同

(a) 运输合同。

卖方必须签订运输合同或接受已装运货物合同，将货物从指定发货地点运送到指定目的地的任何指定地点。卖方承担费用签订由一般条款构成的运输合同，利用通常路线、按照习惯做法进行运输。如果双方对具体的交货地点意见不统一或实际上没有规定，卖方应该选择最适合交货的目的地和目的地的具体指定地点。

(b) 保险合同。

卖方自担费用，签订最低为伦敦保险协会的《协会货物条款》(C)(LMA/

IUA)运输货物保险合同或作用相同的其他运输货物险。应与资信较高的保险公司或保险人签订保险合同,以有保险利益的买方或其他人为受益人,以便能够直接向保险人索赔。

在买方要求并由买方提供信息、承担费用,以及应卖方要求由买方向卖方提供信息的情况下,卖方可增加投保险别,例如《协会货物条款》(A)、《协会货物条款》(B)、战争险、罢工险或险别相同的其他险。

保险合同中的保险金额应该包含最低10%的保险加成(保险金额为110%),计价货币与合同相同。

保险责任从交货地点开始,至少到目的地为止。

卖方要向买方提供保险单或其他保险凭证。

在买方承担风险、费用情况下,应买方要求,卖方应该向买方提供买方要求提供的投保附加险的信息。

A4. 交货

在指定地点、日期或期限,将货物交付给与其签订运输合同的承运人或其他人。

A5. 风险转移

承担交货前应该由卖方承担的货物损失和损坏的一切风险。

A6. 费用的分担

(a) 承担交货前与货物有关的费用,买方应该支付的费用除外;

(b) 运输合同规定由卖方承担的运费和包括装货费、目的地卸货费等在内的其他费用;

(c) 投保所发生的费用;

(d) 承担出口报关关税、其他税和相关费用,以及运输合同规定的应由卖方支付的过境费。

A7. 通知买方

卖方必须将按规定交货的信息通知买方。应买方要求,卖方必须将相关信息通知买方,以便使买方能够采取必要措施接收货物。

A8. 交单

如果按照惯例或者应买方要求,卖方承担费用,向买方提供按规定运输货物的单据。

该运输单据必须标明合同货物、装运期限内的装运日期,以便使买方能够在目的地向承运人申请提货。也可以通过协商,使买方通过转让运输单据或通知承运人将运输途中的货物转售给另一个买方。

如果运输单据是可以转让的,并有几份正本单据,所有的正本单据都应该一起转让。

A9. 检验、包装、标志

除了政府有关出口部门规定的检验项目以外，卖方要承担费用，按规定进行质量、尺码、重量等项目的检验和计算，以便按规定进行交货。

除了有些货物不需要包装以外，卖方要自担费用对货物进行包装。如果买方在合同签订前没有提出特殊要求，包装方法应该适合于货物运输。包装上应该按规定刷制唛头。

A10. 信息协助与相关费用

在买方要求并由买方承担风险和费用的情况下，卖方应该及时协助买方获取有关单证和信息，以便使买方顺利办理进口手续和/或将货物运至最终目的地。

卖方应该补偿买方由于提供单证和信息帮助而发生的额外费用。

B. 买方义务

B1. 买方基本义务

按照合同支付货款。B1—B10 所涉及的单证可以是双方商定的具有同等作用的电子凭证。

B2. 许可证、其他官方许可、报关及其他事宜

承担风险和费用，申领进口许可证和其他官方文件，办理进口海关手续和通过他国过境运输的手续。

B3. 运输合同和保险合同

(a) 运输合同。

买方没有签订运输合同的义务。

(b) 保险合同。



买方没有签订保险合同的义务。但是，应卖方要求，买方要向卖方及时提供投保所需要的信息，以便卖方按照买方的要求投保其他附加险别。

B4. 接收货物

买方必须接受按规定交货的货物，并且在指定目的地向承运人收取货物。

B5. 风险转移

承担交货后货物损失和损坏的一切风险。

如果未按规定通知卖方，则从规定的装运时间或期限届满时起，买方承担货物损失和损坏的一切风险。

B6. 费用的分担

买方承担：

(a) 交货后与货物有关的一切费用和出口清关应该由买方支付的费用；

(b) 运输过程中直至到达目的地为止所发生的费用，除非按运输合同规定，应该由卖方支付的费用；

(c) 卸货费用，除非按运输合同规定，应该由卖方支付的费用；

(d) 没有按规定通知卖方，承担从规定时间或期限届满之日起所产生的额外费用；

(e) 承担进口报关关税、其他税和相关费用以及运输合同规定的应由买方支付的通过他国过境运输的费用；

(f) 买方要求投保其他附加险的费用。

B7. 通知卖方

如果由买方决定发货时间和/或指定目的地或目的地的具体接货地点，要及时通知卖方。

B8. 交货证明

接受卖方提供的符合合同要求的运输单据。

B9. 货物检验

承担费用对货物进行出口前的检验，除非该项检查是出口国政府有关部门规定的。

B10. 信息协助与相关费用

买方要及时向卖方提出要求其提供相关信息的建议，以便卖方能够按要求提供信息。

买方应该补偿由于卖方提供单证和信息而发生的额外费用。

在卖方要求并由卖方承担风险和费用的情况下，买方应该及时协助卖方获取有关单证和信息，以便使卖方能够顺利办理运输、出口和通过他国过境运输的手续。

2.《2000年国际贸易术语解释通则》中CIP买卖双方的基本责任和义务

CIP：Carriage and Insurance Paid to(…named place of destination)——运费和保险费付至(……指定目的地)是指卖方向其指定的承运人交货。同时，卖方还必须支付将货物运至目的地的运费。买方必须承担卖方交货之后的一切风险和额外费用。另外，按照CIP术语，卖方还必须办理运输货物保险，即由卖方订立保险合同并支付保险费。CIP术语只要求卖方投保最低的保险险别。如买方需要更高的保险险别，则买方需要与卖方协商并达成明确的协议，或者自行投保。

CIP术语要求卖方办理出口清关手续。该术语可适用于各种运输方式，包括多式联运。

### 1.4.7 EXW: Ex Works (insert named place of delivery)——工厂交货(指定发货地)

EXW术语可以用于任何运输方式,包括多式联运。该术语比较适合于国内贸易,而FCA术语比较适合于国际贸易。

"Ex Works"是指卖方在其所在地或在其他指定地点(例如车间、工厂、仓库等)将货物交给买方处置,即完成了交货义务。卖方不需要将货物装到买方的车辆上,也不需要办理出口清关手续。

建议买卖双方尽量将指定装运地的具体交货地点商定清楚。因为该地点以前货物的费用和风险是由卖方承担的。买方承担在指定装运地交货后的一切费用和风险,包括接受货物。

EXW代表了卖方责任和义务最小的贸易术语。选用该术语时应该注意:

(1) 虽然卖方处于有利地位,但卖方没有义务为买方装货。如果卖方装货,应该是在买方承担费用和风险的条件下。如果希望卖方利用自己的有利地位完成装货工作,可以选用FCA术语。FCA术语赋予卖方在承担风险和费用的条件下完成装货的义务,因此更合适。

(2) 买方按照EXW条件向卖方购买商品时应该清楚,在EXW的条件下,卖方没有义务办理出口清关手续,只能对买方提供帮助。因此,如果买方不能直接或间接地进行出口报关,建议不要选用EXW术语。

《2000年国际贸易术语解释通则》中的EXW术语中买卖双方的责任和义务基本上与上面的解释相同。



### 1.4.8 FAS: Free alongside Ship(insert named port of shipment)——船边交货(指定装运港)

FAS术语仅适合于海运和内河运输。

"Free alongside Ship"是指卖方在指定装运港将货物运到买方指定的船边(例如在码头或驳船上),即完成了交货义务。货物运到船边以后,货物损失和损坏的风险开始转移。此后,买方要开始承担一切费用。

建议买卖双方尽量将指定装运港的具体装货地点商定清楚,因为该地点以前货物的费用和风险是由卖方承担的,而该地点以前的相关费用和其他装运费会随着港口的实际情况不同而有所不同。

卖方需要或者将货物运至船边，或者接受已装船货物。此处，“接受”（procure）主要用于连锁交易（string sales）的商品贸易中，尤其适合于一般商品贸易。

对于装入集装箱的货物，卖方将货物交给集散站的承运人，而不是交到船边。在这种情况下，FAS术语就显得不合适了，应该选用FCA术语。

卖方办理出口报关手续，而没有办理进口报关手续、缴纳进口税费的义务。

《2000年国际贸易术语解释通则》中的FAS术语中所规定的买卖双方的责任和义务基本上与上面的解释相同。

### 1.4.9 DAP：Delivered at Place(insert named place of destination)——目的地交货(指定目的地)

DAP术语可用于各种运输方式，包括多式联运。

“Delivered at Place”是指卖方在目的地将装在运输工具上等待卸货的货物交给买方处置时，完成交货义务。卖方承担将货物运至指定目的地的一切风险。

建议买卖双方尽量明确指定目的地的具体交货地点，该地点以前的风险由卖方承担。卖方接受已装运货物合同适用于该术语。如果卖方在目的地由于卸货而发生相关费用，该费用不应该由买方承担，除非双方另有商定。

DAP术语要求卖方办理出口报关手续。卖方没有办理进口报关手续、缴纳进口税费的义务。如果希望卖方负责办理进口报关手续，支付进口税费等，应该选用DDP术语。

DAP术语取代了《INCOTERMS 2000》中的DAF、DES和DDU三个术语。

《2000年国际贸易术语解释通则》中的DAF、DES和DDU三个术语买卖双方的责任和义务如下：

(1) DAF：Delivered at Frontier(…named place)——边境交货(……指定地点)。

边境交货(……指定地点)是指卖方自付费用订立运输合同，将货物运至边境指定的交货地点和具体交货点，在邻国海关边界前，将仍处于交货的运输工具上尚未卸下的货物交给买方处置，办妥货物出口清关手续，但尚未办理进口清关手续时，即完成交货。若买方要求，卖方可以按照通常条件订立合同，由买方承担风险和费用，将货物从边境指定地点继续运至买方指定的进口国的最终目的地。

买方必须承担交货之时起货物损坏和灭失的一切风险和与货物有关的一切费用，包括在边境指定交货地点将货物从运输工具上卸下的卸货费，以及按规定交货而买方未受领货物或未按规定给予卖方通知而发生的一切额外费用。

“边境”一词可以用于任何边境，包括出口国边境。因而，用指定地点和具体交货地点准确界定所指边境，是极为重要的。但是，如当事各方希望卖方负责从交货运输工具上卸货并承担卸货的风险和费用时，则应在销售合同中写明。该术语可用于陆地边界交货的各种运输方式。当在目的港船上或码头交货时，应该选用 DES 或 DEQ 术语。

(2) DES：Delivered ex Ship(…named port of destination)——目的港船上交货(……指定目的港)。

目的港船上交货(……指定目的港)是指在指定的目的港，货物在船上交给买方处置，使货物能够由适合该项货物的卸货设备从船上卸下。卖方不办理货物进口清关手续，卖方即完成交货。卖方必须承担货物运至指定的目的港卸货前的一切风险和费用。买方必须承担交货之时起货物损失或损坏的一切风险和费用。另外，如果货物按规定交给买方处置而买方未受领货物，或未按规定通知卖方，买方要承担由此而发生的货物损失和损坏的一切风险和额外费用。

只有当货物经由海运或内河运输或多式联运在目的港船上交货时，才能使用该术语。如果当事各方希望卖方负担卸货的风险和费用，则应使用 DEQ 术语。

(3) DDU：Delivered Duty Unpaid(…named place of destination)——未完税交货(……指定目的地)。

未完税交货(……指定目的地)是指卖方自付费用订立运输合同，将货物运至指定目的地，在指定的目的地将货物交给买方处置，不办理进口手续，也不从交货的运输工具上将货物卸下，即完成交货。如未约定或按照惯例也无法确定具体交货点，则卖方可在指定的目的地选择最适合交货目的的交货点。卖方应承担将货物运至指定的目的地的一切风险和费用，不包括办理进口海关手续和缴纳税费。买方必须承担按规定交货时起货物损失或损坏的一切风险和与货物有关的一切费用。如买方没有及时办理海关手续，或未按规定通知卖方，则必须自约定的交货日期或交货期限届满之日起，承担由此而发生的货物损失或损坏的一切风险和额外费用。买方必须承担进口税费。

如果双方希望卖方办理海关手续并承担由此发生的费用和风险，以及在货物进口时应支付的一切费用，则应在销售合同中订明。

该术语适用于各种运输方式，但当货物在目的港船上或码头交货时，应使用 DES 或 DEQ 术语。

## 1.4.10　DAT：Delivered at Terminal(insert named terminal at port or place of destination)——终点交货(目的港或目的地指定终点)

1. 买卖双方的责任和义务

DAT术语可用于各种运输方式，包括多式联运。

"Delivered at Terminal"指卖方在指定目的港或目的地的指定终点(一般为集散站)将货物从运输工具上卸下后交给买方处置，即完成交货义务。"Terminal"可指任何地点，不论是否封闭的地方，例如码头、仓库、集装箱堆场、公路、铁路或航空运输站等。卖方承担将货物运至目的港或目的地的指定终点和卸货所发生的一切风险。

建议双方尽量明确目的港或目的地的指定终点。如果可能，明确终点的具体交货地点，因为该地点以前的风险由卖方承担。卖方接受已装运货物合同适用于这种情况。

如果双方希望卖方承担风险和费用，将货物从指定终点转运或运送到另一个地点，建议选择DAP和DDP。

卖方负责办理出口报关手续，而没有办理进口报关手续、缴纳进口税费的义务。

DAT术语取代了《INCOTERMS 2000》中的DEQ术语。

2.《2000年国际贸易术语解释通则》中DEQ术语买卖双方的基本责任和义务

DEQ：Delivered ex Quay(…named port of destination)——目的港码头交货(……指定目的港)是指卖方自付费用订立运输合同，将货物运至指定目的港的指定码头，在指定的目的港码头将货物交给买方处置，不办理进口清关手续，即完成交货。如未约定或按照惯例也无法确定具体码头，则卖方可在指定的目的港选择最适合交货目的的码头交货。卖方应承担将货物运至指定的目的港并卸至码头的一切风险和费用。买方承担按规定交货时起货物损失或损坏的一切风险和与货物有关的一切费用。同时，买方必须支付自按规定交货时起与货物有关的其他费用，包括在港口搬运货物以便继续运输或存入仓库或中转站的一切费用，货物按规定交给买方处置而买方未受领货物、或未按规定通知卖方而发生的一切额外费用。

DEQ术语要求买方办理进口清关手续，并在进口时支付一切办理海关手续的费用、关税和其他税费。这和以前版本对该术语的规定内容相反，以前版本要求卖方办理进口清关手续。如果当事双方希望卖方负担全部或部分进口时交纳的费用，则应在销售合同中订明。

只有当货物经由海运、内河运输或多式联运且在目的港码头卸货时，才能使用该术语。但是，如果当事双方希望卖方负担将货物从码头运至港口以内或以外的其他点（仓库、终点站、运输站等）的义务时，则应使用 DDU 或 DDP 术语。

### 1.4.11 DDP：Delivered Duty Paid(insert named place of destination)——完税交货(指定目的地)

DDP 术语可用于各种运输方式，包括多式联运。

"Delivered Duty Paid"是指卖方将装在运输工具上等待卸货的货物运送到指定目的地，办理进口清关手续后交给买方处置，即完成了交货义务。卖方要承担费用和风险，将货物运至指定目的地，办理进出口报关手续、缴纳进出口税费，将货物交给买方。

DDP 是卖方承担义务最多的贸易术语。

买卖双方应该尽量明确指定目的地的具体交货地点，该地点以前的费用和风险由卖方承担。卖方接受已装运货物合同适合于该术语。如果卖方在目的地由于卸货而发生费用，该费用不应该由买方承担，除非双方另有商定。

如果卖方不能直接或间接地办理进口报关手续，不要选用该术语。

如果买卖双方希望买方承担风险和费用办理进口报关手续，应该选用 DAP 术语。



进口增值税和其他税费由卖方承担，除非双方另外商定，并在合同中列明。

《2000 年国际贸易术语解释通则》中的 DDP 术语中买卖双方的责任和义务基本上与上面的解释相同。

## 1.5 贸易术语总结

下面，对贸易术语的有关问题进行一下总结：

## 1.5.1　买卖双方在运输合同、保险合同、风险转移和费用分担几方面的责任和义务

《2010 年国际贸易术语解释通则》中共有 11 个贸易术语，买卖双方在运输合同、保险合同、风险转移和费用划分几方面义务如表 1.2 所示。

**表 1.2　《2010 年国际贸易术语解释通则》贸易术语总结**

| 序 | 贸易术语 | 运输合同 | 保险合同 | 风险转移 | 费用划分 |
|---|---|---|---|---|---|
| 1 | EXW | （买方） | （买方） | 交货 | 交货 |
| 2 | FCA | 买方 | （买方） | 承运人 | 承运人 |
| 3 | FAS | 买方 | （买方） | 船边 | 船边 |
| 4 | FOB | 买方 | （买方） | 船上 | 船上 |
| 5 | CFR | 卖方 | （买方） | 船上 | 目的港 |
| 6 | CIF | 卖方 | 卖方 | 船上 | 目的港 |
| 7 | CPT | 卖方 | （买方） | 承运人 | 目的地 |
| 8 | CIP | 卖方 | 卖方 | 承运人 | 目的地 |
| 9 | DAP | 卖方 | （买方） | 交货 | 目的地 |
| 10 | DAT | 卖方 | （买方） | 交货 | 终点 |
| 11 | DDP | 卖方 | （买方） | 交货 | 目的地 |

注：按照《2010 年国际贸易术语解释通则》的英文原文，（买方）表示卖方对买方或买方对卖方没有承担办理该项业务的义务（no obligation to the buyer or seller to make a contract of …）。但由于交货后货物损失和损坏的风险转移给买方，所以实际上是由买方办理该项业务的。

**附表：《2000 年国际贸易术语解释通则》贸易术语总结**

| 序 | 贸易术语 | 运输合同 | 保险合同 | 风险转移 | 费用划分 |
|---|---|---|---|---|---|
| 1 | EXW | （买方） | （买方） | 交货 | 交货 |
| 2 | FCA | 买方 | （买方） | 承运人 | 承运人 |
| 3 | FAS | 买方 | （买方） | 船边 | 船边 |
| 4 | FOB | 买方 | （买方） | 船舷 | 船舷 |
| 5 | CFR | 卖方 | （买方） | 船舷 | 目的港 |
| 6 | CIF | 卖方 | 卖方 | 船舷 | 目的港 |

（续表）

| 序 | 贸易术语 | 运输合同 | 保险合同 | 风险转移 | 费用划分 |
|---|---|---|---|---|---|
| 7 | CPT | 卖方 | （买方） | 承运人 | 目的地 |
| 8 | CIP | 卖方 | 卖方 | 承运人 | 目的地 |
| 9 | DAF | 卖方 | （买方） | 交货 | 边境 |
| 10 | DES | 卖方 | （买方） | 交货 | 目的港 |
| 11 | DEQ | 卖方 | （买方） | 交货 | 目的港码头 |
| 12 | DDU | 卖方 | （买方） | 交货 | 目的地 |
| 13 | DDP | 卖方 | （买方） | 交货 | 目的地 |

注：按照《2000 年国际贸易术语解释通则》的英文原文，（买方）表示卖方对买方或买方对卖方没有承担办理该项业务的义务（no obligation to the buyer or seller to make a contract of …）。但由于交货后货物损失和损坏的风险转移给买方，所以实际上是由买方办理该项业务的。

### 1.5.2 有关保险问题

在 CIF、CIP 等贸易术语中都会涉及保险问题。《2010 年国际贸易术语解释通则》规定，如买卖双方事先未在合同中规定保险险别和保险金额，卖方只需按最低责任的保险险别取得保险，最低保险金额为合同价款加上 10%的保险加成，即 CIF 或 CIP 合同价款的 110%，并以合同货币投保。这种解释方法与《2000 年国际贸易术语解释通则》基本是相同的。在实际投保业务中，买卖双方也可以增加保险加成，但是，双方商定后应该与保险公司协商，要征得保险公司的同意。



### 1.5.3 FCA、CPT、CIP 三种术语和 FOB、CFR、CIF 三种传统术语的关系与区别

FCA、CPT、CIP 三种术语是分别在 FOB、CFR、CIF 三种传统术语基础上发展起来的，其责任划分的基本原则是相同的，但也有一些区别，主要表现为：

(1) 适用的运输方式不同。FOB、CFR、CIF 三种术语仅适用于海运和内河运输，其承运人一般只限于船运公司或与船运公司有关系的机构；而 FCA、CPT、CIP 适用于各种运输方式，包括多式联运方式，当然也包括海运和内河

运输。

(2) 交货和风险转移的界限不同。FOB、CFR、CIF 的交货和风险转移的界限为装运港货装到船上。而 FCA、CPT、CIP 的交货地点,需视不同的运输方式而定,可能在卖方所在处所由承运人提供的工具上,也可以是在铁路、公路、航空、内河、海洋运输或多式联运承运人的运输站或其他收货点卖方的送货运输工具上。至于货物灭失或损坏的风险,则于货交承运人时由卖方转移至买方。

## 1.5.4 贸易术语的选用方法

在国际贸易中,可以根据具体的贸易条件灵活选用《2010 年国际贸易术语解释通则》中 11 个贸易术语中的任何一个。在贸易实践中,选用 FOB、CFR 和 CIF 术语的最多,甚至陆运、空运也都有选择这三个贸易术语的情况。其主要原因是:(1)这三个贸易术语历史最为悠久,内容也比较成熟,人们也最熟悉;(2)这三个贸易术语可以比较全面地表示买卖双方在费用等方面的义务,可满足不同情况下的需求,然而,随着国际贸易的发展和运输技术的提高,选用 FCA、CPT 和 CIP 等贸易术语的外贸合同也会逐渐增多;(3)《2010 年国际贸易术语解释通则》中,没有为陆运、空运等运输方式专门设计的贸易术语。

在实际的外贸业务中,由于关系到经济利益,买卖双方都十分重视贸易术语的选用问题。贸易术语的选用应结合以下几方面的情况具体考虑:

(1) 增加外汇收入,发展服务贸易。

在进出口业务中,应该争取承担较多的义务,以便增加以人民币在国内支付的业务比例,提高外汇收入比例。以贸易术语 FOB、FCA、CFR、CPT、CIF 和 CIP 为例,在出口业务中,应争取选用 CIF、CIP、CFR、CPT 术语;反之,在进口业务中,应争取多选用 FOB、FCA 术语。这样的做法除了有利于国家增加外汇收入、发展国家远洋运输、保险等服务贸易业务以外,还可以通过办理货物的运输、保险等服务业务,提高企业的资信和知名度,为发展良好的客户关系打下坚实的基础。

(2) 注意运输方式的选用。

每项贸易术语,都有其最适用的运输方式。例如,FOB、CFR 和 CIF 术语只适用于海洋运输和内河运输(或统称为水运),而不适用于空运、铁路和公路运输。而贸易术语 FCA、CPT 和 CIP 可适用于任何运输方式。那么,是否可以用 FCA、CPT、CIP 代替 FOB、CFR、CIF 呢? 原则上是可以的。但是,由于 FOB、CFR 和 CIF 是专门为海洋运输和内河运输设计的,有较强的针对性和详细的规定，因此，对于直接通过海洋和内河运输货物的业务，还是首选 FOB、CFR 和 CIF 术语为好。

(3) 注意与对方国的贸易关系和贸易条件。

贸易双方国家的关系和环境有时对业务操作的影响很大。例如，两国的关系较好，商品的互补性好，贸易往来较频繁，一方可以进入另一方国内办理进口通关手续，则可选用 EXW 和 DDP 等术语。另外，还有一些特定用处的贸易术语，应该在特定贸易条件下选用。例如，对于边贸业务，应该选用 DAF 术语。

(4) 以业务发展为宗旨，灵活选用贸易术语。

选用贸易术语，应该根据业务和贸易伙伴的实际情况，灵活掌握贸易术语的选用原则。进口方想要进口大宗商品时，为了在运价和保险费上获得优惠，往往要求选用 FOB 术语，以便自行租船装运货物和办理保险。为了发展对外贸易，在对方资信情况较好的情况下，出口方应该同意采用 FOB 术语。

另外，对于进口国港口无固定班轮或出口方自行派船不便，而进口方愿意自行派船接货的情况，出口方应该考虑同意按 FOB 或相应术语成交。有些国家为了发展本国的保险事业，规定其进口贸易业务必须在本国的保险公司投保等，在无业务风险的情况下，出口方应该考虑同意使用 FOB 或 CFR 术语成交。

## 本章小结

贸易术语是指在进出口业务中用几个大写的英文字母(英文缩写)组成的用来表示交货的地点、风险和费用的划分等买卖双方责任和义务的贸易用语。贸易术语与商品的价格直接相关，是价格术语中重要的组成部分，因此，贸易术语有时又被称为价格术语。随着国际贸易的发展，贸易术语已经成为统一各国对贸易实践的认识、规范贸易方法的重要的语言工具。在贸易业务实践中，由于贸易术语对买卖双方在交货、风险划分、费用分担、办理运输合同和保险合同等方面有较明确的规定，这在一定意义上就决定了合同的性质。因此，应该对贸易术语进行认真的学习和研究，尤其要学习和研究《2010 年国际贸易术语解释通则》的 11 个贸易术语。



## 复习与思考

1. 什么是贸易术语？贸易术语在国际贸易中的作用是什么？说明在下列价格术语中哪些是贸易术语：(1)RMB￥2 000 per M/T CIF London；(2) ＄15 per

dozen CPT Shanghai less 3% discount;(3)EUR 80 per case FOB Vessel San Francisco。

2. 说明FOB和FCA、CFR和CPT、CIF和CIP之间在风险转移和费用划分方面的相同点和不同点。
3. 说明FOB、CFR和CIF以及FCA、CPT和CIP之间在合同性质、运输方式、费用划分等方面的相同点和不同点。
4. 默写《2010年国际贸易术语解释通则》的11个贸易术语英文方式,在每一个贸易术语后面加上相应的港口或地点,并说明港口和地点的意义(装运港口或地点,还是目的港口或地点)。
5. 加入WTO以来,我国对外贸易获得了进一步发展。目前,与我国有贸易往来的城市(可能同时是港口)越来越多,其中有马尼拉(Manila)、乌兰巴托(Ulan Bator)、大阪(Osaka)、达累斯萨拉姆(Dar es Salaam)、布宜诺斯艾利斯(Buenos Aires)、中国香港(Hong Kong)、多伦多(Toronto)、纽约(New York)、斐济(Fiji)、堪培拉(Canberra)、惠灵顿(Wellington)、维也纳(Vienna)、伦敦(London)、哥本哈根(Copenhagen)、汉堡(Hamburg)、巴黎(Paris)、阿姆斯特丹(Amsterdam)、奥斯陆(Oslo)、莫斯科(Moscow)等。假设你要从中国北京向这些城市出口商品,分别应该选择哪个(或哪几个)贸易术语?如何标注地址?
6. 有人将FOB术语称为“离岸价”,将CIF术语称为“到岸价”,你同意这种说法吗?为什么?
7. 举例说明贸易术语FOB和CIF为什么会产生变形术语?

## 案例分析



1. 上海某微电机生产企业与加拿大一客户以FOB术语为交易条件,签订20 000台2瓦电机的供货合同。为了提高本企业的商业信誉,上海企业的业务员于发货后当天就对该批货物进行了保险,并于开船后第10天将发货情况通知了加拿大客商。你对上海该微电机企业业务员的业务操作如何评价?

2. 大连某公司就内河船用柴油机向泰国一家公司报出了CFR价,该泰国公司收到报价后回函,要求改报CPT和CIP价。大连公司马上报出了CPT和CIP价,并传真给泰国公司。泰国公司收到新的报价后回电表示感谢,并表示接受CIP价。试分析,为什么泰国公司要求改报CPT和CIP价?为什么泰国公司最后接受了CIP价?

3. 青岛某出口企业与加拿大一客户按CIF术语条件成交一批出口货物,青岛该企业按时交货并通过银行将符合信用证规定的有关单据交给了加拿大客户。但货物在运输途中遭遇龙卷风，致使货物受损严重，加拿大客户以不可能收到合格货物为由，拒付货款。你同意该客户拒付货款的做法吗？为什么？

# 第 2 章　交易磋商

## 本章关键词

交易磋商(business negotiation)
询盘(inquiry)
发盘(offer)
报价(quotation)
实盘(firm offer)
虚盘(free offer)
还盘(counter offer)
接受(acceptance)
比价(a comparison between offers)
订单(order)
合同(contract)

## 互联网资料

外经贸津网　http://www.goldentianjin.net.cn/service/danzheng/jkht.htm
中国制造网　http://cn.made-in-china.com/infocentre/notebook/

中国国际贸易促进委员会简介

中国国际贸易促进委员会简称中国贸促会;英文名称为 China Council for the Promotion of International Trade,缩写为 CCPIT。中国国际贸易促进委员会是由中国经济贸易界有代表性的人士、企业和团体组成的全国民间对外经贸组织,成立于 1952 年 5 月。

中国贸促会的宗旨是:遵循中华人民共和国的法律和政策,开展促进对外贸易、利用外资、引进外国先进技术及各种形式的中外经济技术合作等活动,促进中国同世界各国、各地区之间的贸易和经济关系的发展,增进中国同世界各国人民以及经贸界的了解与友谊。

目前,中国贸促会、中国国际商会已同世界上 200 多个国家和地区的工商企业界建立了广泛的经贸联系,与 160 多个对口组织签订了合作协议,并同一些国家的商会建立了联合商会;同时,中国贸促会还在 15 个国家和地区设有驻外代表处。在国内,中国贸促会、中国国际商会在各省、自治区、直辖市建立了49个地方分会、600多个支会和县级国际商会,还在机械、电子、轻工、纺织、农业、汽车、石化、商业、冶金、航空、航天、化工、建材、通用产业、供销合作、建设、粮食、外企等部门建立了18个行业分会,全国会员企业近7万家。

中国贸促会、中国国际商会及其所属业务部门已经加入了许多国际组织,其中包括世界知识产权组织、国际保护工业产权协会、国际许可证贸易工作者协会、国际海事委员会、国际博览会联盟、国际商事仲裁机构联合会、太平洋盆地经济理事会、国际商会等。

资料来源:中国贸促网(www.info@ccpit.org)。

交易磋商(business negotiation)是指买卖双方通过直接洽谈或函电的形式,就某项商品的成交条件进行协商,以求达成交易的过程。交易磋商是进出口业务的重要环节之一,一项商品交易业务能否顺利签订合同,主要取决于对贸易条件磋商得如何。对外交易磋商的情况很复杂,而且贸易双方各自为了争取有利的贸易条件,经常会产生分歧。因此,我们要在平等互利的基础上,通过友好协商的办法,尽量争取做到对双方都有利;同时要保证所达成的协议符合有关的法律和规定。

在绪论中,为了对进出口业务有一个总的认识,已经涉及交易磋商的有关内容。但是,只是从一般概念上阐述了交易磋商所包括的环节以及各环节之间的联系等。

从形式上看,交易磋商是一项交易的开始,但是实际上,由于交易磋商的结果是要达成交易合同,因此,交易磋商应该是以对该项业务进行周密的计划为基础的,是需要作好充分准备的。所以,在交易磋商阶段,应该预测该项业务的所有情况,掌握该项业务所需要的技术和知识。



## 2.1 交易磋商的方式

交易磋商的方式主要有直接洽谈方式(或称为口头方式)和函电磋商方式两种。在具体交易磋商过程中,有时利用一种方式便可以达成协议,有时则需要利用两种方式配合进行,直至成交。

(1) 直接洽谈方式(或称为口头方式)。直接洽谈方式(或称为口头方式)是最直接的磋商方式。采用这种方式进行交易磋商时,买卖双方当面直接洽谈,可以缩短函电往来的时间，提高对问题的理解速度和透明度，从而可以加速磋商和提高达成交易的速度。为了进行好口头磋商，业务人员需要具备良好的专业素质及较强的分析、判断能力和应变能力。只有这样，才能及时分析和掌握对手的心理活动，做到根据磋商过程中的形势变化，调整磋商策略，把握成交机会。因此，直接洽谈方式被称为一种技术性很强的艺术。

(2) 函电磋商方式。外贸交易中所说的函电是指信函、电报、电传、传真、Email 和电子商务系统等的统称。函电与合同有着密切的关系，它不仅是交易磋商的语言工具，而且一经双方同意便会达成协议，于是就会成为具有实际法律效力的文件。作为进出口业务人员，必须充分认识函电磋商方式的重要作用，作到用词准确、语法合理、内容完整、形式恰当，避免因表达不当造成不必要的经济损失。

由于以上两种磋商方式的特点不同，在实践中应用的情况也不同。初次交易的双方往往首先通过函电磋商方式，需要进入实质性问题的磋商阶段以后，一般都要进行直接洽谈，面对面地解决一些需要双方共同确认的问题。比较熟悉的交易双方，由于彼此比较了解，交易条件比较成熟，一般主要采用函电磋商方式。对于交易条件较为复杂的工程承包或大宗机器设备的交易磋商，一般需要交叉使用上述两种磋商方式：首先，交易双方经过函电磋商，初步达成意向，然后再对许多技术细节采用直接洽谈方式进行实质性探讨；必要时，买方还要具体考察卖方的技术情况，卖方也要考察买方的工作环境和条件。随着经济全球化的发展，通讯技术在不断改进，函电磋商方式将显得越来越重要。

## 2.2　交易磋商的主要环节



交易磋商过程主要包括“询盘”、“发盘”、“比价”、“还盘”与“接受”五个主要环节。其中，比价(a comparison between offers)主要用于进口磋商的环节，另四个环节在进口磋商和出口磋商中都会用到。从交易磋商的整个过程来说，发盘和接受是达成交易的起决定性作用的两个环节。

### 2.2.1 询盘

询盘(inquiry)又称询价，是指交易的一方欲出售或购买某项商品，向交易的另一方询问购买或出售该项商品的意向和交易条件的表示或行为。询盘可只询问价格，也可询问交易条件，也可以要求对方发盘。询盘时，一般要将询问的有关项目准确地告诉对方，例如品名、规格、数量、交货期等内容。例如：

请报五菱牌 S195 柴油机（配水泵）500 台 FOB 上海港最低价，六七月份装船[PLS QUOTE 500 UNITS OF WU LING S195 DIESEL ENGINE (WATER PUMP) LOWEST PRICE FOB SHANGHAI JUNE JULY SHIPMENT]。

询盘一般不具有任何法律效力，对磋商双方均无约束力，而且也不是每笔交易都必须采取的磋商环节。例如，有时可在未收到对方询盘的情况下直接向对方发盘。但是，询盘是交易磋商的起点，在需要询盘时，询盘应该是对一笔交易影响很大的环节，因此，应该注意以下问题：

(1) 注意询盘的质量。询盘的质量是指通过询盘来促进该项业务的成交乃至提高公司信誉的作用效果。为了提高询盘质量，应该注意语言的使用、被询盘的对象的情况等。

(2) 注意询盘的数量。询盘的数量直接关系到业务的成败，特别是出口询盘。出口询盘时，询盘的数量多会给人以商品多的假象，从而会给业务带来消极影响。例如，我国一家机床公司想要出口 200 台机床，由于向同一地区询盘过多，在该地区询盘机床的总数竟达几千台，使市场出现了虚假饱和状况，结果使价格下降，造成不应有的经济损失。询盘之前应该进行必要的市场调查，尽量做到有的放矢地询盘。按照习惯，一般询盘以询 2 至 3 家为宜，并且，一般不要明确告知具体数量。

### 2.2.2 发盘



发盘(offer)是交易的一方欲购买或销售某种商品，向另一方提出买卖该种商品的交易条件，并愿意按照这些交易条件达成协议和订立合同的一种表示。在进出口业务中，一般是由一方在收到对方的询盘后提出发盘的，但也有不经对方询盘而直接向对方发盘的情况。由于价格是发盘中最重要的组成部分，并且，价格与其他条件有密切的联系，所以发盘也常被称为发价或报价(quotation)。

发盘可以采用直接谈判(negotiation in person)的方式，也可采取函电(correspondence)方式，例如利用电子邮件、传真、电报、电传、Email、邮寄报价单(quotation sheet)、价目单(price list)等形式进行。

发盘一般都是有约束力的(offer with engagement)，因此一般又被称为实盘(firm offer)。发盘一般要通过盘中具体内容表示出发盘人(offeror)有肯定达成交易的意向，一旦受盘人(offeree)在有效期内无条件地接受发盘中的交易条件，交易即告达成，合同即告成立，双方均要受合同的约束。在法律上，一项发盘属于一项要约，它必须有肯定(definite)达成交易的意向，主要的交易条件必须是明确的(clear)、完整的(complete)和无保留的(final)。

1. *有效发盘应该具备的条件*

根据《联合国国际货物销售合同公约》规定，一项有效的发盘必须具有下列三个条件：

(1) 明确受盘人。

向一个或一个以上特定的人提出，即发盘中应该指明特定的受盘人的名称。出口商向国外广泛寄发商品目录、价目表等一般不构成发盘。

(2) 内容确定。

《联合国国际货物销售合同公约》认为："一个建议如果写明货物并且明示或暗示地规定了货物的数量和价格或规定如何确定数量和价格的办法，即为十分确定。"

在实践中，一项有效发盘的内容十分确定意味着该项发盘必须是完整的、明确的和无保留的。完整是指发盘所涉及的内容应该是足够可以达成交易的；明确是指意思应该表达清楚，解释确切，不会导致当事人对权利和义务理解的明显分歧；无保留是指发盘中不附加交易条件以外的限制性条件，如"以我方最后确认为准"等。一项有效发盘具体应该包括以下主要内容：

① 商品的名称、技术规格、性能等应该明确；

② 商品的品质和数量应该确定；

③ 商品的价格条件和支付条件应该完备；

④ 包装要求、运输方式、交货时间、装运港、转运港、目的港等应该明确；

⑤ 有效期应该明确或可以理解。

完整是指发盘所涉及的内容应该是足够可以达成交易的；明确是指意思应该表达清楚，解释确切，不会导致当事人对权利和义务理解的明显分歧；无保留是指发盘中不附加交易条件以外的限制性条件，如"以我方最后确认为准"等。

(3) 表明被接受时承受约束的旨意。

这种旨意一方面是用"发盘"、"报价"、"订货"等字样表示出来；另一方面不附加任何约束条件。

上述主要交易条件是否完整、明确和无保留，是判断发盘的根本要素，但是，有时又不能孤立地以一项函电为依据。例如，买卖双方在以往的交易中已形成一些习惯做法，对于双方已经共同确认的交易条件可能不再在发盘中重现了，此类发盘也应该视为有约束力的发盘。例如：

> 发盘10月10日我方时间收到有效，东风牌D114柴油机12台12月装运其余条件与我方上次函同(Offer till October tenth our time. Twelve

sets Dong Feng Diesel Engine D114 type December shipment other terms same as my last letter)。

与有约束力的发盘不同,无约束力发盘(offer without engagement)的内容不符合上面提到的三个条件。从另一个角度来看,无约束力的发盘应该是一项内容不完备的发盘。由于无约束力的发盘实质性的内容不完备,受盘人无法接受,因此,这种盘又被称为虚盘(free offer),也可以看作对发盘的约请。显然,虚盘的发盘人不希望承担与受盘人签订合同的法律责任,诸如报价单、价目单、形式发票等一般都属于无约束力发盘的范畴。

2. 其他类型的发盘

在交易磋商过程中,由于交易双方的出发点或者所处的环境不同,或者由于决策的变化,可能会产生以下各种类型的发盘:

(1) 更新发盘(renew offer),指发盘的有效期虽然已过,但是,受盘人有达成协议的要求和愿望,于是,发盘人可以将原发盘再向受盘人发一次,这种发盘就被称为更新发盘。

(2) 重复发盘(repeat offer),指交易双方已经成交过,如果双方还愿意按上次合同的相同条件进行磋商,发盘人可再发一次与前次内容相同的发盘。重新发盘在法律上也属一项新的发盘。

(3) 联合发盘(combined offer),指交易一方想要一起出售(或购买)几种不同性质的商品而发出的包括几种商品在内的发盘。

(4) 不定期限发盘(the offer without the time of validity or a reasonable time),指不限定有效期,其他交易条件完整、明确的发盘。与一般发盘相比较,这种发盘对受盘人更有利,而对发盘人不利,因为发盘人要不定期限地承担对其发盘内容不得变更的责任,否则将承担违约责任。



3. 发盘的有效期

发盘的有效期(validity of offer)是指发盘人受所发出发盘约束的期限。在有效期内,发盘人不得任意撤销或修改发盘的内容。在国际贸易中,凡是发盘都应该规定有效期。如:“发盘有效至 19 日我方时间”(OFFER VALID TILL NINTEENTH OUR TIME)。发盘的有效期一般从发盘被传达到受盘人开始生效,到规定的有效期届满为止。发盘人对发盘的有效期亦可不作明确的规定或仅作笼统规定,如:“发盘……即复”(OFFER ... REPLY PROMPTLY)。这种发盘的有效期可以理解为“合理时间”以内,受盘人对这种发盘可理解为在“合理时间”内答复有效。何谓“合理时间”,各国法律一般都未作出明确的规定,因此,各国的解释不尽相同,要根据实际情况具体确定。其中,交易双方的习惯、发盘的传达方法和货物的性质是重要的因素。

(1) 如果交易双方已经合作多年,形成了习惯的“合理时间”,则该“合理时间”对双方都是很明确的。

(2) 电子邮件、传真、电报、电传是快速发盘的手段,其所发发盘的“合理时间”应理解得短些;相反,信件所发的发盘,其“合理时间”应被理解为长一些。口头发盘,如无事先约定,仅当场有效。

(3) 行情变化较大、易变质的商品,其发盘的“合理时间”可理解为比较短;行情较稳定或性能稳定的产品,其“合理时间”则可认为长一些。

在发盘时应尽量明确规定发盘的有效期,以免日后因对“合理时间”的理解不同而产生纠纷。规定有效期的方式通常有两种方式:

(1) 规定最迟送达发盘人的时间,如:“限15日复到有效”。

(2) 规定一段接受时间,如:“发盘3天有效”。《联合国国际货物销售合同公约》对这种规定方式的起讫时间的计算有下列规定:电传或传真方式应从发出时刻起算,信函则从信上载明的发信日期起算,如信上未载明发信日期,则从信封上所载日期起算;如果最后一天为发盘人的非营业日而不能送达,则顺延至下一个营业日。

4. 发盘失效

所谓发盘失效(invalid offer)是指发盘法律效力的终结,因此,也被称为发盘的终止(offer termination)。发盘失效最常见的原因有:

(1) 过了规定的有效期或合理时间而没被受盘人有效接受。

(2) 在有效期内被受盘人拒绝或还盘。

(3) 在被接受前,发盘人对所发盘进行有效的撤回(withdrawal)或撤销(revocation)。

(4) 法律的适用(application of law)。法律的适用是指发盘不符合某项法律的规定而被终止。例如,如果发盘人为自然人,在发盘被接受之前丧失了行为能力;如果发盘人为法人,在发盘被接受以前,受盘人被告知该法人被依法宣告破产。

5. 发盘的撤回

发盘于送达受盘人时生效。发盘人于发盘尚未生效之时,可将其撤回,即撤回通知应在发盘送达受盘人之前到达或同时到达。

6. 发盘的撤销

发盘的撤销是指发盘人在发盘生效前有效地撤销发盘的行为。发盘是否可以撤销,概括起来有以下三种看法:

(1) 英美法系国家的法律认为,发盘在被接受前的任何时候都可以予以撤销。英国法律规定,只要是未经受盘人付出某种代价的发盘或未经发盘人签字的发盘,均可随时撤销。但是,英美法系中的美国在发盘撤销问题上却有自己特殊的规定。美国《统一商法典》规定，书面的发盘只要经过发盘人签字以后，在有效期内不能撤销。

(2) 大陆法系国家的法律认为，在发盘有效期内发盘人不得撤销发盘。《德国民法典》明文规定，订有具体有效期的发盘，在有效期内不能撤销；没有具体规定有效期的发盘，在合理的时间内不得撤销。

(3) 与上述两种情况相比，《联合国国际货物销售合同公约》在发盘撤销问题上作出了折中的规定：发盘送达受盘人后，在受盘人尚未表示接受前，发盘人将撤销通知送达受盘人，发盘是可以撤销的。但是，下列两种情况的发盘不得撤销：①在发盘中规定了有效期或以其他方式表示该发盘是不可撤销的；②受盘人有理由相信该发盘是不可撤销的，并本着对该发盘的信赖采取了行动，例如买方开立了信用证或卖方发了货等。

## 2.2.3 还盘

还盘(counter offer)也称回盘，是受盘人收到发盘人的发盘后对其内容不同意或不完全同意而提出修改建议作出的一种表示。受盘人有意达成交易，但是，对发盘内容不同意或不完全同意，向发盘人提出修改意见或新的交易条件，即构成还盘。从还盘人的角度，还盘还可以看作是对发盘的拒绝，也可以认为是受盘人以发盘人的身份向原发盘人提出的新发盘。因此，还盘也有无约束力还盘和有约束力还盘之分。一方的发盘经对方还盘之后即失效，除非原发盘人同意，受盘人不得在还盘后反悔，再接受原发盘。

在实际业务中，还盘时可用“还盘”术语，但是，在一般情况下，受盘人多以各种方法把自己的不同意见或对原发盘的修改意见利用还盘通知给发盘人。例如：

你20日来函报价难接受希减价8%市价下跌建议立即接受(YL20 QUOTATION UNACCEPTABLE REQUEST LESS 8PCT MARKET DECLINING SUGGEST IMMEDIATE ACCEPTANCE)。

处理还盘是一项较为复杂的工作，应该注意以下几个问题：

(1) 认真分析还盘人的意图。

要认真分析研究原发盘的内容，弄清还盘人的真实意图，然后结合市场动态、客户的要求和经营情况等作出反应。在条件允许的情况下，应该进行市场调查，进一步了解其他客户的反映。如果还盘中对方所提出的条件合理，就应该作出适当的让步，或适当放宽其他条件进行再还盘(counter counter offer)。注意不要纠缠于次要条件，以免贻误交易时机，降低企业在客户中的信誉。

(2) 认真区别还盘是否有约束力。

因为有约束力的还盘是一项新的发盘，所以要认真对待，要在有效期内进行接受或再还盘。例如：

10 kW 电动机价用户难接受还价每台 65 美元市疲建议接受 25 日前电复确认(QUOTATION 10 kW MOTOR UNWORKABLE USERS BID US$65 PER SET MARKET WEAK RECOMMEND ACCEPTANCE CABLE CONFIRMATION BEFORE DATE 25)。

此为有约束力的还盘，如卖方认为客户有诚意，并且价格可接受，应该在 25 日前电复表示接受。

(3) 注意还盘提出的具体问题。

还盘并不一定都是讨价还价。还盘人有时在基本同意发盘内容的条件下，为了使商品更好地满足自己的需要而提出具体的建议。在工程承包和机电产品对外贸易中，还盘人的还盘往往会涉及结构、性能、技术的先进性、适用性和技术服务条件等等，对此我们应认真分析研究，然后作出合理的答复。例如：

由于带动该设备的电动机所需电压高于我方电压，你方必须免费供给一只变压器，以便将 220 V 上升到你方电动机所需要的电压(AS THE VOLTAGE REQUIRED BY THE MOTOR FOR DRIVING THIS EQUIPMENT IS HIGHER THAN THAT OF OUR POWER SUPPLY, YOU WILL HAVE TO SUPPLY A TRANSFORMER TO STEP UP 220 V TO THE VOLTAGE REQUIRED BY YOUR MOTOR AT NO EXTRA COST TO US)。

此项还盘不是针对主要商务条件，而是针对有关配套设备的技术问题提出的，对此，卖方不应该盲目接受，要注意自己解决问题的能力，还要仔细核算，然后再作出符合双方利益的答复。

(4) 只有受盘人才可以还盘。

从法律的角度，只有受盘人的还盘才具有约束力，其他人的还盘没有任何约束力。对于其他人的还盘，发盘人可不予答复。当然，有时也可以把其他人的还盘作为一项以对方为发盘人的发盘。

### 2.2.4 接受

接受(acceptance)是指受盘人在接到发盘后，在发盘有效期限内无条件地同意发盘人提出的交易条件，并愿意按这些条件订立合同的一种表示。发盘人有约束力的发盘经受盘人有效地接受,交易即告达成,合同即告成立,双方当事人即受发盘的约束,必须认真履行其所承担的义务。

1. 有效的接受必须具备的条件

根据《联合国国际货物销售合同公约》第 18 条(2)、(3)款和第 19 条的规定,一项有效的接受必须具备以下条件:

(1) 接受必须由特定的受盘人作出。

一项有约束力的发盘一般均明确指定特定的受盘人,只有该特定的受盘人表示接受才构成有效的接受,任何第三者针对该项发盘作出的接受均不对发盘人产生法律约束力。只有在发盘不是向特定人发出,而是向任何人或许多人公开发出的情况下,任何人才可以按规定的接受办法表示对该发盘的接受。但是,在特殊的情况下,发盘的受盘人也可以不是特定的。例如,发盘人对其他人发出的对原发盘表示的接受,如果该发盘人表示接受,合同也可以达成。

(2) 接受必须以某种方式明确表示出来。

按照《联合国国际货物销售合同公约》的规定:"缄默或不行动(silence or inactivity)本身不等于接受",接受必须由受盘人以某种方式明确地表示出来。按照《联合国国际货物销售合同公约》第 18 条(1)款的规定,受盘人表示接受的方式有两种:

① 用声明(statement)表示接受。即受盘人用口头或书面的形式向发盘人明确表示无条件地同意发盘提出的全部内容(indicating assent to an offer),例如:I ACCEPT (CONFIRM) YOUR OFFER or YOUR OFFER ACCEPTED (CONFIEMED)。

② 用行为(action or performing an action)表示出来。所谓用行为表示出来,是指由于受盘人对发盘人表示相信和对发盘的内容表示同意和接受,按照发盘的要求或者按照双方以往形成的习惯做法或惯例,以履行合同的行为表示对发盘的接受。例如,买方开具信用证、支付货款、卖方发货,等等。用行为表示接受一般需要在发盘规定的有效期内或在合理时间内进行方为有效。中国在参加《联合国国际货物销售合同公约》时,对书面形式以外的接受方式的有效性表示了保留意见。因此,中国对外贸易人员在表示接受时,应该用书面通知的形式。



(3) 接受必须在发盘的有效期内传达到发盘人。

根据各国法律规定,接受必须在发盘规定的有效期内被传达到发盘人方能生效。如果受盘人委托第三者转达接受通知,同样要以通知传达到发盘人才能生效。如发盘上未注明具体有效期,应按照国际贸易惯例,在合理时间内接受才为有效,在这种情况下应该注意各国相关规定的差异。关于有效接受的问题,英美法系国家和大陆法系国家同样存在着"发信主义"(mail-box rule)和"到达主义"(received the letter of acceptance)的分歧。

英美法系认为，在以函电作出接受表示时，接受函电一经投寄，接受便立即生效，合同即告成立。这种"发信主义"又被称为"投邮生效"原则。采用该原则，即使接受函电在邮递途中延误或遗失，发盘人未能在有效期内收到接受函，甚至根本没收到，也不影响合同成立。大陆法系则认为，接受函电必须在发盘有效期内到达发盘人，接受才能生效，否则合同不能成立。这一"到达主义"原则又被称为"到达生效"原则。

《联合国国际货物销售合同公约》在某些方面采用了大陆法系的原则，认为接受于到达发盘人时生效。但也有例外，受盘人可以根据发盘的要求或当事人相互间确认的习惯做法或惯例，以其他某种方式(如发货或支付货款等行为)表示接受，这也可以构成有效接受。

(4) 接受必须是无条件地同意发盘的交易条件。

有效接受必须是绝对地、无条件地全部同意发盘的交易条件。因此，对发盘表示"接受"，但附有条件或带有某种限制，即为对发盘的拒绝，从而构成还盘或新的发盘。例如，A 公司向 B 公司发盘："供应 50 台拖拉机，100 千瓦，每台 CIF 香港 3 500 美元，订立合同后两个月装船，不可撤销即期信用证付款，请电复。"(SUPPLY 50 TRACTORS WITH 100 kW EACH, \$3,500 PER UNIT CIF HONGKONG, SHIPMENT TWO MONTHS AFTER THE SIGNING OF THE CONTRACT, WITH PAYMENT OF IRREVOCABLE L/C AT SIGHT, PLEASE CABLE REPLY.)B 公司收到发盘后立即电复："接受发盘，在订立合同后立即装船。"(YOUR OFFER ACCEPTED WITH IMMEDIATE SHIPMENT UPON SIGHING OF CONTRACT.)

此项"接受"对原发盘条件进行了重大修改，即对装船日期进行了修改，而装船日期是发盘中实质条件(material condition)之一，即使发盘人不予答复，也不能使合同成立。在有条件的"接受"中，无论对方是否对发盘内容作了实际的(actual)、重要的(material)修改，哪怕是轻微的(immaterial or trifling)改动，都有可能构成对发盘的拒绝。在这种情况下，发盘人应该立即予以答复，不得拖延时间，以免被对方误认为是已经"默许"而发生纠纷。

但是，有时受盘人在接受时顺便提出某种希望或建议(mere suggestions、requests or expression of hope)，只是希望，不是附加条件，则不构成还盘，也应该认为是有效接受，不应该影响合同的成立。例如，在明确表示接受之后加上"但希望能尽量提前交货"(ACCEPTED, WE HOPE EARLIEST SHIPMENT IF POSSIBLE)。有的接受可能会涉及发货条件等较敏感的问题，例如，"须以 1 月份交货为条件"(ACCEPTED PROVIDED SHIPMENT DURING JANUARY)。

但是,如果不影响交易,应该看作是一项有效接受,不能当作还盘处理。除非发盘人不同意并及时提出异议,否则合同将按对原发盘添加或更改后的交易条件达成。

(5) 接受的方式必须符合原发盘的要求。

按照国际惯例,接受的传递方式一般是对等的。如果发盘人在发盘中明确规定了接受的传递方式[如:电复接受(CABLE ACCEPTANCE)],则受盘人在接受时须按规定的方式答复。如果没有规定接受方式,则应该采用对等原则。如果是用电报发盘,就应用电报接受。

2. 逾期接受和接受撤回

在处理接受业务时,还有两个问题需要说明,即逾期接受和接受撤回的问题。

(1) 逾期接受。

逾期接受(late acceptance),也称迟到的接受,指接受通知未能在有效期内或合理时间内到达发盘人。逾期接受一般不能作为法律上的有效接受,而只能作为一项新的发盘。但是,如果经过原发盘人及时表示同意(即接受),也可以达成合同。在实际业务中,有一种情况应该注意,一项接受通知如果正常投递,是可以按时到达发盘人处的,但由于不可抗力(如罢工或受灾)等因素使其迟到,仍应作为按时到达处理,合同可以有效成立,除非发盘人及时通知受盘人,认为该项接受已属无效。

(2) 接受撤回。

接受撤回(withdrawal of acceptance)是指受盘人在接受生效之前撤回其接受的行为。接受撤回是受盘人阻止接受发生效力的一种表示。按照法律,一旦接受通知到达发盘人,合同即告成立,受盘人不得撤回接受。因此,接受通知必须在其生效以前才能撤回。各国法律对于接受生效的时间虽然有发信主义和到达主义两种原则,但大多数国家一般都以通知到达发盘人时生效为标准。《联合国国际货物销售合同公约》也采纳了这一标准。因此,接受通知在送达发盘人之前是可以撤回的。这对于撤回误发接受通知,挽回可能发生的经济损失是有益处的,但关键是要使撤回通知在接受通知到达发盘人之前或同时到达发盘人。



## 2.3 交易磋商的内容

交易磋商的基本内容,一般包括商品的品质、规格、数量、包装、价格、装运、保险、支付、商检、异议、索赔、仲裁和不可抗力等各项交易条件,也就是合同各项条款。在任何一笔出口交易的磋商中，都需要与国外客户就上述交易条件进行具体协商。

在实际交易磋商中，要注意各项主要交易条件的完整性，正确掌握和灵活运用各种交易磋商方法，以求达到预期的磋商目的。但是，由于与一些老客户在长期交易中已经形成了一些习惯做法，特别是在采用函电洽谈交易时，对某些交易条件已经达成过协议，不必在每次函电往来中都列入重新磋商的交易条款。这类交易条件被称为“一般交易条件”(general terms and conditions)。有时，“一般交易条件”还有另外一层意义，那就是一方出售或购买商品时提出的每批交易都适用的一些基本交易条件。在交易磋商之前，某一方将“一般交易条件”事先拟妥，于交易磋商前向对方提出，作为双方交易磋商的基础。采用“一般交易条件”的做法如果运用得好，可以大大简化磋商内容，节约达成交易的时间和费用，有利于加速达成协议和提高协议的质量。

我国对外交易磋商时，通常将印有“一般交易条件”的合同初稿递交给对方，供对方参考，经对方同意后就可作为以后双方进行交易的共同基础。这些条件通常包括品质、数量、支付方式、异议、索赔、仲裁和不可抗力等条款。一旦交易达成，双方都同意的“一般交易条件”就成为正式的合同条款了。

## 2.4　交易磋商技巧

如前所述，交易磋商是一项十分复杂和细致的工作，是交易的关键一环。国际市场的形势瞬息万变，难以预测，市场机会瞬息即逝，得与失、盈与亏可能取决于一念之差、一字之别，稍有一点点疏忽就能导致几十万、几百万元的经济损失。然而，交易磋商又是一种获得经济利益的极好机会，如果处理得好，会取得较好的经济效果。因此要使交易磋商达到预期目标，要求参与磋商的人员不仅要严格执行国家的有关法律和政策，而且还要具有专业技术知识和较高的交易磋商技巧。



### 2.4.1　交易磋商的准备工作

交易磋商是完成进出口贸易的重要阶段，只有做好深入细致的准备工作，才有可能获得成功。在进出口业务中，交易磋商的准备工作可以包括以下几方面内容。

1. 磋商目标的拟定

所谓磋商目标，是对合同中的主要交易条件进行磋商时所要争取达到的目的范围。磋商目标拟定得是否合理,关系到交易磋商的成败,并直接关系到该笔交易的经济利益。因此,在交易磋商进行之前,必须明确制定合理的磋商目标,否则就会在交易磋商过程中处处被动,被对方任意摆布。当然,在交易磋商前,对方也会千方百计地预测或了解我方在这笔交易中要达到的目标。

首先,交易磋商目标必须定得适当。如果把磋商目标定得过高且无弹性,成功的机会就会减少;如果目标定得适当且富有弹性,磋商过程中即可随机应变,以尽量争取较高目标为基础,成功的可能性就会增大。因此,对于磋商目标,除了定得合理外,还要事先确定好弹性范围,即目标的上限和下限。图 2.1 表示买卖双方商品价格磋商的目标范围。

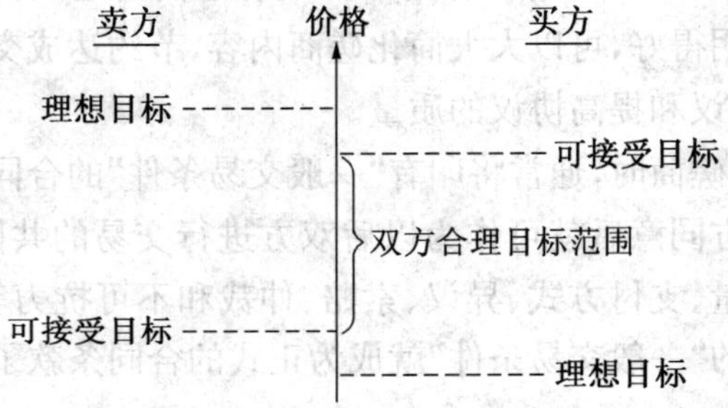


**图 2.1　买卖双方磋商目标示意图**

2. 做好对方的资信调查

交易磋商目标在一定程度上取决于对交易对方信息的收集情况。例如,对于卖方来说,买方的资金情况直接关系到订货的数量和货款的支付情况。为此,必须对即将发生贸易关系的外国公司或客商进行资信调查,掌握其资金情况、商业信誉情况、市场占有状况等。这样,才能制定合理的磋商目标,在磋商中做到心中有数。

在对含有高新技术的机器设备和仪器仪表的进口交易磋商中,了解对方近期产品的技术发展、价格水平等情况也非常重要。由此,可以通过分析市场销售信息,判断对方产品技术的先进性、适用性和产品的价格等。在出口交易磋商前更要注意了解对方资金状况,最好做到订货额低于对方现有的资金,以防不能安全、及时收回货款。

进出口业务中的风险在很大程度上取决于贸易双方的商业信用情况,要特别注意了解对方的商业信誉,以防止合同订立后,进口的货物难以货真价实,或者出口货款不能安全、及时收回,或遭到拒付等情况的发生。

3. 技术准备

技术准备是指围绕着所要交易的商品准备必要的技术资料,例如商品样本、价格目录、双方已交换的函电存档等。在进口交易磋商的准备过程中,还应该掌握其他厂商生产的同类产品质量、性能、价格和成交等情况，事先做好“货比三家”的工作。

4. 拟定磋商战略

分析对方实力的对比情况，可以在交易磋商中做到扬长避短；可以根据交易性质(是一次性买卖，还是经常性的交易)，确定磋商所采用的方式；还可以制定拟采取的谈判策略并预测有可能产生的后果。

### 2.4.2 交易磋商技巧的运用

交易磋商过程是集科学性和艺术性于一体的综合过程。所谓“科学性”，是指为了促进交易成功对磋商中所涉及的问题进行科学的、合理的分析，并且能科学地、实事求是地、有效地解决磋商中出现的问题；所谓“艺术性”，主要是指巧妙地应用各种手段，及时抓住有利时机，利用各种所能利用的条件，促使磋商向有利于我方的趋势发展。外贸业务人员如能掌握较高的交易磋商技巧，就可以有效地进行贸易谈判，提高磋商效果和成交率。常用的磋商技巧主要有以下几种。

1. 发现需求的技巧

需求和对需求的满足是交易磋商的基础。掌握对方真实的心理需求和实际需求，从而找出双方相互需求的联系，选择适宜的方法去顺应和引导，可以促进双方的目标达成一致。在交易磋商中越能抓住对方的基本需求，获得成功的可能性也就越大。要发现对方的需求，可以用以下方法：

(1) 提问。

提问是发现对方需求的最基本、最简单的方法。为了获得满意的提问效果，应该事先准备好应该提出的问题。要做到这一点，需要占有充分的参考资料。例如，对方如果是买方，应该掌握对方需要该商品的目的、市场、质量和交货期等方面的情况。如果问题谈得对路，时机恰当，采用直截了当的提问方式，便可弄清对方的基本需求。如果对方是卖方，一般都关心买方的市场情况。这时，我方可以想办法作一些让步，使对方了解我方的诚意和能力，使之感到满意，从而保证磋商形势的健康发展，为我方争取有利的合同条款创造条件。

提问时要注意方法，例如，注意到对方对能否按时交货十分关心，但却又不露声色，可以用“顺便提一下，你方对交货日期是如何考虑的?”这个问题给对方一种印象，似乎所提的问题好像刚巧想起来，或者随便问问，或者只是为了增加气氛。但是，其目的恰恰是要知道对方所关心的问题。再例如，可以采取表示关心的方式向对方提问:“我们欣喜地看到贵公司的市场在不断扩大。除了巩固目前的市场之外，贵公司还对哪里的市场比较感兴趣？贵公司希望我公司如何配合贵公司营销战略的发展？"如果我方公司是向对方公司提供零配件的关系，对方公司应该会回答出一些有参考价值的内容。

(2) 陈述。

恰当的陈述可以将对方希望了解的信息传达给对方，这不仅有助于使对方对交易的内容进一步理解，而且可以引导对方，促进交易磋商的进展。在陈述中要注意语言的运用，例如，"我了解你的情况，你是想……"，"我理解你的想法，你是要……"。用这种陈述方式，既可以避免引起对方的抵触情绪，又可以告诉对方，你已经注意到他的需要，理解他的处境和要求，有利于推动交易磋商的顺利进行。

(3) 倾听。

认真听取对方发言中的每个字、每句话，注意对方的措辞、表达方式以及语气语调，从中可以了解对方的处境和需求。例如，在一般情况下，人们在交易磋商中总是会急自己所急，即使一开始会绕弯子，但终究还会绕到正题上来。因此，要注意倾听，等绕到正题上时，再把所有的谈话综合起来，这样做有可能使你了解很多情况。只要对方有所言，你就应该留神听，认真思考，仔细斟酌，随时留意发现其动机和目的。语言的组织和运用及言谈举止在交易磋商中都是很重要的。

2. 报价的技巧

一般来说，在任何一笔交易中，买方或卖方的发盘，以及随之而来的还盘、接受都是整个交易磋商过程的中心环节。

在每一笔交易磋商中，买卖双方都力图获得最佳预期结果。一方向另一方的报价能否成功，取决于报价者的预期利益是否处于对方可以接受的范围之内。图 2.2 为交易磋商双方预期利益价格示意图。



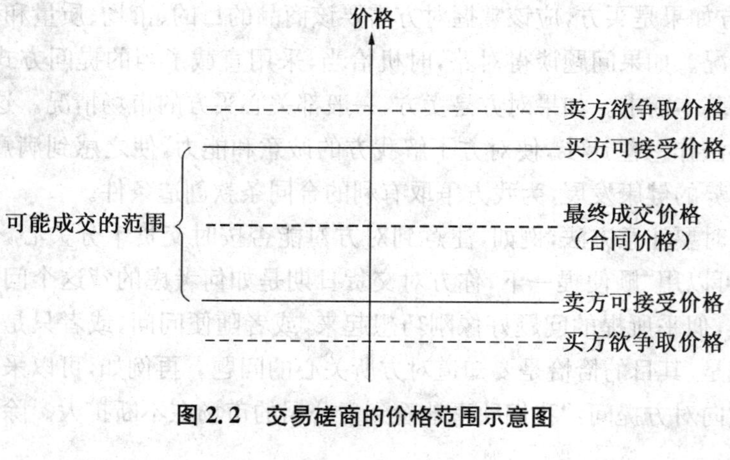


图 2.2　交易磋商的价格范围示意图

所谓可能成交的范围是指买卖双方可以接受的价格范围，卖方的报价只有在可能成交的价格范围内才有被买方接受的可能性。下面首先说明一下报价原则：

第一，交易双方走到一起的目的是发展贸易往来，因此，双方都应该本着友好交往、促进交易成功的态度对待交易磋商。在当今买方市场的条件下，卖方如何友好地面对客户，认真做好为客户服务的各项工作，是发展公司业务的关键。即使在产品市场良好的情况下，也要做好为客户服务的工作。

第二，报价是一项严肃的工作，首先要进行市场调查研究，仔细计算好价格，然后再根据其他条件，制定最终报价。

第三，一旦向对方报出了价格，就不能轻易改变。即使对方宣称已从其他公司得到低于我方价格的报价，我方仍应毫不含糊地坚持已开出的价格。这样才能使人相信我方对谈判抱着认真和坚定的态度，并且也可以表示我方产品是货真价实的。

第四，报价应该用书面形式表示出来，以表示我方的态度诚恳和对对方的尊重。

第五，对所报的价格不要过多地加以解释、评论。因为主动评论有可能会暴露我方的意图，使对方觉察到我方所关心或有所顾忌的问题，从而使我方处于被动地位。

总结起来，主要有以下几种报价技巧：

(1) 高起点报价。

利用这种方法，卖方开始的报价往往较高。开价的高低对于卖方业务的实际收益可能会有不可忽视的影响。开价较高，在对方基本可以接受的情况下，会给买方以“一分价钱一分货”的印象，最终的成交价格有可能会对卖方有利。因此，有人称这种报价方法是一种防御性的报价方法。高起点报价方法比较适合于高档商品、高新技术产品和具有垄断性质的商品。利用高起点报价方法的时候，要注意所报价格的可行性，防止不符合实际的漫天要价，而是要使报价处在合理的范围以内。否则，所报价格无人问津，等于没有报价。



(2) 坚持合理的价格。

坚持合理的价格是指开始所报的价格基本合理，价格报出以后不会轻易改变价格的报价方法。采用这种报价方法的基础是对买方的心理价位有较认真的了解或准确的估计，同时，卖方对市场的价格也比较了解，对自己产品的成本核算也比较合理，因此，所报的价格适中，容易被对方所接受，不需要做很多工作。这种报价方法有时可以收到较好的效果，尤其是对于那些在市场中已具有一定信誉的商品生产商或供应商，所收到的效果会更好。由于价格比较合理，可以节约讨价还价的时间和促销费用，促进尽快达成交易。当然，实际做起来也会有一些困难。

(3) 最优惠报价法(亮底牌报价法)。

顾名思义，最优惠报价法(亮底牌报价法)是开始报价时就报出最低价格的报价方法。利用这种报价方法时，特别应该向对方说明："考虑到双方的业务往来(或即将发展的业务往来)，我方所报的价格是最优惠的价格。"这种说明有两层含义：第一，本报价已经考虑到双方的业务关系；第二，既然报出的价格是最优惠的价格，那就等于暗示对方，这是价格下限，没有还价的余地。在这种情况下，卖方一般都准备好了标准格式的合同，在合同中预先制定了各项交易条款，对于买方来说，还价的余地就很小，主要是接受。这种方法往往用于那些信誉高、市场需求旺的商品的交易磋商中。

3. 讨价还价的技巧

由于交易双方都希望尽量扩大自己的利润，因此，在交易磋商中，交易双方一般都会进行讨价还价。

在交易磋商中，买方对价格处于知情较少的处境，因此，进行讨价还价的一方一般多为买方。为了做好讨价还价工作，通过交易磋商获得比较好的购货价格，买方应该掌握的技巧有以下几种：

(1) 了解商品价格。买方应该通过市场调查和自己积累的经验，熟练地掌握所要交易的商品的价格范围和价格构成情况。

(2) 在可能的情况下，买方应该要求卖方在交易磋商前作产品成本分析，然后通过成本核算，考察卖方报价的真实性。

(3) 通过说明原材料的价格走势、产品的价格动态、市场商品的供求状况和本企业的经营能力等与卖方进行讨价还价。



(4) 根据卖方的具体情况，灵活地采取相应的策略。

在交易磋商中，卖方也应该注意以下讨价还价的技巧：

(1) 造成买方不会对价格提出异议的形势，特别是买方将要决定购买你的产品时。

(2) 强调商品的优点、说明周到的售后服务、完善的服务项目和附加条件，可以使买方对商品有货真价实的感觉。如果买方同意增加附加条件，可以适当地提高价格。

(3) 开始报价时，卖方一般不报最低价格，因为从某种意义上讲，报最低价就等于"自贬身价"。

(4) 利用与所掌握的其他公司同类产品的价格和性能相对比，说明自己产品的"货真价实"。

(5) 如果买方对价格提出异议，卖方在作出让步之前，最好先保持强硬态度。如果对方继续坚持，卖方只要稍作让步，交易就可达成。

交易磋商中，不要孤立地只注意价格的金额，一项交易所涉及的其他内容，可能比价格要复杂得多，并且可能会对价格有很大的影响。因此，在讨价还价的过程中，应该注意其他因素的作用。例如，在工程承包业务中，所涉及的技术引进、技术培训等内容都会对价格有直接或间接的影响，在交易磋商的过程中，可以根据对方所关心的问题或磋商形势的发展促进对价格的磋商。

4. 让步的技巧

在交易磋商中妥协、让步往往是不可避免的。因此，掌握让步的基本原则和策略，做到合理让步，可以取得较理想的磋商结果。

(1) 不作无谓让步。每次让步最好是以对方的让步为条件，为了换取对方在其他方面的相应的优惠而让步。

(2) 让步要让得适可而止、恰到好处，最好利用让步给予对方较大的心理满足。

(3) 在我方认为重要的问题上要力求使对方先让步；而在较次要的问题上，根据情况需要，我方可以考虑先作让步。

(4) 不要承诺作同等幅度的让步。

(5) 如果作了让步后又觉得考虑欠周，想要收回，也不要不好意思，因为这不是协议，而且可能是一种好策略。

(6) 我方决定让步时，要使对方觉得从我方得到让步不是件轻而易举的事，以使对方珍惜我方所作的让步，从而产生让步动机或购买心理或行为。

总之，在作出让步之前，一方面要经过周密分析研究；另一方面，让步又必须做到恰到好处，不仅要提高我方的资信，更重要的是应该使对方产生让步的动机和行为，为顺利完成交易磋商、订立贸易合同打下良好的基础。



5. 打破僵局的技巧

在交易磋商中，如果双方对所磋商的目标都定得较高，就会使双方在开始谈判时距离拉大，容易各持己见，使谈判进入僵局。打破僵局可以采取以下相应技巧：

(1) 暂时休会。

休会是外贸交易磋商过程中经常使用的一种策略，其基本内容是：在谈判遇到某种障碍，一时无法深入进行时，提出休会，使双方有机会冷静下来，客观地分析形势，及时地调整情绪、策略和目标。休会之前，可向对方再重申一下我方所提的方案，给对方以较强硬的感觉，使对方在头脑冷静下来之后能够对问题进行认真的考虑。只要双方在休会期间进行了充分的准备，恢复谈判后就会有所进展。

(2) 迂回前进。

在交易磋商中应该机动灵活地处理可能出现的各种问题,不应该只盯住一个问题。当出现僵局时,可以建议把这个僵持不下的问题暂时撇在一边,谈一些与其有关的其他问题。例如:双方在价格磋商中出现僵局,可以暂时放下价格谈判,先就诸如交货期、付款方式等问题进行磋商。如果这些问题的谈判比较顺利,对方觉得比较满意,回过头来再谈价格问题,可能就会使原来的僵局有所突破,取得比较满意的结果。因为其他问题的解决有可能为解决僵持不下的问题打下良好的基础。

(3) 联络感情。

如果作了很多努力仍然难以打破磋商僵局,就应该改变一下策略。例如,可以考虑改变一下磋商的环境,建议把手头的问题放一放,有意识地与对方一起旅游、娱乐等,以期增进双方的友谊与了解,以便可以在旅游和娱乐的较轻松气氛中探讨有关问题,不拘形式地就某些僵持的问题继续私下交换意见。这种方法有时对打破僵局会有一定的效果,使双方尽快达成协议。

综上所述,交易磋商涉及一笔业务的最终结果,因此,交易磋商是进出口业务的重要环节之一。交易磋商涉及的问题较多,情况也比较复杂,应该掌握各种磋商技巧。但是,应该看到,任何磋商技巧的有效性都是有条件的和有限的。在实际交易磋商中只有灵活掌握、巧妙运用各种交易磋商的技巧,才能收到预期效果,取得成功。

## 2.5 签订合同



贸易合同是买卖双方经过交易磋商,就某种商品的买卖所达成的对双方都有约束力的法律文件。在交易磋商过程中,一方发盘或还盘,经另一方接受以后,交易即告成立,买卖双方即构成了合同关系。双方在磋商过程中的往返函电、口头磋商的备忘录等都可作为合同成立的书面证明。但是,按照一些国家的规定,买卖双方达成协议后仍须签订书面合同或销售确认书,以正式合同文本的形式规定买卖双方的权利和义务,作为约束双方的法律文件。

### 2.5.1 签订书面合同的必要性

根据有关国际贸易法律规定,合同是否成立取决于发盘与接受的性质和程序，只要发盘和接受在法律上产生约束力，双方均需按其内容履行合同义务，因此，书面合同并不是合同有效成立的必备条件。《联合国国际货物销售合同公约》第 11 条规定："销售合同无须以书面形式订立或以书面形式证明，在形式方面也不受任何其他条件的限制。销售合同可以用包括人证在内的任何方法成立。"既然如此，在这里，还需进一步说明在国际贸易中双方签订书面合同的必要性。

1. 书面合同是合同成立的最有效的证据

按照法律要求，凡是合同必须能够得到证明，提供证据，包括人证和物证。在采用函电方式进行交易磋商时，书面证明自然不成问题。但是，采用口头磋商达成交易合同时，举证就比较困难。所以，口头磋商达成的合同若不采用一定的书面形式予以确定，必将由于得不到证明而很难受到法律的保护和监督，甚至使之在法律上失效。为此，我国《经济合同法》第三条明确规定：经济合同，除即时清结的交易外，应当采用书面形式。美国《统一商法典》第 2—201 条也规定：凡 500 美元以上的货物销售合同必须有书面文件为证，否则不受法律保护。所以，无论从执行合同还是从合同举证的角度，国际贸易中交易成立后签订一份书面合同都是十分必要的。

2. 书面合同有时是合同生效的条件

书面合同虽不拘泥于某种特定的名称和格式，也不是合同有效成立的必备法律文件，但是，如果买卖双方在交易磋商中一方曾声明以签订书面合同为准时，即使双方已对合同条款全部协商一致，在书面合同签订之前，合同仍不能生效。在上述情况下，签订书面合同就成为合同生效的必要条件了。《中华人民共和国涉外经济合同法》也明确规定："……通过信件、电报、电传达成协议，一方当事人要求签订确认书的，签订确认书时，方为合同成立。"

此外，有些贸易合同，必须经一方或双方政府机构审核批准时，往往也必须是有一定格式的书面合同，从而使书面合同成为合同生效的必备条件。



3. 书面合同是履行合同的依据

商品进出口合同的履行涉及企业内外许多部门，过程很复杂，时间亦比较长。例如：一项成套设备的销售合同，从合同签订到产品验收可能要经历数年之久，涉及设备的安装、调试、试生产、可靠性监测乃至零配件供应、技术培训等许多复杂过程，如果只用口头方式达成协议，几乎无法履行。即使通过函电方式成交，如不把分散于多份函电中双方协商一致的条件集中归纳到一份书面合同文本上来，也将难以准确地按合同要求履行义务。所以，不论通过口头方式或是函电方式达成的交易，都需把协商一致的交易条件综合起来，全面、清楚地列明在一份有一定格式的书面合同上。书面合同进一步明确了交易双方的权利和义务，对于准确地履行合同是必不可少的，也为检验履约程度提供了更好的依据。

综上所述，签订书面合同对维护双方当事人的合法权益，保证合同的顺利履行以及解决贸易纠纷，都是十分必要的。

### 2.5.2 书面合同的形式和内容

在对外贸易中使用的书面合同，在名称和形式上均无特定的限制，常用的形式主要有合同、确认书、协议书和备忘录，现分别介绍如下。

1. 合同

合同(contract)是交易双方经过交易磋商，就某种商品的买卖所达成的对双方都有约束力的法律文件。其形式比较正规，内容比较详细、全面。由卖方草拟提出的合同称为“销售合同”(sales contract)，由买方草拟提出的合同称为“购货合同”(purchase contract)。合同使用的文字一般是第三人称的语气，合同的主要内容如下：

(1) 合同的首部。

合同的首部一般包括合同名称、编号、缔约日期、签约地点、双方当事人的全称和法定地址等。

(2) 合同的主体。

合同的主体主要包括合同的主要条款，例如，商品名称、品质、规格、数量、单价和总价、装运、保险、支付以及商品检验、索赔、仲裁、不可抗力等项目或条款。

(3) 合同的其他条款。

主要包括合同语言、生效期及特记事项。我国的合同语言一般都使用中外文对照的表达形式，使用的外文以英文为主，合同中应说明两种文字具有同等的法律效力。关于合同的生效期，主要应说明合同在满足什么条件下开始生效的期限。特记事项，主要包括一些合同中未详细说明的有关事宜如何处理，有关合同项下的权利和义务如何转让，出国考察及来华服务的费用如何支付、由谁承担和如何计算，等等。

(4) 合同的尾部。

合同尾部的作用主要是对合同本身的有关情况进行说明，例如，合同文本的份数以及签约双方的正式签名等事项。

2. 确认书

确认书(confirmation)是合同的简化形式。由卖方出具的确认书称为“售货确认书”(sales confirmation)，由买方出具的确认书称为“购货确认书”(purchase confirmation)。确认书使用的文字一般都是第一人称语气。确认书包括的内容与合同基本相同,法律效力与合同也完全相同。所不同的是确认书的内容和表述方法都较合同简单。

3. 协议书

协议书(agreement)也称协定,是合同的另一种形式。所不同的是,合同的格式比较固定、内容比较规范、通用;而协议书的格式比较灵活,包括的内容也比较广泛。在商品贸易中,特别是涉及高新技术和大型机械设备或成套设备的交易中,许多条款是一般商品贸易中所涉及不到的,例如,技术规格、技术标准、安装调试和考核验收、零部件供应、技术保密、技术服务和技术培训等项目。并且,不同商品的交易在结构、性能等方面的要求也不尽相同。这样的交易如果采用一般形式的合同,有时难以对上述内容阐述清楚,故一般均采用协议书方式。协议书在法律上具有与合同同等的效力。

### 2.5.3 签订书面合同应注意的问题

合同一经双方签字,就会成为约束双方的法律文件。因此,签订书面合同必须认真、仔细、慎重。

1. 仔细检查自己的履约能力

履约能力是合同双方,尤其是卖方在交易磋商过程中最重要的问题。例如,某公司是从事电机生产和出口的有限责任公司。该公司制定了一套合同审批制度,可以有效地将风险化解在磋商阶段。按照该制度,在同外商洽谈的时候,业务人员必须将客户提出的各项条件详细地记录下来,譬如产品结构、用途、技术规格、指标、技术性能、数量、包装、价格、交货期、付款方式,等等,然后由公司总经理和各个部门的负责人,包括生产部门、业务部门、财务部门,一起对合同执行的可行性进行评审。在尽量满足客户要求的前提下,对自己的履约能力进行检查估计。经过这样的审查程序,除非有不可抗力发生,否则,合同的执行一般不会出现问题。

2. 明确合同文本由谁起草

按照惯例,买卖双方必须首先通过交易磋商达成原则性的协议,然后再起草正式合同文本。有时,交易一方在交易磋商开始前提出一份完整的合同文本作为磋商基础。对于这种做法要根据具体情况具体分析,不能草率接受。因为无论以哪一方拟定的文本作为交易磋商的基础,就等于按着这一方的思路进行交易磋商,如果该文本的条款欠公平、公正的话,有可能使另一方处于不利的地位。

另外，以外文文本为基础时，要特别注意外文条款所表达的意义，要与外方认真仔细探讨，必要时要有经过确认的中文翻译文本作参考。否则，由于各方对一些词语的理解不同，可能会产生文字理解方面的分歧，为今后执行合同带来不利因素。在对外文词语的表达方法没有深入理解的情况下，很难理解和准确把握外文合同的意义。例如：英语中"shall"和"will"这两个词在合同中具有不同的法律含义。一般来说，"shall"有强制性的含义，用于合同中表示"必须"的概念，而"will"则表示一种意愿，可能意味着可做可不做。我们若把这两个词混淆不清，就有可能造成不必要的分歧。

首先争取由我方起草合同文本，如果对方不同意，则可通过双方共同协商拟订合同文本的办法。

3. 明确合同双方当事人的签约资格

签订进出口贸易合同时，要严格审查双方合同当事人的签约资格。为此，应该要求双方当事人相互提供有关法律文件，证明其合法资格。按照要求和惯例，一般应该由单位的法人签约，如其他人签约，则必须提供由法人授权的正式书面授权证明，如授权书、委托书等，证明其合法身份和权限范围，以保证合同的合法性和有效性。另外，应该注意对方公司的资信情况，尤其是一些跨国公司的子公司。母公司的资信情况并不能完全说明子公司的资信情况，因为母公司一般对子公司并不承担连带责任。

4. 明确规定双方各自应该承担的义务，重要的合同条款要尽可能具体

如果合同双方责任含糊，义务划分不明确，则相当于解除了部分应该承担的责任和义务，削弱了合同对双方的约束力。

签约前，一定要对合同条款乃至一词一句反复推敲，重要的合同中条款应尽可能具体，特别是由对方制作的合同文本，更要慎之又慎，搞清楚各主要条款是否与磋商确定的条件相一致。要防止有些合同当事人把磋商中被否定的某项条件重新写进合同，若不及时审核发现，草率签字，则会造成不可估量的损失。例如，国内某公司引进成套设备时，由于对合同中"填料"(stuffing)一词一知半解，便贸然签约。事后才弄清楚，所谓"填料"即黄沙，可是再想退货，对方不同意。经过再三协商，对方才算同意不装运。最后我方只好按合同照付全部黄沙费用，只节省了运输费用。我们应当从此类案例中吸取教训。

要注意合同的主要条款和容易引起争议的条款。出口合同中关于品质和商检的条款往往容易引发争议。对合同中的商品品质无论采用哪种表达方法，例如，凭说明书或凭样品，对品质的陈述都要求既准确又要保持必要的灵活性。有的商品的品质必须标明机动幅度，即允许卖方所交货物的品质指标有一定幅度的差异，如建筑螺纹钢材，允许交货重量有±2%的差量。如果是凭样品的交易

情况，卖方有义务使所交货物与样品完全一致。如果发生货物的品质与样品不符，会引起不必要的纠纷。对于因制造技术上确有困难而不能做出与样品一致的商品，卖方应该要求在合同中订明“交货与样品近似”、“品质与样品大致相同”、“品质接近样品”等类似的条款。

对于出口企业来说，除了对具体的合同条款要严格把关以外，还应该注意商定违约条款，以便在买方违反合同规定时有处理依据。例如，卖方已经备好货，但买方却迟迟没有开出信用证，或者由买方指派的船公司却迟迟不派船前来装运等。在这种情况下，出口合同中应该明确规定买方开具信用证的时间；在以FOB术语成交的条件下，合同中应该规定买方派船抵达装运港的时间。同时还要商定如果买方违约，应承担的违约责任和赔偿办法。这样，当买方因不能履行合同规定的责任和义务而发生违约时，卖方就可以根据合同的有关规定向买方提出索赔。

5. 合同文字、措辞要尽量达到科学、严谨、完整

合同是严肃的法律文件，文字上不容许有随意性。合同文字如含糊不清、模棱两可，则执行过程中就容易产生争议。例如，某国买方欲购买一套大型设备，合同中有这样一条条款——“管线，采用不锈钢材料。”这种措辞非常含糊。买方认为，一条管线应包括阀门、弯管、接头，但卖方却认为“管线”只指管子(pipe)本身，不指其他。所以，供货时只提供不锈钢管，而阀门等均不予提供。由于条款的文字表达本身不具体、不明确，无从交涉，结果买方只好自认吃亏了。

一份合同如果措辞得当，可以减少不少的潜在风险，增加交易的安全性。一份外贸合同，在文字陈述上要尽量做到科学、严谨、完整。例如，中国A公司同另一国B公司签订了一份合同，由A公司向B公司出口一批工艺品。洽谈中，B公司看过A公司提供的样品，同意以该样品作为交货的品质标准。而出口合同的品质说明书中只简单写明了规格、材料、颜色等。商检条款中写明“货到港30天内买方可对商品进行复检”。货到目的地后买方提出“颜色不正、工艺粗糙”，并且提交一份当地一家检验机构的检验证书作为依据，要求退货或赔偿。A公司陈述该货物是凭样品成交的，样品是经过B公司确认的。但是，B公司指出合同中并没有写明“凭样品成交”的条款，也没有样品编号等有效记录。况且，A公司没有封存样品作为交货凭证。A公司解释说手工工艺品的颜色不可能都一样，会出现色差问题。B公司回复说，合同的品质条款中没有注明所交货物的色差问题。A公司又表示不接受B公司的检验证书，认为B公司所找的检验机构不具权威性，没有征得A公司的同意。B公司解释说合同中只承诺B公司有复检权，并没有指定专门的检验机构，也没有注明检验机构必须经过A公司的认可。A公司意识到即使提交仲裁机构，自己也无法提出有力的证据，只能采取降

低价格的办法解决这场争议。

6. 注意贸易术语的选用

由于贸易术语的作用是对买卖双方的有关权利和义务作出了明确的规定，因此，正确选用贸易术语可以明确买卖双方的权利和义务，有利于促进交易双方磋商的顺利进行。例如，出口方争取选用CIF贸易术语，不仅有利于船与货的衔接，而且可以由卖方投保，有利于节约外汇和处理索赔等事宜。对于批量较大的商品，在无法租船运输的情况下，出口方可以争取使用FOB S/T(装运港船上交货包括理舱或平舱)贸易术语成交。

7. 要注意对合同标的等作最后的核实

这似乎是一个不言而喻的问题，但实际上，由于市场供需形势的变化，原来计划好的业务也有可能发生变化。例如，2002年10月，中国某出口公司与外国一个客户谈妥了一笔在中国指定工厂生产插秧机的出口业务。合同规定30天内装运，价格条件为FOB Dalian，外商指定了一家船公司为承运人。因为成交价格相当不错，中国该出口公司的业务员毫不犹豫地与该客户签下了合同。合同签订后，中国该出口公司开始联系某供货厂家，得知该厂的产品目前在国际市场上非常畅销，接到的订单已经排到了第二年的6月份了，所以根本不可能在30天内交货。该出口公司遂与买家协商，希望延期交货，或者改为其他厂家的产品，客户无法接受，该出口企业只好高价从另外一家外贸公司买进一批合同所要求的货物来履约。结果是，原来预算有利可得的业务，反而亏损了上万美元。

从以上案例中可以看出，该出口公司在交易磋商过程中如果多做一点工作就不会让自己陷入被动了。外商既然指定了产品生产企业，那么出口公司起码应该在签订合同之前，向该企业咨询其供货情况，并争取签订好供货合同。

8. 注意对合同的审查和管理



在一份合同已经拟就，要签字生效的时候，有必要再进行一次仔细的审查，作最后的把关。尤其是要仔细看文字上有无错漏，小数点有没有标错，数量单位有没有写错(例如，将“个”写成“打”、将“桶”写成“罐”)，标价的货币有没有写错，英语的表达是否准确，等等。然后还要看各条款之间是否互相矛盾，例如，在数量上标明了溢短装条款，可是在金额上却没有作出相应的表示，等等。

另外，对出口合同的管理工作也非常重要，例如，合同的编号和档案管理。现在许多出口企业都已使用计算机进行管理，但是，仍然有必要将与合同有关的往来函电、单据、资料与合同一起保存起来，以便日后查阅。因为，交易过程中收发的信件、传真或电子邮件等有可能构成对合同的补充或修改，成为日后处理双方争议或纠纷的重要依据。

最后，出口商在订立重大或内容复杂的合同时，应主动向法律专家、会计师、资深的出口业务人员等咨询，有的要经过上级主管部门批准。

总之，书面合同有其严肃性，是订约的书面依据。合同签订的成功与否，关系到履约过程是否顺利等问题。因此，在签订合同的过程中，应该本着重合同、守信用的原则，认真对待每一个细节，确保所签订合同的实效性。

# 本章小结

在对外贸易过程中，虽然交易磋商阶段是交易的开始阶段，但是，由于交易磋商阶段将决定合同的具体内容和买卖双方的实际利益，因此，交易磋商阶段是非常重要的阶段。为了进行好交易磋商，应该在交易磋商的准备阶段作好对有关问题的调查研究和可行性分析，并且，应该对合同条款作充分的准备。

参加交易磋商的人员不仅应该具有较好的语言表达能力、磋商沟通能力，还要熟悉交易磋商技巧，掌握交易产品的指标和性能以及典型市场等情况。只有这样，才能做到知己知彼、应对自如，获得较好的磋商结果。

## 复习与思考

1. 什么叫交易磋商?
2. 交易磋商有哪几种形式? 交易磋商的内容是什么?
3. 交易磋商的基本环节是什么? 其中必不可少的是哪几个环节? 进口交易磋商环节与出口交易磋商环节有什么差异?
4. 什么叫发盘? 试起草一份发盘。
5. 发盘何时生效?
6. 什么是发盘的撤销和撤回? 如何才能保证发盘的有效撤销和撤回?
7. 什么叫发盘失效? 发盘在什么条件下会失效?
8. 什么叫还盘? 还盘和发盘有什么关系? 请起草一份发盘和对该发盘的还盘。
9. 什么叫接受? 构成有效接受的条件是什么?
10. 什么是逾期接受? 逾期接受是否可以成为有效接受?
11. 签订合同时应该注意哪些问题?

## 案例分析

1. 泰国某农用车总装厂A与中国某柴油机生产厂B已经建立了长期的业务关系，由B向A供应装配农用车所需要的柴油机。A按照以前交易的CIF

BANGKOK价格向B下订单，订购300台柴油机。考虑到A是老客户，并且有望发展成为代理，B回电表示同意。A在第二天上午10点通知银行开L/C，恰好此时收到B的来电，称“预计生铁价格持续上涨，每台涨价2%，抱歉”。A当即回电：“贵方在未事先通知的情况下提出涨价是没有道理的，最多只能涨价1%。”B当即发传真表示同意，但是由于A的传真机有故障，未能收到B的传真。此时韩国一家公司C报价，A接受了C的报价。请分析：

(1) 来往函电的意义(分别属于哪个交易环节)。

(2) A和B之间是否达成了交易，是什么时候达成的？

2. 山东省某机床生产厂家8月5日收到波兰某公司欲购买该厂8台数控磨床的来函，该厂当天就对所需设备进行了报价。8月6日对方回电表示感谢，并提出每台设备上要求增加一套备用配件和砂轮。正当我方企业考虑如何回函的时候，对方于8月8日下午又来电，表示同意接受8月5日的报价，并要求传真合同文本。考虑到对方的诚意和开发欧洲市场的需要，我方同意每台设备增加一套砂轮，然后起草好合同文本后传真给对方。请分析：

(1) 每一次函电的意义和可能的交易结果。

(2) 波兰方后来为什么不再要求增加配件和砂轮而很快接受山东厂家的报价了？

# 第 3 章 商品的品质、数量和包装

## 本章关键词

商品品质(quality of commodity)
凭规格买卖(sale by specification)
凭等级买卖(sale by grade)
凭标准买卖(sale by standard)
凭说明书和图样买卖(sale by descriptions and illustration)
凭商标或牌名买卖(sale by trade mark or brand)
凭产地名称买卖(sale by name of origin)
凭样品买卖(sale by sample)
品质公差(quality tolerance)
品质机动幅度(quality latitude)
毛重(gross weight)
净重(net weight)
以毛作净(gross for net)

## 互联网资料

经贸资讯网 xtrade. myrice. com

中国质量认证中心简介

中国质量认证中心(China Quality Certification Centre, CQC)是由原中国进出口质量认证中心和原中国电工产品认证委员会秘书处于 2002 年 3 月 14 日获准合并后成立的,4 月 24 日正式对外挂牌。目前,中国质量认证中心在全国设有 11 个产品认证分中心、35 个管理体系评审中心和 62 个签约检测机构,并与 14 个国外认证机构签署了相互委托认证的合作协议,聘用了 2 200 多名各类专职和兼职审核员,同时拥有雄厚的师资力量。其主要业务是:经国家认监委授权承担国家强制性产品认证(CCC)工作、自愿性产品认证、管理体系认证(主要从事 ISO9000 质量管理体系、ISO14000 环境管理体系、OHSMS18000 职业健康安全管理体系、QS9000 质量体系和 HACCP 认证等业务)、作为国际电工委员会电工产品合格与测试组织(IECEE)的中国国家认证机构(NCB)(可颁发和认可 CB 测试证)、作为国际认证联盟(IQNet)的正式成员(CQC 颁发的 ISO9000 和 ISO14000 证书将能获得联盟内其他 28 家成员机构的认可)。中国质量认证中心的质量目标是:以优质高效的工作作风及整体一致的工作水平,赢得申请人的信任;在认证领域始终保持国内的领先地位;跻身于国际著名认证机构行列。

资料来源:中国质量认证中心网站(www.cqc.com.cn/index.asp)。

## 3.1 商品的品质

商品的品质(the quality of commodity)是指商品能够满足消费者需要的内在素质和外部形态的综合反映。商品的内在素质反映了商品用以满足消费者的使用性能等特性,例如技术的先进性、商品的可靠性、耐久性、理化特性等;商品的外部形态主要指商品的外部结构、外观形态等。

### 3.1.1 商品品质的意义

人们都希望买到物美价廉的商品,其中的物美,就是指商品的品质好。同时,对于卖方来说,只有商品的品质好,才能获得较好的经济利益。由此可见,在国际贸易中,商品的品质是非常重要的。例如一台大型机器设备,买方进口的目的主要是发展生产。如果其品质达不到订货的要求或者由于其他原因不能满足生产要求,生产出来的产品就不合格。这样,不仅会浪费资金,而且由于在质量方面难以满足市场的需求或难以进入市场,不能取得预期的经济效益。



归纳起来,商品品质的意义主要表现在以下几个方面:

(1) 关系到国家和企业的信誉。

在国际贸易中,信誉是一个非常重要的问题。国家和企业的信誉与商品的进出口工作休戚相关。对于出口商品来说,所出口的商品品质的优劣直接关系到信誉问题。

要想获得好的信誉,也就是要想“创牌子”,就必须在贸易中重合同、守信用。对于出口商来说,其中很重要的内容就是要保证商品的品质。“创牌子”要比“倒牌子”难,而“保牌子”更难,由此可见,以品质获取信誉并不是一件容易的事。我国的对外贸易正在发展过程中,更需要注意我国出口产品的品质,那种只顾一时利益或本单位利益的“提篮小卖”或“打一枪换一个地方”的做法，不仅有损于企业的形象，还会影响到国家的信誉。

(2) 关系到出口商品销售状况和企业的经济利益。

在国际市场上，碰头商品很多，竞争十分激烈。商品品质的优劣是竞争的重要焦点之一。如果商品的品质较差，不仅卖不上好价钱，而且非常容易被挤出国际市场。一旦被挤出国际市场，再想打入就很难了。

企业要想获得较好的经济利益，就必须长期地、稳定地占领国际市场。因此，企业就必须千方百计地提高出口产品的品质，使产品的结构、性能、包装等方面都能较好地满足用户的要求，这样才能在国际市场中不断提高竞争能力。

随着人们生产和生活水平的提高，只有品质好的商品才能卖出好的价钱。提高产品的品质，有可能会在短时间内与提高经济效益发生矛盾。例如，要想提高车床的品质，一方面要增加车床的功能或强化原有的功能，另一方面要提高部分零部件的原材料品质或加工精度等。这样，就会使车床的成本上升，售价提高，有可能会造成销售量的暂时下降。但从长远着想，由于车床的品质确实提高了，如果促销方法得当，用户对新车床的性能会逐渐认可，销售量会逐渐上升。

(3) 关系到消费者的物质文化生活。

随着我国经济国际化形势的发展，除了要大力发展商品出口以外，还要实行市场准入制度，为外国商品的进入创造条件。商品的进口直接关系到我国消费者的物质和文化生活的提高。近年来，随着我国经济的发展和繁荣，人们的收入水平不断提高，人均国民生产总值达到10 000美元的城市和地区在逐渐增加，人们对物质和文化生活的要求将会越来越高，这为国内高档商品的销售和国外高档消费品的进口创造了市场条件。

(4) 关系到我国生产技术水平的提高。

随着各国技术水平的提高和国际贸易形势的发展，世界上的各种竞争，从一定意义上讲，主要表现为技术水平的竞争。与一些发达国家相比，我国在某些领域的技术还相当落后。为了迅速赶上世界先进水平，改革开放以来，我国已经引进了大量国外先进技术，有很多技术对我国的经济建设产生了积极的影响。随着技术引进工作的深入，我们除了应该注意消化吸收以外，还应该注意提高引进技术的质量，注意多引进有市场潜力的技术。同时，应该采取各种有力措施，鼓励生产企业的技术力量对引进的技术进行消化、吸收和改进，使我国的技术水平不断提高。从提高企业国际核心竞争力的角度出发，我国企业应该逐渐发展具有自己特色的技术，这就需要提高企业和国家整体的研发能力。因此，除了结合本企业的生产逐渐提高技术研发水平之外，政府应该利用政策鼓励研发机构的业务发展。

### 3.1.2 商品品质的表示方法

国际贸易中的商品品种繁多，其品质的表示方法也多种多样，对于同一种商品的品质，各国的表示方法又各有差异。归纳起来，商品品质的表示方法主要可分为两大类，即用文字表示商品品质的方法和用图样表示商品品质的方法。用文字和图样表示商品品质的方法一般可以进一步分为：凭说明书和图样，凭规格、等级或标准，凭商标或牌号，凭产地名称等表示商品品质的方法。

1. 凭说明书和图样买卖

所谓凭说明书和图样买卖(sale by descriptions and illustration)，又被称为凭说明书和图样交易，是指交易双方约定以说明书和图样作为交货的品质依据。

机械、电子、仪器仪表等商品的交易主要是凭说明书和图样的交易。其原因是，机械、电子、仪器仪表等商品的品种繁多，结构复杂，性能各异，技术性强，交易过程环节多(还要涉及安装、调试、维修、保养等)、时间长，它们的品质难以用比较简单的方法表示，一般都需要利用说明书和图样把它们的技术参数、性能指标、安装、调试、维修、保养等有关要求和注意事项等详细表示出来，以利于买方选购商品时对商品品质有比较全面的了解。机械、电子、仪器仪表的技术参数和性能指标等包括的内容很多，一般不可能全部用文字表示出来，经常需要与图样一起来表示。有时以说明书为主，随附一些图样；有时以图样为主，然后加以说明。例如，机床的主要参数包括尺寸参数、运动参数和动力参数。机床的尺寸参数反映机床的加工范围，其中包括第一主参数、第二主参数和与被加工零件有关的其他尺寸参数；机床的运动参数是指机床执行件的运动速度，例如，主轴的最高与最低转速、刀架的最大与最小进给量等；机床的动力参数一般指机床电动机的功率、机床的最大允许扭矩，等等。



在我国的贸易中，以说明书为主、以图样为辅的表示商品品质的方法较多，同时，以图样为主表示品质的交易也不少。例如，我国改革开放之初开展的“三来一补”的贸易中，来图加工、来样加工就是按着对方提供的图样生产产品，交货时也要凭图样的要求检验产品。通过“三来一补”贸易方式，我国一些企业的技术素质和加工能力都有一定的提高。并且，通过加工贸易，使这些企业不断熟悉国际市场，为自己的产品出口打下了基础，积累了经验。这里所说的图样，主要是指机械加工所使用的技术图纸，其中包括零件图、装配图等。利用这种图，可以把机器及零部件的设计尺寸、公差、加工精度、表面光洁度及其他工艺要求、安装方法等详细、准确地表示出来。

通过以上的例子，我们可以看出，利用说明书和图样来表示商品的品质，可以达到全面、详细、准确的目的。因此，凡是结构复杂、性能要求较高的商品，都可以利用说明书和图样来表示品质。

随着国际贸易的发展，国际市场上的商品结构不断发生着变化，不仅工业商品所占的比例越来越大，商品的专业性和技术性也在不断提高。这样，有些商品原来是利用其他比较简单的方法来表示商品的品质，可能会不得不逐渐改为利用说明书和图样的表示方法。只有这样，才能使双方的权利和义务更加明确，既可以保证交货商品的品质，又可以减少贸易纠纷的发生，从而促进双方贸易关系的发展。

2. 凭样品买卖

这里所说的样品(sample)，是指买卖双方经贸易磋商后共同确定的作为交货标准的典型商品。所谓凭样品买卖(sale by sample)，是指买卖双方约定以样品作为交货的品质依据所进行的买卖。因此，有时也称为来样成交。凭样品买卖主要适用于质量难以标准化、规格化或难以用其他方法表示其品质的商品。例如矿产品、土特产品等。

在凭样品交易中，不论是“凭买方样品买卖”(quality as per buyer's sample)，还是“凭卖方样品买卖”(quality as per seller's sample)，卖方交货时，都应该保证所交商品的品质符合双方商定的交货商品的品质要求，即与样品一致或基本一致，否则卖方应承担违反合同的责任。

(1) 样品的种类。

贸易实践中使用的样品一般有以下几种：

① 标准样品(type sample)。标准样品是指交易双方经磋商后所确定的成交样品。在磋商中，除了确定标准样品以外，一般还要商定交货时所交商品的品质公差范围。

② 复样(duplicate sample)。复样是指为了检查未来所交商品与样品是否一致，在向对方寄送样品的同时，保留或复制的样品。

③ 封样(sealed sample)。封样是指封存起来留作交货时用于检验交货商品品质的样品。封样一般是在双方达成合同之后进行的。

④ 回样(counter sample)。也称为对等样品，是指卖方按照买方提供的样品所复制的、供买方确认的样品。

⑤ 参考样品(sample for reference)。参考样品是指卖方按照买方所提供的要求试制的、供买方确认、选择或供宣传用的样品。

(2) 在进出口业务中，凭样品买卖应该注意的问题。

① 如果采用“凭卖方样品买卖”的方法，要注意提供给买方样品的具体情

况。样品既要符合买方的要求，又要应该是卖方自己的技术、工艺及其他条件所能达到的。不要对样品精雕细刻，以免在交货时，商品品质达不到要求。这样会引起纠纷，对双方都不利。

② 如果采用“凭买方样品买卖”的办法，要注意买方样品的结构、性能及其他条件，并结合我方的原材料和加工能力等确定是否接受。为了避免日后发生争议，在收到买方来样后，应复制样品或提供我方制造的样品供买方确认。这样，既可以检查自己的加工能力，又可以给买方以较大的选择余地。

③ 不论采用“凭卖方样品买卖”还是“凭买方样品买卖”，加工方（卖方）在交易磋商时，一定要在品质方面留有充分的余地，以保证自己做到力所能及。一般可以采用品质公差（quality tolerance）或品质机动幅度（quality latitude）的做法规定商品品质要求。

品质公差是指工业制成品由于科技水平或生产水平所限而使不同产品品质量之间所产生的允许误差。因此，品质公差是客观存在的，是买卖双方根据加工技术水平的实际情况商定的、允许交货时存在的品质误差。在国际贸易中，卖方所交付的商品品质只要在合同规定的品质幅度内，买方不得拒收货物。品质公差可以由买卖双方共同议定，也可以采用国际同行业所公认的误差。品质公差可以按比例计算增减价格，也可以在公差以内不计算增减价格。对于工业制成品，一般利用规定品质公差的办法规定商品的品质，例如，机械加工的零件尺寸一般都标有公差。

品质机动幅度是指对某些初级产品，由于卖方所交货物品质难以完全与合同规定的品质相符，为便于卖方交货，往往在规定的品质指标时，预留一定的允许幅度，例如大米，含水率最高为15%，含杂质量最高为1%，碎粒含量最高为3%等。对在机动幅度内的品质差异，一般均按合同单价计价，不再另作调整。但如果有些品质指标的变动，会给商品质量带来实质性的变化，为了体现按质论价，也可在合同中订立品质增减价条款。例如出口铁矿石时规定含杂质量不高于5%，以5%的价格为基础，杂质含量每增加1%，价格降低2%。



④ 在交易中，如果遇到所交商品与样品难以一致的情况时，一般在合同中应列明“品质与样品大致相同”（quality to be considered as being equal to the sample）等内容。当然，也可以不采用凭样品买卖方式，而采用其他更合理的方法。

随着国际贸易的发展，凭样品交易的商品可能会越来越少。凭样品交易的方法多用于轻工产品、纺织产品、工艺品、初级产品等交易中。另外，凭样品交易还可以用在只规定商品的某一方面或几方面的交货品质指标上，例如，“色彩样品”（colour sample）、“型式样品”（pattern sample）等。而其余的指标则采用其他方法表示。

3. 凭规格、等级或标准买卖

所谓规格(specification)，是指用来反映商品的形状或形态等的品质指标，例如商品的长短、大小、轻重、含量、成分、光度等；所谓等级(grade)，是指同一种或同一类商品，按某一规格的不同所分的级别，如大、中、小，一、二、三等，每一等级都有其固定的规格要求；而标准(standard)，则是指国家或国际组织或具有一定权威的团体所制定和公布的、在其管辖范围内必须执行的商品品质的标准化指标。

在国际贸易中，用规格确定商品品质的方法称为凭规格买卖(sale by specification)；以等级确定商品品质的方法称为凭等级买卖(sale by grade)。同样，以标准作为衡量商品品质的方法称为凭标准买卖(sale by standard)。凭规格、等级、标准所进行的买卖主要适用于初级产品的交易过程。例如矿石、矿砂、煤炭、钢材、木材、橡胶、化肥、粮食、生丝，等等。这些商品的主要特点是，每种商品的基本组织成分的结构、形状、性能特点基本一致，品质的内容比较容易规范化。

在凭规格、等级、标准进行买卖的过程中，应注意以下几方面的问题：

(1) 对于同一种商品，各国对其所规定的规格、等级、标准的内容可能有所不同，因此，在进行交易磋商过程中，如果以一方所规定的内容为基础，另一方应彻底弄清楚对方所规定的内容的意义，不应盲从，以防止发生因内容的实质不同而造成不应有的损失。

(2) 在可能的情况下，我国应尽量采用国际组织规定的或习惯采用的规格、等级和标准的规定方法，这样，可以促进国际间对规格、等级和标准的了解，为发展我国的对外贸易打下基础。

(3) 对于国际市场上的初级商品，有的由于其规格、等级、标准很难确定，或由于其他原因而无法准确确定其品质，可以用"良好平均品质"(fair average quality，简称 F. A. Q.)或"上好可销品质"(good merchantable quality，简称 G. M. Q.)来规定商品的品质。采用这种方法成交时，卖方应从买方的需要出发，尽量标出已经知道的或可以知道的商品的某些性能参数或特性，以便使对方了解商品品质，以利于促进成交。

4. 凭商标或牌名买卖

凭商标(trade mark)或牌名(brand)所进行的买卖是指采用凭商标或牌名交货的贸易方式。这种贸易方式主要是针对品质比较稳定、并且在国际市场上已取得了较好信誉的商品的进出口业务。由于只凭商标或牌名，不需要对商品的具体品质情况进行规定，所以，这种交易方法简便易行，也能获得买方的满意。

凭商标或牌名买卖(sale by trade mark or brand)可适用于任何商品。例如，我国的海尔牌家用电器、虎头牌电池，日本的丰田汽车，意大利的阿里斯顿电冰箱等。对于结构复杂、性能要求较高的工业商品，应该在具有一定名誉后使用这种交易方法。采用凭商标、牌名的交易方式应该注意以下几个问题：

(1) 卖方应该注意“创牌子”和“保牌子”。在出口商品生产的过程中，要严把质量关，不合格的产品坚决不出厂。在销售过程中要做到价格合理、服务周到；同时要经常进行市场调查研究，及时发现问题和解决问题；还要注意征求用户意见和建议，以改进商品的品质，使之不断符合用户的各种要求。

(2) 如果卖方对其产品有所改进，应该提前做好对客户的宣传和解释，以便及时使用户了解所改进商品的特点、尤其是优点；如果用户发现了缺点，应积极热心地做好服务，及时解决商品所存在的问题。

(3) 对买方而言，既要相信牌名，又要保持一定的警惕性，要防止发生由于卖方因某种原因使商品的品质下降而给客户带来不应有的损失。

5. 凭产地名称买卖

对于某些农、副、土、特产品，由于产地的自然条件、原材料、传统工艺等优势，使产品独具特色，享有盛誉。对于这样的商品，由于在长期的贸易实践中，用户非常欣赏其特色，因此，凭产地名称买卖(sale by name of origin)，就很容易成交。例如我国的景德镇瓷器、长白山人参、青岛啤酒等。

凭产地名称买卖和凭商标或牌名买卖可归纳为一种交易的两个方面，只不过前者是由于产地的自然条件或地方的传统工艺等使商品享有盛誉，而后者则是由于技术优良等原因而使商品享有盛誉。

### 3.1.3 订立合理的品质条款



在国际贸易中，如何合理地订立合同中的品质条款，不仅涉及卖方的经济利益，而且还涉及买方所购买的货物是否货真价实等问题。例如，一台精密仪器，卖方首先关心的是价格和市场，而买方首先关心的是仪器的功能和性能，例如，仪器所能测量的项目、范围、精度等指标。买卖双方所关心的问题虽然不尽相同，但是，都与商品的品质有关，因此，品质条款是合同中重要的条款之一。

1. 品质条款的内容

买卖合同中品质条款的基本内容包括商品的品名(commodity)、规格(specification)、商标或牌名(trade mark or brand)等。在凭说明书和图样买卖的情况下，一般还应该标明说明书的编号和图纸编号等事宜。在凭样品买卖的情况下，要注意标明样品与交货商品品质的差异，例如，交货品质与样品大致相符或完全相符合等。如果是大致相符，最好同时规定交货时商品的品质公差或品质机动幅度等。同时还应该列明样品的编号、寄送日期或有关样品的说明等情况。

如果采用凭规格、等级、标准买卖，应列明规格、等级、标准的内容；如果内容较多，应另设附件，但要在品质条款中列明规定该规格、等级的文件编号和所用标准的出版物的名称、编号、出版单位和出版时间等。如果采用凭商标、牌名或凭产地名称买卖，则应在品质条款中列明所用的商标、牌名或产地名称等情况。

2. 订立品质条款的注意事项

由于交货品质对于交易的重要性，品质条款是合同中的一项重要条款。经过交易磋商后所订立的合同品质条款，交易双方都应该认真执行。否则，由于某一方未认真执行条款而造成的损失应该由违约方负责。为了双方的贸易利益，买卖双方在交易磋商中应该经过认真地友好协商，订立出品质条款的具体内容。在磋商和订立合同条款时，买卖双方应该注意以下事项：

(1) 在交易磋商中，双方要做到友好协商，要尊重对方的贸易权利，贯彻"平等互利"、"重合同、守信用"的原则。

(2) 要合理使用表示商品品质的方法。对于我国出口的商品，在条件允许的条件下，应该尽量采用以商标、产地名称来表示商品品质的方法，以提高商品和企业的国际声誉。但当对方不能接受时，也应考虑采用其他方法。对于我方进口的商品，品质条款应该订得尽量详细一些，以免因理解的差异而发生争议。

(3) 尽量采用一种方法表示商品品质，这样，可以简化检验和交货等很多手续，也可以减少分歧。如果双方商定用两种或两种以上的方法表示商品品质时，应该在条款中说明所使用方法的主次，以免因方法选择次序的差别或双方强调的内容不一致而发生争议。

(4) 进口合同中的品质条款应该尽量详细。如果进口的是机械设备，还应注意说明零配件的品质要求及供货办法等。

(5) 条款中的用词要明确恰当，以便明确双方的权利和义务。为此，应该做到以下几点：

① 要做到文字简练、语言准确，避免词不达意，更不能用"大约"、"上下"、"左右"、"可能"等模棱两可的词语。

② 如果采用品质机动幅度或品质公差，应该在双方协商同意后，列明机动幅度范围和公差的具体数值。

③ 如果我方为出口方，在用词上不要绝对化，要留有余地，以防由于交货品质达不到或不能及时交货使自己陷于被动。

订立合同中的品质条款是一项具有较强的科学性和灵活性的工作，需要在实践中根据商品的种类、用途、交易对象的资信情况、国际市场的形势以及国内企业的生产情况等综合情况进行具体分析，综合考虑。

目前，我国生产企业的技术水平、产品竞争能力还比较低，因此，在订立品质条款时还应注意以下问题：

(1) 如果我方为出口方，在我方条件允许的情况下，应尽量提高产品品质，这样既可以提高企业的经济效益，又可以提高产品的档次和生产企业的声誉，促进企业不断提高其核心竞争能力，为企业适时地“走出去”打好基础。切不可把品质订得太低，否则，不仅经济效益会下降，而且在当今市场竞争十分激烈的情况下，品质过低的产品会面临着随时被淘汰的危险。

(2) 如果我方为进口方，应该注意我国政府制定的关于商品进口的有关政策。在我方企业能够消化吸收的情况下，应该尽量进口那些有利于我方提高生产能力和科学技术水平的商品，例如机器设备或者能够带动我国产品性能提高的一些产品。

## 3.2 商品的数量

商品的数量是买卖双方交易的主要条件之一，因此，商品数量条款也是合同中的重要条款之一。根据《联合国国际货物销售合同公约》中所作的规定，卖方交付的货物必须与合同规定的数量相符。如果卖方交付货物的数量大于合同规定的数量，买方可以收取，也可拒绝收取多交部分的货物。如买方收取多交部分货物的全部或一部分，均须按合同价格付款。有些国家的法律还规定，如卖方交货数量小于或大于合同规定的数量，买方可以全部拒收。由此可见，正确掌握成交的数量，并严格按合同中所规定的数量交货是非常重要的，否则会引起贸易纠纷或可能造成不必要的损失。



### 3.2.1 数量的计量方法

由于商品的种类多，性能也各有差异，因此，商品计量所采用的方法也各不相同，常用的计量方法有以下几种。

1. 按重量计算

在国际贸易中，有许多商品是按重量进行交易的。例如工业商品的原材料一般都是按重量买卖的。按一般商业习惯，计算重量的方法有以下几种。

(1) 按毛重计算。

毛重(gross weight)是指商品本身的重量加上包装材料[也称皮重(tare)]重量的总和。对于一些价值不高的商品,如一些矿产品或初级工业产品,常采用此种计算重量的方法,也就是按毛重作为计算价格的基础。

(2) 按净重计算。

净重(net weight)是指毛重减去皮重以后的重量,即商品本身的实际重量。按净重计算时,计算皮重的方法有以下六种:

① 实际皮重。实际皮重(actual tare)指对商品的包装材料实际称量后所得到的包装重量。

② 平均皮重。平均皮重(average tare)是指从整批商品中任取若干件包装(一般取总件数的十分之一左右),称出所选出包装的总重量后除以件数,即可得到平均皮重。目前,包装方式和包装材料日趋标准化,采用平均皮重的方法会越来越普遍。

③ 习惯皮重。习惯皮重(customary tare)是指某些商品(如水泥、化肥)的包装一般都有一定标准,其重量大致相等,习惯上认为相等,这种皮重即为习惯皮重。习惯皮重有时又被称为标准皮重(standard tare)。

④ 指定皮重。指定皮重(computed/estimated tare)是指买卖双方经过协商而约定的每件商品的包装重量。

⑤ 装运皮重。装运皮重(shipping tare)又称"卖方皮重"(seller's tare),即卖方于装运时将过磅的皮重记在商业发票上,这种皮重称为装运皮重。

⑥ 接受皮重。接受皮重(accepted tare)是指买方愿意接受的卖方所标定的皮重。在商品的进出口交易中,如果卖方寄来的重量单中所列出的皮重合理,买方也可以接受该皮重。

对于价值比较低的商品,一般规定以毛重作为计量单位,这种计算重量的方法在国际贸易中又被称作"以毛作净"(gross for net)。

(3) 按法定重量计算。

法定重量(legal weight)是指某些商品的计价重量除了商品的净重外,还包括商品必须带有的包装材料(一般为内包装)的重量。有些国家规定,在商业发票或重量单上,必须注明法定重量,并以此为依据对进口商品征收从量税(specific duty)。海关对于按法定重量计税的商品,一般都规定各类商品的包装折扣率,利用该包装折扣率就可以计算商品的法定重量了。法定重量可以用下列公式计算:

$$法定重量 = 毛重 \times (1 - 包装折扣率)$$

(4) 按公量计算。

用科学方法抽去商品中的水分后就得到干量,在干量的基础上加上标准含水量，所得重量就被称为公量(conditioned weight)，其计算公式为：

$$公量 = 干量 + 标准水分量 = \frac{实际重量 \times (1 + 标准回潮率)}{1 + 实际回潮率}$$

商品的回潮率是指商品含水分的百分率。回潮率有国际公认的，也有交易双方协商后定出的。按公量计算的方法主要适用于一些价值高而含水量极不稳定的商品，如生丝、羊毛、棉纱等。

(5) 按理论重量计算。

对于密度相同的商品，如果材料相同，结构和尺寸一致，按每件(或每张等)商品计算的重量就会基本一样，该重量被称为理论重量(theoretical weight)。诸如铸铁、钢板、型材等商品均有相同的比重、固定结构、规格和尺寸，可采用此法计算重量。

计算重量常用的重量单位有：公吨(metric ton，或 mt)、长吨(long ton，或 lt)、短吨(short ton，或 st)、公担(quintal，或 Q)、千克(kilogram，或 kg)、磅(pound，或 ib)、盎司(ounce，或 oz)和克拉(carat，或 car)。

2. 按个数计算

在国际贸易中，一些工业制成品往往采用个数(numbers)作为计价基础，如某种型号发动机每台 250 美元，某种牌子汽车每辆 1 810 美元。

常用的个数计量单位有：件、只、个(piece，或 PC)，套、组、打(dozen，或 Doz，1 打＝12 个)，张(piece，或 PC，plate，或 PL)，部、辆、台(unit，或 UN)，包、捆(bundle，或 BDL)，袋(bag，sack)，箱(case 或 C/S)，箩(gross，或 GRS，1 箩＝12 打)，盒(box，或 BX)，令(ream，用于纸张)，卷(roll/coil)等。

3. 按面积计算

这种计算方法是以商品的面积(area)作为价格的计算基础，如木板、玻璃板、皮革的交易中，多使用此种方法作价，但有的商品需加列厚度(thickness)。

常用的面积单位有：平方米(square meter，或 $m^2$)、平方码(square yard，或 $yd^2$)、平方英尺(square foot，或 $ft^2$)等。

4. 按长度计算

有些工业制成品，如电缆、钢丝绳和纺织品(主要指布匹)等，在交易中常使用长度(length)作为计价基础，如某种隔离线每米 3.6 元人民币。

常用的长度单位有：米(meter，或 m)、码(yard，或 yd)、英尺(foot，或 ft)等。

5. 按体积、容积计算

有些商品在交易中是以其所占空间大小[即体积或容积(volume or capacity)]来计价的，如木材、化学气体或其他流体物质，在交易中往往以体积或容积计算价格。

常用的体积计算单位有：立方米(cubic meter，或 $m^3$)、立方码(cubic yard，或 $yd^3$)、立方英尺(cubic foot，或 $ft^3$)等。

常用的容积计算单位有：桶(barrel，或 bar)、加仑(gallon，或 gal)、公升(liter，或 l)、浦式耳(bushel，或 bus)和容积吨(也称尺码吨 measurement ton，或 mt)等。

## 3.2.2　国际上常用的计量制度和我国法定的计量制度

1. 国际上常用的计量制度

目前，国际上存在着几种不同的计量制度，分别为不同国家所采用。计量制度不同，即使所使用的计量单位的名称相同，也会使所表示的商品实际数量有很大差别。如“加仑”(gallon，或 gal)这个计量单位，英制加仑(Imperial gallon)和美制加仑(US gallon)所表示的实际数量就相差很大(1 英制加仑 = 4.546 公升，1 美制加仑 = 3.785 公升)。因此，了解和熟悉各种计量制度及其相互之间的换算关系，对于外贸人员做好外贸工作是很重要的。

商品对外贸易中常采用的计量制度主要有四种：公制(the metric system)、英制(the British system)、美制(the US system)和国际单位制(international system of units，代号 ST)，现分别介绍如下：

(1) 公制。

公制是 18 世纪开始采用的、由法国发明的以十进位制(decimal system)为基础的一种度量衡制度。公制的度量(measure)和“衡”(weight)之间有内在联系，互相之间的换算比较方便，所以被越来越多的国家所采用。

公制度量衡制中的面积、体积的计量单位都以长度为基础，而公制长度的基本单位是“米”(meter)，所以公制又称米制。在公制中，重量的基本单位为公斤。米和公斤都有自己的标准，各单位之间有机地联系在一起，相互之间换算方便，现在世界上多数国家的计量制度都采用公制或以公制为基础。

(2) 英制。

英制度量衡曾在世界上有过很大的影响，但由于它不是采用十进位制的计算方法，换算起来很不方便；同时，英制度量衡的度量和衡之间缺乏内在的联系，所以英制在国际贸易中的使用会越来越少，许多原来采用英制的国家，如新西兰和澳大利亚等，正在逐步向公制过渡。

(3) 美制。

美制是以英制为基础的，许多计量单位的名称都相同，但含义却有区别，主要体现在重量单位和容量单位中。另外，美制容量单位分“干量”(dry measure)

和“液量”(liquid measure)两种，干量多用于粉状或颗粒状固形物的计量方面，液量多用于液体的计量上。美制计量单位由短吨(short ton)、短担(short hundredweight)、磅、盎司和打兰(dram)组成，其中“磅”、“盎司”和“打兰”与英制等量并通用，而“短吨”和“短担”在英制中无等量单位。

(4) 国际单位制。

国际单位制是1960年第11届国际计量大会通过的度量衡制度，由于是以公制为基础制定的制度，因此又称为现代米制。在这次国际计量大会上，通过了“米”的新规定：一米等于氪同位素(Kr)原子在真空中辐射的光波波长的1 650 763.73倍。这样，自然基准的光波波长取代了人力基准。新的基准与原来的标准差别不大，但其性能稳定，准确性也大大提高了，而且方便了各国的复制和应用。目前，世界许多国家已开始向国际单位制过渡，我国立法也明确规定采用国际单位制。

2. 我国法定计量单位制

我国的基本计量制度是公制，现在处于向国际单位制过渡的阶段。我国从1991年1月起，除少数个别特殊领域之外，不允许再使用非法定计量单位。在对外贸易中，出口商品除交易合同中规定需采用公制、英制或美制计量单位者外，也应使用法定计量单位。进口时一般不允许进口以非法定计量单位为设计基础的机械设备、仪器仪表。如有特殊需要必须进口，则要经过有关标准计量管理机构批准。

## 3.2.3 合理订立数量条款



数量的大小影响着价格水平和运输方式，同时还会涉及对外政策和经营目标的贯彻等问题。因此，数量条款(quantity clause)是合同的基本条款之一。数量条款包括数量单位的选定、包装货物计价单位的确定、交付数量、时间和地点、数量溢短装条款等。

1. 溢短装条款

溢短装条款(more or less clause)是指在规定交货的标准数量的同时，还要规定允许多交或少交货物的数量或百分比的条款。因此，溢短装条款是规定交货数量范围或机动幅度的条款。在进出口贸易业务中，合理制定溢短装条款是很重要的。有些商品计量很难做到准确，或因自然条件的影响，或受包装和运输条件的限制，实际交货数量往往不容易完全符合合同规定的标准数量。为防止日后买方接货时产生纠纷，交易双方要在交易磋商中事先商定，并在合同中明确交货数量的范围，一般规定允许多装或少装若干数量，或者规定以不低于和/或不超过成交标准数量的一定百分比为限。按照溢短装条款交货，一般是按照合同价格计价，以实际交货数量计算总价。例如：数量 5 000 公吨，卖方交货时可溢装或短装 5%(5 000 metric tons，5% more or less at seller's option)。根据这一条款，卖方合理的交货重量应该为 4 750—5 250 公吨。合同也可以规定由买方决定交货数量(at buyer's option)。

为使装货数量可以有所机动，也可以采用"大约"数量的规定方法，即在具体数字前加"约"或"大约"(about or approximate)的字样。目前，由于国际上对"大约"解释不一，因此应尽量避免使用这种方法，而采用明确规定增减一定数量或百分比的方法。

由于市场价格的变化，卖方主动超装或有意少装的现象也可能会发生，为此，有关溢短装数量所适用价格的计算必须在合同中明确规定，以免日后发生纠纷。

2. 规定数量条款时应注意的问题

(1) 合理掌握交易数量。

① 对于产品出口，企业应该根据外商的资信情况与经营能力确定成交数量，防止不能及时、安全收汇的现象发生，给企业造成重大的经济损失。

② 对于产品出口，企业应该密切注意市场供求关系的变化，保持稳定、均衡的供应数量，以有利于提高商品竞争力和保持合理的市场价格，促进出口市场的巩固和发展。

③ 对于商品进口，企业也应该根据市场行情的变化周期和规律，适时地选择商品进口的时机，以便更好地获得市场效益。

(2) 数量条款用词要明确、严密、具体。

在制定商品数量条款时用词一定要明确、严密、具体，特别是在使用计量单位术语时，更要慎之又慎。例如，某国某公司从俄罗斯一公司进口一批锰钢(manganese steel)，在合同中一定要标明所使用的计量单位是公吨、长吨或短吨，绝不应该只用吨，否则有可能会带来争议。某国某进出口贸易公司通过边贸方式向邻近地区出口某种建筑用岩石。其所报的价格为＄15 per truck，即每卡车该岩石为 15 美元。由于未注明所指卡车的载重量，对方所派卡车载重量从 5 吨逐步增加到 20 吨，使该进出口公司损失严重。后来经过调解协商，报价改为＄3 per mt，即每公吨 3 美元，方避免了更大的损失。

(3) 合理订立认定交货数量的时间和地点。

国际贸易中，由于长途运输及其他各种原因，有些货物的数量可能会发生一些变化，这种变化应该是与确定数量的时间、地点有关系的，因此，在合同中确定何时何地的数量为交货数量就显得十分重要。在国际货物买卖中，确定交货数量的时间和地点一般有以下几种规定方法：

① 出厂数量条件(plant quantity terms)，指交付数量以出厂时核准的数量为准。利用这种方法确定交货数量，对于途中发生的短缺、损耗等问题，卖方不负任何责任，因此，这种条件对卖方有利。

② 装运数量条件(shipping quantity terms)，指交货数量以装运时在装运港(地)的装货数量为准。卖方只负责装运数量与合同数量相符，如果途中发生短缺等情况卖方概不负责。例如，FOB条件交易的数量条款，一般是以装运港的装运数量为准。这种条件也是对卖方比较有利。

③ 卸货数量条件(landed weight terms)，指交货数量以目的港卸货上岸检验的数量为准。在此条件下，卖方对于运输途中所发生的数量短缺等问题要负责任。

④ 装卸平均数量条件(terms of mean of shipping and landed quantity)，指以装运数量和卸货数量的平均数作为交货数量的条件。

⑤ 买方营业处所数量条件(buyer's premises quantity terms)，指交货数量以货物运抵买方所在地指定地点(营业厅、仓库等)后的数量为准。随着集装箱和国际多式联运方式的发展，这种数量条件将日益增多。显然，该条件对买方比较有利。

在交易中，可以在选定的价格条件、运输方式以及其他具体情况的基础上，买卖双方经过协商确定采用何种交付数量条件。

## 3.3 商品的包装



包装是实现商品价值的重要手段之一，是商品生产和消费之间的桥梁。随着包装的科学理论与技术研究的进一步深化，包装已从以"保护商品"为基础的初级阶段进入综合考虑"保护商品、宣传商品、方便流通、方便消费"等因素的高级阶段。在国际商品市场上，包装好坏除了对商品本身的安全起作用以外，还关系到商品、企业乃至国家的声誉等问题，因此，包装也是交易磋商的主要条件之一。对于机电商品，不仅品种繁多，形状各异，而且专业性和技术性都很强，所以，在贸易中，包装工作更不容忽视。

### 3.3.1 商品包装的种类

由于商品本身的特点以及运输、销售等方面的要求，国际贸易中的商品包装种类繁多。国际上没有统一的关于包装的分类方法。美国一般把包装分为消费品包装、生产用品包装和军用品包装；日本则把包装分为单个包装、内包装和外包装等。

对国际贸易中的商品包装，我国是按照其在流通过程中的作用不同分类的，一般分为运输包装和销售包装两种。

1. 运输包装

运输包装(transportation packing)又称外包装(outer packing)，其主要作用是保护商品，便于运输、便于仓储、降低运输成本等。运输包装的主要要求是坚固耐用、便于运输、满足保护商品品质安全和数量完整的要求。例如，运输包装一般应该能够防震、防潮、防锈等。运输包装还需符合运输工具、装卸工具、方便仓储等要求。

按照包装件数，运输包装又可以分为单件包装和集合包装两大类。

(1) 单件包装。

单件包装(single-piece packing)是指为了装卸、运输方便，将货物装入体积适中的容器或捆绑在一起，使之构成一个计件单位所进行的包装。单件包装按包装物料的造型可分为：

① 箱(case)：包装用箱包括木板箱、夹板箱、纸箱和钙塑箱等，可以视不同商品的特点选择使用。凡价值较高、容易受损的干货商品，大部分用箱包装。例如，机床出口大多采用夹板箱，箱外通常加包铁皮，内部衬有防水、防潮材料等。

② 包(bale)：利用包来包装商品可以分为一般包装和压力包装。凡可紧压并且紧压后品质不受影响的商品可以采用机压打包的方式包装，包装的外部一般用铁皮或塑料绳扎紧。

③ 桶(drum barrel)：一般指密封的金属或塑料桶。这种桶一般用来包装液体、半液体以及粉状等类型的商品。

④ 袋(bag)：包装用的袋子有麻袋、塑料袋等。一般用于粉末状、颗粒状商品的包装，化学原料通常用袋包装。

每种单件包装容器的特点不同，所适用的商品也各不相同。因此，对单件包装的具体要求，应由买卖双方在交易磋商中确定，并在合同中具体订明。

(2) 集合包装。

集合包装(muster packing)，是指将一定数量的经过单件包装的商品装入具有一定规格、强度、可长期周转使用的较大容器内，形成一个较大的搬运单位。随着国际贸易的发展，集合包装将随着经济全球化发展而迅速发展。例如，物流技术的发展需要集合包装的有机配合，物流技术的发展也必然促进集合包装的发展。集合包装的优越性主要体现在以下几个方面：①有利于商品运输、装卸的机械化和自动化,并可以促进包装的标准化;②可以缩短装卸时间,提高运输效率,加速车船的周转速度;③保证商品的运输安全,降低运输货损率;④节省包装费用,降低运输成本。

集合包装按包装工具可分为集装箱、集装托盘和集装袋等包装。

① 集装箱(container)是指用金属板制造的、具有固定尺寸规格和足够承载能力,能周转使用的,可盛装若干件单件包装或一定数量散装货的专用包装容器。集装箱又被称为“货箱”或“货柜”。集装箱一般是用钢板、不锈钢板或铝合金等材料制成的。它既是货物的运输包装,又是运输工具的组成部分,一般由轮船公司或其他专门运输公司提供。

② 托盘(pallet)又称集装盘,是一种主要由底板构成的、对需要包装的商品形状要求不很高的、可盛装一定数量单件包装的垫板式包装工具。包装袋下面有支撑,铲车、叉车可以通过垫板下面的支撑横梁与地面或运输工具底面之间形成的空隙进行装卸运送作业或堆放作业。

托盘既能起到搬运工具的底板作用,又有集合包装的作用,是国内外工业制成品包装经常采用的包装形式。尤其是大型机器设备,其形状不规范,采用该法包装是最合适的。为防止托盘上货物松散,需要用收缩薄膜、拉伸薄膜或其他捆扎工具将货物定位,使货物固定在托盘上,组成一件托盘包装。托盘具有保护商品、减少货损、便于运输和装卸、节省包装材料、简化包装手续、推动包装标准化等优点。

③ 集装袋(flexible container)是一种柔软和可折叠的圆形或方形大包装袋,一般是由可折叠又具有一定强度和韧性的涂胶布、树脂布、化纤布、塑料布或其他相关材料制成的一种新型集合包装工具。它具有结构简单、装载量大(一般为1—4公吨,最高可达13公吨)、使用方便、对货物形状的适应性较强、利于周转和回收使用、费用较低的优点,适合装运矿砂和其他粉末或颗粒状商品。

(3) 运输包装要注意的问题。

运输包装在扩大商品出口、防止货损、加速货物运转及降低费用等方面都有积极的作用。在选择具体包装方式时,要根据商品的特点,并结合货物运往地区的气候、港口设施以及市场习惯等因素,对包装的材料和方法进行具体分析和选择,一般要注意以下几点:

① 单件包装要尽量做到适合于运输需要。要合理设计包装方式,使之适合于运输工具或集合包装容器;对于重量较轻并可以压缩的货物可在不损坏商品质量的前提下采用单件压缩包装方式;对大型机电商品可以采用拆装分包的方法;对形状固定统一而尺寸不同的商品,可以采用套装的包装方法。

② 根据商品性能和特点选择适宜的包装方法。例如,热水瓶、玻璃制品等

易碎商品的包装，主要应该选用具有一定刚度和强度、不易变形、能够防震的包装器具进行包装；对于机器设备、五金工具等商品应采用具有防水、防潮作用，并能保护其使用性能的包装方法。

③ 要注意国外对包装的有关规定、惯例以及消费习惯等。许多国家对进口商品的运输包装往往有一些规定，如不符合其规定，有的要交纳罚金或征以高税，有的甚至不允许进口。例如，有些国家禁用虫蛀的或带有树皮的木材作包装箱，还有的国家对每件货物的最大重量有一定的限制等。

④ 努力促进运输包装标准化(standardization of packing)的实现。为了适应国际商品市场的需要，提高我国商品的市场适应能力和竞争力，就必须使我国商品的出口包装与国际包装的标准一致。包装标准化的要求可以概括为“七个统一”，即：统一包装材料、统一结构形状、统一规格尺寸、统一包装容(重)量、统一包装标志、统一封装方法和统一固定方法。实现这“七个统一”，促进包装标准化，对于促进我国对外贸易的发展和经济国际化具有十分重要的意义。

2. 销售包装

销售包装(packing of sales)通常称为内包装(inner packing)，它除了具有保护商品，便于陈列、储存和保管的功能之外，还有美化商品和增值等作用。20世纪30年代后，由于市场营销观念的发展和确立，以消费者为中心的营销理念深入人心，各国商人竞相利用日新月异的包装装潢吸引消费者，以达到扩大销售的目的。

(1) 销售包装的特点。

销售包装的重要意义在于美化商品、宣传商品、突出商品的性能特点和技术性，并以此促进销售。总结起来，销售包装有以下几方面的特点：

① 科学性。销售包装的造型设计，应根据商品的材料、结构、性能进行科学的构思，通过实现防潮、防震、防锈以及适合运输等目的，确保商品在销售给客户之前不损坏、不散落，保证商品使用价值的实现。

② 艺术性。好的销售包装本身应该是一件艺术品，其结构、造型、色调等方面应完善统一，具有一定的艺术感染力，使客户可以通过包装获得某种艺术享受，甚至产生要珍藏的欲望，从而达到吸引客户产生购买动机和行为的作用。

③ 宣传性。销售包装应具有宣传性，起到广告宣传的作用，使客户通过销售包装可以较全面地了解商品的良好性能、方便的使用方法以及简便易行的注意事项等一系列事宜，从而使客户对商品产生好感和购买欲望。

人们的购买活动无论出于何种需要，都会不同程度地讲究商品的装潢效果。因此，出口到某国的商品，其销售包装应该能巧妙地适应大多数消费者的心理要求，使其产生“机不可失，时不再来”的购买心理。在所有的商品中，日用工业商品包装的宣传作用显得更为重要，而大型机器设备则完全不同。

④ 商品性。销售包装的商品性，主要是指对商品价值的影响。商品的价值不仅仅取决于其使用价值，而且也与商品的包装有直接关系。从某种意义上讲，美本身就是一种价值。销售包装是商品的外衣，商品质量如何当然主要与商品自身的结构、性能等情况有关，但包装却能给用户以是否可取的第一印象。同样的商品，如果包装质量好，装潢能吸引外商，适应某一市场的需要，就可以使售价提高，使商品增值。

⑤ 地域性。所谓地域性是指对于不同的国家、地区，由于其地方的特点、消费习惯、宗教信仰等不同，对销售包装会有不同的鉴赏标准和方法。与运输包装不同，销售包装是直接面对客户的包装，因此，应该了解进口国、地区的特点、消费习惯、宗教信仰等情况，以便使销售包装能较好地满足进口国家或地区消费者的需要。

(2) 销售包装的种类。

销售包装按其形式和作用，可分为以下几种类型：

① 具有感染力的包装。这种包装具有较强的艺术效果、视觉冲击力和陈列效果，可以诱发顾客产生某种兴趣和购买欲望。其形式主要有展开式包装、悬挂式包装、堆叠式包装、系列包装、透明包装、"开窗"包装和传统习惯包装等。

② 便于携带和使用的包装。这种包装给顾客以携带方便、使用或操作简便、省时省力之感，因此，可以给顾客带来附加利益，深受消费者的欢迎。这种包装主要包括：便携式包装、易开式包装、配套式包装、分量式包装等。

(3) 对销售包装的要求。

销售包装的结构形式、装潢设计和文字说明等，应该根据不同商品、不同包装材料、不同销售国家(或地区)和销售对象等因素综合考虑。为了适应国际市场的需要，促进出口销售，销售包装要做到以下几点：



① 要具有艺术感染力。销售包装应该做到外形美观，造型、画面和文字等形式选择合理，并且做到有机结合、互相衬托。同时，应该积极创新设计，在可能的情况下，应该反映我国民族艺术的风格和特点。

② 要便于消费者选购、携带和使用，同时还要便于运输、装运、储存和陈列。

③ 要能够反映商品的性能，图案和文字说明等要与商品的特点有关，要突出商品在性能方面区别于其他商品的优点。

④ 注意了解进口国对销售包装的要求。许多国家对销售包装都有一些特殊要求，在包装使用的文字、包装所应符合的度量衡标准等方面都作了具体的规定。对此，我们应予以充分的注意，确保出口商品包装符合进口国的法律规定。

⑤ 要注意了解当地民族的爱好和风俗习惯。每个民族对商品包装的结构

形式、颜色、图案、数字、文字等都有自己的偏好和习俗，设计出口包装时对此要予以充分注意，力求使销售包装符合当地人民的爱好和习惯，以达到扩大商品出口的目的。

3. 中性包装

商品的中性包装(neutral packing)是指在包装上(包括商品本身)没有标明生产国别、原产地、生产厂商相应标记的商品包装。

在国际贸易中，各国为了保护本国的民族工业，往往采取贸易歧视政策，限制或不允许国外某些商品进入本国市场。为了打破这些限制进口的歧视性措施，发展出口贸易，一些国家的厂商只好采用中性包装的方法向这样的国家出口商品。因此，把中性包装作为一种促进商品出口的手段，已成为各国的习惯做法之一。

(1) 中性包装的种类。

国际贸易中常见的中性包装有两种：

① 无牌中性包装。无牌中性包装是指商品和包装上既没有生产国别、原产地、生产厂商的相应标记，也没有进口商的有关标记(商标、牌名等)。无牌中性包装可以简称为无牌包装。

② 定牌中性包装。定牌中性包装指在商品和包装上不注明生产国别、原产地、生产厂商的相应标记，但要使用买方指定的有关标记，例如，商标或牌名等。定牌中性包装可以简称为定牌包装。

定牌和无牌包装的概念也可以用在非中性包装的情况下。一般的包装都应该有生产国别、原产地、生产厂商的相应标记。有时，进口商为了扩大自己的影响，要求进口商品包装上标有其本企业的标记(商标或牌名)，这种商品的包装就是定牌包装，因此，定牌包装又可以定义为定牌生产的商品的包装。与定牌包装相反，不标有买方标记(商标或牌名)的商品包装称为不定牌包装。

(2) 采用中性包装时需注意的问题。

采用中性包装，主要是为了打破某些国家和地区禁止商品进口所采取的限制措施，例如，对商品实行高关税或不合理的配额限制，以便促进商品顺利出口到这些国家和地区的市场。在采用中性包装的交易中，应注意以下几个问题：

① 采用中性包装出口商品时，应该注意与进口商或代理商的配合，在选择进口商和代理商时，应该选择那些具有一定实力和影响的商人。

② 在接受定牌中性包装时，要考虑到买方提供的商标是否有可能侵犯他人商标专有权等问题，必要时可在合同中规定："凡因由买方提供的商标、牌名引起的知识产权纠纷，责任完全由买方承担。"

③ 在接受定牌中性包装条件时，要注意审查买方所提供的图案、文字内容是否有损于我方声誉或含有与我国对外政策相抵触的内容。

④ 货物买卖合同中必须注明“该货物不得转口到与中国签订双边贸易协议的国家”(It is prohibited to re-export the goods to the conutry that has already signed bilateral agreement with China.)的条款。

## 3.3.2 包装标志

包装标志(packing mark)是指在商品的运输包装的外表面上用具有特定意义的文字、图形和数字等所表示的标记。

1. 包装标志的作用

包装标志主要指运输包装标志。包装标志是出口商品在贮存、运输过程中不可缺少的一项辅助措施。其主要作用表现在以下几点:

(1) 有利于识别商品。

① 便于装卸、运输、仓储等。出口商品要经过装卸、运输、仓储等许多环节,明显、统一的包装标志是识别商品的主要依据,可以防止遗漏和混乱。

② 有利于收货人提货。包装标志一般均刷在外包装的显著位置,并标有件号和件数,使收货人容易发现、核对,这样可防止错提或漏提现象及其他事故的发生。

(2) 便于海关查验。

进出口商品报关时,均需在报关单上填写包装标志,以便海关人员及时准确地查验放行。在查验过程中,包装标记是海关辨别商品的依据。

(3) 便于核对单证。

对外贸易业务中有很多业务是具有凭单交易性质的业务,结汇用的提单、发票等单据上的运输标志,是和商品外包装上的运输标志完全相同的,这样,可以便于核对单证、节省时间、提高效率。

2. 运输包装标志

运输包装标志主要由三部分组成,即运输标志、指示性标志和警告性标志。

(1) 运输标志。

运输标志(shipping mark)又称唛头(mark),一般由三部分组成(见图 3.1):

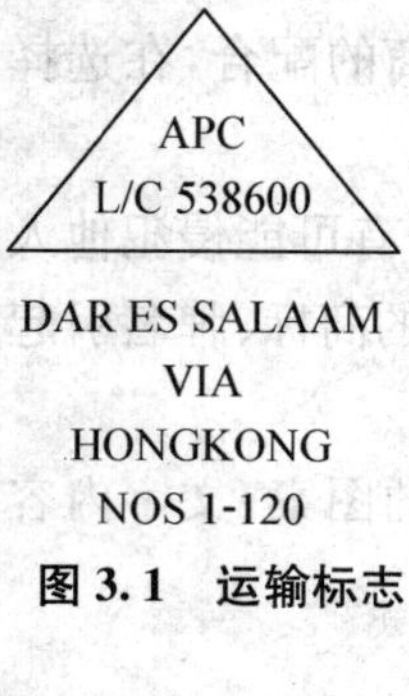


图 3.1 运输标志

① 几何图形和文字或字母。运输标志通常用的几何图形有三角形、菱形、长方形等。在图形内外往往用文字或字母表示发货人或收货人名称,有的还列有合同号码、订单号码和信用证号码等。

② 目的港名称,即合同中规定的交货口岸。如果货物

需中途转港，必要时可将中转港列明。例如，去非洲达累斯萨拉姆的货物在香港转港，可写成：

DAR ES SALAAM
VIA
HONGKONG

③ 件号。一批货物中，每件货物都刷有一个顺序号码，并且，一般还要刷制该批货物的总件数，以备查对。

有的运输包装上需要刷制附属标志。附属标志(subsidiary mark)是根据出口国或进口国的规定或应收货人的要求而刷制的一些附加符号。其主要内容有以下几点：

① 制造国。我国规定出口商品应标明"中华人民共和国制造"(Made in P. R. China)或"中国制造"(Made in China)，但遇特殊情况可以例外。

② 生产日期和/或有效日期。有些国家规定进口商品必须注明生产日期或有效日期，尤其对于一些容易变质的商品。

③ 重量(毛重、净重)、容量、体积(长、宽、高)。例如，美国规定食品在包装上注明净重多少，有些国家还规定容量和净重所必须使用的度量衡制。

④ 进口许可文件号码。一些外商为了商品进口报关方便，要求卖方在包装上刷制进口许可证等进口许可文件号码。

附属标志不是运输标志的组成部分，应与运输标志分开刷写，以免混淆。

(2) 指示性标志。

指示性标志(indicative mark)是根据商品的某些特性(如怕热、怕振、怕湿、怕冻、怕倾斜等)而刷制的标志，其目的是为了在商品运输、装卸和储存的过程中引起有关人员的注意，以便保护商品。

指示性标志包括：向上(this way up)、小心轻放(handle with care)、防潮(keep dry)、防热(protect from heat)、重心点(center of gravity)、由此开启(open here)、勿用吊钩(use no hook)、易碎(fragile)等文字和图形标志(如图3.2所示)。

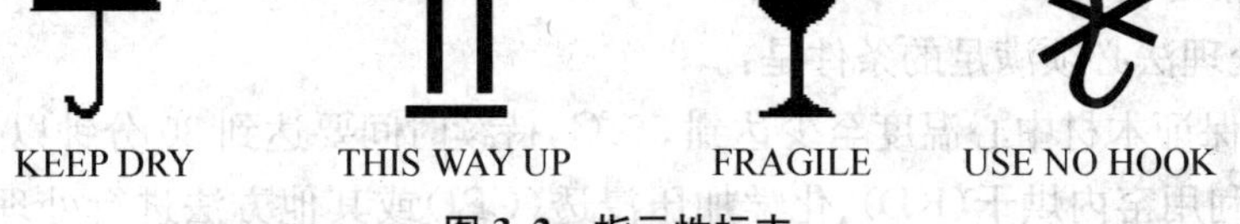


**图3.2　指示性标志**

各国对指示性标志的图形、颜色以及标志形式、位置、尺寸等都有相应的规定。另外,国际标准化组织(International Organization for Standardization)还规定了国际海运指示性标志。为了促进出口工作的发展,各国出口商品包装可同时使用本国和国际两套标志。

(3) 警告性标志。

警告性标志(warning mark)又称危险性标志(danger mark),是指对一些易燃品(inflammable)、爆炸品(explosive)、有毒品(poison)、遇水易燃品(dangerous when wet)、氧化剂(oxidizer)、腐蚀品(corrosive)和放射性物品(radioactive)等,在其运输包装上所刷制的标志,以示警告(如图 3.3 所示)。

**图 3.3 警告性标志**

运输的货物多种多样,应该把有害物品同一般物品加以区别。警告性标志是由文字和特定的图案组成,具有非常醒目的特点,以便在运输、储存和装卸中引起有关人员的注意。所以,这类包装标志应该比其他标志更清楚,位置更明显。

各国对危险货物包装标志的图形、颜色、标志形式、位置尺寸等一般均有明确的规定。联合国政府海事协商组织也颁布了《国际海运危险品标志》。因此,为了方便运输,我国在出口危险商品时,应在运输包装上最好既刷制我国规定的危险品标志,又刷制国际海运危险品标志,以防止货物到达国外港口因无进口国认定的标志而不准靠岸卸货,或被迫移港或改港绕行等情况的发生,以免造成意外损失。

3. 出境货物木质包装除害处理方法及包装标志

(1) 出境货物木质包装除害处理方法。

出境货物木质包装除害处理方法主要有以下两种:

① 热处理(heat treament)法。

热处理法必须满足的条件是:

A. 保证木材中心温度至少达到 56 ℃,持续时间要达到 30 分钟以上。

B. 利用窑内烘干(KD)、化学加压浸透(CPI)或其他方法进行处理的,只要结果达到热处理要求,也视为热处理。例如,通过化学加压浸透、蒸汽、热水或干热等方法,也可以达到热处理的技术指标要求。

② 溴甲烷(MB)熏蒸处理法。

溴甲烷(MB)熏蒸处理法一般在常压下进行，处理标准如表 3.1 所示。

**表 3.1　溴甲烷(MB)熏蒸处理法标准**

| 温　度 | 剂　量 (g/m³) | 最低浓度要求(g/m³) | | | |
|---|---|---|---|---|---|
| | | 0.5 小时 | 2 小时 | 4 小时 | 16 小时 |
| ≥21 ℃ | 48 | 36 | 24 | 17 | 14 |
| ≥16 ℃ | 56 | 42 | 28 | 20 | 17 |
| ≥11 ℃ | 64 | 48 | 32 | 22 | 19 |

最低温度不应低于 10 ℃，熏蒸时间最低不应少于 16 小时。

(2) 我国出口货物木质包装标志。

① 标志式样。

其中：

IPPC——《国际植物保护公约》的英文缩写。

CN——国际标准化组织(ISO)规定的中国国家编号。

OOO——出境货物木质包装生产企业的三位数登记号，按直属检验检疫局分别编号。

YY——除害处理方法，热处理-HT，溴甲烷熏蒸-MB。

ZZZZ——各直属检验检疫局 4 位数代码(如江苏局为 3200)。

② 除上述信息外，经检验检疫机构同意，生产企业可增加其他必要的信息。

③ 标志颜色采用黑色。

④ 标志规格有三种：3×5.5 cm、6×11 cm 及 12×22 cm，生产企业可根据木质包装大小任选一种，特殊木质包装经检验检疫机构同意可参照标志式样比例确定。

⑤ 标志应使用防水漆，在每件木质包装两个相对面的显著位置上刷制，要保证标志的清晰、耐久。

4. 制作包装标志时应注意的问题

为了保证货物的顺利交接和安全储运，避免错发错运及其他事故的发生，在制作包装标志的过程中，要注意下列问题：

(1) 按照我国和参照国际上的有关规定，按照相关标准制作有关标志。

(2) 包装标志要简明清晰，选用的文字要尽量少，图形、文字、数字、标点符号等，必须刷制工整、正确、醒目，使人看了一目了然。

(3) 刷制运输标志的部位要得当，尽可能在每件包装的相反两个面的相应部位都刷制相同的标志，以便在装卸过程中易于辨认。

(4) 刷制标志所用的颜料应该具有耐热、耐阳光晒、耐摩擦、耐氧化等综合性能，以防止在运输过程中因标志发生褪色等现象而难以查找货物。

(5) 结汇用的提单、发票等单据上最好印有运输标志，该运输标志要与外包装上的运输标志完全相同，以便于审核。

(6) 运输包装上不要加任何广告性的文字和图案，以免与运输标志混淆，致使难以辨认运输标志，造成混乱。

### 3.3.3 合理订立包装条款

商品的包装是交易磋商的重要内容之一，它涉及保护商品、减少货损、节约运费、安全交货、顺利履行合同等方面的问题，因此，必须予以充分的注意。一方面对双方议定的包装条件，必须在合同中作出明确具体的规定，不能含糊其辞；另一方面要严格执行合同的规定，确保包装条件与合同规定相符，以维护对外贸易声誉。

合同中的包装条款主要包括：包装材料和器具、包装方式、包装费用和包装标志。这些条款均需在合同中予以明确规定。

1. 包装材料和器具

包装材料涉及包装质量和包装成本等问题，在洽商包装条件时应予以充分的注意。外贸商品一般都要经过一段运输过程。一般而言，由于运输路程长、环节多、时间长、气候条件变化较大，因此，要求包装材料要坚固，适于装卸，能防潮、防锈、防腐等。包装是一种复杂的科学和实践，要求具有较丰富的包装材料知识，这样可以避免出口业务中产生多余的开销，减少因使用的包装材料不当而造成货物损失和贸易纠纷，并且可以避免在发生保险范围内的风险和损失时，保险公司因包装上的“固有瑕疵”而拒绝赔偿的可能性，或者因为包装材料的问题而发生不清洁提单的问题而使银行拒绝议付。因此，在商品贸易合同中，一般对包装材料都作出具体的规定，例如：商品应该用适合长途海运出口新木箱包装，并要具有良好的防潮、防湿、防振和防锈性能（To be packed in new wooden cases suitable for long-distance ocean transportation and well protected against dampness, moisture, shock and rust.）。

此外，还要注意对填充材料(waddings)的选择，以防因填充物与包装材料或货物形状、特性不适合而出现货损或因填充物不符合有些国家的规定而导致货物不能进口。有的国家如美国、日本、加拿大等国规定，禁止用稻草、木丝、报纸、干草作包装填充材料，埃及等国不准使用皮棉、葡萄树皮或易于滋生害虫、寄生虫的植物性材料作为填充物。所以，我们在洽商包装材料时，应就填充材料征求外商的意见，并且在合同中予以明确规定。

另外，有些商品品质比较稳定，不易受外界条件和气候的影响，在运输、装卸过程中不需要包装，对这类商品在合同的包装条款中亦应注明为“裸装货”(nuded cargo)或“散装货”(cargo in bulk)，以免日后因包装问题引起不必要的纠纷。

2. 包装方式

包装方式是双方洽商的重要包装条件之一，各国在进出口业务中，拟定合同条款时通常采用的方法有以下两种。

(1) 具体订立法。

具体订立法即在合同中明确规定具体的包装方式。除非买卖双方对包装方式的具体内容已事先充分交换意见，或由于长时期的业务交往而已经形成了共识，在合同中一般以采用具体订立法为宜。例如：

每一聚乙烯袋装一件，然后装入纸盒。50 纸盒装一纸箱，两纸箱装一木箱(One gross to a poly bag, covered with paper box, 50 paper boxes to an inner carton, 2 inner cartons to a wooden case)。

货物用 0.8 毫米的新铁桶包装，铁桶尺寸相同，容量为 29.5 至 30.0 升。包装坚固，适于海运、铁路和公路运输，并耐热带气候(The material is to be securely packed in brand-new steel drums of 0.8 mm thickness. The packing drums must be a standard size of 29.5-30.0 liter which shall provide a strong and sound seaworthy, railworthy and roadworthy packing capable of standing tropical climate conditions)。

(2) 笼统订立法。

笼统订立法即在合同中对包装方式不作具体规定，而且使用一些笼统的、不确定的术语，这种做法可以使卖方在选择包装时余地较大。但是，正如上述所说明的那样，笼统订立法往往是以买卖双方已经有了共识或惯例为基础的。例如：

设备和材料应根据其形状和特点恰当包装，包装应完善、牢固，适于长途海陆运输，耐多次搬运(The equipment and materials shall be properly packed in the best and stable condition according to the figures and characteristics of the equipment and materials so as to withstand long-distance sea and inland transportation and numerous handling)。

这种方法常用于大型成套设备贸易的包装中。由于大型成套设备贸易中交易商品较多,商品的结构和性能复杂,双方在合同中难以明确规定每种设备的包装方法,只好采用"恰当的"(properly)、"完善和坚固"(best and stable)之类较为笼统的术语规定包装方法。在这种情况下,为了防止因包装不良而造成货物的损坏所引起的责任纠纷,在合同中往往还规定:"由于卖方包装的过错造成设备和材料的任何损坏,将由卖方修理或更换。"(Any equipment and materials which are damaged due to the seller's packing fault shall be repared or replaced by the seller.)这样,虽然没有较详细地将包装要求列入合同中,但是,可以通过对卖方包装行为的约束达到保证包装质量的目的。

3. 包装费用

按照国际贸易惯例,包装费用一般都包括在货物价格之内,不另作价。但是,如果买方要求使用特制包装,也可以采用包装费用单列的方法,并应在合同中具体规定由谁负担费用和支付方式。例如,利用集装袋包装,一般在价格上应该另加集装袋的费用若干。

如果经双方商定,由买方提供全部或部分包装材料,则应在合同中规定包装材料最迟到达卖方的时间和由于包装材料不能及时到达而导致迟交货时双方的责任。

另外,对于包装技术性较强的商品,通常应根据双方商定的条件,在单价条款的后面注明因特殊包装而产生的"特别包装费用另付"(Special packing is subject to extra charges.),以免事后发生纠纷。

4. 包装标志的设计



按照国际贸易惯例,包装标志一般由卖方设计确定,并无必要在合同中作具体规定。如果买方要求由其指定包装标志,卖方一般也可以接受,但对其提供的标志要加以审查。在机械设备贸易中,双方往往要洽商包装标志并在合同中具体规定标志的式样和内容。例如:

卖方应在每件货物包装的四个邻接侧面上,用不褪色的油漆和明显的英文字母,印刷以下标记:

(1)合同号;(2)唛头标记;(3)设备名称及序号;(4)箱号/件号;(5)收货代号;(6)目的港;(7)毛/净重;(8)尺寸(长、宽、高,以厘米表示);(9)重心;(10)为了防止损坏包装和货物,应根据各种货物的特点,在包装箱上以明显的英文字母标明"保持干燥"、"请勿用钩"及相应的标记。

[The seller shall mark the followings on each package of the four adjacent sides with indelible paint in conspicuous English printing wording:

(1)Contract Number;(2)Shipping Mark;(3)Name of the Equipment and Item Number;(4)Case Number/Bale Number;(5)Consignee Codes;(6)Port of Destination;(7)Gross/Net Weight(in kg);(8)Measurement (length、width、height, in cm);(9)Center of Gravity;(10)According to the equipment characteristics, the cases shall be conspicuously and separately marked with "Keep Dry", "Use No Hooks" and with appropriate illustrative marks.]

如果包装标志由买方提供,合同中要订明买方应在装运期若干天前提交具体标志,否则卖方可自行决定(或如果买方未及时提交具体标志应该承担的责任)。

### 3.3.4　订立包装条款应该注意的事项

在国际贸易中,包装是交货的重要条件之一,如果发生交货包装与合同规定有重大不符合等情况,买方可以索赔损失甚至拒收货物。因此,我们在订定包装条款时,应注意下几个问题:

(1) 对国外客户提出的包装要求,要实事求是地分析我方能否办到,不可轻易接受;尤其是某些包装材料的选择,更要慎之又慎。

(2) 采用笼统订立包装条款的方法时,要注意尽量不采用什么"适合海运包装"(seaworthy packing)、"习惯包装"(customary packing)或"卖方惯用包装"(seller's usual packing)之类的术语。这类术语含义不够明确,可能会由于各国对其意义的理解不同而引起争议。如果一定要使用这些术语,应该对这类术语加上比较明确的解释,或者注明"由于卖方包装的过错造成设备和材料的任何损坏,将由卖方修理或更换"(Any equipment and materials which are damaged due to the seller's packing fault shall be repared or replaced by the seller)。要对卖方的行为加以限制,以免引起不必要的责任纠纷。

(3) 如果出口商品已经有了标准包装,在拟定包装条款时,应具体订明,并力争让对方接受这种包装。如果对方拒绝利用我方标准包装,合同中应加以规定"因特殊包装而发生的额外费用由买方支付"等条件。

## 本章小结

商品的品质、数量和包装都是国际货物买卖合同中不可缺少的主要条件,因此，商品的品质条款、数量条款和包装条款都是国际贸易的买卖合同中的主要条款，是买卖双方交接货物的基本依据，关系到买卖双方的权利和义务。如果卖方交付的货物不符合约定的品质数量和包装，买方有权提出损害赔偿要求，直至拒收货物或撤销合同。因此，在交易磋商中对商品的品质、数量和包装进行认真磋商，然后，在合同中订明相应的条款，不仅具有重要的法律意义，而且具有重要的实践意义。《联合国国际货物销售合同公约》对这些问题都有比较详细的规定，应该理解其中的有关规定，在国际贸易实践中认真参照执行。

商品的品质、数量和包装是保证商品质量的几项重要因素，包装是保护商品在流通过程中质量完好和数量完整的最重要措施，有些商品甚至根本离不开包装，与包装成为不可分割的统一体。

## 复习与思考

1. 在进出口合同中，有哪些规定商品品质的方法？每种方法适用于哪些种类的商品？
2. 在凭样品进行买卖的交易中，会涉及哪几种样品？每种样品的作用是什么？
3. 在"凭卖方样品买卖"和"凭买方样品买卖"时各应该注意哪些问题？
4. 为什么凭商标或牌名进行买卖的方法会越来越重要？
5. 在订立质量条款时应该注意哪些问题？
6. 在国际货物买卖中，如何正确掌握成交数量？
7. 在对外贸易业务中，计量商品的方法有哪些？
8. 在国际贸易中，常用的度量衡制度有几种？我国《计量法》对我国进出口商品所使用的计量单位有什么规定？
9. 在国际货物买卖中，商品的包装有哪些意义？
10. 进出口商品的包装种类有哪些？试分别说明其主要作用。
11. 出口商品的外包装上一般有哪些标志？举例说明它们的意义。
12. 什么是运输标志？它一般由哪些具体内容组成？试按自己的想象设计一个运输标志。
13. 什么是指示性标志、警告性标志？试各举一例说明。
14. 什么是中性包装？中性包装的作用是什么？
15. 为什么会有定牌中性包装和无定牌中性包装？
16. 在对外贸易中，溢短装条款又被称为增减条款(plus or minus clause)，是指按照合同规定只许多装所规定数量的条款，这样可以避免卖方少装货而给买方带来风险。这种说法对吗？为什么？

17. 如果商品的品质在合同规定的品质公差或品质机动幅度范围内，而商品的数量超过了合同所规定的数量，应该如何对商品计价。

## 案例分析

1. 中国某生产企业与泰国一家贸易公司签订合同，由中国企业向泰国公司出口一批铝制炊具。由于所需要的原材料供应不上，中国企业用库存的不锈钢材料代替铝制材料生产这种炊具，认为不锈钢材料的综合性能要好于铝制材料，并且价格也高。可是，货物发到泰国以后，泰国公司拒收这笔货，并且要求索赔。你认为泰国公司拒收有理吗？为什么？

2. 按照合同的规定，中国某企业向非洲某国出口的油墨应该是每 10 盒装一小箱，每 6 小箱装一大箱，然后装入集装箱。可是由于符合规格的小包装箱无货，为了赶上第三天的班轮，该企业决定使用向亚洲某国出口油墨的小包装箱，每箱可装相同品牌的油墨 12 盒，每 5 小箱装入一大箱。可是，当货物到达目的地以后，客户以包装数量不对为由提出索赔。你认为卖方应该赔偿吗？为什么？

# 第4章　商品的检验

## 本章关键词

商品检验(inspection of commodity)　装船前检验(inspection before shipment)
复验(reinspection)　到目的港卸货后复验(reinspection after unloading at the port of destination)
检验证明书(inspection certificate)
原产地证书(certificate of origin)

## 互联网资料

慧聪商务网　http://info.news.sinobnet.com
中国贸促网　www.ccpit.net.cn

中国国家出入境检验检疫局简介

根据国务院决定和《国务院办公厅关于印发国家出入境检验检疫局职能配置内设机构和人员编制规定的通知》(国办发〔1998〕102号)的规定，将国务院有关部门原先设置在各地的出入境卫生检疫、动植物检疫和进出口商品检验机构(以下简称“三检”机构)合并，组建为设置在各地的出入境检验检疫机构。各地出入境检验检疫机构分为直属局和分支局，是负责所辖区域出入境卫生检疫、动植物检疫和进出口商品检验的行政执法单位。国家出入境检验检疫局实行垂直管理的体制，即直属局由国家出入境检验检疫局直接领导，分支局隶属于所在区域的直属局领导。

这样决定的目的是贯彻党中央、国务院关于推进政府机构和行政管理体制改革的要求，按照精简、统一、效能的原则和我国口岸管理体制改革的总体目标，理顺管理体制，调整组织结构，精简人员编制，实行政事分开和政企分开，建立与社会主义市场经济体制相适应的“依法把关、监管有效、方便进出、管理科学”和适应国际通行规则的出入境检验检疫管理新体制。

资料来源：中华会计网(http://www.chinaacc.com)。

进出口商品检验检疫(the inspection and quarantine of import and export commodity),简称“商检”,是指对进出口商品的品质、数量(重量)、包装等项内容实施检验并出具检验证明的行为和过程。

在国际贸易中,贸易双方分处两国,一般不能直接检验和当面点交货物,而且,在货物运输过程中,有可能由于发生风险而导致货物受损,或由于其他原因使货物发生残损缺少等问题,这些都容易导致买卖双方的争议。为了避免发生争议,或者为了在发生争议以后尽快确定事故的起因,尽快解决争议,需要对商品进行检验。现在,对商品进行检验已经成为国际贸易交易实践中不可缺少的环节。

在货物交接过程中,如果发生了进口商品在品质、数量等方面不符合合同条款的规定,则会涉及发货人、承运人、保险人、仓储部门等某一方面或某几方面的责任,为了做到公平公正地确定责任的归属,需要由与交易各有关方面没有利害关系的、公正的、有权威的非当事人机构,通过检验和鉴定,提供正确、公正的检验证明,以维护对外贸易关系中各有关方面的合法权益。目前,世界各国都设有商品检验部门,对进出口商品进行检验、鉴定,并提供商品检验证书,作为判断各方履约的证明和处理贸易纠纷的依据。

在商检业务中,按照商检任务的来源和商检结果的权威性,商检任务主要可以分为“法定检验”和“鉴定业务”两种。前者主要是根据国家法律或者政府管理部门的有关规定对进出口商品所进行的检验检疫;后者主要是为了交货或提供依据,根据贸易双方或其他机构的要求对进出口商品所进行的检验检疫。

按照我国《商品检验法》的规定,我国商检机构有三项基本任务:

第一项任务是法定检验。所谓法定检验是指商检机构依据国家法律、行政法规的规定,对进出口商品实施强制性的检验。按规定,属于法定检验的出口商品,未经检验合格者不准进口;属于法定检验的进口商品,未经检验合格者不准销售或使用。实施法定检验的商品由《商检机构实施检验的进出口商品种类表》和其他法律法规加以规定。

第二项是鉴定业务,或称为公证鉴定。鉴定业务是指应国际贸易关系人的申请,商检机构以公证人的身份,办理规定范围内的进出口商品的检验鉴定业务,并出具证明,作为当事人办理有关业务的凭证。比如品质(数量、重量、尺码)鉴定、残损鉴定、海损鉴定、车(船、飞机)和集装箱的运载鉴定、出具普惠制产地证等。

第三项是实施监督管理。实施监督管理是指商检机构通过行政管理手段,对进出口商品有关企业的检验部门和检验人员进行监督管理,对生产企业的质量体系进行评审,对进出口商品进行抽查检验等。

## 4.1 出入境检验检疫的作用

(1) 出入境检验检疫是国家主权的体现。

出入境检验检疫机构作为涉外经济执法机构，根据法律授权，代表国家行使检验检疫职能，对一切进入中国国境和开放口岸的人员、货物、运输工具、旅客行李物品和邮寄包裹等实施强制性检验检疫等项措施，是国家主权的具体体现。

(2) 出入境检验检疫是国家管理职能的体现。

出入境检验检疫机构作为执法机构，根据法律授权，对列入应实施出口检验检疫对象和范围的人员、货物、集装箱等，按照中国的、进口国的或与中国签有双边检疫议定书的外国的或国际性的法规、标准的规定，实施必要的检验检疫，是国家管理职能的具体体现。

(3) 出入境检验检疫是促进国家经济发展的重要措施。

① 对进出口商品的检验检疫和监管认证是打破贸易壁垒和保护本国贸易的重要手段。中国检验检疫机构对出口产品的官方检验检疫与监管认证，是突破国外的贸易技术壁垒，取得国外市场准入资格，并使我国产品能在国外顺利通关入境的保证。

② 加强对出口商品质量的强制性检验是提高产品质量和市场竞争力的重要措施。

③ 加强对进口商品的检验检疫可以保障国内生产安全与人民身体健康。

④ 商品的质量、重量、包装、装运等证明是商品交货、结算、计费、计税、索赔等环节的有效凭证。



(4) 出入境检验检疫是保证安全生产、保护人体健康的重要措施。

开展好检验检疫工作，对于保护农林牧副渔业生产安全和人民身体健康、对于保护消费者的权益和贯彻中国政府的外交路线等方面都有着非常重要的意义和作用。随着改革开放的不断深入和对外贸易的不断发展，出入国境的人员、进出口货物等，数量将会越来越多，范围将会越来越广，因此，出入境检验检疫工作将会发挥越来越重要的作用。

## 4.2 商检工作的标准

检验检疫技术标准一般分为国内标准、国际标准和国外标准。

1. 国内标准

(1) 国家标准　国家标准是指由国家标准化主管部门制订和批准发布的在全国范围内统一执行的标准。国家标准一般涉及以下领域:保障人体健康、财产安全的有关要求;原材料、燃料技术要求;通用的技术术语;通用的试验、检验方法;通用管理技术及国家需要控制的其他产品技术要求等。

(2) 行业标准　行业标准是指由国家的主管部门代表主管行业统一制订和审批、编号、发布、并报国家标准化主管部门备案的标准。原国家商检部门组织制定的进出口商品检验标准就属于行业标准。

(3) 地方标准　地方标准是指由地方标准化主管部门制订和发布、并报国家标准化主管部门和行业主管部门备案的标准。如果制订和发布了相应的国家标准或行业标准后,地方标准即行废止。

(4) 企业标准　企业标准是指由具有代表性的大企业自行制订与发布的标准。企业标准一般只作为组织生产的依据。国家鼓励企业制定严于国家标准和行业标准的企业标准。

2. 国际标准

国际标准是指国际标准化组织(ISO)所制订的标准或审批公布的其他国际组织所制订的标准或者由国际电工委员会(IEC)所制订的标准。

3. 国外标准

国外标准一般指其他国家制订与发布的国家标准,例如:英国的BS,美国的ANSI,法国的NF,德国的DIN,日本的JIS、JAS等。

# 4.3　如何办理进出口商品检验



## 4.3.1　出口商品的检验

出口商品检验主要经过以下过程:

1. 商检机构受理报验

报验人填写"出口检验申请书",提供有关的单证和资料,如外贸合同、信用证、厂检结果单正本等;商检机构审查认为符合要求后,受理该批商品的报验。

2. 抽样

由商检机构派检验员,根据不同商品的形态和特点,采取随机抽样方式抽取样品。

3. 检验

检验部门可以使用各种技术手段,对出口商品进行检验。例如,商检自验、共同检验、驻厂检验等。

4. 签发证书

商检机构对检验合格的商品签发检验证书,或在“出口货物报关单”上加盖放行章。出口企业在取得检验证书或放行通知单后,便可在规定的有效期内报关发运。

### 4.3.2 进口商品检验

进口商品检验主要经过以下过程:

1. 在货物到达目的地后,对列入“种类表”的进口商品报检。由报检单位填写《进口商品检验申请单》,然后向当地商检机构申请检验。报检时应随附下列单据或证件:

(1) 外贸合同(副本)。

(2) 商业发票。

(3) 装箱单。

(4) 提单。

(5) 进口货物通知书。

如果申请检验的项目为品质与规格,还须提供国外品质证书、使用说明书及有关标准和技术资料;凭样成交的商品,须提供成交样品;如需申请残损鉴定的,须提供《货物残损报告单》或铁路商务记录等有关凭证;如需申请数量、重量鉴定的,还须提交发货人提供的重量明细单、理货清单等。



2. 未列入“种类表”的进口商品,由收、用货部门自行组织检验,并将检验结果告知当地商检机构。加发现质量、数量等问题,应保持现状,并向当地商检机构报检。

3. 检验、出证。商检机构受理上述报检申请后,要及时进行检验,并在对外贸易合同约定的索赔期限内检验完毕,然后出证。经检验合格的,签发《检验情况通知单》;不合格的,签发《检验证书》,由收、用货部门送订货公司办理索赔手续。

## 4.4 商品检验的时间和地点

在进出口业务中,当卖方交货以后,是否就完成了交货义务?所发出货物的品质、数量等是否符合合同的规定？买方收到货物时，是否就意味着买方接受了货物？这些问题涉及合同所规定的以何时何地对商品的检验结果作为判断商品品质、数量等是否符合合同规定的指标问题。同时，对商品的检验结果直接涉及买卖双方的利益，尤其是买方的利益。因为买方收到的货物的品质、数量等是否符合合同规定将决定买方的使用利益或市场销售利润。在进出口贸易实践中，多数国家认为“接受”是指买方认为他所收到的货物在品质和数量等方面符合买卖合同条款的规定，因而同意接收或收受该笔货物。所以，买方收到货物(receipt of the goods)不等于他接受了货物(acceptance of the goods)。如果买方认为他所收到的货物的品质、数量等与买卖合同规定的情况不符，可以直接向卖方提出索赔，或者不接受货物而表示拒收。

在商品检验的问题上，会涉及检验权的问题。所谓检验权是指买卖双方究竟哪一方具有对商品进行最终检验的权利，在何时何地行使检验权利为有效。因此，必须在合同中对实施商检的时间和地点予以明确。

在国际贸易合同中，对检验时间和检验地点的规定，通常有以下三种方法。

(1) 以离岸品质、重量(数量)等(shipping quality and weight)为准。

按照这种规定，货物在装运港装船前进行品质、重量(数量)等项目的检验，以装船口岸商检机构出具的品质、重量(数量)等项目的检验鉴定证明书作为决定交货商品品质、重量(数量)等项目是否符合合同规定标准的最后依据。显然，以离岸品质、重量(数量)等为标准的方法，实质上是承认卖方在发货前对商品的检验权。采用这种做法，当货物运达目的口岸后，买方也可以自行委托检验机构检验并出具检验证明书，但无权对卖方对货物的品质、重量(数量)等项目的检验结果提出异议。这实际上也是否定了买方对货物的复验权。当然，所谓离岸品质和重量(数量)等代表的是风险转移时的品质和重量(数量)等。至于风险转移后，如在运输途中发生货损货差，买方仍有权向有关责任方索赔。

(2) 以到岸品质、重量(数量)等(landing quality and weight)为准。

按照这种规定，商品的品质和重量(数量)等商品在目的港卸货后进行检验，以目的港的商检机构出具的品质、重量(数量)等证明书作为决定交货商品品质、重量(数量)等项目是否符合合同规定的最后依据。买方可据此向有关责任方提出品质和重量(数量)等的任何异议。这实际上说明买方拥有在到货口岸对商品的最终检验权利，排除了卖方在装运地对货物的检验权。

(3) 以装运港的检验证明书作为支付货款的品质、重量(数量)等依据，在货物到达目的港后，允许买方对商品有复验权利。

按照这种规定，在装船前必须对货物进行检验，检验结果(检验证明书)作为卖方向银行议付货款的证明；货物到达目的港卸货后，买方对货物有复验的权利。如复验后发现品质、重量(数量)等与合同规定不符的,除非造成不符的原因属于承运人、保险人或其他责任人,买方可根据复验结果,向卖方提出异议和索赔。与前两种方法相比。这种做法比较公平合理,同时可以照顾到买卖双方的利益,因此,这种方法在国际贸易中的应用比较广泛。

## 4.5 商品的检验机构

世界各国设有多种形式的检验机构,大致可分为以下三种类型。

### 4.5.1 由政府设立的检验机构

1. 中国国家出入境检验检疫局

中国出入境商品的检验检疫和监督管理工作由国家出入境检验检疫局及其设立在全国各地的分支机构负责。1998年初,根据九届全国人大一次会议通过的国务院机构改革方案,由原国家进出口商品检验局、原卫生部卫生检疫局和原农业部动植物检疫局共同组建国家出入境检验检疫局,归口国家海关总署领导,这标志着我国出入境检验检疫事业进入了一个新的发展时期。按照国务院批准的国家出入境检验检疫局的规定,国家出入境检验检疫局是主管出入境卫生检疫、动植物检疫和商品检验的行政执法机构。国家出入境检验检疫局的主要职责如下:

(1) 研究和制定有关出入境卫生检疫、动植物检疫及进出口商品检验的法律、法规和政策规定的实施细则、办法及工作规程,督促出入境检验检疫机构贯彻执行、组织实施出入境检验检疫、鉴定和监督管理工作。

(2) 负责国家实行进出口许可制度的民用商品出入境验证管理;组织进出口商品检验检疫的前期监督和后续管理。

(3) 组织实施出入境卫生检疫、传染病监测和卫生监督;组织实施出入境动植物检疫和监督管理;负责进出口食品卫生、质量的检验、监督和管理工作。

(4) 组织实施进出口商品法定检验;组织管理进出口商品鉴定和外商投资财产鉴定;审查批准法定检验商品的免验。

(5) 组织对进出口食品及其生产单位的卫生注册登记及对外注册管理;管理出入境检验检疫标志、进口安全质量许可、出口安全质量许可;管理和组织实施与进出口有关的质量认证工作。

(6) 负责涉外检验检疫和鉴定机构(含中外合资、合作的检验、鉴定机构)的审核认可并依法进行监督。

(7) 负责商品普惠制原产地证和一般原产地证的签证管理。

(8) 负责管理出入境检验检疫业务的统计工作和国外疫情的收集、分析、整理,提供信息指导和咨询服务。

(9) 拟定出入境检验检疫科技发展规划;组织有关科研和技术引进工作;收集和提供检验检疫技术情报。

(10) 开展有关国际合作与技术交流,按照规定承担技术性贸易壁垒和检疫协议的实施工作。

(11) 承办国务院及海关总署交办的其他事项。

在检验检疫工作中，还会涉及其他有关国家机构和部门，例如，国家技术监督局、船舶检验局等。

香港特别行政区政府指定的检验机构是标准及检定中心。该中心按政府颁布的商品目录,对进口商品实施强制性检验。目录所列商品,未经检验,或标准经检定中心检验不合格的,一律不得销售和使用。香港是自由港,对出口商品不实施强制性检验。

2. 其他国家和地区的检验机构

俄罗斯和东欧等国家均设国家商检机构,这些国家实行对外贸易垄断政策,实施进出口商品的检验和管理。

美国官方检验机构检验进出口商品的权限实行专业化分工,分别由14个部、委、局的有关主管部门负责。在美国,习惯上很少说"商品检验",而称"产品检验"。除产品检验外,还有"服务项目"检验。联邦政府设立的产品检验机构基本上都是进口、出口、内销产品检验三位一体的主管机关。

欧盟的检验检疫工作很注意技术协调和标准制定。由欧洲三个标准制定机构[欧洲标准化协会(CEN)、欧洲电工标准化委员会(CENELEC)、欧洲通讯标准化委员会(ETSI)]制定自愿性技术规范,再将此技术规范定为欧洲标准或协调文件。欧盟各成员国都有自己的标准制定机构,如法国的AFNOR,德国的DIN,意大利的UNI,西班牙的AENOR,英国的BSI等。这些机构同时也参与上述欧洲三个标准化机构的工作。

日本政府十分重视发挥法律对社会经济发展的促进作用,陆续颁布了一系列法律法规,如《出口检查法》、《食品卫生法》、《工业标准化法》、《出口设计法》、《产品责任法》,等等,通过立法形式建立加强进出口商品检验管理的依据。这些法律明确规定进出口生产、加工、经营、销售单位以及商品检验、海关等执法部门的法律义务和责任,对违法者进行法律制裁。

印度在商业部下设有出口检验委员会，领导五个出口检验局，对政府颁布的“公布商品”实施装运前法定检验。

### 4.5.2 国家不设检验机构，委托外国检验机构承办进口商品的装船前检验业务

印度尼西亚、尼日利亚等亚非国家没有设立检验机构，对其进口商品指定外国公证行，在出口国进行装船以前的检验，这种做法称为“全面进口监督管理计划”(comprehensive import supervision scheme，CISS)。

### 4.5.3 民间检验机构

目前，世界上比较著名的民间检验检疫机构有：瑞士通用公证行(SGS)、英国英之杰检验集团(IITS)、日本海事检定协会(NKKK)、新日本检定协会(SK)、日本海外货物检查株式会社(OMIC)、美国安全试验所(UL)、美国材料与试验学会(ASTM)、加拿大标准协会(CSA)、国际羊毛局(IWS)、中国商品检验公司(CCIC)。

瑞士通用公证行(Societe Generale de Surveillance S. A.)是目前世界上最大的专门从事国际商品检验、测试和认证的集团公司，是一个在国际贸易中有影响的民间独立检验机构。瑞士通用公证行创建于1878年，其总部设在日内瓦，据1994年资料称，它在世界上142个国家设有274个分支机构、1 150多个办事处及291个实验室，雇用了近3万名员工，年商品检验业务量占世界贸易总量的5%。瑞士通用公证行是一个综合性的检验机构，可进行各种物理、化学和冶金分析，包括进行破坏性和非破坏性试验，向委托人提供一套完整的数量和质量检验以及有关的技术服务，提供装运前的检验服务，提供各种与国际贸易有关的诸如商品技术、运输、仓储等方面的服务。在瑞士通用公证行内部，按照商品分类，设立了农业服务部、矿物化工和冶金服务部、非破坏性试验科、国家政府合同服务部、运输和仓库部、工业工程产品服务科、风险和保险服务部等部门。瑞士通用公证行在中国的业务由其在香港的瑞士通用公证行中国事务部承担。瑞士通用公证行与我国国家技术监督局合资开办了“通标检验公司”，取“通用公证行”和“标准计量局”首字之意，主要办理“全面进口监督管理计划”业务。

中国商品检验公司，全称是中国进出口商品检验总公司（China National Import & Export Commodities Inspection Corporation），于1980年7月经国务院批准成立，是国家商品检验局指定的实施进出口商品检验和鉴定业务的检验实体，它的性质属于民间商品检验机构。

## 4.6　商品检验证明书

### 4.6.1 商品检验证明书的意义和作用

进出口商品经商品检验检疫机构的检验、鉴定后出具的证明文件称为商品检验证明书（以下简称商检证书），作为商品品质、数量等指标的证明。此外，经买卖双方同意，也可采用由出口商品的生产单位或进口商品的使用单位出具证明的办法。在国际贸易中，商品检验证明书具有以下作用。

（1）商检证书是商品报关的凭证。

对我国公布的《商检机构实施检验的商品种类表》内的商品，商检证书是向海关报检的有效凭证。《商检条款》规定，列入《商检机构实施检验的商品种类表》内的进口商品，由各地商检机构实施法定检验，其监督任务由海关执行。根据这一规定，对法定检验的进出口商品，商检局签发的检验证书是各进出口公司据以向海关报检的有效凭证。未经商检机构签发检验证明书或放行单或在报关单上加盖放行章的，海关不予放行。

有些国家规定，对某些进口商品，卖方必须提供公证检验机构签发的检验证明书，方准报关进口。

（2）商检证书是征税和退税的有效凭证。

有些国家的海关在征收进口关税时，对数量（重量）等不是仅仅凭商业发票上所列的数据为准，还要参考检验证书的有关内容。例如，有的国家对进口商品的残损部分可以退税，但退税的数量（重量）要以商检机构签发的残损证书上所列的数字为准。我国商检局对出口商品签发的数量（重量）证书，是进口国海关据以征税的有效凭证；对进口商品签发的残损证书，是海关据以退税的凭证。

（3）商检证书是履约的有效证件。

进口方为防止出口方装运的货物品质和数量（重量）不符合合同规定的品质和数量（重量），常在合同或信用证上规定出口方必须提供公证检验机构的检验证明。我国出口商品经商检局的检验、鉴定后签发的品质、数量（重量）及包装等检验证书，是证明发货人已经履行合同的有关义务，所装商品的品质、数量（重量）等是与合同相符的。

（4）商检证书是计算运费的有效凭证。

商品一般都以英尺、码、吨等为计量单位计算运费，商检机构签发的货载衡量证书是托运人和承运人计算运费的有效保证，也是港口计算栈租、装卸、理货费的有效证件。

（5）商检证书是办理索赔的有效凭证。

我国的进口商品在合同中大都规定：货到目的港后，经中国商品检验检疫局复验，如发现品质或重量（数量）等与合同规定不符时，凭中国检验检疫局出具的检验证书向卖方提出索赔。对属于保险、运输方面责任的，将根据责任的归属向有关责任方索赔。因此，检验检疫局签发的进口商品品质、重量（数量）、残损等检验证书，是买方向国外发货人及保险公司等有关方面索赔的有效凭证。

（6）商检证书可以作为仲裁、诉讼的有效证件。

国际贸易中买卖双方发生争议时，有多种处理方式。通常先采用友好协商的方式解决。在这种方式不能解决时，就需要采取仲裁和诉讼的方式。在提出仲裁或诉讼时，商检证书是向仲裁庭或法庭举证的有效凭证。

商检证书对买卖双方都是有法律上的约束力的，但不能误解为卖方对品质不再负责，也不能就此肯定货物到达目的地后，其品质、数量等与检验结果一定相符。因此，国际上通常的解释是：卖方提供的检验证明，只能证明装船货物符合合同规定的表面证据。

新中国成立以来，我国商品检验检疫局签发的各种检验证书和鉴定证书，已取得国际贸易界的普遍承认，成为国际贸易中运输、保险、仲裁、海损理算、海关、卫生管理等国际机构和部门公认的证明文件，在通关过境、计费计税和处理争议中具有法律效力。



## 4.6.2 商品检验证明书的种类

我国商品检验检疫局对出口商品出具的检验证明书一般分为以下几种：

（1）品质检验证书(Inspection Certificate of Quality)。

（2）重量检验证书(Inspection Certificate of Weight)。

（3）数量检验证书(Inspection Certificate of Quantity)。

（4）体积检验证书(Inspection Certificate of Volume)。

(5) 兽医检验证书(Veterinary Inspection Certificate),适用于证明冻畜肉、冻禽、皮张、毛类、绒类等动物食品和产品已通过检疫。

(6) 卫生检验证书(Sanitary Inspection Certificate)或健康检验证书(Inspection Certificate of Health),证明供食用的动物产品和食品,经卫生检验,符合卫生标准,可供食用。例如检验罐头食品、蛋品、乳制品、冻鱼等商品都使用此种证明书。

(7) 消毒检验证书(Disinfection Inspection Certificate),适用于证明猪鬃、马尾、羽毛、山羊毛、蹄角、骨粉等动物产品的消毒情况。

(8) 产地检验证书(Inspection Certificate of Origin),适用于证明商品的产地。

(9) 普遍优惠制产地证书(Generalized System of Preferances Certificate of Origin),适用于进口我国产品并给予普遍优惠制待遇的国家。

(10) 价值检验证书(Inspection Certificate of Value),适用于证明出口商品价值或发货人发票所载商品价值的真实性。

(11) 残损检验证书(Inspection Certificate of Damaged),可证明商品残损情况,估定残损贬值程度和判断致损原因等,供索赔等使用。

如果国外客户要求提供其他名称和内容的证明书时,我国出入境检验检疫局可以根据具体情况酌情处理。

## 4.7 合理订立商检条款

在制定商品检验条款时,要认真贯彻我国对外贸易的方针政策,体现平等互利的原则,这样将有利于我国对外贸易工作的顺利进行。



### 4.7.1 出口合同

若以我国国家出入境检验检疫局在装运港所签发的商检证书作为最后依据,则商检条款可以订为:"品质和/或重量(数量)以中国国家出入境检验检疫局的检验证书为准(Based on Certificate Issued by The State Administration for Entry-Exit Inspection and Quarantine of the People's Republic of China)。"

若以我国国家出入境检验检疫局在装运港签发的检验证书作为向银行议付货款的依据,同时以目的港检验证书作为索赔依据,则商检条款可以订为:"双方同意以装运港中国国家出入境检验检疫局所签发的质量和/或重量(数量)检验证书作为信用证项下议付的单证之一。买方有权在收到货以后对货物的质量和/或重量(数量)进行复验。如发现质量和/或重量(数量)与合同不符,买方有权向卖方索赔,但须提供经卖方同意的公证机构出具的检验报告。索赔期限为货物到达目的港××天内。"(It is mutually agreed that the certificate of quality and/or weight(quantity) issued by the China Exit and Entry Inspection and Quarantine Bureau at the port/place of shipment shall be part of the documents to be presented for negotiation under the relevant L/C. The buyers shall have the right to reinspect the quality and/or weight(quantity) of the cargo. The re-inspection fee shall be borne by the buyers. Should the quality and/or weight (quantity) be found not in conformity with that of the contract, the buyers are entitled to lodge with the sellers a claim which should be supported by survey reports issued by a recognized surveyor approved by the sellers. The claim, if any, shall be lodged within ... days after arrival of the goods at the port/place of destination.)

### 4.7.2 进口合同

若以我国国家出入境检验检疫局出具的检验证书作为向卖方提出索赔的依据,则商检条款可以这样订立:"如到货质量和/或重量(数量)经中国国家出入境检验检疫局复验与合同所规定的情况不符,买方有权在××天内,凭卸货港中国国家出入境检验检疫局出具的质量和/或重量(数量)证书向卖方提出索赔(承运人与保险人的责任除外)。"(In case the quality and/or weight(quantity) of the goods be found not in conformity with those stipulated in the contract after re-inspection by the China Exit and Entry Inspection and Quarantine Bureau, the buyer shall lodge claim against the sellers for compensation of losses upon the strength of Inspection Certificate issued by the said Bureau within ... days after discharge of the goods at the port/place of destination.)



若以卖方在发货地所签发的检验证书作为有关信用证项下付款的单证之一,同时以目的港中国国家出入境检验检疫局出具的证书作为向卖方索赔的依据,则商检条款可以订立为:"双方同意以制造厂出具的检验证书作为有关信用证项下的付款单证之一,但是,货物的质量和/或重量(数量)检验应按下列规定办理:货到目的港××天内经中国国家出入境检验检疫局复验,如发现品质和/

或重量(数量)与本合同不符,除属于保险公司或船舶公司应负的责任外,买方凭中国国家出入境检验检疫局出具的检验证书,向卖方提出退货或索赔。所有退货或索赔引起的一切费用(包括检验费)及损失均由卖方负担。在此情况下,如果卖方要求,买方应该将有关货物的样品寄交卖方。"(It is mutually agreed that the certificate of quality and/or weight(quantity) issued by the manufacturer (or ... surveyor) shall be part of the documents for payment under the relevant L/C. In case the quality and/or weight(quantity) of the goods be found not in conformity with those stipulated in the contract after reinspection by the China Exit and Entry Inspection and Quarantine Bureau within ... days after discharge of the goods at the port/place of destination, the buyers shall return the goods to or lodge claim against the sellers for compensation of losses upon the strength of Inspection Certificate issued by the said bureau, with the exception of those claim for which the insurers or the carriers are liable. All expenses(including inspection fees) and losses arising from the return of goods or claims should be borne by the sellers. In such case, the buyers may, if so requested, send a sample of the goods in question to the seller, provided that the sampling is feasible.)

在执行这类合同时,进口货物经国家出入境检验检疫局检验鉴定,如发现质量和/或重量(数量)与合同规定不符,买方可凭商检证书向有关责任方提出索赔。但采取这种做法,可能会产生装运前的检验结果与到货的结果有出入。为了处理好这个问题,有的在合同中规定,为了避免因为两次检验出现差异而引起纠纷,双方可以事先约定一个检验结果差异幅度,以及超过幅度的处理办法等。



## 4.7.3 买方的复验权和索赔期

有些国家认为,当卖方交货时,除非当事人之间另有协议,买方有权要求卖方给予合理的机会检验货物,以便确定货物的质量和/或重量(数量)是否与合同的规定相符。买方在有合理的机会检验货物以前,不能被认为已接受了货物。在国际贸易中,除非当事人之间另有协定,一般都承认买方对卖方所交的货物有复验权。

按照某些国家法律的解释,在进出口贸易中,不管交货是实际交货还是象征性交货,除非双方另有协议,货物检验的时间和地点不是在交货地,而是在目的地，或者在目的港的码头。如果在提货的过程中不方便进行检验，还可以将检验地点确定为买方的营业处所。如果货物可能有隐藏的瑕疵，又不能用一般的检验方法或技术将瑕疵检验出来，而买方又强调要对可能存在的瑕疵进行检验，也可以将检验地点延伸到能够有效地进行此项检验的地点。如果货物隐藏的瑕疵，不能在很短的时间内检验出来，也应该允许有一段合理的时间。这种对检验地点和时间的延伸，是为了使买方在接受货物前有一个合理的机会检验货物。

在允许买方复验的条件下，为了防止买方因拖延检验时间而导致商品质量和/或重量(数量)的变化，一般都要在合同中对买方的复验时间作出比较明确的规定，超过这个期限，卖方有权拒绝赔偿。按照国际贸易惯例，这个时间的长短，要根据商品的性质、运输条件、港口情况等。《联合国国际货物销售合同公约》指出，买方应在实际可行的最短时间内进行检验，但并没有规定具体的期限。我们在签订进口合同的检验条款时，要考虑到国内港口条件和内陆联运环节的具体情况，以及检验准备工作等实际情况，尽量把复验时间订得合理。

按照惯例，在国际贸易中，经检验的进出口货物如果不符合合同规定的要求，遭受损失的一方向对方索赔时，不得超过规定的期限，这个期限就是索赔有效期，简称索赔期。为防止运输环节的耽搁或其他特殊情况的出现，致使在索赔有效期内不能完成检验和出证，在签合同时应订明具体保证措施。例如："因卖方迟寄或漏寄技术资料，因到货不及时或不完全，或因卖方技术人员不能按时抵达买方现场参与开箱、调试等事项，导致影响检验工作正常进行时，索赔有效期应作相应延长。"(If the seller fails to make delivery of the technical documents in time or fails to make delivery of all the technical documents, or if the goods can not arrive in time and completely, or if the engineers and technicians can not arrive in time for installation and test-run of the equipment, which influences the inspection as stipulated in the contract, the claim can be postponed.)或订明："如因检验技术复杂或其他特殊原因致使买方不能按合同要求完成检验时，买方有权要求延长索赔期。"(Should the buyer fail to finish the inspection of the goods as stipulated in the contract because of the complexity of technology and other special reasons, the buyer has the right to postpone the claim.)

为防止对方拖延或拒赔，在合同中应说明："卖方获悉买方的索赔要求后，如在××月(如半个月或一个月)内不答复，即认为卖方已接受买方的索赔要求。"[It means the seller has accepted the claim if the seller can not reply within ... month(half month or one month) after the seller has the claim application from the buy.]

进口的机电商品，一般都在合同中订有质量保证期。有些机电产品，由于材质次劣，或因为加工、装配等问题，可能存在性能缺陷，只有经过一段时间的使用才可能发现其中的质量缺陷。因此，对进口的机电产品，应该尽快地进行各种试验，并且应该尽量在规定的质量保证期内充分使用，以便有机会发现质量问题，及时申请商检机构复验，凭商检机构出具的证书，向卖方提出索赔。质量保证期的计算方法，应根据合同的规定，合同中对质量保证期的规定方法一般有两种：

(1) 从商品进口之日起的一段时间以内(例如一年之内)；

(2) 从验收合格之日算起一段时间内(例如，对于旧设备半年，对于新设备一年，等等)。

索赔有效期和质量保证期是两个不同的概念。索赔有效期的意义是，如果在商品的检验中发现其质量、规格、数量、重量等与合同规定的不符或出现了残损而向卖方提出索赔的合理期限；而质量保证期是指卖方对售出的机械设备的质量(外在质量和内在质量等)的保证期。在索赔期内，只要进口的机电商品确实存在缺陷，并且确实属于卖方责任，一般都应该得到补偿、退货或换货。

### 4.7.4 引进技术和进口技术设备的商检条款

引进技术和进口设备的检验工作是一项重要的但难度较大的工作，因此，在签订合同的商检条款时要注意以下几点：

(1) 对引进技术(软件)的验收，主要是考核该引进技术的实用效果，即该项技术的先进性、实用性和可靠性。因此必须在合同中订明使用该项技术所生产产品的具体技术指标和检验这些技术指标的标准、方法等。有条件的可要求卖方在提供技术的同时提供标准产品样品或样机，以便对使用该项技术生产的产品的质量进行检验。

(2) 为了对引进技术生产的产品进行考核检验，应该在进口合同中订明考核的地点、主持人、考核程序、考核项目、考核次数以及不同考核结果双方各负的责任等。

(3) 卖方应该提供合同约定的设备质量证明书，对非标准的设备应提供精度数据和测试方法及安装、操作和维修保养说明书等。还应订明技术资料(证明)应作为议付货款的条件之一，以避免因技术资料迟于设备到货而影响验收工作的进行。

(4) 在合同中要避免使用“由卖方提供试车材料”的条款，这项条款意味着引进的技术或设备必须使用国外原材料才能达到规定的技术指标，甚至还意味着今后投产以后也需要使用进口的原材料。

(5) 在国内配套的重要设备，应在买卖双方技术磋商时让卖方予以确认，或在合同中有所约定，以避免在对引进技术或设备进行考核验收发生问题时引起不必要的纠纷。

(6) 对于引进技术或生产线的生产能力，不仅应该在合同中订明产品的年产量，还应该订明每年年产量的具体计算方法，如每年多少工作日，每个工作日多少工作小时，每小时的产量等等。

## 4.7.5 关于检验费用的问题

无论是装船前检验还是到达目的地后检验，如果事先没有约定由生产厂商或买卖双方自行进行检验，就要委托公证检验机构进行检验。在这种情况下，要向检验机构支付一定的费用。检验费用由谁负担等问题应该在合同中订明。

关于检验费用，国际上并没有统一的规定。目前的一般做法是，卖方负责装运前的检验费用，卸货后的检验费用则由买方负担。但是，如果卸货时，经检验发现货物的品质、数量等与合同不符，买方提出索赔时，一旦卖方认赔，则卸货后的检验费用应由卖方负担。为了使争议发生后能尽快得到解决，检验费用的负担办法，应在合同中订明。

## 4.7.6 关于检验方法



有些商品属于同一品质规格，但由于使用不同的检验方法进行检验，往往得出不同的结论。对于这类商品，在商检条款中应对检验方法作出明确规定。

我国的出口商品应严格按照外贸合同规定的检验方法检验，合同无规定或规定不明确的，按国家标准检验；如果无国家标准的按行业标准检验；如果无行业标准的按企业标准检验；目前尚无标准的，一般参照同类商品的标准或由我方生产部门与商检机构商定的方法进行检验。如国外提出要求按对方或第三国的标准进行检验时，应和有关部门研究后再确定。

我国对进口商品的检验方法，如果合同中已有明确规定，就按合同的规定办理，否则，可以按生产国标准检验；如果未提供生产国标准的，可以按国际通用标准或我国标准进行检验。

### 4.7.7　签订检验依据条款

所谓"检验依据"，就是判定商品是否合格的依据。没有依据通常就无法判定商品是否合格，因此，检验依据条款也是一项重要的条款。

按照我国商检条例及其实施细则的规定，检验依据条款有如下规定：

(1) 出口商品按照合同(或者成交样品或图样)或信用证规定的质量、重量、数量、包装等要求和抽样检验方法进行检验。合同(或者成交样品或图样)或信用证未作规定或规定不明确的，按照国家出入境检验检疫局统一核定的标准和有关规定进行检验。国家另有规定的按国家有关规定进行检验。

(2) 进口商品按照合同规定的质量、重量、数量、包装条款和抽样检验方法进行检验。合同未规定或规定不明确的，按照生产国标准、国际通用标准或我国的标准检验。国家另有规定的，按有关规定办理。

总之，在合同中明确检验依据是十分重要的。目前，一些对外贸易合同中检验依据不明确、不具体，给商检工作带来了很多困难，也使进口商品的对外理赔缺乏法律依据。因此，对外贸易企业应该注意签订好合同中的检验条款，以便有利于企业外贸业务操作方法的规范和经济效益的提高。

## 本章小结

办理进出口商品检验，是国际贸易中的一个重要环节。商品检验的目的是为了保证进出口商品的质量，维护对外贸易有关各方的合法权益，促进对外经济贸易关系的顺利发展。

商检机构实施进出口商品检验的内容，包括商品的质量、规格、数量、重量、包装以及是否符合安全、卫生要求等。商检机构和其指定的检验机构以及经国家商检部门批准的其他检验机构，可以接受对外贸易当事人或者外国检验机构的委托，办理进出口商品检验鉴定业务。进出口商品检验鉴定业务的范围包括：进出口商品的质量、重量、数量检验、包装鉴定，海损鉴定，集装箱检验，进口商品的残损鉴定，出口商品的装运技术条件鉴定、货载衡量、产地证明、价值证明以及其他业务。

商检工作是一项严肃认真的工作，并且，随着国际贸易业务的发展和扩大，商检业务工作会显得越来越重要。与此同时，商检的技术性和交易对方对商检质量的要求会不断提高，商检所涉及的商品范围会不断扩大，所需进行的检验项目也会不断增加，这就要求国家检验检疫部门学习发达国家的经验、不断完善自己，使检验检疫业务水平尽快赶上或超过国际先进水平。

## 复习与思考

1. 出入境检验检疫的作用是什么？
2. 在商检业务中，法定检验和鉴定业务有什么区别？
3. 为什么说出入境检验检疫是国家维护根本经济权益与安全的重要的技术贸易壁垒措施，是保证中国对外贸易顺利进行和持续发展的需要？
4. 在对外贸易实践中，商品检验的时间、地点一般是如何规定的？对买卖双方的利益各有什么影响？
5. 商品检验证明书的作用是什么？商品检验证明书有哪些种类？其作用各有什么差别？
6. 举例说明如何合理地订立进出口商品商检条款。
7. 在合同的商检条款中，买方的复验权和索赔期如何规定为好？
8. 在拟订引进技术或进口技术设备商检条款时，应该注意哪些事项？

## 案例分析

1. 上海某企业向墨西哥某公司出口一批凤凰牌电动助动车，合同是以CIF术语为价格条件的，合同中的支付条款为“D/P at sight”，商检条款规定“以离岸品质、重量为准”(shipping quality and weight)。货物到达目的港以后，墨西哥客户在单证无误的情况下付款后获得单据提了货，然后对货物进行了复验。经过对货物的复验后，该客户认为货物的质量存在问题，于是提出拒付货款。请问：

(1) 客户拒付货款合理吗？为什么？

(2) 如果买方拒付货款，卖方不能及时安全收汇应该由谁负责？为什么？

2. 中国某公司从德国某公司进口一套加工中心。按照合同中商检条款的规定，“The quality must be landing quality based on the certificate issued by The State Administration for Entry-Exit Inspection and Quarantine of the People’s Republic of China”，并且规定了索赔期为设备到达安装地以后一年以内。设备于2002年1月到达中国公司的安装地点，但由于水电供应设施尚未完工，一直到11月份才进行安装，12月份由德国专家进行调试。经过反复调试后，德国专家认为设备主机有问题，无法达到合同规定的技术指标。后来经过当地中国检验检疫分支机构的检验，确认主机存在质量问题。于是，中国公司于

2003 年 2 月向德国出口公司提出索赔，结果德国公司拒赔，请分析：

(1) 德国公司拒赔合理吗？为什么？

(2) 你认为出现分歧的根本原因是什么？哪一方应该汲取教训？应该汲取什么教训？

# 第 5 章　商品的通关

## 本章关键词

海关(customs)
报关 (declare at the customs, or apply to the customs)
结关(customs clearance)
进口报关单(bill of entry)
出口报关单(bill of exit)
关税(tariff)
保税(in bound)

## 互联网资料

报关网　www. baoguan. com. cn

中国海关简介

中华人民共和国海关是国家的进出关境监督管理机关。海关肩负着监管进出境的运输工具、货物、行李物品、邮递物品和其他物品，征收关税和其他税费，查缉走私，并编制海关统计和办理其他海关业务等神圣职责。由国务院设立海关总署，统一管理全国海关。国家在对外开放的口岸和海关监管业务集中的地点设立海关。海关的隶属关系，不受行政区划的限制。除广东分署及 3 个海关院校外，全国共设 41 个直属海关。海关依法独立行使职权，向海关总署负责。

2001 年 1 月 1 日，新的通关模式在全国海关全面施行，它按照集约化、信息化、规范化和专业化的要求，将职能管理、审单作业和物流监控三大系统集中到一个信息化通关作业平台上，实行信息共享条件下的通道判别、集中审单和风险管理，极大地提高了通关管理的有效性和整体效能，适应了政府信息化发展的要求。由海关总署等 12 个部委携手开发的口岸电子执法系统，利用现代信息技术，将进出口管理相关部门分别管理的进出口业务的信息流、资金流、货物流电子底账数据，集中存放在公共数据中心，为政府管理机关提供跨部门、跨行业联网数据核查，并为企业提供在网上办理各种进出口业务的信息系统。

资料来源：中国海关网站(http://www. customs. gov. cn)。

报关是指从事进出口贸易的有关当事人在货物、运输工具等进出境时向进出境地的海关申报、交验所规定的单据、证件，缴纳关税，申请海关查验放行的行为。按照《中华人民共和国海关法》(以下简称《海关法》)的规定，所有进出境的货物和运输工具必须通过设有海关的地方进境或出境，并接受海关的查验、监督。只有经过海关查验放行后，货物才能提取或装运出口。通关、清关、结关是同义词，是指进出境地海关接受了进出口贸易有关当事人的申报，经过对单证的核查，对货物、运输工具等的查验，同意货物、运输工具等进出口的过程。报关也应该是通关、清关、结关的同义词，只不过前者主要强调申报过程，而后者强调的是过程和结果。

## 5.1 海关的性质和任务

海关是指一个国家(或地区)设在进出口关境，代表该国家(或地区)政府对进出口商品等实施监督管理的机关。我国《海关法》规定："中华人民共和国海关是国家的进出关境监督管理机关。"

### 5.1.1 海关的性质

中华人民共和国海关的性质主要包括以下三个方面：

(1) 海关是国家的监督管理机关。

海关的权力授自于国家，是国家上层建筑的组成部分，海关代表国家依法独立行使监督管理权。海关对外维护国家的主权和利益，对内体现国家、全社会的整体利益，而不是代表某个地方或者某个部门的局部利益。

(2) 海关实施监督管理的范围是进出关境的活动。

海关进行监督管理的对象是所有进出关境的运输工具、货物和物品。

关境是世界各国海关通用的概念，是指同一海关法或同一关税制度所管辖的领域。在一般情况下，关境的范围等于国境。但对于关税同盟，其成员方之间货物进出国境不征收关税，只对来自或运往非同盟国的货物在进出共同关境时征收关税，因而对于关税同盟的每个成员方来说，其关境大于国境，如欧盟。若在国内设立自由港、自由贸易区等特定区域，因进出这些特定区域的货物都是免税的，因而该国的关境小于国境。关境同国境一样，包括其领域内的领水、领陆和领空，是一个立体的概念。

我国的关境范围是除享有单独关境地位的地区以外的中华人民共和国的全部领域，包括领水、领陆和领空。目前我国的单独关境有香港特别行政区、澳门特别行政区和台澎金马单独关税区。在单独关境内，各自实行单独的海关制度。因此，我国关境小于国境。本教材所称的进出境均指进出口关境。

(3) 海关是一个行政执法部门。

海关通过法律赋予的权力，对在特定范围内的社会经济活动进行监督管理，并对违法行为依法实施行政处罚，以保证国家的社会经济活动按照国家的法律规范进行。

海关执法的依据是《海关法》和其他有关法律、行政法规等。《海关法》是管理海关事务的基本法律规范，该法于 1987 年 1 月 22 日由第六届全国人民代表大会常务委员会第 19 次会议通过，于同年 7 月 1 日起实施。为了适应形势发展的需要，2000 年 7 月 8 日第九届全国人民代表大会常务委员会第 16 次会议审议通过了《关于修改〈中华人民共和国海关法〉的决定》，对《海关法》进行了较大的修改，修正后的《海关法》于 2001 年 1 月 1 日起实施。其他由全国人民代表大会或者全国人民代表大会常务委员会制定的与海关监督管理相关的法律规范，包括《宪法》、《刑法》、《刑事诉讼法》、《行政处罚法》、《对外贸易法》、《进出口商品检验法》、《固体废物污染环境防治法》等。

## 5.1.2 海关的任务

《海关法》明确规定海关有四项基本任务，即监管进出口货物、进出境运输工具、行李物品以及相关人员的进出境活动等(control over imports and exports, inward and outward means of conveyance, luggage and personal effects of internationally travelling passengers and international postal articles)，征收关税和其他税费(collection of Customs duties and other fees and taxes)，查缉走私(suppression of smuggling)和编制海关统计(compilation of trade statistics)。

1. 监管

海关监督管理是海关全部行政执法活动的统称，是海关运用国家赋予的权力，通过一系列管理制度与管理程序，依法对进出口货物、进出境运输工具、行李物品以及相关人员的进出境活动所实施的行政管理。海关监管是一项国家职能，其目的在于保证一切进出境活动符合国家政策和法律的规范，维护国家主权和利益。

根据监管对象的不同，海关监管工作可以分为货物监管、物品监管和运输工具监管三大体系，每个体系都有一整套规范的管理程序与方法。

监管是海关最基本的任务，是四项任务的基础，海关的其他任务都是在监管工作的基础上进行的。除了通过审单、查验、放行等方式对进出境运输工具、货物、物品的进出境活动实施监管外，海关监管工作还包括执行或监督执行国家其他对外贸易管理制度的实施，如进出口许可证制度、外汇管理制度、进出口商品检验、检疫制度、文物管理制度等，从而在政治、经济、文化道德、公众健康等方面维护国家的利益。

2. 征税

代表国家征收关税和其他税费是海关的另一项重要任务。关税是指由海关代表国家，按照《海关法》和进出口税则，对准许进出口的货物、进出境物品征收的一种税。其他税费指海关在货物进出口报关时，代替国内税务部门征收的有关国内税和进出口环节中应该缴纳的有关费用。国内税目前主要有增值税、消费税等。目前，我国现行的国内税主要包括增值税、消费税等。

关税是国家财政收入的重要来源，也是国家宏观经济调控的重要工具。关税的征收主体是国家，《海关法》明确规定将征收关税的权力授予海关，由海关代表国家行使征收关税的职能。因此，未经法律授权，其他任何单位和个人均不得行使征收关税的权力。

海关征税工作的基本法律依据是《海关法》和《关税条例》。海关通过执行国家制定的关税政策，对进出口货物和进出境物品征收关税，起到保护国内工农业生产、调整产业结构、组织财政收入和调节进出口贸易活动等作用。几年来，为了进一步适应我国改革开放和加入 WTO 的需要，促进对外经济贸易的快速发展，鼓励我国企业“走出去”，积极参与国际市场竞争，国务院关税税则委员会曾几次对税率作出重大调整，使我国关税的平均税率进一步降低，目前已接近世界发展中国家的平均关税水平。

3. 查缉走私

走私是指进出境活动的当事人或相关人员违反《海关法》及有关法律、行政法规，逃避海关监管，偷逃应纳税款，逃避国家有关进出境的禁止性或者限制性管理，非法运输、携带和邮递国家禁止及限制进出口或者依法应当缴纳税款的货物、物品进出境，或者未经海关许可并且未缴应纳税款、交验有关许可证件，擅自将保税货物、特定减免税货物以及其他海关监管货物、物品、进境的境外运输工具在境内销售的行为。它以逃避监管、偷逃关税、牟取暴利为目的，造成扰乱经济秩序，冲击民族工业，腐蚀干部群众，恶化社会风气，引发违法犯罪的后果，对国家的危害性极大。

查缉走私是海关为保证顺利完成监管和征税等任务而采取的保障措施。

《海关法》规定："国家实行联合缉私、统一处理、综合治理的缉私体制。海关负责组织、协调、管理查缉走私工作"，从法律上明确了海关打击走私的主导地位以及与有关部门的执法协调。海关是打击走私的主管机关，查缉走私是海关的一项重要任务。海关通过查缉走私，制止和打击一切非法进出境货物、物品的行为，维护国家进出口贸易的正常秩序，保障社会主义现代化建设的顺利进行，维护国家关税政策的有效实施，保证国家关税和其他税费的依法征收，保证海关职能作用的发挥。为了严厉打击走私犯罪活动，根据党中央、国务院的决定，我国组建了海关缉私警察队伍，专门从事打击走私犯罪，负责对走私犯罪案件的侦查、拘留、执行逮捕和预审工作。

根据我国的缉私体制，除了海关以外，公安、工商、税务、烟草专卖等部门也有查缉走私的权力，但这些部门查获的走私案件，必须按照法律规定，统一处理。各部门查获的不构成走私罪的案件，一律交由海关作行政处罚；各执法部门查获的走私罪嫌疑案件，一律移送海关侦查走私犯罪公安机构及地方公安机关，并依据案件管辖分工和法定程序办理；各部门查获的走私货物、物品和价款，一律交海关依法处理，海关按照国家有关规定，足额及时上缴国库。

4. 编制海关统计

海关统计是以实际进出口货物作为统计和分析的对象，通过搜集、整理、加工处理进出口货物报关单或经海关核准的其他申报单证，对进出口货物的品种、数(重)量、价格、国别(地区)、经营单位、境外目的地、境内货源地、贸易方式、运输方式等项目分别进行统计和综合分析，全面、准确地反映对外贸易的运行态势，及时提供统计信息和咨询，实施有效的统计监督，开展国际贸易统计的交流与合作，促进对外贸易的发展。我国海关的统计制度规定，对于凡能引起我国境内物质资源储备增加或减少的进出口货物，均列入海关统计对象。对于部分不列入海关统计的货物和物品，则根据我国对外贸易管理和海关管理的需要，实施单项统计。



海关统计是国家对进出口货物贸易的统计，是国民经济统计的组成部分，是国家制定对外经济贸易政策、进行宏观经济调控、实施海关严密高效管理的重要依据，是研究我国对外贸易经济发展和国际经济贸易关系的重要资料。

1992 年 1 月 1 日，海关总署以国际通用的《商品名称及编码协调制度》为基础，编制了《中华人民共和国海关统计商品目录》，把税则与统计目录的归类编码统一起来，规范了进出口商品的命名和归类，使海关统计进一步向国际惯例靠拢，适应了我国对外开放和建立社会主义市场经济体制的需要。

海关的四项基本任务是统一的有机联系的整体。监管工作通过监管进出境运输工具、货物、物品和相关人员的合法进出，保证国家有关进出口法律、政策和行政法规的贯彻实施，是海关四项基本任务的基础。征税工作所需的数据、资料等是在海关监管的基础上获取的，征税与监管有着十分密切的关系。查缉走私工作则是监管、征税两项基本任务的延伸，监管、征税工作中发现的逃避监管和偷漏关税的行为，必须运用法律手段予以制裁和打击，确保前两项工作的有效进行。编制海关统计是在监管、征税工作的基础上完成的，它为国家宏观经济调控提供了准确、及时的信息，同时又对监管、征税等业务环节的工作质量起到检验与监督的作用。

近年来，在 WTO 原则基础上，随着中国经济国际化的发展，除了这四项基本任务以外，国家通过有关法律、行政法规陆续赋予了海关一些新的职责，比如知识产权海关保护、海关对反倾销及反补贴的调查等，这些新的职责也是海关的工作任务。

### 5.1.3　海关业务制度

和海关的任务相适应，海关形成了以下几项业务制度：

(1) 监管制度。

海关监管的对象分为贸易性的货物、运输工具和非贸易性的物品三部分，因而海关监管制度可分为贸易性货物监管制度、运输工具监管制度和非贸易性物品监管制度三个监管制度体系。

(2) 关税制度。

该制度规定了纳税义务人、商品分类及编码、进出口税率结构、完税价格的审定等内容，为完成征收关税和其他税费任务打好基础。

(3) 保税制度。

保税制度是指经海关批准的境内企业所进口的货物，在海关监管下，在境内指定的场所储存、加工、装配，并暂缓缴纳各种进口税费的一种海关监管业务制度。

(4) 稽查制度。

稽查制度是指海关在规定期限内依法对进出口经营企业及相关单位的会计账簿、凭证、报关单证及其他有关资料实施稽查，以审查有关企业、单位有无违反海关法规行为的一项海关业务制度。

(5) 统计制度。

统计制度是以进出境货物为调查和分析对象，运用一系列统计指标对国家的对外贸易发展状况进行统计监督，提供统计信息和咨询，促进对外贸易的发展。

### 5.1.4 报关单位与报关人员

1. 报关单位

报关单位是指依法在海关注册登记的进出口货物收发货人和报关企业。《海关法》规定:“进出口货物收发货人、报关企业办理报关手续,必须依法经海关注册登记,报关人员必须依法取得报关资格。未依法经海关注册登记的企业和未依法取得报关从业资格的人员,不得从事报关业务。”报关单位有以下几种类型:

(1) 进出口货物收发货人。

进出口货物收发货人是指依法直接进口或者出口货物的中华人民共和国关境内的法人、其他组织或者个人。

对于一些未取得对外贸易经营者备案登记,但按照国家有关规定需要从事非贸易性进出口活动的单位,如境外企业、新闻机构、经贸机构、文化团体等依法在中国境内设立的常驻代表机构,少量货样进出境的单位,国家机关、学校、科研院所等组织机构,临时接受捐赠、礼品、国际援助的单位,国际船舶代理企业等,在进出口货物时,海关也视其为进出口货物收发货人。

进出口货物收发货人经在海关注册登记后,只能为本单位进出口进行报关。

(2) 报关企业。

报关企业是指为进出口货物收发货人提供报关服务(或代理报关)的企业。我国提供报关服务的报关企业主要有两类:一类是经营国际货物运输代理、国际运输工具代理等业务,兼营进出口货物代理报关业务的国际货物运输代理;另一类是主营代理报关业务的报关公司或报关行。



2. 报关人员

报关人员,即报关员,是指依法取得报关员从业资格,并在海关注册,向海关办理进出口货物报关业务的人员。报关人员须满足以下条件:

(1) 取得报关员资格许可,即通过报关员资格全国统一考试,获得报关员资格证书。

(2) 向当地海关注册登记。

(3) 不是自由职业者,须受雇于依法向海关注册登记的进出口货物收发货人或报关企业。

## 5.2　一般进出口货物的报关程序

图5.1是办理进出口货物通关手续的流程示意图。

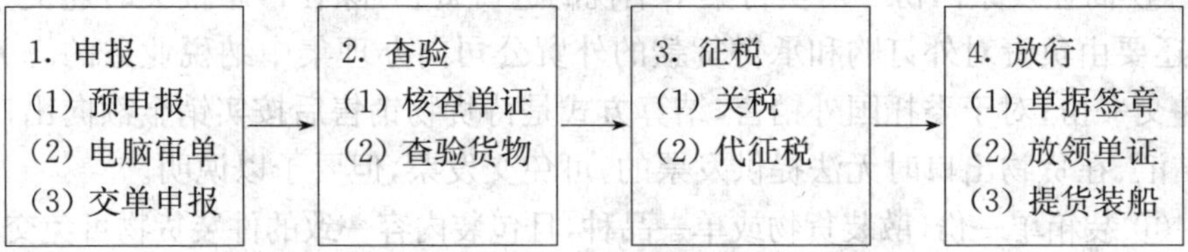


**图5.1　进出口货物通关手续流程示意图**

### 5.2.1　申报

申报是指进出口货物的收、发货人或其代理人(专业报关公司等,以下称为"报关人")就货物、运输工具等的进出境向海关申报材料、申请查验、放行的过程。具体程序如下:

(1) 按报关单的格式和填写规范填写报关单,交预录入公司录入审核并打印报关单(也可以自行印制),经报关人审核无误后通知预录入公司提交审单中心向海关正式申报。

(2) 通过审单中心电脑查询,了解单据是否符合申报条件。如果审单中心有提示,要按提示要求办理。

(3) 如果符合申报条件,要将所需要的有关报关单据交给海关通关科,有关单据按报关单、发票、装箱单、合同、批文(包括许可证件)和其他随附单据的顺序排列。

(4) 如果进口出现滞报,须缴纳滞报金。进口属海关监管的货物,须缴纳监管手续费。

(5) 如果通关科审单认为单据合格,要将报关单据移交查验部门。如通关科与查验部门在同一办公场所,单据可由内部移交;如通关科与查验部门不在同一办公场所,由报关员签收关封后交查验部门。

在进出口报关时一般需要如下一些单证:

(1) 一般必须提供的单据。

①《进(出)口货物报关单》。一般进口货物应填写一式两份;需要由海关核销的货物,如加工贸易货物和保税货物等,应填写专用报关单一式三份;货物出口后需国内退税的,应另填一份退税专用报关单。

②《进(出)口货物许可证》(如果申报物品属于列入许可证管理范围的物品)或国家有关主管机关签发的批准文件。

③ 提货单或装货单一份(海运进出口)、空运单一份(空运)、包裹单一份(邮运)、领货凭证一份(陆运)。海关在审单和验货后,在正本货运单据上签章放行,并退还报关员,凭此提货或装运货物。

④ 商业发票两份。对实行集中纳税的进口货物,除在口岸报关时递交一份外,还要由负责对外订购和承付货款的外贸公司向办理集中纳税业务的海关部门递交一份;对于委托国外销售,结算方式是待货物销售后按实销金额向出口单位结汇、在货物出口时无法提供发票的,可免交发票,但要予以说明。

⑤ 装箱单一份(散装货物或单一品种,且包装内容一致的件装货物可免交)。

⑥ 减税、免税或免验的证明(主要对进口货物)。

⑦ 国家商检机构签发的证件。如属于列入国家"实施检验进、出口商品种类表"的商品则需提交商检证书或在《进(出)口货物报关单》上加盖商检印章。

⑧ 列入动植物检疫、药物检验、文物鉴定或受其他国家规定管制的进出口货物,还须交验规定级别(一般为省级以上)有关主管部门签发的证件。

⑨ 贸易合同、产地证明及其他有关单证、账册(在海关认为必要时)。

⑩ 信用证(只限对港澳地区出口并采用信用证结算方式的)。

⑪ 出口收汇核销单。在出口货物报关时,应交验外汇管理部门加盖"监督收汇"章的出口收汇核销单,并将核销编号填在每张出口报关单的右上角处。

(2) 预备单证。

预备单证是指办理进出口货物手续时海关认为必要时需要查阅或收取的证件,包括贸易合同;货物原产地证;委托单位的工商执照证书;委托单位的账册资料及其他有关单证。



## 5.2.2 海关查验

进出口货物查验是指海关在接受申报并经审核报关单证,认为符合要求以后,对进出口货物进行的实际核对和检查。查验的目的是审查货物的进出口是否合法,核对实际进出口货物与报关单证所报的内容是否相符,有无错报、漏报、瞒报、伪报等情况,确定货物的物理性质和化学性质等。进出口货物,除海关总署特准免验的之外,都应接受海关查验。海关在查验时若有以下要求,应该得到相关方面的协助:

(1) 海关查验货物,一般应在海关规定的时间和监管场所进行,如有理由要求海关在监管场所之外查验,应事先报经海关同意。在这种情况下,申请人应提供往返交通工具和住宿等协助。

(2) 查验时，货物的收发货人或其代理人必须到场，并按海关的要求负责办理货物的搬移、拆装箱和货物的包装等工作。

(3) 海关认为必要时，可以开箱检验、复验或提取货样，仓库货物管理人员应当到场作为见证人。

(4) 海关核查单证和查验货物以后，对于符合报关条件的，在货运单据上加盖放行章。对于不符合报关条件的，请报关人重新准备或补交单证。

(5) 进出口申报后，如果因错误申报而发生退关情况的，必须在3日内向海关办理更改手续。

(6) 报关人在向海关递交报关单等单证后，如果发现有填报错误或因其他原因需要变更填报内容时，可向海关递交更改单。

另外，我国《海关法》规定，海关在查验进出境货物时，损坏被查验的货物，应当赔偿实际损失。此时，由海关关员如实填写《查验货物、物品损坏报告书》一式两份，并签字，查验关员和当事人各留一份。双方共同商定货物的受损程度以及修理办法等。

### 5.2.3　缴税

应税货物在查验后到通关科签领税单，在税单第二联盖上缴款单位财务印章，到开户银行交税，如用现金缴纳，则直接到银行缴纳。

缴税后复印已盖银行印章的税单一份，原件和复印件一起交通关科核销，复印件由海关留存备查，原件退还缴款人。

### 5.2.4　放行



1. 放行的意义

值得注意的是，口岸海关对进出口货物的放行有着以下两点意义。

(1) 对一般贸易进出口货物，放行意味着海关监管结束。

(2) 对需转为海关以其他方式继续监管的货物，放行意味着货物进入另一种方式的海关监管；对需要转至另一海关的货物，放行意味着两个海关对该货物监管的移交，即一海关监管任务即将结束，另一海关监管任务将要开始。

2. 放行手续

进出口货物的报关在经过海关核查报关单据，查验实际货物，并依法办理了征收税费手续或减免税手续后，由海关在有关单据上签盖放行章。此时，货物的所有人或其代理人才能提取或装运货物。具体做法如下：

(1) 货物经过海关查验并纳税以后，签领放行联系单，凭联系单到查验部门签领已加盖海关放行章的提货单。

(2) 货物放行后到通关科签领进出口货物报关单证明联，以备用于出口退税、进出口业务核销等。

## 5.3 技术改造项目设备的进口报关程序

尽管报关的基本程序与一般货物的进出口程序相同，但是，技术改造项目进口设备的进口报关程序与一般货物的进口报关程序相比有其特殊性。

### 5.3.1 申报

经国务院主管部委或省级主管部门以及经国家批准列为经济特区、沿海开放城市、沿海经济开放区的市级主管部门审查批准列入技术改造计划的项目，在办理技术改造设备进口报关时，须向入境地海关交验下列单证：

(1)《进口货物报关单》一式三份。

(2) 发票、装箱单及货运单据。

(3) 涉及国家限制进口的货物，须提交《进口货物许可证》。

(4) 由主管海关签章的《进口技术改造设备减免税申请表》。此表由申请单位填报，经主管海关签章后，即作为代替批准减免税通知书。

(5) 如属于列入《商检机构实施检验的进出口商品种类表》的，须提交国家商检部门出具的商检证明。



### 5.3.2 海关查验放行

海关对列入技术改造项目并申请报关的企业提交的上述单证进行审核，并查验核对货物。如符合入境要求的，由海关在进口货物报关单上加盖印章，予以放行。该类货物报关时，还应注意以下三个方面。

(1)《进口技术改造设备减免税申请表》由海关统一规定格式，申请单位应将所引进的技术设备名称、数量、合同金额、合同号等各项栏目填写清楚，内容应与商检证明书和进口订货合同一致。对品种繁多、申请表内无法填列的，可以附清单，并加盖申请单位公章。

(2) 经海关核发的《进口技术改造设备减免税申请表》内列明的货物，如分批分口岸进口时，则在每次进口时，由进口地海关在申请表上批注已进口的情况(包括名称、数量、金额、查验日期、报关单编号等)，在加盖海关印章后，发还给申请人或其代理人，凭以办理下批进口货物的减免税事宜。待货物最后一次进口时，须将申请表交回海关注销。

(3) 以减免税形式进口的技术改造设备，申请单位因故需要转让或出售时，须事先向主管海关申报，由海关核准并补交进口税款。

## 5.4　对外承包工程、劳务合作项目货物进出境报关

对外承包工程、劳务合作项目货物进出境报关程序与一般货物的进出口报关程序相比还有一些不同的特点。

凡经批准从事对外承包工程、劳务合作等业务的公司，在出运因对外承包工程所需国产设备、材料、施工机具以及劳务人员公用生活物资时，须持下列单证向海关申报：

(1)《出口货物报关单》。

(2) 出口货物清单。

(3) 对外签订的经省级以上主管部门批准的《承包合同》和企业批准证书。

(4) 如运出的物资中，有列入国家限制出口和实行出口许可证管理的商品，须提交《出口货物许可证》或相关文件。

(5) 如属于列入国家《商检机构实施检验的进出口商品种类表》的，须提交国家商检机构出具的检验证明。

承包工程结束后，原从国内运出的专用施工机械设备或物资复运回国入境时，承包工程公司须填写《进口货物报关单》一式两份，并提交原出口时经出境地海关签章的《出口货物报关单》，向入境地海关申报。

海关查验单证核实货物无误后予以放行。

对外承包工程公司如用在国外收入的外汇购买在国内使用的进口设备、物资，以及在承包工程项下进口国家限制进口的货物，须按规定办理进口设备、物资的归口审批手续并申领进口许可证，并报请国家商检部门检验出证，海关凭证征税放行。

## 5.5　保税货物进出境报关

保税货物的进出境报关手续在具体做法上与一般货物的进出口报关有一些

不同之处。

### 5.5.1 入境申报

保税货物在保税仓库所在地入境时，货主或其代理人持下列单证向海关申报：

(1)《进口货物报关单》一式三份。报关单上须加盖“保税货物”印章并注明货物存入某地保税仓库。

(2) 由主管海关核发的《保税仓库登记证书》。

(3) 如进口货物是列入国家《商检机构实施检验的进出口商品种类表》的，须提交商检证书。

### 5.5.2 出口申报

保税货物如需复运出境，在报关时，应向海关递交下列单证：

(1)《出口货物报关单》一式三份。

(2) 原进口时由海关盖印的《进口货物报关单》。

### 5.5.3 海关查验放行

上述单证经入、出境地海关查验无误后予以放行。其中，入境时，由海关在《进口货物报关单》上签章，将两份《进口货物报关单》随进口货物带交保税仓库。保税仓库经理人于货物入库后，在上述报关单上签收，一份留存，一份交回海关存查。货主在保税仓库所在地以外的其他口岸进口货物，应按海关对转关运输货物的规定，办理转关运输手续，货物运抵后，再按上述办法办理入库手续。具体做法如下：

(1) 由申请人填制由海关统一印制的《转关运输货物准单》一式三份，如果是国际铁路联运货物，应备有货车装载清单，也是一式三份，向入境地海关申报并交验有关货运单证。海关核准并签收关封后，将加盖“海关监管货物”戳记并加注关封编号的《海关运输货物准单》，连同关封一起交承运人，随同货物交给指运地海关，并按一般货物的海关手续填制《进口货物报关单》，并随附其他有关单证向海关办理进口报关。

(2) 保税货物经批准正式销售于国内市场时，货主或其代理人须向海关补办进口报关手续并交纳关税和代征税，由海关签印放行。

(3) 要从保税仓库中提取来料加工、进料加工备料、货物，货主须事先持批准文件、合同等有关单证向海关办理登记备案手续，并填写来料加工或进料加工专用报关单和《保税仓库领料核准单》各一式三份，一份由海关留存，一份由领料人留存，一份由海关签盖放行章后交还货主。仓库经理人凭海关签印的领料核准单交付有关货物，并凭领料核准单向海关办理核销手续。

(4) 保税货物复运出境时，发货人或其代理人持《出口货物报关单》一式三份、保税货物进口时由海关签印的《进口货物报关单》，向当地海关办理复运出境手续。经海关核查与实际货物相符后签印，一份由海关留存，一份发还给申报人，一份随货带交出境地海关，凭以放行货物出境。

## 5.6　进出口报关的其他要求

我国《海关法》规定，只有在海关办理登记注册手续的有关企业才可以进行有关的报关工作。

我国《海关法》还规定，负责报关的人员必须经过海关培训并经考核合格，发给《报关员证件》后，才能办理有关的报关事宜。

关于进出口报关的期限，按照《海关法》规定，进口货物的报关期限为自运输工具申报进境之日起 14 日内，由收发人或其代理人向海关报关，超过这个期限报关的，由海关征收滞报金；出口货物应当在装货的 24 小时以前向海关申报，作出这样的规定是为了在装货前给海关以充足的查验货物的时间。

### 5.6.1　出口制单的基本要求



国际商会制定的《跟单信用证统一惯例》(The Uniform Customs and Practice for Documentary Credits, UCP)(以下简称《惯例》)在国际贸易中被各国普遍应用，已经成为国际贸易中普遍遵循的原则。该《惯例》对于信用证项下业务的单据有一定的要求。下面就以信用证项下议付单据为基础说明单据填制的要点。

1. 单证、单单一致

在采用信用证交易的条件下，出口人(或信用证受益人)必须明确以下两点：

(1) 在使用信用证的外贸业务中，各有关当事人处理的业务主要是单据业务，或者说是以对有关单据的处理代替对有关的货物、服务业务或其他行为的处理。

(2) 出口人(或信用证受益人)提交的单据内容必须与信用证所列的条款表面相符，单据与信用证内容表面不一致，即视为与信用证不符。

受益人提交的单据必须做到“单证一致”和“单单一致”。对于这个问题应该从两个方面去理解。一方面，议付单据的内容首先要与信用证的有关规定一致，同时单单之间不能发生矛盾。例如，提单上的重量与装箱单上所列的货物重量必须一致，不能因为信用证上没有规定具体货物重量就可以使提单上所载明的重量与装箱单上所显示的重量不一致。此外，需要引起重视的是，“单证一致”不仅指单据的内容要与信用证一致，还包括单据提交的份数、提交的方式以及提交的时间也要与信用证的规定一致。另一方面，上面提到的“表面相符”是指银行在审核与信用证有关的单据时无需调查实际交货的真实性和具体情况，只需搞清楚单据表面上显示的内容与信用证条款的内容是否一致就可以了。如果一致，银行即可付款。当然，即使受益人履行了交货等有关义务，如果在单据上没有按信用证规定显示出来，也会被银行视为单证不符而拒付。这意味着开证银行给予受益人的只是一项有条件的付款保证。这个条件就是，受益人必须在信用证规定的期限内向信用证指定的银行或开证行提交与信用证规定相符的单据。

2. 单证与合同一致

信用证是买方(开证申请人)依照买卖合同及有关贸易惯例向银行申请开立的，是银行审核单据以决定是否付款的依据。因此，一般买方都会要求开证银行在信用证中加列一些关于货物描述的条款，以便约束受益人单据上所列的货物与买卖双方在合同中约定的相一致。但是信用证毕竟不能代替买卖合同。特别是对于一些比较复杂的货物买卖，比如，大型的成套设备，信用证中也不可能详细规定货物的具体规格型号、技术指标、单价以及包装情况等。对于这些内容，受益人在制单时可以按照合同的有关规定缮制，但必须注意，这些内容不能与信用证的规定相抵触。

3. 单据本身的内容正确、完整，符合有关法规及商业习惯

单据本身的内容正确、完整，符合有关法规及商业习惯，这主要有以下几层意思：

(1) 单据内容应该符合一般单据的要求。

虽然议付单据的填制有信用证的规范以及买卖合同的制约，但是就单据制作本身来说，信用证和合同的规定也不能包罗万象。例如，在信用证及合同中一般都不会规定汇票必须由出票人签署。但是，一张没有出票人签署的汇票肯定是不符合各国关于票据法律的有关规定的。国家的票据法律一般都规定，汇票要由出票人签署，否则视为无效。

(2) 单据的制作还需要符合有关国家的行政规定。

一般来说，各国政府有关部门都会对外贸单据的制作制定专门的规定。比如，法国海关规定，法国进口的商品在进口清关时所提交的商业发票必须是法文的，至少品名应用法语书写。所以制单时一定要做到这一点，否则就会给进口商提货造成不便。

(3) 单据的填制还要符合有关商业习惯做法。

国际贸易的发展是经过世界各国共同努力发展起来的，其操作过程凝结了很多合乎逻辑的理性知识和经验。比如，保险单的出单日期通常不迟于提单日期，而商业发票的日期一般都早于保单、提单的日期等。

4. 及时制单

货物出口所涉及的单据多达几十种，各种单据之间的关系又是错综复杂的，而提单的制作又是一项和发货、装运联系在一起的综合性工作。出口货物的认证、商检、托运、报关和装运诸方面工作的进行都需要向有关部门提供一定的单据。比如，申领出口许可证、原产地证书都需要提供商业发票；向承运人订舱需要填制托运单；向保险公司办理保险需要提交申请，等等。延误单据制作的时间会影响到这些工作的正常进行。而且，出口业务中的任何一项工作都是和其他工作联系在一起。例如，属于法定检验的商品如果没有及时填写商检报验单，向商检机构报验，就无法向海关报关，因为属于法定检验的商品必须有专门的商检证明或在报关单上面事先由商检机构盖上商检放行章，海关才受理此类商品的报关。否则，手续不齐全，不能报关就不能发货，也就无法取得已装船提单凭以结汇。由此可见，议付单据的制作一定要及时，并且要注意各单据之间的有机联系。

## 5.6.2 享受法定关税减免的物品

根据我国海关的规定，下列货物享受关税的法定减免：

(1) 明确规定可以免税的货物。

关税税额在人民币10元以下的一票货物；无商业价值的广告品和货样；外国政府、国际组织无偿赠送的物资；进出境运输工具上配备的燃料、物料、饮食、用品等。



(2) 在海关放行前遭受损坏或损失的货物。

在境外运输途中或者在装卸的过程中，遭受损坏或损失的物品；海关放行前，因不可抗力遭受损坏或损失的物品；海关查验时已经破漏、损坏或腐烂的，经过调查证明不是保管不慎造成的物品。

(3) 无代价抵偿的进口货物。

进口货物在征税放行以后发现货物残损、短少或品质不良的，而由国外承运人、发货人或保险公司免费补偿或更换的同类货物。

(4) 暂时进出境货物。

经海关核准暂时进境或出境并在六个月内复运出境或者复运进境的货样、展览品、施工机械、工程车辆、工程船舶、供安装设备使用的仪器和工具；电视机或者电影摄影器材、盛装货物的容器以及剧团服装道具；在收发货人向海关缴纳相当于税款的保证金或者提供担保后，准予暂时免纳关税的货物。

(5) 法律规定减征、免征关税的其他货物、物品。

## 5.6.3 海关对商品进行估价

海关估价是指海关按从价标准征收关税时，根据规定的估价准则，确定进出口货物的完税价格。中国海关估价制度是根据中国的有关法律法规而制定的海关估价准则，它对商品的估价主要有以下几种方法：

(1) 进口货物以海关审定的成交价格为基础的到岸价格(CIF 价格)作为完税价格。其成交价格经海关审查未能确定的，应该以从该货物的同一出口国或地区购进的相同或者类似货物的成交价格为基础；如果还不能确定成交价格的，应该以相同或类似进口货物在国内市场的批发价格，减去进口关税、进口环节其他税收以及进口后的运输、仓储、营业费用及利润等后的价格作为完税价格。

(2) 对一些特殊的进口货物，例如，运往境外修理的机械设备、仪器工具、运输工具或其他货物，出境时已向海关报关并在海关规定期限内复运入境的，应以海关审定的修理费和料件费作为完税价格；对运往境外加工的货物，出境时已向海关报关并在规定期限内复运进境的，应以加工后的货物进境时的到岸价格与原出境货物或者相同、类似的货物在出境时的到岸价格之间的差额，作为完税价格；对于租赁，包括租借方式进口的货物，以海关审定的货物的租金作为完税价格。

(3) 出口货物以海关审定的货物出口离岸价格，扣除出口税后作为完税价格。

总之，海关估价确定的完税价格除了可以凭以计算税款外，还可作为对外贸易统计的依据，同时，还可以作为征收进口环节的其他税费的依据。



## 5.6.4 海关关于知识产权保护的实施办法

为了有效地实施知识产权保护，《中华人民共和国知识产权海关保护条例》(以下简称《海关保护条例》)作出了以下有关规定：

(1) 海关在认为必要时，可要求收发货人在办理进出口货物的海关手续时就货物的知识产权状况进行补充申报。

(2) 收发货人应根据海关的要求如实申报进出口货物的知识产权状况，并附交有关拥有或合法使用有关知识产权的证明文件，并在向海关提交的书面文件中注明请求海关予以保守商业秘密的内容。

(3) 海关接受知识产权的备案申请。备案应自海关总署签发《备案证书》之日起生效，备案的有效期为七年。凡自备案生效之日起知识产权的法律保护期不足七年的，备案的有效期以知识产权的法律保护期为准。

(4) 权利人或其代理人请求海关就即将进出境的侵权嫌疑货物采取保护措施的，应根据《海关保护条例》的规定向货物的进出境地海关提交书面申请，并按照海关的要求附交有关侵权嫌疑货物的实物、图片或其他证据。

(5) 权利人或其代理人请求海关扣留侵权嫌疑货物时，应按照《海关保护条例》的规定提交与进口货物到岸价格或出口货物离岸价格等值的担保金；对未能确定到岸价格或离岸价格的，应根据海关估定的金额提交。

(6) 事先未在海关总署备案的知识产权的权利人或其代理人在向海关申请采取保护措施的申请时，应根据《海关保护条例》第十五条的规定向海关总署同时提交备案申请文件和采取保护措施的申请文件。

(7) 收发货人根据《海关保护条例》第十九条的规定请求海关放行有关货物的，应向海关提交书面申请并事先提交相当于进口货物到岸价格或者出口货物离岸价格二倍的担保金。

(8) 被扣留的侵权嫌疑货物经海关、知识产权主管部门或者人民法院确定为侵权货物的，应由海关根据《海关保护条例》的规定予以没收。对已由海关根据《海关保护条例》规定放行的侵权货物，海关应予以追缴没收；无法追缴没收的，海关应向收发货人追缴与进口货物的到岸价格或出口货物的离岸价格等值的价款。

## 5.7　对外贸易税收

对外贸易税收是国家财政收入的重要组成部分，是政府实施对外经济政策的重要工具。近年来，为了承担加入WTO以后市场开放的义务，为了加快中国经济国际化的步伐，中国的税收政策一直处于调整的过程中。

根据《中华人民共和国关税条例》的规定和《中华人民共和国海关进出口税则》规定的税率，中国海关对进出口货物分别征收进口税和出口税。为了方便纳税人，对于进出口货物应当缴纳的其他税费，也由海关在货物进口的环节同时代征。根据货物品种，海关代征的税收有增值税和消费税等。

### 5.7.1　中国现行的税收项目

在我国现行的税收分类中的第一类税即流转税中，包括了进出口业务中所涉及的几个税种，即关税、消费税和增值税。

### 5.7.2 海关的征税依据

海关的征税依据是国家有关部门制定的有关法律和规定，例如《中华人民共和国对外贸易法》、《中华人民共和国海关法》、《中华人民共和国进出口贸易管理措施》等。

《中华人民共和国进出口贸易管理措施》中的第一部分是《进出口关税和其他管理措施一览表》。该表采用国际通用的世界海关组织（WCO）《商品名称及编码协调制度（SH）》的结构形式编写。《进出口关税和其他管理措施一览表》又被称为《海关进出口税则》，简称《税则》，是根据国家的关税政策等有关政策，通过一定的立法程序，制定和公布实施的应税商品和无税商品的系统分类表。《税则》主要由商品分类目录和税率两部分组成。商品分类目录又分为税则号列与商品名称。税则号列是指商品在《税则》中分类的编号；商品名称一般按商品的自然属性（如动物产品、矿产品、塑料及其制品、纺织原料及纺织织品、机器、机械器具、电器设备及其零件等）和加工程度（原料、半制成品、制成品）分类顺序排列。税率是指海关征收进出口税的比率。按照国际惯例，《税则》可分为单一税则和复式税则。单一税则又称一栏税则，即一个税号只有一个税率；复式税则又称多栏税则，是指一个税号有两个或两个以上的税率。我国目前采用的是复式税则。

从 1994 年 1 月 1 日起，根据国务院颁布的《中华人民共和国增值税暂行条例》和《中华人民共和国消费税暂行条例》等有关规定，国家税务总局、海关总署联合发出通知，规定国家对进出口货物由征收产品税、增值税、工商统一税和特别消费税改为征收增值税和消费税。1994 年 4 月，国家税务总局、海关总署又联合发出了关于调整农产品等进口环节增值税的通知。该通知规定，从 1994 年 5 月 6 日起，进口农产品的增值税税率由 17％调整为 13％。申报进入中华人民共和国关境内的货物除缴纳进口关税外，还应缴纳增值税，部分货物还应同时缴纳消费税。进口货物的收货人和办理报关手续的单位和个人，为进口货物增值税及消费税的纳税义务人。进口货物的增值税和消费税由海关代收。



### 5.7.3 进口商品完税价格的审定

海关征税的完税价格是指海关在征收关税时所依据的货物基础价格。在通常情况下，进口货物的完税价格为经过海关审定的CIF价，出口货物的完税价格为经过海关审定的FOB价，这两个价格作为海关征税的价格依据。我国海关目前主要实行从价税。审定完税价格是计征关税的关键环节。海关审定完税价格的具体原则和方法如下。

1. *以CIF价成交的货物*

进口货物以到达我国口岸的CIF价成交的，经海关审定如果价格正常，即以该价格作为完税价格。该价格所包括的运费、保险费在计算时应注意以下几点：

(1) 经海运、内河(江)运输的进口货物，计算至该货物运抵我境内的卸货口岸。

(2) 陆运进口货物，计算至该货物运抵关境的第一口岸为止。如果成交价格中所包括的运、保、杂费计算至内地到达口岸的，关境的第一口岸至内地一段的运、保、杂费不予扣除。

(3) 空运进口货物，计算至入境的第一口岸。如果成交价格为进入关境的第一口岸以外的其他口岸，则计算至目的地口岸。

2. *以FOB价或CFR价成交的货物*

进口货物以境外口岸的FOB价或以CFR价成交的货物，完税价格应该另加从境外口岸到我国口岸以前所实际支付的运杂费、保险费。

3. *成交价格未能确定的货物*

当进口货物的成交价格经海关审查未能确定的，海关依次按下列方法对货物进行估价：

(1) 相同货物成交价格法。

以从该项货物同一出口国或者地区购进的相同货物的成交价格为基础计算完税价格。所谓相同的货物是指物理、化学性质、质量等方面相同的货物，允许存在表面上的微小差别或包装的差别。

(2) 类似货物成交价格法。

以从该项货物的同一出口国或地区购进的类似进口货物的成交价格为基础计算的完税价格。类似货物是指具有类似的结构、原理、性能、材料等，并且要有同样的使用价值，在功能上与商业上可以互换的货物。

(3) 国内市场价格扣除法。

以与进口货物相同或类似的货物在国内市场的批发价格，减去进口关税和进口环节的其他税费，以及进口后的正常运输、储存、营业费、利润后的价格。如果上述进口后的各项费用及利润综合计算为完税价格的$k\%$，那么，计算完税价格的公式为：

$$\text{完税价格} = \frac{\text{国内批发价}}{1 + \text{关税率} + k\%}$$

如果该项货物在进口环节还应代征消费税、增值税等国内税，完税价格计算公式为：

$$完税价格=\frac{国内批发价}{1+综合税率+k\%}$$

$$综合税率=\frac{(1+关税税率)(从价消费税税率+增值税税率)}{1-从价消费税税率}+关税税率$$

(4) 对特殊商品的估价。

进口货物的成交价格有以下情形之一者，海关有权不接受进口人的申报价格而采用估价的方法：

① 申报价格明显低于境内其他单位进口的大量成交的相同或类似货物的价格，而又不能提供证据或正当理由的。

② 申报价格明显低于海关掌握的相同或类似货物在国际市场公开成交的价格，而又不能提供证据和正当理由的。

③ 买卖双方有特殊经济关系或对货物的使用、转让互相定有特殊条件或特殊安排，经海关调查认定买卖双方的特殊经济关系、特殊条件或特殊安排影响成交价格的。

④ 类似特性、类似组成材料、有同样的使用价值，而且在功能上与商业上可以互换的货物。

4. 特殊贸易方式进口货物完税价格的审定

对于特殊贸易方式进口货物完税价格的审定，有以下一些方面值得注意：

(1) 运往国外修理的机械器具、运输工具或者其他货物，如出境时已经向海关报明，并在海关规定期限内复运入境的，应该以海关审定的修理费和料件费作为完税价格。

(2) 运往境外加工的货物，如出境时已向海关报明，并在海关规定期限内复运进境的，应该以加工后的货物进境时的到岸价格与原出境货物或者相同、类似货物在进境时的到岸价格之间的差额作为完税价格。如上述出境货物在进境时的到岸价格无法确定的，可用原出境货物申报出境时的离岸价格替代。如果上述方法的价格都无法确定的，可用该出境货物在境外加工支付的工缴费加上运抵中国关境输入地点起卸前的包装费、运费、保险费和其他劳务费作为完税价格。

(3) 以租赁(租借)方式进境的货物以经海关审查确定的租金作为完税价格。如果租赁进口货物一次性支付租金的，则可以海关审定的该项进口货物的成交价格确定完税价格。对分期支付租金而进口人要求一次性缴纳税款的，经海关批准也可以按到岸价格作为完税价格一次性征税。

(4) 准予暂时进口的施工机械、工程车辆、供安装使用的仪器和工具、电视或电影机械以及盛装货物的容器，如超过半年仍留在境内使用的，应自第七个月起，按月征收进口关税，其完税价格按其进口时的到岸价格确定，货物每月税额的计算公式为：

$$关税税额 = CIF价 \times 关税率(或综合税率) \times \frac{1}{48}$$

上述综合税率中包括了应代征的国内税。式中的48是指征收进口税和国内环节税的总期限为四年，每月则为$\frac{1}{48}$。四年后进口货物仍未复运出口时，应办理正式进口手续，海关不再征税。

(5) 对于国内单位留购的货样、展览品和广告品，以留购价格作为完税价格。

(6) 按规定予以减免税的进口货物需要补税时，其完税价格应按该项货物原进口时的成交价格确定。

## 5.7.4　出口商品完税价格的审定

以FOB价成交的出口货物，其完税价格的计算公式为：

$$完税价格 = FOB价(中国口岸) - 出口税$$

或者

$$完税价格 = \frac{FOB价}{1 + 出口税率}$$

FOB价格是指该项货物运离关境前的最后一个口岸的价格。以CFR价成交的出口货物应先扣除离开我国口岸的运费后，再按上述公式计算。以CIF价成交的出口货物，则应该在扣除离开我国口岸的运费和保险费后，再按上述公式计算。或者按下列公式计算出FOB价：

$$FOB价 = CIF价(1 - 110\% \times 保险费率) - F(运费)$$



## 5.7.5　进口税额的计算方法

1. 征税方法

海关在征税时主要采取以下几种方法。

(1) 从价税(ad valorem duties)。

从价税是以进口商品的价格为标准所计征的关税。从价税的税额等于进口商品的完税价格与税率的乘积。完税价格(duty paid value)是指经海关审定作为计征关税依据的商品价格。各国规定进口商品完税价格有 CIF 价、FOB 价等，多数国家定为 CIF 价。有时可能以海关估价(customs value)作为完税价格。

(2) 从量税(specific duties)。

从量税是以商品的量(重量、数量、长度、容积、面积等)为计量单位所计征的关税。从量税的税额等于单位从量税与量的数额的乘积。各国征收从量税一般以重量或体积为单位。重货一般是以重量为单位，如毛重、净重等；如果是泡货，则一般以体积为单位。

(3) 混合税(mixed or compound duties)。

混合税又称复合税，是指对同一种商品同时采用从量、从价两种征税方法计征的关税，以其中的一种为主加征另一种，税额等于二者之和。例如，美国海关对小提琴征税时，每把征收 21 美元的从量税，再征收 6.7%的从价税。

(4) 选择税(alternative duties)。

选择税是指对同一种商品同时定有从量税和从价税，征税时，海关选择其中的一种计征关税。选择的原则有很多，例如，价格高或上涨时可选择从价税，价格下跌或价格低的可选择从量税；为了鼓励进口选择税额低的，为了增加财政收入选择税额高的，等等。

2. 消费税

消费税是对规定的消费品或者消费行为所征收的税。消费税是中央政府财政收入仅次于增值税的第二大税源。按照《中华人民共和国消费税暂行条例》的规定，在中华人民共和国境内生产、委托加工和进口国家规定应该征收消费税商品的单位或个人，为消费税的义务纳税人，应按规定缴纳消费税。征收消费税的商品主要有烟酒、化妆品、护肤护发品、贵重首饰和珠宝玉石、鞭炮烟火、燃料油、摩托车、小汽车等。消费税的计算有从价法和从量法两种方法。



(1) 从价计算法。

$$\text{计税价格} = \frac{\text{CIF 价} + \text{进口关税税额}}{1 - \text{消费税税率}}$$

$$\begin{aligned}\text{消费税税额} &= \text{计税价格} \times \text{消费税税率} \\ &= \left(\frac{\text{CIF 价} + \text{进口关税税额}}{1 - \text{消费税税率}}\right) \times \text{消费税税率}\end{aligned}$$

(2) 从量计算法。

$$\text{消费税税额} = \text{消费税单位量税额} \times \text{应税的消费数量}$$

3. 增值税

对于征收消费税的商品和不征收消费税的商品，增值税的计算方法是不同的。

对于征收消费税的商品，计算公式为：

$$增值税税额 = (CIF价 + 关税税额 + 消费税税额) \times 增值税税率$$

对于不征收消费税的商品，计算公式为：

$$增值税税额 = (CIF价 + 关税税额) \times 增值税税率$$

4. 综合税额

综合税额可以采用两种方法计算：

第一种方法：

可以根据上面导出的公式先计算出关税、消费税、增值税，然后将关税、消费税、增值税相加后得到综合税额，即：

$$综合税额 = 关税税额 + 消费税税额 + 增值税税额$$

第二种方法：

综合税额也可以利用先计算出综合税率，然后再用综合税率乘以完税价格（CIF价）的办法计算出来，即，

$$综合税额 = 完税价格 \times 综合税率$$

$$综合税率 = \frac{(1 + 关税税率)(从价消费税税率 + 增值税税率)}{1 - 从价消费税税率} + 关税税率$$

$$\begin{aligned} 综合税额 &= 关税税额 + 增值税税额 + 消费税税额 \\ &= CIF价 \times \left[\frac{(1 + 关税税率)(从价消费税税率 + 增值税税率)}{1 - 从价消费税税率} + 关税税率\right] \end{aligned}$$

例题：

改革开放初期，中国进口小汽车的税率为：排量为3升以上（包括3升）的关税税率为80%，排量为3升以下的关税税率为60%。海关对进口小汽车同时还代征增值税和消费税，征收增值税的税率为17%，消费税的税率为8%。若进口一辆排量为3升的丰田牌小汽车，其CIF价为20 000美元，如果经过海关审查，该价格可以作为完税价格。试计算这辆小汽车进口环节的综合税率及其进口环节海关应该征收的综合税额。

解：该题可以用两种方法计算：

第一种方法：分别计算出关税税额、消费税税额和增值税税额，然后计算出综合税额和综合税率。

$$关税税额 = 20\,000美元 \times 80\% = 16\,000美元$$

$$消费税税额 = \frac{20\,000美元 + 16\,000美元}{1 - 8\%} \times 8\% = 3\,130.43美元$$

$$\begin{aligned} 增值税税额 &= (20\,000美元 + 16\,000美元 + 3\,130.43美元) \times 17\% \\ &= 6\,652.17美元 \end{aligned}$$

综合税额＝16 000 美元＋3 130.43 美元＋6 652.17 美元＝25 782.60 美元

$$综合税率=\frac{综合税额}{CIF价}\times100\%=\frac{25\,782.60美元}{20\,000美元}\times100\%=128.91\%$$

第二种方法：先计算综合税率，然后再计算综合税额。

$$\begin{aligned}综合税率&=\frac{(1+关税税率)\times(从价消费税税率+增值税税率)}{1-从价消费税税率}+关税税率\\&=128.91\%\end{aligned}$$

综合税额＝20 000 美元×128.91%＝25 782 美元

所以，通过上面的计算可以知道，进口该丰田小汽车的综合税率为 128.91%，综合税额为 25 782 美元。

### 5.7.6 出口商品税额的计算方法

对出口货物，海关将根据《中华人民共和国关税条例》的规定和《中华人民共和国海关进出口税则》规定的税率，从价征收出口关税。

出口关税的计算公式比较简单，用出口货物的完税价格乘以出口关税税率就可以得到应当交纳的出口关税税额，即：

$$出口货物应纳关税=出口货物完税价\times出口货物关税税率$$

以 FOB 价成交的出口货物的完税价格为：



$$以FOB价成交的出口货物的完税价格=\frac{FOB价}{1+出口税率}$$

在计算以 CFR 价成交的出口货物和以 CIF 价成交的出口货物的完税价格时，首先要将 CFR 价和 CIF 价换算为 FOB 价，然后再利用上面的公式计算。也可以利用下面的不同贸易术语价格的换算公式计算，即：

$$以CFR价成交的出口货物的完税价格=\frac{CFR价-运费}{1+出口税率}$$

$$以CIF价成交的出口货物的完税价格=\frac{CIF价-运费-保险费}{1+出口税率}$$

由于各国一般都鼓励出口，因此，各国海关对于一般商品不征收出口税，只对个别商品征收出口税。我国对多数出口产品都不征收出口关税。

## 5.8 出口退税

出口退税是一个国家或地区对已报关离境的出口货物，由税务机关根据本国税法规定，将其在出口前生产和流通各环节已经缴纳的国内增值税或消费税等税款，退还给出口企业的一项税收制度。出口退税的目的是使出口商品以不含税价格进入国际市场，避免对跨国流动商品重复征税，从而也促进该国家和地区出口贸易的发展。

中国从 1985 年开始实行出口退税政策，1994 年财税体制改革以后继续对出口产品实行退税政策。出口退税政策的实施，对增强中国出口产品的国际市场竞争力，扩大出口，增加就业，保证国际收支平衡，促进国民经济持续、快速、健康的发展发挥了重要作用。同时，对出口产品实行退税是国际贸易业务中的一种通行做法，也是符合 WTO 规则的。

1. 今后出口退税的原则

为了保持中国对外贸易持续、健康的发展，国务院于 2003 年 10 月 13 日发布了《关于改革现行出口退税机制的决定》。在该决定中，根据中国以前出口退税的实行情况，明确了今后出口退税的原则。

(1) 适当降低出口退税率。

本着"适度、稳妥、可行"的原则，区别不同产品调整退税率：对国家鼓励出口的产品不降或少降，对一般性出口产品适当降低，对国家限制出口的产品和一些资源性产品多降或取消退税。

(2) 加大中央财政对出口退税的支持力度。

从 2003 年起，中央进口环节增值税、消费税收入增量首先用于出口退税。

(3) 建立中央和地方共同负担出口退税的新机制。

从 2004 年起，以 2003 年出口退税实退指标为基数，对超基数部分的应退税额，由中央和地方按 75∶25 的比例共同负担。

(4) 推进外贸体制改革，调整出口产品结构。

通过完善法律保障机制等，加快推进生产企业自营出口，积极引导外贸出口代理制的发展，降低出口成本，进一步提升我国商品的国际竞争力。同时，结合调整出口退税率，促进出口产品结构优化，提高出口整体效益。

(5) 累计欠退税由中央财政负担。

对截至 2003 年底累计欠企业的出口退税款和按增值税分享体制影响地方财政收入的款项，全部由中央财政负担。其中，对欠企业的出口退税款，中央财政从 2004 年起采取全额贴息等办法予以解决。

2. 出口退税额的计算

现行的出口货物退税政策是指出口货物出口后全部或部分退还对其已经征收的增值税的政策。增值税是以商品进入流通环节所发生的增值额为课税对象的一种流转税。很明显，商品的购货成本中包含了17%的增值税，而增值税的征收及退还均应按照货物本身的价格(即不含税的价格)而不是购货成本。因此，退税额应该按照商品的不含税价进行计算，为此，首先应该计算出不含税的价格。由以下两个公式，我们可以首先推导出商品不含税价的公式：

$$\text{商品进价(含增值税)} = \text{商品不含税价} + \text{增值税税额}$$

$$\text{增值税税额} = \text{商品不含税价} \times \text{增值税税率}$$

所以，

$$\text{商品不含税价} = \frac{\text{商品进价(含增值税)}}{1 + \text{增值税税率}}$$

由此可得，

$$\text{出口退税额} = \frac{\text{商品进价(含增值税)}}{1 + \text{增值税税率}} \times \text{出口退税率}$$

例题：

上海某进出口公司为了向东南亚一个国家出口燃气助动车产品，从某燃气助动车生产企业购进200辆28型永久牌燃气助动车，每辆价格为2 500元人民币(含增值税)。请问，这些燃气助动车出口以后，可以得到退税额多少元？

解：已知商品进价为：

$$2\,500\text{ 元} \times 200 = 500\,000\text{ 元}$$

查得：燃气助动车的增值税税率为17%，出口退税率也为17%，

根据上述出口退税额的公式，可知：

$$\begin{aligned}\text{出口退税额} &= \frac{500\,000\text{ 元}}{1 + 17\%} \times 17\% \\ &= 72\,649.57\text{ 元}\end{aligned}$$

所以，该批燃气助动车出口后，可以得出口退税额72 649.57元。

## 5.9 反倾销税

关于倾销与反倾销的有关问题，实质上属于政府的产业政策和对外贸易政策的范畴，但是，又直接涉及企业出口业务的发展问题。企业在发展出口业务的过程中，要掌握有关原则，密切注意进口国的市场反映，并注意研究反倾销的应

对策略。

根据 1986 年乌拉圭回合中达成了《关于执行 1994 年关贸总协定第 6 条的协议》(agreement on mentation of Article VI of the General Agreement on Tariffs and Trade 1994，通常被称为《反倾销协议》)第 2 条第 1 款的规定，如果进口商品的出口价格低于出口国国内贸易用于消费的相同商品的正常价格(normal price)，或称为可比价格(comparable price)，该商品就可以被视作倾销商品。出口价格与正常价格之间的差额被称为倾销差，或称为倾销幅度。

1. 正常价格的确定方法

正常价格应该符合以下几项条件：

(1) 适用于市场经济国家产品的正常价格。

① 具有代表性，即在国内市场中的销售占该产品出口的 5%以上，这样可以防止出口商通过国内市场较小的市场份额或较少的销售地区故意抬高正常价格。

② 正常价格应该是在国内市场正常交易过程中所自然形成的市场价格。

③ 正常价格不应该低于成本价格。

如果不存在国内市场价格或不能使用国内市场价格确定正常价格，《反倾销协议》规定使用第三国的出口价格或结构价格作为正常价格。所谓第三国出口价格是指将相同产品出口到另一个条件相仿的第三国、经过市场检验具有代表性的价格；所谓结构价格是指在生产成本基础上加上合理的销售费、管理费、其他合理费用和利润所形成的价格。

(2) 适用于非市场经济国家产品的正常价格。

《反倾销协议》中对适用于非市场经济国家的正常价格没有做明文规定，但是，一些国家在反倾销实践中的具体做法如下：

① 以替代国的商品价格作为正常价格。不用非市场经济国家的国内市场价格作为正常价格，而是选择一个经济发展水平与该出口国类似的市场经济国家的相似产品的国内市场价格作为正常价格。

② 用结构价格作为正常价格。按照市场经济国家商品价格的计算方法，以出口国生产该产品的各项要素，例如原材料、劳动力等，计算出该产品的成本，然后再加上企业管理费用和利润等所构成的可比价格。

(3) 相似产品在进口方市场的销售价格。在无法使用前两种方法时，使用相似产品在进口国市场的销售价格来确定非市场经济国家产品的正常价格。

2. 出口价格的确定方法

一般情况下，以商业发票中所标明的单价作为出口价格。如果未标明单价，或出口价格不合理，则应该使用被控倾销商品首次转售的价格作为出口价格。

3. 反倾销税的征收

(1) 征收反倾销税的原则。

① 征收反倾销税的目的是抵消倾销对市场的影响。倾销对市场的影响主要表现在倾销差上，因此，理论上，征收反倾销税的数量最好是不高于最终裁定的倾销差。

② 在实践中，倾销税的数量一般由各国政府自行决定。各国政府在征收反倾销税的时候，不应该采取歧视性措施，要尽量做到公平、公正。中国对于倾销的认定和反倾销税的征收工作，由国务院关税税则委员会决定，由海关执行。

1986 年，美国对原产于中国的圆锥磙子轴承进行反倾销调查并对中国机械进出口公司征收反倾销税，反倾销税税率为 4.69%。2002 年，美国轴承制造协会向美国商务部和美国国际贸易委员会提交对原产于中国的滚珠轴承提起反倾销诉讼，对于未应诉企业，包括境外转口企业，美国商务部根据原告提供的材料裁定倾销税率为 59.3%。

（2）反倾销税的计算。

反倾销税税额 = 反倾销税完税价格 × 反倾销税税率

反倾销税完税价格 = 进口完税价格 + 关税税额

进口完税价格是指经过海关审定通过的 CIF 进口价格

所以，

反倾销税完税价格 = 进口完税价格 + 关税税额 = CIF 价(1 + 进口税率)

反倾销税税额 = CIF 价(1 + 进口税率) × 反倾销税税率

进口环节增值税税额 = (进口完税价格 + 关税税额 + 反倾销税税额) × 增值税税率
= CIF 价[1 + 进口税率 + (1 + 进口税率) × 反倾销税税率] × 增值税税率
= CIF 价(1 + 进口税率) × (1 + 反倾销税税率) × 增值税税率

包括反倾销税在内的综合税额 = 关税税额 + 反倾销税税额 + 增值税税额
= CIF 价 × 进口税率 + CIF 价(1 + 进口税率) × 反倾销税税率
+ CIF 价(1 + 进口税率) × (1 + 反倾销税税率) × 增值税税率
= CIF 价[进口税率 + (1 + 进口税率) × 反倾销税税率 + (1 + 进口税率) × (1 + 反倾销税税率) × 增值税税率]
= CIF 价{进口税率 + (1 + 进口税率) × [反倾销税税率 + (1 + 反倾销税税率) × 增值税税率]}

例题：

2002 年，美国商务部和美国国际贸易委员会根据美国轴承制造协会提交的对原产于中国的滚珠轴承提起的反倾销诉讼，对于中国未应诉企业征收 59.3%的倾销税。假设其中某型号轴承的价格为 USD10 Per Unit CIF New York，进口税率为 10%，增值税税率为 15%，试比较征收反倾销税后给该商品带来的市场价格压力。

解：

(1) 如果不征收反倾销税，则每件轴承的综合税额为：

$$\begin{aligned}综合税额 &= \text{CIF 价}[进口税率 + (1 + 进口税率) \times 增值税税率] \\ &= 10\ 美元[10\% + (1 + 10\%) \times 15\%] = 2.65\ 美元\end{aligned}$$

(2) 如果征收反倾销税，则每件轴承的综合税额为：

$$\begin{aligned}综合税额 &= \text{CIF 价}\{进口税率 + (1 + 进口税率) \times [反倾销税税率 + (1 + 反倾销税税率) \times 增值税税率]\} \\ &= 10\ 美元\{10\% + (1 + 10\%) \times [59.3\% + (1 + 59.3\%) \times 15\%]\} \\ &\approx 10\ 美元[10\% + 91.51\%] = 10\ 美元 \times 101.51\% \\ &\approx 10.15\ 美元\end{aligned}$$

通过计算可以知道，征收反倾销税以后，商品投入市场的成本要增加8.91美元的成本。可以想象，对于单价仅为10美元的轴承来说，反倾销税对市场的影响是举足轻重的。

目前，很多国家政府在认定倾销事实时，除了考虑价格因素以外，还要考虑商品进口后对国内同类产品生产企业的损害或所产生损害的威胁，例如该同类产品生产企业的市场份额严重下降，企业的生产受到威胁等。

# 本章小结

海关是代表国家对进出境的运输工具、货物、行李物品等进行监管、征收关税和其他税费、查缉走私、编制海关统计和办理其他海关业务的机构。报关是指从事进出口贸易的有关当事人在货物、运输工具等进出境时向进出境地海关申报，交验所规定的单据、证件，缴纳关税，申请海关查验放行的行为。所有进出境的货物和运输工具必须通过设有海关的地方进境或出境，并接受海关的查验、监督。

在WTO原则基础上，随着中国经济国际化的发展，除了这四项基本任务以外，国家通过有关法律、行政法规陆续赋予了海关一些新的职责，比如知识产权海关保护、海关对反倾销及反补贴的调查等，这些新的职责也是海关的工作任务。

## 复习与思考

1. 什么叫报关、清关和通关？报关在进出口业务中的主要作用是什么？

2. 海关的性质是什么？
3. 结合经济发展实际，说明海关的基本义务。
4. 海关有哪些业务制度？各业务制度之间的关系怎样？
5. 出口制单的基本要求是什么？出口报关需要哪些单证？
6. 海关为什么要对进口商品进行估价？如何估价？
7. 我国涉外经济税收包括哪些税种？在报关时如何征收这些税？
8. 中国政府也采用出口退税的办法鼓励企业出口，请问：
  (1) 出口退税是退哪一种或哪几种税？退税率是如何规定的？
  (2) 有人认为，既然出口退税是鼓励出口的措施，那么，在政府财政允许的情况下，退税率越高越好，甚至可以超过增值税率。你认为如何？
  (3) 请说明出口退税的操作过程。
9. 为什么征收反倾销税会大大削弱该商品对该国的出口能力？

## 案例分析

1. A国某生产企业A利用地处边境的优势，经常借出境送货的机会购买邻国生产的零部件，在没有办理海关手续的情况下直接用于本企业出口产品的生产。请分析，对下列几方面会带来什么影响：

(1) 对A企业；

(2) 对A国；

(3) 对邻国。

2. 某进出口公司代理某电机生产厂家向非洲坦桑尼亚出口一批防爆电机。备好货后，该公司业务员将货物装箱送到港口仓库；货物装船后到海关报关，海关放行后再由SGS公司上船进行商检；商检合格后货物随海轮运往合同载明的目的港。你如何评价上述业务操作过程？

# 第 6 章　商品的装运

## 本章关键词

装运(shipment)
班轮运输(liner transport)
租船运输(charter transport)
定期租船(time charter)
定程租船(voyage/trip charter)
海运提单(bill of lading, B/L)
清洁提单 (clean B/L)
多式联运提单(multimodal transport documents)

## 互联网资料

中国航贸网　http://www.snet.com.cn
中华涉外网　http://trade.9c9c.com.cn

中国远洋运输(集团)总公司简介

中国远洋运输(集团)总公司[China Ocean Shipping (Group) Company, COSCO]的前身,是成立于 1961 年 4 月 27 日的中国远洋运输公司。1993 年 2 月 16 日组建以中国远洋运输(集团)总公司为核心企业的中国远洋运输集团。经过几代人 40 余年的艰苦创业,中远集团已由成立之初的 4 艘船舶、2.26 万载重吨的单一型航运企业,发展成为今天拥有和经营着 550 余艘现代化商船、近 3 000 万载重吨、年货运量超过 1.8 亿吨的综合型跨国企业集团。作为以航运、物流为核心主业的全球性企业集团,中远集团在全球拥有近千家成员单位。在中国本土,中远集团分布在广州、上海、天津、青岛、大连、厦门、香港等地的全资船公司经营管理着集装箱、散装、特种运输和油轮等各类远洋运输船队;在海外,以日本、韩国、新加坡、北美、欧洲、澳大利亚、南非和西亚 8 大区域为辐射点,以船舶航线为纽带,形成遍及世界各主要地区的跨国经营网络。

资料来源:中远集团网站(http://www.cosco.com.cn)。

装运(shipment)是商品对外贸易中的重要环节之一,它涉及装运时间和方式、装运港和目的港以及装运单据等项内容。商品的装运是一个十分复杂、涉及面较广的环节,外贸企业的有关业务人员应该熟悉外贸装运的基本知识,按照安全、迅速、准确、节约、方便的原则,灵活运用各种运输工具和运输方式,保证出口货物的交付和进口货物接运任务的顺利完成。

## 6.1 运输方式

国际货物运输涉及的运输方式很多,其中包括海洋运输、铁路运输、航空运输、内河运输、邮政运输、公路运输、管道运输、集装箱运输、大陆桥运输以及由各种运输方式组合的国际多式联运等。现将我国常用的几种运输方式简略加以介绍。

### 6.1.1 海洋运输

海洋运输(ocean transportation)简称海运,是国际货物运输中最主要的一种方式。目前,海运量在国际货物运输总量中占80%以上。

海洋运输之所以被如此广泛采用,是因为它与其他国际货物运输方式相比,具有自己的优势。海洋运输的主要优点是资源丰富,运量大,成本低,对货物的适应性强等。

(1) 资源丰富。可利用天然海洋,不受道路、轨道的限制,通过能力强。



(2) 运量大。一艘万吨轮相当于250—300节50吨的火车车厢的运量,大宗货物、大型成套机械设备,由于具有体积大、重量重、形状不规则等特点,在出口运输中一般都采用海洋运输方式。

(3) 成本低。海洋运输利用天然的海洋,同时,其动力一般为柴油机,燃料消耗很少,并且不需要道路维修等方面的费用,所以,与其他运输方式相比,运费较为低廉。

(4) 对货物的适应性强。海轮的品种多,装载货物的空间大,可以装运各种货物。

但是,海洋运输容易受到季节和气候等自然条件的影响,因此存在一定风险。同时,利用海洋运输,有时航期不准确,运输速度也相对较低。

海洋运输方式可以分为“班轮运输”和“租船运输”两种基本运输方式。

1. 班轮运输

班轮(liner)又称定期船，是指按固定航线、固定时间表航行、沿途停靠若干固定装卸港口的船舶。

(1) 班轮运输的主要特点。

班轮运输有如下一些主要特点。

① 有固定航线，如中国远洋运输公司(China Ocean Shipping Company)的中美航线。

② 有固定的停靠港口，统称为基本港(basic port)。一旦确定为基本港，则轮船公司可接受运往该港的货物。到基本港的运输一般均为直达运输，无需中途转港。如船方因货量太少，临时决定不停靠，则船方负责安排货物转船运输，托运人不承担费用。

③ 有固定船期。班轮一般都排好时间表，定期开船，中途停靠和离港时间亦事先安排确定，有利于托运人按期备货装船。

④ 有固定的费率。班轮公司的运价表(freight tariff)规定了固定的费率，作为计收运费的依据。

⑤ 班轮公司的责任以船公司或其他代理人在货物装船后所签发的班轮提单为依据。

⑥ 班轮船舶的技术质量一般较高，航速快，其装卸、保管和设备都比较完善，且运往基本港的货物均可接受，适合于任何批量的货物，有利于出口人及时交货。

(2) 班轮运费。

班轮运费由基本运费和附加运费组成。

在班轮运输中，常将航线上船舶定期或经常挂靠的港口称作“基本港”。为在航线上各基本港间的运输而制定的运价称作基本运价或称基本运费率(base rate)。它是计收班轮运输费用的基础。基本运费率是根据一般商品在航线上各基本港间进行运输的平均运费水平制定的。而实际上，班轮船舶所承运的商品中，除一般商品外，也常承运一些需要特殊处理的商品；而且除了承运直接运达基本港的商品外，还要承运需要加靠非基本港或转船接运的商品。所以，基本港之间的基本运费只是班轮运费的主要部分。在计算全程应收运费时，除了基本港之间的基本运费以外，还必须加收一定数额的追加运费，这部分追加运费就构成了班轮运费的另一个组成部分——附加运费，简称附加费。

在班轮运输中，主要的附加运费有以下几种：

① 超重附加费(heavy lift additional)。

超重附加费是指每件商品的毛重超过规定重量时(中国远洋运输集团第一

号运价表中规定为 5 吨)所增收的附加运费。这种商品称为超重货。超重附加费是按重量计收的,而且重量越大其附加费率越高。如果超重商品需要转船时,则每转船一次,加收一次。

② 超长附加费(long length additional)。

超长附加费是指每件商品的长度超过规定长度时(中国远洋运输集团第一号运价表中规定为 9 米)所增收的附加运费。这种商品称为超长货。超长附加费是按长度计收的,而且长度越长其附加费率越高。如果超长货物需要转船时,则每转船一次,加收一次。

如果商品既超长又超重,则两者应分别计算附加费,然后按其中收费高的一项收取附加费。

③ 直航附加费(direct additional)。

直航附加费是指托运人要求承运人将其所托运的货物从装货港装船后,不经过转船而直接运抵航线上某一非基本港时所增收的附加费。

通常,船公司都作出规定,托运人交运一批商品必须达到某一数量(中国远洋运输集第一号运价表中规定为 1 000 吨)以上时,才同意托运人提出的船舶直靠航线上非基本港的要求,并按规定增收直航附加费。

④ 转船附加费(transhipment additional)。

转船附加费是指商品必须在中途挂靠港口换装另一船舶才能运至目的港时而增收的附加运费。商品在中途挂靠港口转船时发生的换装费、仓储费以及二程船(接运船舶)的运费等费用,均由负责第一程船舶运输的承运人承担,并包括在所增收的转船附加费内,上述各项费用的支出不一定能由承运人增收的转船附加费全部抵偿,其盈亏由收取转船附加费的第一程船舶运输的承运人自理。



⑤ 港口附加费(port additional)。

港口附加费是指在某些港口(包括基本港口和非基本港口)的情况比较复杂(如船舶进、出需要通过闸门),装卸效率低或者港口收费较高等情况下,承运人增收的附加费。

⑥ 燃油附加费(bunker surcharge, BS; or bunker adustment factor, BAF)。

燃油附加费是指因国际市场上燃油价格上涨,使船舶的燃油费用支出超过原核定成本中燃油费用所占比例时,承运人在不调整原定运价的前提下,为补偿燃油费用的增加而增收的附加费,当燃油价格回落后,该项附加费亦会调整直至取消。

20 世纪 70 年代中期,国际上曾发生石油危机,油价猛涨,船舶的燃油费用支出剧增,当时各船舶公司都增加燃油附加费。后来国际燃油价格趋于稳定,而且各船舶公司在新调整的运价表中已把增收的燃油附加费并入基本运价内,故目前各种运价表中已不再增收燃油附加费。

⑦ 选卸附加费(optional additional)。

选卸附加费又称选择卸货港附加费。这是由于商品在托运时,托运人尚不能确定具体的卸货港,要求在预先指定的两个或两个以上的卸货港中,待船舶开航后再作选定。这样,就会给这些商品舱内的积载增加困难,甚至会造成舱容的浪费,因此要增收选卸附加费。

托运人预先指定的选择卸货港,必须是船舶航次原定的停靠港;并且要按承运人的规定,在船舶抵达第一个选卸港 48 小时之前向船舶代理人宣布货物的卸货港。

⑧ 变更卸货港附加费(alteration of destination additional)。

变更卸货港附加费是指因商品不在提单上记名的卸货港卸货而增收的附加费。变更卸货港应由全套正本提单持有人提出,在有关海关当局准许下,还必须经船方同意方可变更卸货港,并按规定支付附加费。而且所变更的卸货港应在航线上原定的停靠港的范围内。

另外,如变更卸货港的运费率超过原卸货港的运费率,提出变更要求方还应补交运费差额,反之,不予退还。同时由于因需要翻舱所引起的额外费用和损失,也均由提出变更要求方负担。

⑨ 绕航附加费(deviation surcharge)。

绕航附加费是指因某一段正常航线受战争或其他因素影响,运河关闭或航道受阻塞等意外情况发生,迫使船舶绕道航行,延长运输距离而增收的附加运费。绕航附加费是一种临时性的附加费,当意外情况消除、船舶恢复正常航线以后,该项附加费即行取消。

⑩ 港口拥挤附加费(port congestion surcharge)。

港口拥挤附加费又称拥挤附加费,是指由于港口拥挤、船舶抵港后要长时间待泊,为补偿船期延误的损失而增收的附加费。港口拥挤附加费也是一种临时性的附加费,其变动性较大,一旦港口拥挤情况得到改善,该项附加费即进行调整或取消。

⑪ 超额责任附加费(additional for excess of libility)。

超额责任附加费是指托运人要求承运人承担超过提单上规定的赔偿责任限额(按实际损失赔偿)时而增收的附加费。托运人要求承运人承担超过提单上规定的赔偿责任限额时,其所托运的商品通常都是贵重商品。超额责任附加费是按照商品的 FOB 价格的一定百分比计收的,托运人在托运时应同时提供商品的 FOB 价格。

(3) 班轮运费的计算。

首先,我们来看一下班轮基本运费的计算方法。班轮基本运费的计算方法因所运货物品种的不同而有所不同。计算方法有重量法、体积法、从价法、选择法、按件法和议定法等六种。

① 重量法：是指按商品的重量（一般为毛重）计算运费的方法。重量法在运价表中以“W”表示。

② 体积法：是指按尺码或体积计算运费的方法。体积法在运价表中以“M”表示。

③ 从价法：是指按货物 FOB 价格的一定百分比计算运费的方法。在运价表中用“Ad. Val.”表示。如按其他价格条件成交，则应先将其他价格换算成 FOB 价后再进行计算。

④ 选择法：即从上述三种计算运费的方法中选择一种计费最高的方法计算运费的方法。当在上述三种方法中难以确定具体适用的计算方法时，一般可以采用这种方法。选择法可有四种具体的方法组合供选择，在运价表中表示如下：

- W or Ad. Val.：在重量法和从价法中选择。
- M or Ad. Val.：在体积法和从价法中选择。
- W/M：在重量法和体积法中选择。在运费计算中，体积又通常被称为尺码吨，重量吨和尺码吨统称为运费吨。因此，W/M 方法一般又被称为按尺码吨计算运费的方法。
- W/M or Ad. Val.：在重量法、体积法和从价法三者之间选择。

⑤ 按件法：是一种按货物的实体件数或个数为单位计算运费的方法。这种方法适用于既不是贵重物品，又不需测量重量和体积的货物。如车辆按“每辆”(per unit)计收；有些货物运费按“每提单”(per B/L)计收等。

⑥ 议定法：指按承运人和托运人双方临时议定的费率计算运费。此类货物通常是低价的货物或大型的机器设备等。在运价表中此类货物的运费率以“Open”表示。



其次，让我们来看一下如何来计算班轮运费。

运费的计算在航运实务中是一项具体而又细致的工作，稍有差错就会给航运企业带来不应有的损失。因此，要做到准确无误地计算运费，通常都应遵照一定的基本步骤进行，尤其是对第一次从事运费计算工作的人员来说更应如此。

要计算班轮运费，就应熟悉班轮运费的计算公式。班轮运费计算公式如下：

$$F = F_b + \sum S$$

其中：$F$——运费总额

$F_b$——基本运费

$S$——某一项附加费

基本运费是所运商品的计费吨(重量吨或容积吨)与基本运费率的乘积,即:

$$F_b = fQ$$

其中:$f$——基本费率

$Q$——计费吨

附加运费是各项附加费的总和。若各项附加费均按基本运费的一定百分比计算,则附加费的总额应为:

$$\begin{aligned}\sum S &= F_b \times (s_1 + s_2 + s_3 + \cdots + s_n) \\ &= fQ \times (s_1 + s_2 + s_3 + \cdots + s_n)\end{aligned}$$

其中:$s_1$、$s_2$、$s_3$、$\cdots$ $+ s_n$——各项附加费占基本运费的百分比

由上可知,运费总额的计算公式可列为:

$$\begin{aligned}F &= F_b + \sum S \\ &= fQ + fQ \times (s_1 + s_2 + s_3 + \cdots + s_n) \\ &= fQ(1 + s_1 + s_2 + s_3 + \cdots + s_n)\end{aligned}$$

若附加费按每计费吨加收若干的形式计算,则附加费的总额应为:

$$\sum S = (s_1 + s_2 + s_3 + \cdots + s_n)Q$$

此时运费总额的计算公式应该为:

$$\begin{aligned}F &= F_b + \sum S \\ &= fQ + (s_1 + s_2 + s_3 + \cdots + s_n)Q \\ &= (f + s_1 + s_2 + s_3 + \cdots + s_n)Q\end{aligned}$$

运费计算的基本过程如下:

① 根据装货单留底联(或托运单)查明所运商品的装货港和目的港所属的航线。注意目的港或卸货港是否属于航线上的基本港;是否需要转船或要求直达;如果是选卸货,选卸港有几个。

② 根据商品的名称,了解其特性、包装式样,是否属于超重或超长货件或冷藏货物。若托运人所提供的商品重量、尺码使用的计量单位与运价表规定的计量单位不相符,还得先对计量单位按规定的换算率进行换算。

③ 根据商品的名称,从商品分级表中查出所属的等级,并确定其应采用的计算标准。如属未列名商品,则参照性质相近商品的等级及计算标准计算,并作出记录以便在实践中进一步验证,为日后作出是否需要更正所属等级或应在商品分级表内补充列名依据积累资料。

④ 查找所属航线等级费率表,找出该等级商品的基本费率。

⑤ 查出各项应收附加费的计费办法及费率。

⑥ 列式进行具体计算。

例题：

例 1：某轮从上海港装运 10 吨共 33.440 $m^3$ 茶叶到伦敦(London)，要求直航，计算全程应收多少运费。

解：(1) 从题中知该票商品的运输航线属中国/欧洲、地中海航线，并从航线费率表得知，伦敦是该航线的非基本港；

(2) 查商品分级表得知，茶叶属 8 级，计算标准 W/M；

(3) 查中国/欧洲、地中海航线等级费率表得知，8 级商品的基本费率为 90.00 美元(F/T)；

(4) 查中国/欧洲、地中海航线附加费率表知，伦敦港直航附加费率为基本运费的 35%，伦敦港的港口附加费率为 7.00 美元(F/T)。

因为茶叶的容积吨大于重量吨，所以应按容积吨 33.440 $m^3$ 计收运费，则全程应收运费为：

$$F = 90.00\text{ 美元} \times 33.440 + 90.00\text{ 美元} \times 33.440 \times 35\% + 7.00\text{ 美元} \times 33.440 = 4\,297.04\text{ 美元}$$

例 2：某轮从大连装载 0.5 $m^3$ 鹿茸(Antler)运至汉堡港(Hamburg)，托运人提供的 CIF 价为 45 000.00 美元。计算应收多少运费。

解：(1) 从题得知，该票商品的运输航线属中国/欧洲、地中海航线，汉堡港是航线上的基本港；

(2) 查商品分级表得知，鹿茸的计算标准为 Ad. Val.；

(3) 查中国/欧洲、地中海航线等级费率表得知，Ad. Val. 为 2%；

(4) 因为从价运费是按 FOB 价的一定百分比计算的，应该首先计算出鹿茸的 FOB 价，然后再计算全部应收的运费。但本题计算 FOB 价的条件不充分，只好按照经验公式进行计算了。

按照一般计算运费惯例，CFR 价为 CIF 价的 99%，于是可以通过下述关系式计算出 FOB 价：

$$FOB\text{ 价} = \frac{0.99 \times CIF}{1 + \text{Ad. Val.}} = \frac{0.99 \times 45\,000.00}{1 + 2\%} = 43\,676.47\text{ 美元}$$

因此，全部运费为 $F = 43\,676.47\text{ 美元} \times 2\% = 873.53\text{ 美元}$

除了熟悉计算公式，还要了解各种情况下的费率。表 6.1 至表 6.4 就是中国远洋运输集团第一号运价表中的商品分级表及杂货航线的各项费率表(某年运费表摘录)。

**表6.1 中国远洋运输集团第一号运价表的杂货等级费率表**

| 货名 | COMMODITY | 等级(Class)W/M |
| --- | --- | --- |
| 飞机及零件 | Air craft & Spare Parts | 13 |
| 鹿茸 | Antler | Ad. Val. |
| 自行车及零件 | Bicycle & Parts | 9 |
| 照相机及器材 | Camera & Materials | 12 |
| 面粉 | Flour | 5 |
| 炮竹、烟花 | Fire Crackers & Fire-works | 17 |
| 茶叶 | Tea | 8 |
| 手表 | Watches | 15 |

**表6.2 中国/欧洲、地中海航线等级费率表**

| 中远集团第一号运价表<br>COSCO GROUP TARIFF NO. 1 | Page | |
| --- | --- | --- |
| | Rev: | |
| | Efft. Date | |
| | Corr. No. | |

中国—欧洲地中海航线
CHINA — EUROPE & MEDITERRANEAN SERVICE

中国基本港:广州,上海,青岛,新港,大连
China Base Ports: Guangzhou, Qingdao, Shanghai, Xingang, Dalian
欧洲基本港:安特卫普,鹿特丹,汉堡,亚历山大,热那亚
Europe Base Ports: Antwerp, Rotterdam, Hamburg, Alexandria, Genoa

等级费率表 scale of Rates IN USD(F/T)

| 等级 CLASS | 费率 Rates 西行 Westbound | 费率 Rates 东行 Eastbound |
| --- | --- | --- |
| 1 | 63.00 | 33.00 |
| 2 | 66.00 | 34.00 |
| 3 | 70.00 | 36.00 |
| 4 | 76.00 | 39.00 |
| 5 | 80.00 | 42.00 |
| 6 | 82.00 | 44.00 |
| 7 | 86.00 | 47.00 |
| 8 | 90.00 | 50.00 |
| 9 | 92.00 | 53.00 |
| 10 | 96.00 | 57.00 |
| 11 | 101.00 | 62.00 |
| 12 | 108.00 | 67.00 |
| 13 | 115.00 | 73.00 |
| 14 | 120.00 | 80.00 |
| 15 | 126.00 | 85.00 |
| 16 | 128.00 | 93.00 |

（续表）

| 等级 CLASS | 费率 Rates | |
|---|---|---|
| | 西行 Westbound | 东行 Eastbound |
| 17 | 130.00 | 94.00 |
| 18 | 140.00 | 100.00 |
| 19 | 151.00 | 114.00 |
| 20 | 173.00 | 130.00 |
| Ad. Val. | 2% | 2% |

注：装在杂货船上的散油，出口至热那亚港加收港口附加费 USD5.00F/T。

**表 6.3 超重货物及超长货物附加费率表**

| 中远集团第一号运价表<br>COSCO GROUP TARIFF NO.1 | Page | |
|---|---|---|
| | Rev: | |
| | Efft. Date | |
| | Corr. No. | |

超重货物附加费率表
SCALE OF EXTRA CHARGES ON HEAVY LIFTS

| 重量(公吨)<br>WEIGHT IN METRIC TON | 每公吨另加收 美元<br>ADDITIONAL CHARGES<br>(PER METRIC TON) IN USD |
|---|---|
| FROM 5 TO 6 | 9.00 |
| OVER 6 TO 8 | 12.00 |
| OVER 8 TO 10 | 16.00 |
| OVER 10 TO 12 | 20.00 |
| OVER 12 TO 14 | 23.00 |
| OVER 14 TO 16 | 26.00 |
| OVER 16 TO 18 | 28.00 |
| OVER 18 TO 20 | 31.00 |
| OVER 20 | OPEN |

超长货物附加费率表
SCALE OF EXTRA CHARGES ON LONG LENGTHS

| 长度(米)<br>LENGTH IN METRIC | 每运费吨另加收 美元<br>ADDITIONAL CHARGES<br>(PER F/T) IN USD |
|---|---|
| FROM 9 TO 12 | 4.00 |
| OVER 12 TO 15 | 6.00 |
| OVER 15 TO 18 | 8.00 |
| OVER 18 | OPEN |

注：上列超重、超长附加费率表适用于各条散杂货运输航线。
NOTE: THE ABOVE SCALE IS TO BE APPLIED TO ALL BREAKBULK SERVICES IN THIS TARIFF.

**表 6.4　中国/欧洲、地中海航线附加费率表**

| 中远集团第一号运价表<br>COSCO GROUP TARIFF NO. 1 | Page | |
|---|---|---|
| | Rev: | |
| | Efft. Date | |
| | Corr. No. | |

中国—欧洲地中海航线
CHINA — EUROPE & MEDITERRANEAN SERVICE

中国基本港：广州、上海、青岛、新港、大连
China Base Ports：Guangzhou，Qingdao，Shanghai，Xingang，Dalian
欧洲基本港：安特卫普、鹿特丹、汉堡、亚历山大、热那亚
Europe Base Ports：Antwerp，Rotterdam，Hamburg，Alexandria，Genoa

附加费率表 Scale of Rates　　　　IN USD(F/T)

| 港　口<br>Port | 直航附加费<br>Direct Additional | 转船附加费<br>Transhipment Additional (on basic rate) |
|---|---|---|
| Honfleur | | 135.00 VIA ROTTERDAM |
| Immingham* | 2.70 | 80% |
| Iskenderun* | 6.90 | 80% |
| Istanbul* | 6.10 | 120% |
| Izmir* | 6.10 | 80% |
| Karlshamn | | 116.00 VIA HAMBURG |
| Kilingholme | | 34.00 VIA ROTTERDAM |
| Kotka | 9.55 | 93.00 VIA HAMBURG |
| Landskrona | | 48.00 VIA HAMBURG |
| Las palmas | 9.00 | 95% |
| Lattakia* | | 100% |
| Leghorn | No Add. | 100% |
| Le Havre | | 140.00 VIA ROTTERDAM |
| Lisbon | | 73.00 VIA HAMBURG |
| | | 156.00 VIA ROTTERDAM |
| Liverpool* | 35% | 64.00 VIA ROTTERDAM |
| London* | 25% | 48.00 VIA ROTTERDAM |
| Malmo | 3.45 | 48.00 VIA HAMBURG |
| | | 109.00 VIA ROTTERDAM |
| Malta | No Add. | 95% |
| MarSeilles* | | 128.00 VIA ROTTERDAM |

注：* 装在杂货船上的散油，出口至马赛、利物浦加收港口附加费 USD5.00F/T。
* 利物浦港口附加费 USD7.00F/T，卸货附加费 USD28.00F/T。
* 伦敦、伊明翰港口附加费 USD7.00F/T。
* 伊斯肯德伦、伊兹梅尔港口附加费 USD7.00F/T。
* 拉塔基亚港口拥挤附加费 10%，1992 年 10 月 22 日生效。
* 伊斯坦布尔港口附加费 USD7.00F/T，拥挤附加费 10%，1992 年 1 月 22 日生效。

2. 租船运输

租船(charter)是指租船人向船东租赁船舶用于运输货物的业务。租船实质是一定时期内船舶使用权的买卖,所以租船业务属于"无形贸易"(intangible trade)的范畴,贸易的商品就是船舶的服务。

(1) 租船运输的特点。

① 没有固定的航线、装卸港口和船期,可根据货主各种不同的需要,结合租船市场上的各种因素临时决定。

② 没有固定的运价,运价可随租船市场供求情况的变化而变动。与班轮运输相比,租船运价一般是比较低的。

③ 适用于运量大的运输。例如大宗货物的运输,特别是矿产品及其他大宗交易货物。这种货物一般交易数量大,而班轮不能一次提供足够的货舱,用租船装运较为适宜和方便。

④ 租船人有较大的自由度。程租方式简单方便,租船人不需要考虑船舶调度和支配,并可根据运费估算出每吨货物的运输费用,有利于成本核算。

(2) 租船运输的经营方式。

① 定程租船(voyage charter)。

定程租船又称程租船或航次租船,是指以航程为基础的一种租船方式。船方必须按照租船合同规定的航线完成货物的运输任务,并负责船舶的经营管理以及船舶在航程中的一切开支费用,租方按约定支付租金。完成了约定的航程,租船合同即宣告终止。程租船方式又可分为单航次程租船(single trip charter)、来回航次程租船(return trip charter)、连续航次程租船(consecutive voyage)和包运合同(contract of affreightment, COA)等多种形式。

② 定期租船(time charter)。

定期租船又称期租船,即按一定的期限租船。在期限内,租船人支付租金,以取得船舶的使用权,并可按自己的需要安排船舶的营运和调度,同时承担船舶的燃料费、港口费和拖轮费等。船方除了保证船舶的适航性外,还需负担船员配备和给养供应。

和程租船比较,期租船具有以下几方面的不同:

第一,程租船的运费是按装运货物的吨数计收的,它直接表现为货物的运输成本;期租船支付的租金不是运费,它是按船舶的载重吨计收的,因此租金不能直接表现为货物的运输成本。

第二,在营运方式方面,程租船的租船人没有船舶的调度权;而期租船的租船人负责船舶营运管理,有船舶的调度权,船方仅负责配备船员和管理船舶。

第三,在程租船的条件下,租方只付运费及其他少数几项费用(如装卸费等），其余费用都由船方负担；而在期租条件下，船方只负担少数几项船舶营运费（船员工资、船舶维修保养、船壳机器保险费等），至于其他日常开支（如船用燃料、各项港口费用、货物搬运费等）都由租方负担。

第四，在程租船的条件下，要规定装卸期限或装卸率，计算滞期费、速遣费，而期租船一般不规定。

第五，程租船合同需要列明所装货物的名称；期租船合同一般不列出具体货名，但对不准装运的货物则加以说明，或规定必须装运合法的货物。

③ 光船租船（bare boat charter）。

又称船壳租船，也是一种定期租船，所不同的是，船东提供给租船人使用的船舶是一艘没有船员的空船。租船人要自行配备船员，负责船舶的营运管理、船员的给养和一切开支费用。严格地说，光船租船不属于承揽运输方式，而是一种财产的租赁。

④ 航次期租船（time charter on trip basis，TCT）。

航次期租船是目前国际上存在的以定期租船为基础的航次租船方式。即船舶按航次整船租赁，但租金按实际使用的天数计算，故又称为"日租租船"（daily charter）。

（3）积载系数、重货与轻货。

所谓积载系数（stowage factor），是指货物正常堆放时货物所占的容积与重量的比例，或者是指正常堆积时每一吨货物在货舱中所占的容积。对于具体的货物来说，在外包装比较规范的情况下，积载系数等于包装后的容积与重量的比例。

$$积载系数 = \frac{货物容积}{货物重量}$$

按照国际航运业务的惯例，凡是货物积载系数小于 1.132 8 立方米/吨或 40 立方英尺/吨的货物一般都称为重货（deadweight cargo or heavy goods）；凡是货物的积载系数大于 1.132 8 立方米/吨或 40 立方英尺/吨的货物都称为轻泡货（measurement cargo or light goods），简称为轻货。按照我国的规定，凡是每立方米的重量大于 1 吨的货物为重货，小于 1 吨的货物为轻货。

（4）租船合同。

租船合同（charter party）是租船人与船主之间订立的载明租船人与船主双方的权利和义务的文件，是海上运输合同的一种。按照租船方式的不同，租船合同可以分为期租船合同和程租船合同两大类。租船合同内容涉及范围广，包含的条款多，与货物的买卖合同关系密切。因此，从事进出口贸易的业务人员必须要了解租船合同中的基本内容，以便正确制定进出口贸易合同的装运条款，顺利完成出口装运和进口接货等任务。下面，我们以程租船为例，介绍其主要条款。

① 合同当事人。

租船合同的当事人就是船舶所有人和租船人，也就是根据合同有权起诉或者应诉的人和有权索赔和理赔的人。为此，租船合同中须列明船舶所有人和租船人的名称、住址或主要营业所地址。

② 船舶概况。

船舶概况主要包括船名、船籍、船级、吨位以及签约时船舶的位置等。

船名(name of vessel)是租船合同的重要条款，除非合同中规定可用代替船，否则任何一方都无权要求另一方接受代替船履行合同。

船籍(nationality of vessel)即船舶所属国籍，也是合同的重要条件，它涉及租船国别政策，直接关系到船舶与货物的安全，特别是在战时，船籍的作用更为重要。指定船籍的意义还在于保险公司对于不同国籍船舶(尤其是方便旗船)所装运的货物，采用不同的保险费率；有些港口对不同国籍的船舶也可能按不同的费率计收港口费用。

船级(classification of vessel)是国际航运界评定船舶技术状态的指标。合同中记载所要求的船级主要意味着船舶的适航性能。

吨位(tonnage of vessel)是船舶规范技术资料之一，除表示船舶的大小与装载货物的数量以外，还与港口费用、运河通行费等有密切关系。合同中通常都应记明船舶的总登记吨(registered gross tonnage)、净登记吨(registered net tonnage)和载重吨(deadweight tonnage)。

③ 货物的种类、包装和数量。

程租船合同一般都具体规定承运的货物种类、货物名称和包装方式。对于轻泡货(light cargo)，还要规定货物的积载系数(factor of stowage)。船舶的结构和设备不同，对货物性质也会有不同的要求。同时，货物的包装与装卸的效率有密切关系，所以船东对货名、货类和包装都很关心。租船人必须按合同规定的货物装船，否则船方有权拒绝履行合同或判定租方违反合同。如果租方要求从几种货中选择某一种，可洽商“货物选择权”(option of cargo)条款，以争取主动。

船舶在一个具体航次中所能装载的数量与船上所装的燃料、物料、淡水及供应品的数量有关。但是，在签订合同时，对于将要履行的航次中必须装载的燃料、物料、淡水及供应品的数量还难以作出精确的估算。所以，在签订航次租船合同时，关于货物的数量都不予以明确。有的规定最高和最低装运数量，有的则规定具体的数量和相应的数量机动幅度(如10%)。在船舶到达装运港受载时，由船长向租船人发出《宣载通知书》，宣布船舶的具体装载数量。如果租船人未能按宣载量装船，则要对亏仓的吨数支付亏仓运费(dead freight)。

④ 装卸港口。

合同中确定装卸港口最简单的方法是在合同中确定装卸港的数目和名称，比较灵活的方法是只定装卸区，由租方选择具体装卸港口。采用此种方法，船方一般要求租方指定的港口必须是安全的港口。

在指定装卸港之后，一般的租船合同还要订出"就近条款"，即说明"船舶可以到达港口附近的能够使船保持浮舶的地点"(so near there as she may safely get and lie always afloat)的条款。这种条款对租方是不利的，因为船方如果认为租方指定的港口不安全，便只能在附近选择船方认为安全的另一个地点装卸货物。从租方的立场出发，应尽量不要同意制订这种条款。

⑤ 受载日和解约日。

受载日(laydays date)是租方可以接受船的最早装货日期。解约日(cancelling date)是租方可以接受船的最晚装货日期。从受载日到解约日这段时间称为船舶受载期。租船人是按照受载期来安排货物装船的，如果船舶未能在规定的受载期到达装货港，不仅是租船人可能遭受驳运费、仓储费等一些因为未准备好装货而支付的费用损失，而且在市场价格变动的情况下，还可能遭受预期利润的损失。更何况未能按时将货物装船，可能构成贸易合同违约等。因此，船舶所有人必须按受载期的规定，使船舶按期到港接受货载。否则，不但要承担因此而引起使租船人受损的损害赔偿，而且也可能应租船人的要求而取消合同。

⑥ 装卸费用和期限。

程租船的装卸费有四种规定方法，即船方负责装卸费(gross terms)、船方管装不管卸(free out，简称 F. O.)、船方管卸不管装(free in，简称 F. I.)和船方不负担装卸费(free in and out，简称 F. I. O.)。最后一种应用较多。在决定装卸费用时，一般还需要明确理舱费和平舱费由谁负担。

装卸期限直接涉及船方的利益，因而也成为合同中的重要条款之一。装卸期限有两种表示方法：一种是规定为若干日和时；另一种是规定每天的装卸率，即每天装卸的最低数量。另外，还要规定哪些时间算作工作日，哪些时间应除外。对工作日和时，具体有以下几种规定方法：

第一，连续日和时(running or consecutive days/hours)。即连续 24 小时为一日或连续日，其中没有任何扣除。此法多用于矿石等散装货的租船合同中。

第二，工作日(working days)。指按港口习惯，属于正常工作的日子，星期日和例行假日一般除外。因工作日概念不确切，容易引起争执，故很少使用。

第三，好天气工作日(weather working days)。其含义与工作日基本相同，但工作日如遇不宜装卸(针对承运货物而言)的天气，则不予以计算。

第四，连续 24 小时好天气工作日(weather working days of 24 consecutive

hours)。这种条款和好天气工作日基本一样,但明确了在天气适宜装卸工作日的条件下连续 24 小时计为一个工作日。一般来说,这种条款比较合理,船方和租方都可以接受,在租船市场上用得也比较普遍。

⑦ 滞期费和速遣费。

滞期费(demurrage)是指在租船人在租约规定的装卸时间内未能把货物装卸完,造成船舶继续在港内停泊而使船方遭受船期损失时,租船人按租约规定支付给船方的补偿金。程租船合同一般规定每天滞期费若干金额,不足一天的按比例计算。船舶营运成本高,滞期费也高。有的合同规定,发生滞期费的情况下,支付滞期费最多 10 天,超过 10 天的船期损失按船方的实际损失予以补偿,赔偿金有时相当高。

速遣费(dispatch money)是指在租船人在租约规定的装卸时间内提前完成卸货工作,使船舶可以提前离港,为船方节省在港费用并获得船期利益时,船方支付给租方的奖金。速遣费一般也是按每天若干金额计算的,根据国际惯例,一般规定为滞期费的 50%。

装卸时间计算表(laydays statement)是计算滞期费和速遣费的依据,内容包括船舶作业实际时间记录和根据合同规定具体计算滞期费和速遣费的办法。该表经船长和货主或其代理人签字后,船、租双方即可根据此表计算滞期费和速遣费。

### 6.1.2 铁路运输

在国际货物运输中,铁路运输(rail transport)是仅次于海洋运输的另一种主要运输方式,海洋运输的进出口货物,大多数也是通过铁路运输进行货物的集中和分散的。



1. 铁路运输的优点

(1) 不易受气候条件的影响,运输过程中遭受风险的可能性较小,一般可以保障长年的正常运输。

(2) 运量较大,成本低,速度较快。

(3) 安全可靠,连续性和可达性好,和其他运输方式配合可以实现各种“门到门”的连续运输。

(4) 手续简便,发货人和收货人都可以就近在始发站(装运站)和终点站办理托运和提货手续。

2. 国际铁路货物联运

在货物需要经过两个或两个以上国家铁路的运输中,使用一份运输票据,发货人发货后，承运人负责货物的全程运输任务。这种运输方式就叫做国际铁路货物联运。利用这种运输方式，在由一国铁路向另一国铁路移交货物时，无需发货人和收货人参加。它的开办不仅免除了货物在国境站重新办理托运手续，而且通过直接过轨运输，可以减少因换装货物所需的人力、物力和时间，从而方便和加速了货物运输，减少了货损货差，降低了运输成本，为发展国际贸易创造了有利条件。因此，这种运输方式为参加国开辟了一条对外经济贸易联系的重要途径。

我国参加了《国际铁路货物联运协定》组织，该组织是通过我国同蒙古、朝鲜、越南、原苏联、波兰、匈牙利、保加利亚、原捷克斯洛伐克和罗马尼亚等国家共同签订了《国际铁路货物联运协定》（简称《国际货协》）而成立的，并且按其中的规定行使权利和义务。

按照《国际货协》的规定，参加国的进出口货物，从发货国家的始发站到收货国家的终到站，中途不论经过多少国家，发货的货主只要在始发站办妥托运手续，运输全程的一切事务，包括相互交接、换装等繁琐手续，都由有关铁路部门负责办理。有关国家的铁路部门只凭一张托运单据，负责将货物运至终到站，并负有交给收货人签收的义务。发货人或收货人均无需自己在国境交接站设立机构办理交接和转运手续。

根据《国际货协》的规定，不仅参加协定的国家可以向参加国运送货物，而且，参加《国际货协》的国家也可以向未参加国运送货物。同时，未参加《国际货协》的国家也可向参加国运送货物。

此外，1890 年欧洲一些国家在瑞士首都伯尔尼举行的各国铁路代表大会上制定了《国际铁路货物运输规则》，成立了另一个国际货物联运组织。该规则于 1893 年 1 月 1 日起实行，1938 年又进行修改，改称《国际铁路货物运输公约》，简称《国际货约》。参加国有德国、奥地利、比利时、丹麦、西班牙、芬兰、法国、希腊、意大利、挪威、荷兰、葡萄牙、英国、瑞典、瑞士、土耳其和南斯拉夫等国家。另外，保加利亚、匈牙利、罗马尼亚、波兰、原捷克斯洛伐克等《国际货协》成员国也相继加入了《国际货约》。



3. 国际铁路货物联运的程序

国际铁路货物联运一般采用记账结算方式，较少采用现汇结算方式。其具体货运程序大致如下：

(1) 进出口企业将贸易合同副本送达外运公司，约定有关货运事宜。然后进出口企业备货，外运公司安排发货事宜。

(2) 铁路发送机构的外运部门根据货源情况、列车情况和运输要求，填写一式六份国际联运计划用车表，报请上级外运部门和铁路部门审批备案。

(3) 外运公司根据托运单的内容，缮制国际联运铁路运单，交给铁路部门，再按照计划向车站托运。

4. 国际铁路货物联运承运货物的条件

办理国际铁路货物联运时，必须遵守《国际货约》和《国际铁路货物联运统一过境运价规程》，并注意以下事宜：

(1) 运送货物的类别。

① 按货量的多少可分为整车和零担两种。

整车货是一张运单需要单独车厢运送的货物。零担货是指一张运单不超过5 000公斤、按体积不能满足单独车辆运送的货物。承运人可以将零担货集合在一起用整车装运。

② 按托运货物的类别可以分为快运和慢运两种。

快运托运的货物，铁路方面优先托运，优先拨车，优先装车，优先编车和挂运。快运货物运费要比慢运货物运费高100%左右。如果要求随旅客列车挂运整车货物，则运费比慢运货物运费也要多收100%左右。

(2) 运输限制。

危险品、军用品和需要按照特殊条件方能运输的货物，必须在遵守有关运输规定的条件下，经参加运输的各铁路局预先商定同意后才能予以发送。

(3) 货物的包装和标志。

《国际货协》对包装和标志有具体的规定，不符合规定的货物，铁路可以不接受托运。运输标志的内容包括：

① 货物的标志和每件的编号；

② 始发站、运输线路、终到站名称；

③ 发货人和收货人名称；

④ 零担货物件数。



另外，《国际货约》对联运货物的装车办法、货物价格、货物押运办法等有关事宜都有明确的规定。

(4) 运输费用。

联运货物的运输费用包括货物运费、押运人乘车费、杂费及与运送有关的其他费用。

运费计算的原则为：

① 发送国和到达国铁路的运费，均按铁路所在国家的国内规章办理。

② 过境国铁路的运费，均按承运当日统一规定运价计算，由发货人或收货人支付。我国出口的联运货物，交货条件一般均规定在卖方车辆上交货，因此我方仅负责运至国境站一段的费用。但联运进口货物，我方则要负担过境运费和

我国铁路段的费用。

过境运费按统一货价计算：

① 根据运单上载明的运输路线，在过境里程表中，查出各通过国的过境里程；

② 根据货物品名，在货物品名分等表中查出其可适用的运价等级和计费标准；

③ 在慢运货物运费计算表中，根据货物运价等级和总的过境里程查出适用的运费率。

运费的计算公式为：

基本运费额 = 货物运费率 × 计费重量

运费总额 = 基本运费额 × 加成率

加成率是指运费总额按托运类别在基本运费额基础上所增加快运货物运费的百分比。

## 6.1.3　航空运输

航空运输(air transport)作为一种国际贸易货物运输方式，由于速度快、航线不受地形条件限制、安全准时和手续简便，在开辟新市场、适应市场需要等方面较其他运输方式显得更优越，所以发展迅速，运量逐步增大，在国际贸易运输中的地位日益升高。航空运输适合运送急需物资、鲜活商品、精密仪器和贵重物品等。

1. 航空货物的运输方式

航空货物的运输方式可分为班机、包机、集中托运和航空货物快运等方式。

(1) 班机运输方式。

班机是指定期开航的定航线、定始发站、目的站和途经站的飞机。采用班机运输方式，能安全迅速地把外贸货物运输到世界各通航地点，收、发货人可确切掌握货物起运和到达的时间，这对市场上急需的商品以及贵重商品的运送是非常有利的。但是，班机运输一般都采用客货混合型飞机，舱位有限，不能满足大批量货物及时装运的需求，而且班机运价也较包机方式昂贵。

(2) 包机运输方式。

包机运输方式可分为整包机和部分包机两种。

整包机是指航空公司或包机代理公司，按照与租机人双方事先约定的条件和费率，将整架飞机租给包机人，从一个或几个航空站装运货物至指定目的地的运输方式，它适合运输大宗货物，运费比班机运费要低。

部分包机指由几家航空货运代理公司(或发货人)联合包租一架飞机,或者是由包机公司把舱位分别租给几家航空货运代理公司。该种方式适合于货物较多(1吨以上),但又不够装整架飞机的货物运输,运费比班机要低。

(3) 集中托运方式。

这种方式是指航空货运代理公司把若干批单独发运的货物组合成一整批向航空公司托运,填写一份总运单发运到同一到站,由航空货运代理公司委托当地的代理人负责收货、报关并分拨给各实际收货人。这种托运方式可争取到较低的运价,因此,在国际航空运输中使用比较普遍。

(4) 航空货物快运。

航空货物快运也称为航空快件服务或速递服务(air carrier of express cargo service),是由专门经营该项业务的航空货运代理公司派专人用最快的速度在货主—机场—用户之间运送货物的运输方式,其特点是:

① 上门服务。能以最快的速度登门取货,上门送货,代办全部单证和报关手续等。

② 信息跟踪。实行计算机管理,内外联网,使客户能即时掌握货物传递的动态。

③ 收费灵活方便。可采用国内收费、国外收款或由货主选择币种灵活支付等。

④ 服务全面。根据货主的要求或货运的需要,可派人随机押运,把货物直接交付收货人。

⑤ 送交货物有回音,查询及时,信息反馈迅速。

在现代商品对外贸易中,资料和样品的递送需要迅速而准确。利用航空快运可提高资料、样品的交货速度,保证交易磋商的顺利进行或合同的履行。航空快运还可以递送银行支票、信用证和有关单据等。



2. 国际空运货物运价和费用

(1) 计费重量。

国际航空计费是以实际重量和体积两者中计费较高者为准,例如,重量大而体积小的货物用实际重量作为计费重量。如果集中托运的货物有重货也有轻货,则采用整批货物的总毛重或总体积两者中较高的进行计费。

(2) 航空运价种类。

航空运价分为特种货物运价、等级货物运价和普通货物运价。

① 特种货物运价。

特种货物运价(specific commodity rate)是指航空公司与经常运输货物的发货人或增加货物运量的发货人经协商确定的货物运价。这种运价一般比较优惠。

② 等级货物运价。

等级货物运价(class rate)是指在普通货物运价的基础上增加或减少一定的百分比而形成的运价。等级运价仅适用于指定地区内少数货物。当没有普通货物运价适用时,以特种货物运价为基础。例如,稀有金属、宝石等贵重物品一般按 45 公斤以下普通货物运价的 200%计收;而报刊杂志、残疾人专用设备等则按 45 公斤以下的普通货物运价的 50%计收。

③ 普通货物运价

普通货物运价(general cargo rate)以 45 公斤为计量基础。45 公斤以上普通货物的运价比 45 公斤以下的普通货物运价低。世界各国的计量基础不是统一的。有的国家或地区的计量基础较高,有的可以达到 100 公斤、200 公斤,甚至 1 500 公斤级以上,以吸引客户更多地利用航空货运方式。

## 6.1.4　邮政运输

邮政运输(parcel transport)是指利用邮局来办理货物运输的方式。由于主要使用邮包运送货物,所以又被称为邮包运输(parcelpost transport)。邮政运输和平时到邮局投寄或领取包裹一样,具有手续简便、费用低等特点,且邮政机构遍及世界各地,买卖双方投寄或领取货物都比较方便。随着经济全球化的发展,世界各国邮政部门之间订有协定或合约,通过这些协定和合约,邮件包裹可以相互传递,从而形成国际邮包运输网。

1. 邮政运输的种类

邮政运输分为普通包裹和航空包裹两大类。

(1) 普通包裹。

普通包裹(ordinary parcel)是一种“平邮”(surface mail)方式的邮包,由火车、汽车或轮船运送,其费用较一般运输方式(如铁路运输)的运费低,但时间较长。

各国邮政部门对普通包裹的重量和尺寸都有一定的限制。我国邮政局规定:普通包裹任何一边的尺寸不得超过 150 厘米,最大周长合计不超过 300 厘米,重量一般不超过 20 公斤。由于上述限制,普通包裹邮寄只适用于量轻体小的商品运输,如精密仪器、工具、机器零配件、药品、样品等零星物品的运输。

(2) 航空包裹。

航空包裹(airmail parcel)是采用“空邮”(airmail)方式,由飞机进行运送的包裹,其传递速度较快,但费用较高。

各国对航空包裹也有一些规定和限制，具体内容不尽相同，可随时向邮政部门查询。我国邮局规定：航空包裹尺寸最长的边不得超过100厘米，其他各边不超过50厘米，最大周长不超过300厘米，重量不超过20公斤。航空包裹因有上述限制，而且邮费较高，一般仅适用于运送生产和交易磋商中急需的技术资料、样品和机器零配件等。

2. 邮费

邮费(postage)的计算很简单，普通包裹和航空包裹费率不同，按邮局规定的寄往世界各地的费率和包裹重量就可计算出邮费。包裹重量以50克为单位，不足50克部分按50克计。

按照国际贸易习惯，买卖双方决定采用该种运输方式时，卖方只要按合同规定的条件，将商品的包裹交付邮局，付清邮费并取得收据，然后把收据寄给买方，就算完成交货义务。买方邮局接到包裹，会通知买方凭“收据”到指定邮局领取。

我国与很多国家签订有邮政包裹协议和邮电协定，对这些国家的邮政运输，可按规定办理。我国还是万国邮政联盟(Universal Postal Union，简称“邮联”)的会员国，这为我国外贸邮政运输的发展提供了有利条件。

### 6.1.5 集装箱运输

集装箱运输(container transport)是以集装箱作为包装工具和运载工具的一种运输方式，它可适用于海洋运输、铁路运输及国际多式联运等任何运输方式。集装箱运输是一种新型的现代化运输方式，其特点是将货物集中装箱，减少货物原来运输环节中的多次重复作业，可以做到“门到门”(Door to Door)运输服务。



1. 集装箱运输的优点

(1) 提高装卸速度和船舶、港口的效率。

集装箱规格统一，使用机械装卸，作业一般不受天气限制，使装卸速度大大加快，从而降低了船舶在港口的停留时间，提高了港口吞吐能力。

(2) 减少货损货差，提高运输质量。

集装箱运输中，货物装在箱内，可得到有效的保护，转运中也不需要换装，直接被送到目的港或目的地，使货损、货差现象大大减少，货运质量得以提高。

(3) 节省运杂费用，降低营运成本。

集装箱运输节省重复装卸的环节，装卸费用相应降低，同时还可以节约其他相关杂费。如日本港口杂货装卸费较集装箱货要高一倍，而美国港口一个40英尺的集装箱，其装卸费仅是普通货物装卸费的八分之一。

(4) 简化手续，方便相关各方。

发货人在发货地一次托运交货以后，不需要再办理内陆运输及其他装卸搬运手续。海关、商检部门在发货地查验封箱后，途中不必再开箱验货，节省了时间，简化了货运方法、监管手续等。

2. 集装箱的种类和规格

(1) 按所装货物的性质，集装箱可以分为干货集装箱(dry container)、散装货集装箱(bulk container)、散装粉状货集装箱(free flowing bulk container)和牲畜集装箱(pen container)等。

(2) 按集装箱的性能，集装箱可分为保温集装箱(insulated container)、冷藏集装箱(reefer container)、敞顶式集装箱(open top container)、通风式集装箱(ventilated container)、平台式集装箱(platform container)、罐式集装箱(tank container)和折叠式集装箱(folding container)等。

(3) 按集装箱规格划分，集装箱可分为十几种集装箱。其中使用最广的有 IA 型(8 英尺×8 英尺×40 英尺)、IAA 型(8 英尺×8.6 英尺×40 英尺)和 IC 型(8 英尺×8 英尺×20 英尺) 集装箱等。

(4) 按集装箱是否专用，集装箱可分为通用集装箱(general purpose container)和专用集装箱(special-purpose container)两大类。世界上 80%的集装箱是通用集装箱，适宜于装载对运输条件无特殊要求的货物。专用集装箱是根据某些商品对运输条件的特殊要求而专门设计的，用来装载粉状、液体等特殊商品。

3. 集装箱的装箱方式

集装箱的装箱方式主要分为装整箱和拼箱，又分别称为整箱货(full container load，简称为 FCL)和拼箱货(less than container load，简称为 LCL)：

(1) 整箱货一般是在托运货物数量较大时，由发货人在工厂或仓库自行装箱，也可以由承运人代为装箱，然后送往集装箱堆场(container yard，简称 CY)或起运地的内陆货运站(inland depot)，经承运人运到目的港。

(2) 拼箱货是指发货人托运的货物数量较小、达不到整箱，由承运人或其代理人根据货物的流向、性质和数量等把属于不同货主的货物拼装成箱而后运输的货物。拼箱货一般由发货人把货物送交集装箱货运站(container freight station，简称 CFS)或港口外的内陆货运站，由承运人负责装箱并运到目的港(地)。到达目的港(地)后由承运人或其代理人在目的港(地)的集装箱货运站或港口外的内陆货运站进行拆箱、理货、保管并负责拨交给收货人。

4. 运输费用

(1) 运费结构。

集装箱运输的全过程可分为发货地内陆运输、装运港港区运输及作业、海上运输、卸货港港区运输及作业、收货地内陆运输等五个区段的运输及作业。交接方式不同，集装箱运输承运人收取的费用也不同。表 6.5 列出了不同交接方式的情况下，承运人收取的费用结构情况。

**表 6.5　集装箱运输中不同交接方式承运人收取的费用结构**

| 交接方式 | 发货地 | | | | 海上运输 | 收货地 | | | | 费用结构 |
|---|---|---|---|---|---|---|---|---|---|---|
| | A | B | C | D | E | D | C | B | A | |
| Door to Door | ✓ | | ✓ | | ✓ | | ✓ | | ✓ | A+C+E+C+A |
| Door to CFS | ✓ | | ✓ | | ✓ | | ✓ | ✓ | | A+C+E+C+B |
| Door to CY | ✓ | | ✓ | | ✓ | ✓ | ✓ | | | A+C+E+D+C |
| CFS to Door | | ✓ | ✓ | | ✓ | | ✓ | | ✓ | B+C+E+C+A |
| CFS to CFS | | ✓ | ✓ | | ✓ | | ✓ | ✓ | | B+C+E+C+B |
| CFS to CY | | ✓ | ✓ | | ✓ | ✓ | ✓ | | | B+C+E+D+C |
| CY to Door | | | ✓ | ✓ | ✓ | | ✓ | | ✓ | C+D+E+C+A |
| CY to CFS | | | ✓ | ✓ | ✓ | | ✓ | ✓ | | C+D+E+C+B |
| CY to CY | | | ✓ | ✓ | ✓ | ✓ | ✓ | | | C+D+E+D+C |

表中：A＝内陆运输费
B＝装/卸港集装箱货运站装/拆箱费
C＝装/卸港集装箱作业区码头搬运费
D＝装/卸车费(换装费)
E＝海运运费

(2) 集装箱运输费用的计费办法。



根据当前国际海上集装箱运输的实际情况，对集装箱海运基本运费的计算办法有两种：

一种是与普通件杂货班轮运输的基本运费的计算办法一样，按航线和货物的等级等计算基本运费，但要注意以下情况：

① 拼箱货的海运运费。

由集装箱货运站装箱的拼箱货的海运运费计算与普通件杂货班轮运输海运运费的计算办法几乎完全一样。所不同的是，应按集装箱运输的运费率，而不是按普通件杂货班轮运输的运费率计算而已。另外，对于标注"AD. VAL."或"AD. VAL. OR W/M"为计费标准的商品，计收较高的运费。

② 整箱货的海运运费。

在托运人自行装整箱托运的情况下，应按"最低运费"和"最高运费"的计算办法来计算应支付的海运运费。所谓最低运费是指，如果箱内所装货物没有达到规定的最低装箱标准，其亏损部分，托运人应支付“亏箱运费”，以确保承运人的利益。即

$$\text{最低运费} = \text{实装货物运费} + \text{亏箱运费}$$

其中，实际装货运费是根据具体航线、货物等级费率及计费标准计算出的基本运费和附加费的总和；而亏箱运费则是以亏箱吨数乘以该箱各种货物的计费吨为权数的加权平均值计算出来的平均吨费率求得。其计算公式为：

$$\text{亏箱运费} = \text{平均吨费率} \times \text{亏箱吨} = \frac{\text{实际装货运费} \times \text{亏箱吨}}{\text{计费吨}}$$

而航运公会或船公司为了鼓励托运人最大限度地利用集装箱的内部容积，对各种规格和类型的集装箱规定一个按集装箱的内部容积折算的最高运费吨。如规定20英尺干货箱的最高运费吨为31立方米，40英尺干货箱的最高运费吨为67立方米。当整箱托运的托运人实际装入箱内的商品的尺码吨超过规定的最高运费时，仍按最高运费吨计收运费，超出的部分免收运费。

最高运费的计算仅适用于容积货物(即按尺码吨计算运费的商品)，而不适用于重量货物(即按重量吨计算运费的货物)。因为每一种类型的集装箱都规定了其最大限重，为了安全，是不允许超重的。

③ 包箱运费。

集装箱海运运费的另一种计算办法是以箱为计算单位，按航线包箱费率计算。这种方法对整箱货较为合适。在国际集装箱运输中，包箱费率计算方法正在取代传统的件杂货费率计算方法。下面对这种方式中的几个要点作简要说明。

A. FAK包箱费率(freight for all kinds)，即不分货物种类，也不计货量，只规定统一的每个集装箱收取的费率。如表6.6所示。

**表6.6 中国—新加坡航线集装箱费率**

(美元，in USD)

| 装 港 | 货 类 | CFS/CFS | CY/CY | |
|---|---|---|---|---|
| | | per F/T | 20′FCL | 40′FCL |
| 大 连 | 杂 货 | 78.50 | 1 250.00 | 2 310.00 |
| 新 港 | 杂 货 | 70.00 | 1 150.00 | 2 035.00 |
| 上 海 | 杂 货 | 70.00 | 1 150.00 | 2 035.00 |
| 黄 埔 | 杂 货 | 63.00 | 950.00 | 1 750.00 |
| ⋮ | ⋮ | ⋮ | ⋮ | ⋮ |

B. FCS包箱费率(freight for class),即按不同货物等级制定的包箱费率,如表6.7所示。

**表6.7 中国—澳大利亚航线集装箱费率**

(美元,in USD)

| 基本港:Brisbane, Melbourne, Sydney, Fremantle | | | | |
|---|---|---|---|---|
| 等　级 | 计算标准 | 20′(CY/CY) | 40′(CY/CY) | LCL(per F/T) |
| 1—7 | W/M | 1 700 | 3 230 | 95 |
| 8—13 | W/M | 1 800 | 3 420 | 100 |
| 14—20 | W/M | 1 900 | 3 510 | 105 |

C. FCB包箱费率(freight for class and basis),即按不同货物等级或货物类别以及计算标准制定的费率,如表6.8所示。

**表6.8 中国—地中海航线集装箱费率**

(美元, in USD)

| 基本港:Algiers, Genoa, Marseilles | | | | |
|---|---|---|---|---|
| 等　级 | LCLC per W | LCL per M | FCL 20′(CY/CY) | FCL 40′(CY/CY) |
| 1—7 | 131.00 | 100.00 | 2 250.00 | 4 200.00 |
| 8—13 | 133.00 | 102.00 | 2 330.00 | 4 412.00 |
| 14—20 | 136.00 | 110.00 | 2 450.00 | 4 640.00 |



## 6.1.6 国际联合运输

联合运输(combined transport)是指使用两种或两种以上的运输方式完成某一运输任务的联贯运输方式。联合运输主要包括陆空联运(train ... air ... truck, TAT或TA)、陆海联运(land-ocean transport)、大陆桥运输(land bridge transport)和国际多式联运(international multimodal transport)等方式。

大陆桥运输是指以铁路和公路运输系统为中间桥梁,把大陆两端的海洋连接起来的运输方式。目前世界上有多条大陆桥运输线,最主要的有:西伯利亚大陆桥,横贯北美大陆、连接太平洋和大西洋两岸的美国和加拿大大陆桥,以及远东至北美东海岸和墨西哥湾大陆桥等。由于这种运输方式采用集装箱为媒介,因此适应性较强,能保证货物安全,目前在国际贸易中比较受欢迎。

国际多式联运是随着经济全球化发展逐步发展起来的联合运输方式，下面重点介绍一下国际多式联运。

根据《联合国国际货物多式联运公约》所下的定义，国际多式联运是指按照多式联运合同，以至少两种不同的运输方式，将货物从一国境内接管货物的地点运到另一国境内交付货物地点的运输方式。国际多式联运是以集装箱为包装工具将各种运输方式有机结合起来的国际间连贯的运输方式。

1. 构成国际多式联运的基本条件

构成国际多式联运需要具备以下基本条件：

(1) 必须使用包括全程的运输单据，如多式运输单据(multimodal transport document，MTD)。

(2) 必须是两种或两种以上的不同运输方式的联贯运输。

(3) 必须是国际间的货物运输。

(4) 多式联运经营人(multimodal transport operator，MTO)必须对全程运输负责。

(5) 必须实行全程单一的费率(single freight rate)。

2. 国际多式联运的优越性

国际多式联运有很多优越性，主要体现在以下几个方面：

(1) 手续简便。它能把多式多段的复杂运输手续简化为一次办理，支付一笔费用，取得一张全程运输单证。在发生问题时，只需找承运人交涉即可得到解决。

(2) 安全准确。由于采用了集装箱，虽经多段运输和多次装卸，但货物在箱内不需要多次搬动和装卸，可较好地保证货物的安全。使用全程联合运输单据，使交货准确可靠。

(3) 运送迅速。由于经营人和分承运人之间一般采用包干费率的做法，所以各分承运人会以最快速度处理其负责的运段，这比货主分段委托承运人所需的时间要大大缩短。

(4) 节省包装和有关费用。用集装箱装载，可以大大简化外包装，发货人可节省一批包装费用，收货人也可因费用减少而得到货价降低的利益。

(5) 提早收汇。货物装上第一程运输工具后即可取得联合运输单据，凭此向银行办理收汇手续。

(6) 合理运输。联运经营人经办多式联运，为提高服务质量、增加收入，往往可以建立合理的经济联运路线。货主向他们托运，即可利用其联运路线，组织合理运输、缩短运输时间、降低运输成本，从而增强货物在国际市场上的竞争能力。

综上所述，国际多式联运具有安全、迅速、简便、省时、省费等优点，深受贸易部门的欢迎，有着良好的发展前景。

3. 国际多式联运运费

多式联运的特点之一是采用单一运费费率。国际多式联运环节较多，涉及各项费用。联运单一费率由运输成本加经营管理费用和利润构成，其中最复杂的是运输成本。下面以陆—海—陆集装箱货物"门到门"联运为例介绍多式联运的运输成本与运价构成情况。

(1) 运输总成本的构成。

运输总成本主要由下列费用构成。

① 从内陆接货地至枢纽港的费用。这项费用主要包括内陆接管货物地点发生的费用、中转站至码头堆场运费及其他费用和干线港(枢纽港)码头服务费。

内陆接管货物地点发生的费用主要包括从发货人的"门"接管货物后至内陆集装箱中转站(货运站、内陆货站、铁路车站、公路中转站等)的运输费用及在中转站发生的集装箱存放费(按免费堆存期后若干天包干计算)、站内装卸车费用、站内操作费用等。

中转站至码头堆场运费及其他费用是指集装箱货物从最初的集散点至集装箱枢纽港(或干线港)之间集运过程中发生的全部费用。它主要包括两点之间运输使用的铁路、公路、内河水运或海上支线的运费，在多级集运中产生的各级中转站费用，铁路、公路、水运、支线运输之间的全部中转费用及可能产生的相关的服务费用、代理费等。

干线港(枢纽港)码头服务费是在货物投入长距离海上运输(一般要通过干线船舶运输)的起运港堆场发生的费用。它包括卸车费、场内堆存费、移动费、港务费和其他附加费用等。



② 海运运费。该费用是指多式联运经营人为实现货物海上干线段运输，根据与海上承运人订立的分运合同，需要支付的全部费用(运价表提供)。

③ 从海运目的港至最终交货地费用。这部分费用是指从货物干线运输的卸船港至交货地点之间完成货物运输的全部费用，其中包括：码头费用、码头至内陆中转站费用、中转站费用及交货地费用。这些费用的主要内容与出口国内陆段费用相似。

④ 集装箱租用费和保险费用。

集装箱租用费是指由多式联运经营人提供的集装箱(不论是经营人本人的、租箱公司的，还是某一实际承运人提供的)的租用/使用费用。此项费用一般按全程预计天数(从提箱至还箱)包干计算。

保险费用主要包括集装箱保险费和货物运输责任保险费。运输货物保险

(全程或分段)一般由货方自己投保。如货方委托多式联运经营人代为办理,应由货方承担保费及服务费。货物运输保险的费用一般不包含在单一费率之内。

(2) 经营管理费。

经营管理费主要应包括多式联运经营人与货主、各派出机构、代理人和实际承运人之间的信息、单证传递费用、通信费用、单证成本和制单手续费以及各派出机构的管理费用。这部分费用亦可分别加到不同区段的运输成本中一并计算。

对于全程运输中发生的报关手续费、申请监管运输(保税运输)手续费,全程运输中的理货、检查(商、卫检等)及由发货人或收货人委托的其他服务引起的费用,一般应单独列出,并根据贸易交易条件规定向应承担的一方或委托方收取,而不包含在单一费率内。

(3) 利润。

这里的利润是指多式联运经营人预期从该线路货物联运中获得的毛利润。确定利润的多少要进行充分的调查研究,必须根据运输市场运价水平与自己具备的竞争能力、线路中存在的竞争实际情况等确定。

4. 多式联运的一般程序

在国际多式联运中,其主要业务及程序有以下几个环节:

(1) 接受托运申请,订立多式联运合同。

多式联运经营人根据货主提出的托运申请和自己的运输路线等情况,判断是否接受该托运申请。如果能够接受,则双方议定有关事项后,在交给发货人或其代理人的场站收据(空白)副本上签章(必须是海关能接受的),证明接受托运申请,多式联运合同已经订立并开始执行。

发货人或其代理人根据双方就货物交接方式、时间、地点、付费方式等达成协议,填写场站收据(货物情况可暂空),并将其送至联运经营人处编号。多式联运经营人编号后留下货物托运联,将其他联交还给发货人或其代理人。

(2) 空箱的发放、提取及运送。

多式联运中使用的集装箱一般应由经营人提供。这些集装箱的来源可能有三个:一是经营人自己购置使用的集装箱;二是向租箱公司租用的集装箱,这类箱一般在货物的起运地附近提箱而在交付货物地点附近还箱;三是由全程运输中的某一分运人提供,这类箱一般需要在多式联运经营人为完成合同运输与该分运人(一般是海上区段承运人)订立分运合同后获得使用权。

如果双方协议由发货人自行装箱,则多式联运经营人应将签发的提箱单或者由租箱公司或分运人签发的提箱单交给发货人或其代理人,由他们在规定日期到指定的堆场提箱并自行将空箱运到货物装箱地点,准备装货。

如果是拼箱货(或是整箱货但发货人无装箱条件不能自装),经营人将空箱调运至接受货物的集装箱货运站,作好装箱准备。

(3) 出口报关。

若联运从港口开始,则在港口报关;若从内陆地区开始,则应在附近的内陆地海关办理报关。出口报关事宜一般由发货人或其代理人办理,也可委托多式联运经营人代为办理(这种情况需加收报关手续费,并由发货人负责海关派员所产生的全部费用)。报关时应提供场站收据、装箱单、出口许可证等有关单据和文件。

(4) 货物装箱及接收货物。

若是发货人自行装箱,发货人或其代理人提取空箱后在自己的工厂和仓库组织装箱,装箱工作一般要在报关后进行,并请海关派员到装箱地点监装和办理加封事宜。如需理货,还应请理货人员现场理货并与之共同制作装箱单。

如是拼箱货物,发货人应负责将货物运至指定的集装箱货运站,由货运站按多式联运经营人的指示装箱。

无论装箱工作由谁负责,装箱人均需制作装箱单,并办理海关监装与加封事宜。

对于由货主自装箱的整箱货物,发货人应负责将货物运至双方协议规定的地点(Door/CY),由多式联运经营人或其代表(包括委托的堆场业务员)在指定地点接收货物。如是拼箱货,经营人在指定的货运站接收货物。验收货物后,代表联运经营人接收货物的人应在场站收据正本上签章并将其交给发货人或其代理人。

(5) 订舱及安排货物运送。

经营人在合同订立之后,即应制定该合同涉及的集装箱货物的运输计划。该计划应包括货物的运输路线、区段的划分、各区段实际承运人的选择确定及各区段间衔接地点的到达、起运时间等内容。这里所说的订舱泛指多式联运经营人按照运输计划洽定各区段的运输工具,与选定的各实际承运人订立各区段的分运合同。这些合同的订立由经营人本人(派出机构或代表)或委托的代理办理,也可请前一区段的实际承运人作为代表向后一区段的实际承运人订舱。



货物运输计划的安排必须科学并留有余地。工作中应相互照应,根据实际情况调整计划,避免彼此脱节。

(6) 办理保险。

在发货人方面,应投保货物运输险。该保险由发货人自行办理,或由发货人承担费用由经营人代为办理。货物运输保险可以是全程,也可分段投保。

在多式联运经营人方面,应投保货物责任险和集装箱保险,由经营人或其代理人向保险公司或其他形式的机构办理。

(7) 签发多式联运提单，组织完成货物的全程运输。

多式联运经营人的代表收取货物后，经营人应向发货人签发多式联运提单。在把提单交给发货人前，应注意按双方议定的付费方式及内容、数量向发货人收取全部应付费用。

多式联运经营人有完成和组织完成全程运输的责任和义务。在接收货物后，要组织各区段实际承运人、各派出机构及代表人共同协调工作，完成全程中各区段的运输以及运输过程中所涉及的各种服务性工作和运输单据、文件及有关信息的组织和协调工作。

(8) 运输过程中的海关业务。

按惯例，国际多式联运的全程运输均应视为国际货物运输，因此，运输工作应该包括货物及集装箱进口国的通关手续，进口国内陆段保税(海关监管)运输手续及结关等内容。如果陆上运输要通过其他国家海关和内陆运输线路，还应包括这些海关的通关及保税运输手续。这些涉及海关的手续一般由多式联运经营人的派出机构或代理人办理，也可由各区段的实际承运人作为多式联运经营人的代表代为办理。由此产生的全部费用应由发货人或收货人负担。如果货物在目的港交付，则结关应在港口所在地海关进行。如在内陆地交货，则应在口岸办理保税(海关监管)运输手续，海关加封后方可运往内陆目的地，然后在内陆海关办理结关手续。

(9) 货物交付。

当货物运至目的地后，由目的地代理人通知收货人提货。收货人需凭多式联运提单提货，经营人或其代理人需按合同规定，收取收货人应付的全部费用。在收回提单并签发提货单(交货记录)后，提货人凭提货单到指定堆场和地点(CFS)提取货物。



(10) 货运事故处理。

如果全程运输中发生了货物灭失、损坏和运输延误等事故，无论是否能确定损害发生的区段，发 (收)货人均可向多式联运经营人提出索赔。多式联运经营人根据提单条款及双方协议确定的责任范围进行理赔。如能确知事故发生的区段和实际责任者，也可以直接向实际责任者进行索赔。如果已经向保险公司投保，货物的灭失、损坏在保险公司的承保责任范围以内，则应该向保险公司索赔。

## 6.2　运输单据

运输单据通常是指代表运输中的货物或证明货物已经装运的单据。运输单据反映了与货物运输有关的各当事人之间的责任和权益。在出口国装运地交货条件下，运输单据则是卖方凭之证明已履行交货责任和买方凭之支付货款的主要依据之一。

根据不同的运输方式，运输单据主要包括海运提单、铁路运单、航空运单、邮政收据和联合运输单据等。本节将介绍几种主要的运输单据。

## 6.2.1 海运提单

海运提单(bill of lading, B/L，简称“提单”)是由船长或船公司或其代理人签发的，证明已收到特定货物、承诺将货物运至指定目的地并交给收货人的文件。海运提单是用来确定承运人与托运人之间的权利和义务的一种运输单据，是国际海洋货物运输中最重要的货运单证之一。

1. 海运提单的性质和作用

(1) 提单是承运人或其代理人，应托运人的要求所签发的货物收据(receipt of the goods)，证明承运人已如数收到提单上所列的货物。

(2) 提单是一种货物所有权的凭证(document of title)，其合法持有人可在载货船舶到达目的港交货之前在国际市场上进行转让，也可凭提单向银行办理抵押贷款以及在目的港向轮船公司提取货物等。

(3) 提单是承运人和托运人之间运输合同成立的证明(evidence of the contract of carriage)，双方的权利和义务都列明在提单之内，是双方执行合同的依据。

2. 海运提单的种类

海运提单可按不同的方法进行分类，主要有以下几种：

(1) 根据货物是否已装船可分为已装船提单和备运提单。

已装船提单(on board B/L)指货物装上船之后签发的提单。买卖合同中一般都规定卖方需提供已装船提单，因为这种提单可以保障收货人按时收货。

备运提单(received for shipment B/L)指承运人已收到托运人的货物并等待装运时所签发的提单。由于货物尚未装船，提单上没有注明装船日期，有时甚至连船名也没有，银行不会轻易接受这种提单。现在集装箱运输方式被广泛采用，承运人在收到货物后即签发场站收据(dock receipt)，这实质是一种备运提单。按照国际商会《跟单信用证统一惯例》的规定，这种单据由承运人签字并加注日期，该日期可视为货物已装上指定船舶的日期。这时的备运提单已具有已装船提单的性质，可以作为结汇单据向银行议付。如信用证无相反规定，银行可以接受此类提单。

(2) 根据提单上是否批注货物包装外表面有不良情况，可分为清洁提单和不清洁提单。

清洁提单(clean B/L)指货物在装船时表面情况良好，轮船公司在提单上未批注表示货物或其包装有缺陷词句的提单。银行在办理议付货款时，为了安全起见，一般都要求提供清洁提单。

不清洁提单(unclean or foul B/L)又被称为肮脏提单，指轮船公司在提单上对货物表面状况或包装加有"不良"或"存在缺陷"等批注的提单，如"3件破损"(three packages in damaged condition)、"被雨淋湿"(rain wet)、"铁条松失"(ironstrap loose or missing)等。但是，根据国际航运公会(International Chamber of Shipping)规定，诸如，"旧桶"、"旧箱"之类表示不能令人满意的批注不能视为不清洁提单。

(3) 根据运输方式，可分为直达提单、转船提单、联运提单和联合运输提单。

直达提单(direct B/L)指轮船从装运港装货后，所运输货物中途不经过转船而直接驶往目的港的提单。

转船提单(transhipment B/L)指轮船从装运港装货后，所运输货物中途经过转船才能驶往目的港所签发的提单。转船运输一般至少由两艘轮船承担。转船提单需要注明"在××港转船"的字样。

由于货物在中途港口转船，会增加货物损失和遭遇风险的可能性，而且还可能因为不能及时安排接转船只而延误到货时间，所以托运人从自身的利益出发，往往要求直达提单，并在合同和信用证内明确规定不许转船。但有些港口由于挂港船只较少或航次间隔时间过长，在中途转船可以加速货物运输时，买方也可能会同意接受转船提单。

按照国际贸易中银行处理信用证业务的习惯，只要信用证没说明不许转船，承运人即可作为允许转船对待，银行也接受这种包括全部航程的提单。

联运提单(through B/L)。需经两段或两段以上不同运输方式的联合运输、由第一航程承运人签发而由几个承运人联合完成运输任务的表示全程运输的提单，称为联运提单。采用联运提单时，第一承运人或其代理人负责安排向下段航程承运人办理交接转运手续，托运人一次向第一承运人支付全部运费。

联运提单虽包括全程运输，但有时要规定一项免责条款，即某承运人只承担货物在其负责运输的一段航程内所发生的损失责任，对其他航程的风险和损失概不负责。关于这个问题，多数国家认为，第一承运人独家与托运人签订运输合同，应对全程负责。第二承运人是由他安排并为他服务，出了问题以后，应该也只能由第一承运人负全部责任。

国际多式联运提单(combined transport B/L)是由国际多式联运经营人签

发给托运人的对全程运输负责的一种提单。多式联运经营人可以承担全程运输的一部分，也可以将全部运输任务安排给其他有关的承运人。

国际多式联运提单实际上是多式联运经营人与货主间运输合同的证明，多式联运经营人对联运中的各段运输均是以承运人的身份对托运人负责，货物无论在何地发生属于承运人责任范围内的灭失或损坏，多式联运经营人必须直接承担责任。

(4) 根据提单收货人抬头可分为记名提单、不记名提单和指示提单。

记名提单(straight B/L)又称"收货人抬头提单"，指承运人按托运人的意图，签发给指定收货人的提单。在这种提单中，收货人栏内都填写具体收货人名称，只能由指定收货人提货，一般不能转让。这种提单很少使用，通常只在运送贵重物品或特殊用途货物时才采用这种提单。

不记名提单(open B/L)即在"收货人"一栏内不具体写明收货人名称的提单。它不需要任何背书(endorsement)手续即可转让，或在"收货人"栏中仅填"来人"(bearer)，持提单者仅凭提单即可提货。这种提单如发生遗失或被窃，容易引起纠纷，故现在的对外贸易中很少使用这种提单。

指示提单(order B/L)指"收货人"一栏内不明确写明收货人名称，仅写"凭指示"(to order)或"凭某某人指示"(to order of ...)字样的一种提单。使用这种提单时，收货人可以通过背书方法进行转让，所以又称为收货人指示(to order of consignee)提单或可转让提单(transferable B/L)，在国际贸易中应用较广。背书方式分为"空白背书"(blank endorsement)和"记名背书"(special endorsement)两种。前者是指转让提单时仅由转让人在提单上签字盖章，不加其他字句；后者是指除转让人在提单背面签字盖章外，还要加注"交给某某人"(deliver to order of ...)，即要写上受让人(被背书人)的名称。



(5) 根据船舶经营性质，可分为班轮提单和租船提单。

班轮提单(liner B/L)指经营班轮运输的轮船公司或其代理人出具的提单，提单上一般列有详细的运输条款。

租船提单(charter B/L)是船方根据租船合同签发的一种提单。提单上一般标有"根据××租船合同出立"字样，不另外详列条款。因此，这种提单要受到租船合同的约束，不成为一种完整的独立文件。银行或买方在接受此种提单时，往往要求卖方提供租船合同副本，以了解提单和租船合同的全部情况。

(6) 根据提单内容的繁简，可分为全式提单和略式提单。

全式提单(long form B/L)指在提单的背面列有承运人和托运人权利、义务等条款的提单，这是一种在实际业务中经常使用的提单。

略式提单(short form B/L)是指保留全式提单正面的必要项目，如船名、货名、标志、件数、重量或体积、装卸港、货运人名称和签单日期等记载，而略去提单背面条款的提单。租船提单属于略式提单。这种提单不能成为一个完整、独立的文件，因此银行不愿意接受。

(7) 按商业习惯可分为预借提单和倒签提单。

预借提单(advanced B/L)指信用证规定的装运期和结汇期已到期或接近到期，而货主因故未能及时备妥货物装船，或因船期延误影响装船，在这种情况下托运人出具“保函”，要求承运人签发的“已装船提单”。签发这种提单，会给承运人带来风险。

倒签提单(anti-date B/L)指货物的实际装运日期迟于信用证规定的日期，为使提单签发日期与信用证规定的装船日期相符，承运人应托运人的要求，按信用证所规定装运日期签发的提单。这种“倒签提单”与“预借提单”一样，承运人需承担由此可能产生的风险，因为这两种提单的签发均属违法行为。特别是货价下跌时，收货人可以“伪造提单”(false B/L)为理由，拒绝使用“倒签提单”提货或向法院起诉，承运人则承担法律责任。

以上两种提单使用时都具有一定的风险，在实际对外贸易业务中应尽量避免采用。

(8) 其他种类提单。

其他种类提单还有成组提单、过期提单、舱面提单、最低运费提单等。

成组提单(groupage B/L)是运输代理人把几笔交易的货物合并在一起成组托运，由承运人签发的一种提单。常用于集装箱运输中的拼箱货或各个委托人的零星货物，提单不交给委托人而交给运输代理人在目的港的代理人。

过期提单(stale B/L)指在信用证交易条件下，出口方把提单交当地银行议付或用提单向开证行收款的时间已经超过提单有效期的提单。过期提单对买方极为不利，由于不能及时提货，会导致货物被海关扣留或其他损失。银行一般不接受过期提单，以防买方拒付货款。造成过期的主要原因有：一是货物装船后，托运人没有按规定向银行及时交单结汇；二是短途海洋运输使提单无法先于货物到达卸货港。如我国对日本出口货物，因轮船驶往日本只需要3—4天，因此，对日本出口的海运提单可能会成为过期提单。所以，短途运输时，买方一般在信用证中规定“过期提单也可接受”(stale B/L is acceptable)的条款。



按国际商会的《跟单信用证统一惯例》规定，信用证除规定交单的到期日外，还须规定在运输单据签发日期后必须办理付款、承兑或议付单据的期限。如信用证无此项规定，银行将拒绝接受在运输单据签发日期后超过21天才提交的单据。在一般情况下，交单不得迟于信用证有效期。

舱面提单(on deck B/L)又称甲板提单，是货物装在甲板上时，承运人签发的提单。买方一般不愿接受舱面提单，银行为保护收货人的正当权益，一般也拒收舱面提单。

最低运费提单(minimum B/L)又称起码提单，是指所运货物的运费额未达到运价表所规定的最低运费额，而按照最低运费额计收运费时所签发的提单。

3. 海运提单的内容

各国航运公司所制定的提单，虽然文字和格式不同，但是，主要内容基本相同，一般都遵守1924年制定的《统一提单的若干法律规则的国际公约》(International Convention for the Unification of Certain Rules of Law Relating to Bill of Lading)[简称《海牙规则》(Hague Rules)]的规定。

(1) 提单的正面。

提单正面除列有托运人、收货人、通知人、船名及国籍、航次、装运港和目的港、运费、提单签发份数、签发日期及签单人之外，还有以下规定：

① 托运人所提供的详细情况(如货名、标志和编号、件数、尺码等)，如填写不准确、错误或谎报，一切后果应由托运人负责。

② 声明货物的外表或包装情况和是否已装货上船。对已装船的货物应能在卸货港或该船所能安全到达并保持浮泊的附近地点卸货。

③ 托运人、收货人和提单持有人明确表示同意并接受提单所载明的一切印刷、书写或打印的有关规定。

④ 正本提单中的一份完成提货手续后，其余各份失效。

(2) 提单的背面。

提单背面的条款较多，可以归纳为以下几方面：

① 承运人的责任和义务条款。说明承运人在船舶管理和航运方面的责任和义务，并规定承运人的负责期限从货物装船时起至货物卸下船为止。



② 承运人免责条款。根据《海牙规则》第4条第2款规定，对17项原因造成的货物灭失或损坏免除承运人的责任。其中，第1项为船舶管理和航运方面的过失免责；第2项为火灾事故免责。这些规定显然是维护承运人的利益，因此遭到许多远洋运输事业不很发达的发展中国家的反对。

③ 索赔与诉讼条款。规定对货物的灭失或损坏进行赔偿的条件，赔偿要求应自交货或应交货之日起一年内提出(《汉堡规则》把诉讼时效延长为2年)，超过时效期后承运人或船方均解除一切责任。

④ 托运人的责任和义务条款。规定托运人有对货物妥善包装、作出明显标志、支付运费以及配合承运人装卸货物的义务。

⑤ 有关特殊货物运输的条款。对危险货物、舱面货物、散装货物、重货和大

件货物等的装运作了一些明确的规定。如每件货物重量达2 000公斤或长达9米时，托运人必须清楚地标明其重量、体积和长度，托运人可自行决定使用港方起重设备或其他方法装卸，其风险和费用均由货方承担。

⑥ 其他条款。对货物留置权、共同海损、转运、换船、联运、战争、检疫、冰冻、罢工、港口拥挤等均作了具体规定。

### 6.2.2 海上货运单

海上货运单简称海运单（sea waybill, or ocean waybill），是证明海上货物运输合同成立和货物由承运人接管或装船，以及承运人保证据以将货物交付给单证所载明收货人的一种不可流通的单证。因此又称为“不可转让海运单”（non-negotiable sea waybill）。

海运单不是物权凭证，故不可转让。收货人不凭海运单提货，承运人也不凭海运单而凭海运单载明的收货人的提货（收货）凭条交付货物，只要该凭条证明其为海运单上指明的收货人即可。目前，欧洲、斯堪的纳维亚半岛、北美和远东、中东地区的贸易界越来越倾向于使用不可转让海运单，主要是因为可以在一定程度上减少以假单据进行诈骗的现象。另外，由于电子数据交换技术在国际贸易中的广泛使用，不可转让海运单更适用于电子数据交换信息。

### 6.2.3 铁路运单



铁路运单（railway B/L）是铁路承运人收到货物后所签发的铁路运输单据。铁路运单是铁路运输中的主要运输单据，是收、发货人与铁路部门之间的运输契约，对双方都有法律约束力。

1. 铁路运单及其副本的作用

（1）在发货人提交全部货物和支付相应的运输费用后，铁路运单及其副本由发货站盖章后便成为发货人与承运人之间的运输合同，成为承运人承运货物的证明。

（2）铁路运单副本是卖方通过银行向买方结算货款的主要单据之一，发货人凭此单向银行结汇。

（3）铁路运单正本是交货的依据。铁路运单正本随同货物从始发站至终到站后交给收货人。到达站按运单上所记载的项目内容，向收货人核收应收的运杂费用后点交所运货物。

2. 铁路运单的种类和内容

铁路运单主要包括国际铁路联运单和承运货物收据，现分别简述如下。

(1) 联运单。

联运单是国际铁路联运中所用的货物运单。它是货物联运中的主要单据，其主要内容包括：

① 发货人名称、通讯地址、合同号码和始发站。填写始发站名称时，如有专用线，要加附专用线名称。

② 发货人的特别声明。主要填写发货人对铁路部门的要求或说明有必要让铁路部门了解的事宜。例如，"委托国境车站报关"，"运单已作修改"，"运送全程都不需要照管"等。

③ 收货人名称和通讯地址。一般应填写合同中规定的收货人名称及其地址。

④ 通过的国境站、到达路局和终到站。

⑤ 货物名称、件数、包装种类、标志和号码等。

⑥ 重量，包括发货人确定的重量和铁路确定的重量。如合同规定需经铁路过磅的，发货人向发货站托运时应提出，然后由铁路过磅后将重量填入"铁路确定重量"栏内，并加盖站戳。若两者确定数字不同，应以铁路确定的为准，无需更改发货人确定的重量。

⑦ 发货人应随附的文件。即填明根据合同规定需要随附的有关卫生、兽医、商务等文件名称和份数，如商检证、装箱单、零件清单、化验单等。上述随附文件，均需附在运单上，发运时在发货站交给车站并办理托运手续。

以上内容是发货人需要填写的，运单内其他各栏目内容则由铁路填写。

(2) 承运货物收据。



承运货物收据(cargo receipt)是港澳联运中使用的一种结汇单据。由于内地铁路部门发往香港的货物不能只使用一张单据，因此，铁路提供的运单不能作为结汇的凭证。为了解决这个问题，改由中国外运公司凭铁路货物运单以运输承运人的身份另行签给经深圳中转至香港货物的承运收据，交由出口企业凭之向银行或通过银行收汇。承运货物收据即能代表货物的所有权，又是香港收货人的提货凭证。

### 6.2.4 航空运单

航空运单(air waybill)是航空运输中承运人收货后签发给托运人的单据，它包括三份正本和若干份副本。

1. 航空运单的性质和作用

航空运单是航空公司收到托运人货物的证明，经托运人签字后，即成为航空公司与托运人之间的运输契约，对双方均有约束力。

根据信用证的规定，航空运单可作为议付单据之一。航空运单不是物权凭证，只是一种托运人把项下货物交给承运人的凭证。托运人在货物交运后和收货人提取前，可向航空公司书面申请，要求停运、转运或回运。

2. 航空运单及其附加单据

航空运单是航空运输的主要单据，有三份正本。第一份交给发货人，是货物收据；第二份承运人留存；第三份随货运行，在目的站交给收货人，作为核收货物的依据。

另外，托运人交运货物时，需填写《国际货物委托书》(Shipper's Letter of Instruction)，连同有关商业发票、货物明细单、装箱单以及海关所需的其他有关文件，向海关办理出口手续，然后再由航空公司填发航空运单。因此，这些附加单据也是航空运输中不可缺少的单据。

## 6.2.5　国际多式联运单据

国际多式联运单据是指证明多式联运合同成立以及多式联运经营人接管货物并负责按合同条款交付货物的单据，在实践中一般称为国际多式联运提单(multimodal transport B/L, or combined transport B/L)。

1. 国际多式联运提单的性质与作用

《国际多式联运公约》中对提单所下的定义与《汉堡规则》中对提单所下定义是一致的，因此，多式联运提单与海上运输提单的性质与作用是一致的，主要有以下几方面：



第一，多式联运提单是多式联运经营人与发货人之间订立的国际多式联运合同的证明，是双方在合同确定的货物运输关系中权利、义务和责任的准则。

发货人提出托运申请，经营人根据自己的情况表示可以接受后，双方即达成了协议。多式联运提单是双方协议的书面形式。

提单正面的内容和背面的条款是经营人与发货人订立合同的条款与实体内容。由于各经营人都提前印好并公开其内容，发货人在订立合同前应了解提单上所有条款，除非有另外的协议，应把这些内容和条款当作双方义务和责任的基础。即使在发货人按信用证要求进行结汇后提单被转让给第三者，多式联运经营人与新的提单持有人之间的责任和义务仍然依提单的规定确定。

第二,多式联运提单是多式联运经营人接管货物的证明和收据。多式联运经营人向发货人签发提单表明为运送提单上记载的货物,已经从发货人手中接管并占有了该货物。

第三,多式联运提单是多式联运经营人交付货物和收货人提取货物的凭证。收货人或提单受让人在目的港(或地)提货时,必须凭借多式联运提单才能换取提货单(或收货记录)。

第四,多式联运提单是货物所有权的证明,可以用来结汇、流通、抵押等。谁拥有提单,在法律上就表明其拥有提单上记载的货物。提单持有人可以用它来结汇、流通、抵押和提取货物。

2. 多式联运提单的签发

多式联运经营人在收到货物后,凭发货人提交的收货收据签发多式联运提单。

(1) 签发提单时应注意的事项。

如签发可转让多式联运提单,应在收货人栏列明“凭指示”(to order)或“凭某某人指示”(to order of ...)字样。签发不可转让提单,应列明收货人的名称。

如应发货人要求签发一份以上正本提单时,在每份正本提单上应注明正本提单的份数。

如签发任何副本,每份副本均应注明“不可转让副本”字样,副本提单不具有提单的法律效力。

如果多式联运经营人或其代表在接受货物时,对货物的实际情况和提单中所注明的货物的种类、标志、数量或重量、包件数等有怀疑,但又无适当方法进行核对、检查时,可以在提单中作出保留,注明不符之处及怀疑根据。但为了保证提单的清洁,也可按习惯做法处理。

(2) 多式联运提单签发的时间与地点。



多式联运提单一般是在多式联运经营人收到货物后签发的,由于联运的货物主要是集装箱货物,因而经营人接受货物的地点可能是集装箱码头或内陆港堆场(CY)、集装箱货运站 (CFS)和发货人的工厂或仓库(door)。由于接受货物地点不同,提单签发的时间、地点及联运经营人承担的责任也有所不同。

① 在发货人工厂或仓库收到货物后签发的提单。

这种情况属于在发货人的“门”(door)接受货物,场站收据中应注明。提单一般在集装箱装上运输工具后签发。在该处签发提单意味着发货人应自行负责货物报关、装箱、制作装箱单等。而经营人负责从发货人工厂或仓库至码头堆场直至最终交货地点的全程运输。这样,所发运的货物一般都是外表状况良好、铅封完整的整箱货物。

② 在集装箱货运站收货后签发的提单。

所接受的货物一般是拼箱运输的货物，提单签发时间一般是在货物交接入库后。在该处签发提单意味着发货人应负责货物报关，并把货物运至指定的集装箱货运站。而多式联运经营人负责装箱、填制装箱单、联系报关、负责将拼装好的集装箱运至码头堆场等项业务。

③ 在码头堆场收货后签发的提单。

这种情况属于在码头堆场接受货物，一般由发货人将装好的整箱货运至多式联运经营人指定的码头堆场，由经营人委托的堆场的业务人员代表其接受货物，签发正本场站收据给发货人，再由发货人用该正本场站收据至经营人或其代表处换取提单。联运经营人收到该正本场站收据，并收取应收费用后即应签发提单。在该处签发的提单一般意味着发货人应自行负责货物装箱、报关以及将货物从装箱地点运至码头堆场等工作。

在上述各地点签发的多式联运提单，均属于备运提单。为了适应集装箱货物多式联运的需要，《跟单信用证统一惯例》修订本均规定卖方可使用联运提单结汇。

## 6.3 合理订立装运条款

国际贸易合同中的装运条款主要规定“运输方式”、“装运时间”、“装运港和目的港”、“转船”、“分批装运”、“运输单证”等内容。现分别从出口和进口的角度，综合常见的一些条款内容，就如何合理订立装运条款的问题简述如下。

### 6.3.1 运输方式条款

在出口合同中，对一般运输方式(mode of transportation)均应事先约定。如采用联合运输方式中的“陆空陆”方式，则应订明如“用火车从合肥运到上海，由此空运到中转地或目的地，再由卡车运至最终目的地”(By train from Hefei to Shanghai and then to a reforwarding town or to destination by air freight and then onwards by truck to ultimate destination.)这样的条款。

### 6.3.2 装运地和目的地条款

货物的交付地点视成交条件而有所不同，以 CIF 或 FOB 条件成交，交货地即为装运港，而CIF合同同时也明确了目的港。如果选用FCA或CIP条件，由于可采用任何运输方式，则装运地和目的地更为灵活。

1. 装运地

对于外贸运输来说，装运地的选择很重要。一般来说，装运港是由卖方以有利于货物装运为条件提出来再经买方同意后确定的。通常只规定一个装运港，但如果货物数量较大而货源又比较分散，可以规定几个装运港，如"天津/上海/大连"。如成交时具体装运港不能确定，也可规定"中国口岸"(China ports)。订立装运港条款时，应注意以下几个问题：

(1) 装运港一般以接近货源所在地为宜。

(2) 规定装运港要考虑国内的运输条件和费用水平。

(3) 对以FOB价格条件达成的合同中，因为由买方派船接货，所以应注意使买方所派船只应该与装运港口的水深相适应。

2. 目的地

由于运输、经营业务等原因，在出口合同中均需订明目的港(port of destination)，而且必须注意以下几个问题：

(1) 不能接受我国政府不允许进行贸易的国家或地区的港口为目的港。

(2) 对目的港的规定必须明确具体，要避免使用"欧洲主要港口"、"西非主要港口"、"日本主要港口"等笼统的规定方法。因为这种规定不明确，容易产生纠纷或者使货物运输出现差错。

(3) 目的港必须是船舶能够安全停泊的港口。

(4) 对内陆国家的出口贸易，一般选择离该国最近，有利于我方船舶停靠的港口为目的港。

(5) 目的港原则上只规定一个，但买方与我方成交时或开证时尚不能确定具体港口，要求在几个港口中选择时，可以考虑接受。但选择港一般不超过三个，并须在同一航线内，同时要明确因此而增加的运费和附加费应由买方负责。



## 6.3.3 装运时间条款

1. 装运时间的确定方法

装运时间的确定是一个复杂的问题，它涉及准备货物、安排装运等多方面的情况。在对外贸易中，尤其是大型机器设备的贸易中，由于成交签约之后安排生产、办理必要的审批手续及组织运输等都需要一定的时间，而且有时还会发生一些事先难以预料的复杂情况，所以装运时间的确定一般均采用规定一定期限的方法，而不适宜规定某个肯定的日期。合同中的装运期限有长有短，短者可以定为两周、三周或一个月内装运；长者可以在两个月、一个季度或更长一些时间内装运。装运时间的规定一般可以采用以下几种方法：

(1) 规定在某一段时间内装运。

按照这种规定方法，只要卖方在合同规定的时间期限内把货物装到运输工具上，其履行装运的责任即告结束。至于卖方哪一天装货，既不需对方同意，也不受对方的任何限制。例如，“60天内装运”(shipment within sixty days)。

利用这种方法，要注意对开始时间的规定，如规定收到信用证后一定时间内装运。例如，“收到信用证后30天内装运”(shipment within 30 days after receipt of L/C)。这种规定装运时间的方法是以买方开出信用证为前提的，如买方拖延或拒绝开证，则卖方将处于很被动的地位。因此，卖方往往还要求在装运条款中规定买方开证期限，例如，“4月30日前装运，但以买方信用证在3月1日前到达卖方为限”(shipment by April 30th subject to buyer's L/C reaching the seller on or before March 1st)。

(2) 规定装运的最迟时间。

根据这种规定，卖方自订立合同之日起，即可备货装运，但装运时间最晚不超过合同规定的最迟装运时间。例如，“7月15日或以前装运”(shipment on or before July 15th)，“8月底或以前装运”(shipment at or before the end of August)。

(3) 规定跨月装运。

这种规定方法允许卖方在两个月、三个月或几个月内装运，例如，“3/4/5月份装运”(shipment during Mar/April/May)。只要卖方在3月1日到5月31日这个期限内的任何时间内把货物装上船，即可认为完成了交货责任。

以上三种规定装运时间的方法比较明确具体，在国际贸易合同中应用比较广泛。采用这三种方法确定装运时间，卖方有一定的时间安排生产、备货和运输，也有利于买方预先掌握货物的装运日期，作好支付货款和接受货物等方面的准备。因此，上述方法是机电商品贸易中经常采用的方法。

(4) 采用某些术语规定装运时间。

这种方法一般是在买方急需而卖方又备有现货的情况下使用。这类术语包括：立即装运(immediate shipment)；即期装运(prompt shipment)；尽快装运(shipment as soon as possible)；首次机会装运(shipment by first opportunity)；有船即装(shipment by first available steamer)。

这类术语对装运时间没有明确规定，国际上并未形成统一的解释，各国、各地和各行业对它们的理解也不完全相同。有的认为从合同生效日起2周内装船；也有的认为3周内、4周内或30日内装运。因此，使用这些术语的前提是买卖双方必须对其含义有一致的看法。在对外贸易中，除有特殊原因外，一般应避免采用此种术语，以防日后引起争议或纠纷。如果使用，贸易双方应仔细磋商，并在合同中订明具体条件。

2. 确定装运时间应该考虑的问题

装运时间是交易双方容易产生争议的焦点之一，必须恰当可行，力求做到明确合理，符合实际，以便于合同的履行。在确定装运时间时，一般应注意下列问题。

（1）货源情况。

从卖方的角度看，货源是洽商装运时间首先要考虑的问题。所规定的装运时间必须与库存商品的品种、规格和数量相适应。另外，对签订尚待生产的货物装运时间，一般要考虑安排生产的可能性，诸如资金、原材料、生产进度等。

（2）运输情况。

如果贸易合同中规定由我方负责办理租船订舱，对装运时间的确定必须考虑周密，不能盲目规定。在洽商装运时间之前，首先要掌握我国与有关国家间的运输信息，对该区域的运输能力、航线、港口条件等情况应该有所了解。对没有直达船或船次较少的港口，以及虽有直达船但航次较少的港口，装运时间应该规定得长一些。有些国家和地区每年都有冰冻期（如北欧和加拿大某些港口）或雨季（如东南亚一些国家），运往这些国家和地区的货物装运时间的规定应尽可能避开这些时间，以免因气候原因造成船舶无法停靠码头或无法卸货，造成延误交货日期，引起贸易纠纷。

此外，还需根据船舶情况商定装运时间，切不可在船源无把握的情况下盲目成交，或没有留出安排舱位的合理时间就规定在成交的当月交货或装运，以免造成有货无船的局面。



（3）市场情况。

规定装运时间的时候还要考虑到市场需求情况，特别是应季商品，其装运时间与用户安排销售密切相关，因此要为客户着想。否则，若不能按时交货，不仅给客户带来损失，还会导致客户要求赔偿损失。机器设备的装运时间也往往与用户安排生产的时间相联系，设备不能按时到货，用户无法按计划组织生产，从而给买方造成一系列连锁损失。因此，我们在商品对外贸易中要特别注意用户的时间要求，以建立产品出口信誉，提高其在国外市场上的竞争能力。

（4）商品情况。

规定装运时间，还要考虑到商品本身的性质和特点。如电子产品需防止震荡，应避免在台风季节装运；对那些易受热受潮和发霉的商品，确定装运时间时应尽量避开梅雨季节和夏季。

### 6.3.4　转船和分批装运条款

所谓转船运输(transshipment),简称为转运,是指货物在起运港装船后,需要在中途港口换装另外船只运至目的港的运输方式。所谓分批装运(partial shipment)是指一笔成交的货物,分若干批装运的运输方式。根据《跟单信用证统一惯例》规定,同一船只、同一航次中多次装运货物,即使提单表示不同的装船日期及(或)不同装货港口,也不作分批装运处理。在大宗货物交易中,买卖双方根据交货数量、运输条件和市场需要等因素,可在合同中规定分批装运条款。

国际商会的《跟单信用证统一惯例》对转船和分批装运作了以下规定:

(1) 除非信用证另有规定,分批支付及/或装运视为被允许。

(2) 除非信用证条款禁止转运,如果运输单据包括全程运输,以及“印有承运人保留转运权的条款”,银行将接受标明货物将被转运的运输单据。即使信用证规定有禁止转运的情况,如果注明转运是全程运输的一部分,银行也可以接受有转运内容的单据。

但有些国家的法律认为,如果合同上没有明确规定准许分批装运,即是不允许分批装运。因此,为了避免日后争议,应在合同中明确规定是否允许分批装运。有些出口货物需要分批装运,合同中要具体规定批数和定期分运的时间。货物运往没有直达船或虽然有直达船但航次很少的港口时,合同中应规定“允许转船”。

### 6.3.5　运输单据条款

运输单据主要是提单等,合同中一般应规定使用何种提单、提单抬头写法、份数和背书要求等。例如,“全套清洁已装船提单,指示抬头、空白背书、通知买方、运费预付”(full set of clean shipped on board B/L made out to order and endorsed in blank notify the buyer marked freight prepaid)。

### 6.3.6　有关装运船只的条款

一般不应规定由买方指定使用某国籍、某班轮公司的轮船或指定具体船名。

对于船舶性能的要求一般不能接受。

### 6.3.7 装运通知条款

装运通知(shipping advice)主要指以下两种情况:

(1) 在FOB条件下,卖方在装运月份前若干天电告买方派船接货。

(2) 在CIF条件下,卖方于货物装船后应将合同号码、货物名称、船名、装船日期等通知买方,以便买方准备办理接货、报关和付款手续。因此,合同中应该订明通知的办法和时间。

(3) 订立转运通知条款的目的是使买卖双方在转运货物的问题上有机配合,完成交货和将货物安全、准时运往目的地的任务。

### 6.3.8 滞期和速遣条款

为避免由于装货迟缓,使船方遭受船期损失和对买方的损失,在大宗货物合同中必须规定滞期和速遣条款,并且,这些条款应该与租船合同中的滞期和速遣条款相衔接。

与滞期和速遣条款相适应,最好在条款中规定装卸率。所谓装卸率,即指每日装卸货物的数量。装卸率的具体确定,一般应按照习惯的正常装卸速度,掌握实事求是的原则。装卸率的高低,关系到完成装卸任务的时间和运费水平,装卸率规定过高或过低都不合适。规定过高,完不成装卸任务,要承担滞期费(demurrage);反之,规定过低,虽然能提前完成装卸任务,可得到船方的速遣费(despatch money),但船方因装卸率低,一般是不接受的。



### 6.3.9 运费条款

在我方派船接货的情况下,合同中就不应订立有关"运费支付方法",因为有关运费支付事宜是买方与轮船公司之间的事,与卖方无关。

综上所述,在合同中订立装运条款时,必须多作调查研究,努力争取订得明确、合理,从而保证合同的顺利履行,避免产生纠纷,以维护国家利益。因此,外贸业务人员应系统掌握这方面的知识,经常注意运输市场的动态,以促进国际贸易的发展。

## 6.4　国际货运代理

在运输业领域，运输代理人根据所代表运输当事人的不同可分为两类：一类为承运方代理人，他们接受各种运输方式的承运人的委托，提供承运人所需要的有关揽货、配载、货物交付、后勤服务、办理装卸、理货、检查、通关等服务性业务。这一类代理人一般通称为船代，包括船舶代理、航空代理等。另一类为货方的代理人，他们接受发货人、收货人的委托，提供所需要的运输工具和运输合同，办理仓储和货物发运、理货、通关及对货物进行与运输有关的包装加工等业务。这一类运输代理人一般称为货运代理人，简称货代。

随着国际贸易、运输业务的发展，许多贸易经营人、运输经营人的业务涉及的地域范围不断扩大，业务量也有很大增加，大量业务需要委托代理人代为办理，货运代理人已成为贸易、运输领域不可缺少的重要组成部分，在国际贸易、运输中的作用和地位变得越来越重要。

本节根据对国际运输有关业务知识的需要，对国际货运代理人作简要介绍。

### 6.4.1　国际货运代理人定义

对于“the freight forwarder”一词，目前国内的译法有“货运代理人”、“货物运输行”等。联合国亚太经社理事会对其解释是：货运代理人代表其客户取得运输，而本人并不起承运人的作用。国际货运代理人协会联盟(FIATA)对其所下的定义是：货运代理人是根据客户指示，并为客户的利益而揽取货物运输的人，其本人并不是承运人。货运代理人也可以依这些条件，从事与运输合同有关的活动，如仓储、报关、验收、收款等。以上的定义，尽管表达方式不同，但有以下两个共同点：

首先，货运代理人是在运输业或相关业务范围内的代理人，他们根据客户的要求，代表发货人或货主安排货物的运输及相关事宜，包括储存、报关、验收，代付运费、包装费和关税等，然后收取相应的费用。

其次，货运代理人不是承运人，一般不承担运输责任，而只完成有关的服务业务，在完成这些服务业务时，货运代理人是以他人(委托人)的代理人身份工作。

可以看出，上述的定义还是传统意义的定义。随着时代的发展和货运代理人业务的扩展，现代意义的货运代理人已不再仅仅以客户名义和身份工作，其业务已经进入运输领域，充当了运输合同的当事人，并以本人的名义来安排属于发货人或其他委托人的货物运输及相关业务，甚至开展多式联运业务。对运输合同承担的义务是受合同条款制约的，在这种情况下，货运代理人已成为无船承运人或运输经营人，承担合同规定运输的全部责任。

### 6.4.2 货运代理人的发展阶段

国际货运代理人业务的发展，一般可分为两个阶段。在不同的阶段中，其业务范围、法律地位等都有较大的区别。

1. 传统货运代理人阶段

该阶段是货运代理人发展的初期阶段。在这个发展阶段中，货运代理人是根据与委托人订立的委托合同或协议进行工作的，主要业务内容是代表委托人洽定运输工具，办理报关、商检、检疫、装卸、理货、仓储，订立运输合同，向各类承运人交付货物等业务。这些业务一般均属于与货物运输有关的服务范畴。

处于该发展阶段的货运代理人，尽管有时根据委托人的咨询提供一些有关货物运输的建设性意见，但他们一般不直接参与运输组织和实际运输工作。因而货运代理人的业务一般仅限于在货物的起运地、中转地和目的地，在这些地点代表委托人办理货物的托运、接受和中转衔接等方面的工作。由于这些工作，使货运代理人成为交通运输过程中货方（发、收货人）与承运人和货物全程运输中的不同运输区段承运人之间的桥梁。这种桥梁和衔接作用，可用图6.1来说明。



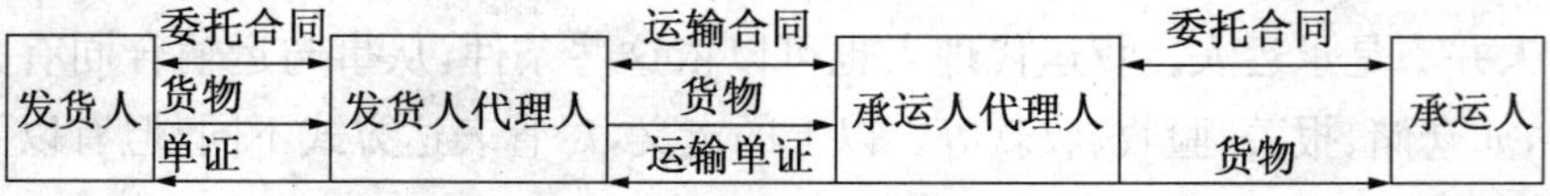


**图 6.1 货物起运过程中承运人作用示意图**

图6.1中的发货人按照合同条款的不同规定，有时是合同的卖方，有时是买方。注意，这里并没有把货运代理人提供的服务划在里面。图中单证包括为订立的运输合同和办理货物进出口所需要的各种必备的文件、证明等。

货物运至目的地后，在接受货物过程中，货运代理人的衔接和桥梁作用可用图6.2来说明。

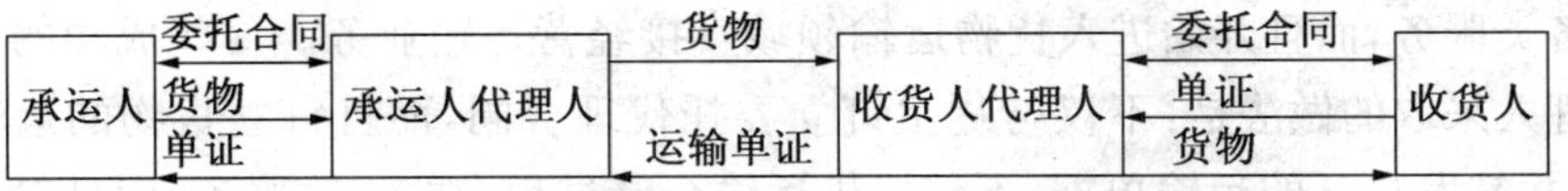


**图 6.2　货物到达后承运人作用示意图**

当货物全程运输采用分段运输形式时，货运代理人在各运输区段之间的衔接和桥梁作用主要体现在接受委托人的委托，从前一程的承运人交付货物的地点接受货物，与后一程承运人订立运输合同后，将货物交给后程承运人继续运出，并承担这个过程中所涉及的全部与运输有关的服务业务。这种桥梁作用和衔接性工作可用图 6.3 来说明。

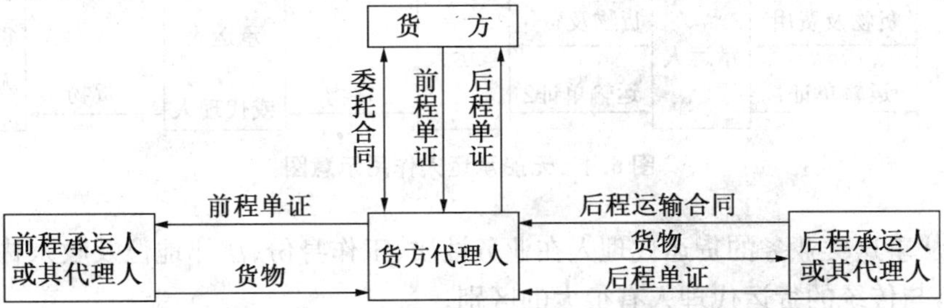


**图 6.3　分段运输的情况承运人作用示意图**

在这一发展阶段，货运代理人的主要收入是通过为货方提供各类服务而获取的佣金(或代理费)。根据各国相关法规的规定，对货运代理人提供服务的范围都有一定的限制，一般的限制是只能从事与运输有关的综合性服务工作，包括代办运输、仓储和保管，代办行政和财务手续，提供一定的加工承揽服务等，而不能从事旅游、律师等与货运无关的业务。

许多货运代理人在与委托人长期的合作过程中，由于其提供了较好、较全面的服务而逐步得到委托人的信任，与这些货主建立起长期、稳定的委托—代理关系，甚至通过与货主订立长期协议，获得这些货主所有货物运输的代理权。这种做法，对于货方来讲有了一个长期、可靠的合作伙伴，自己可以不必设置负责运输的部门和机构。同时，还可能获得优惠服务，减少费用支出。对于货运代理人来讲，通过这种方式获得了稳定的、大量的货物运输代理权。这样一来，货运代理人的收益已不再仅仅是服务的佣金，而是可能获得运费上的差价。同时，由于可以以较低运价为货主订立运输合同，货运代理人可以因此获得更多发货人的货运代理权，使自己的业务进一步扩大。这种做法，实际上可使货方、承运方和货运代理人三方都获得好处。这也是货运代理人在运输业中的重要作用之一。

2. 无船承运人(或运输经营人)阶段

传统的货运代理人业务范围的扩大主要体现在不仅为货方提供与运输相关

的各类服务，而且开始进入货物运输领域直接经营运输业务。一些成功的货运代理人采取的做法是：不仅与货主订立委托代理合同，而且订立货物的运输合同，并签发自己的运输单据；不仅提供运输仓储过程中的运输服务，而且对从接受货物开始至目的地交付货物为止的运输过程负责。由于自己一般不具有或不掌握运输工具，代理人要通过与实际从事运输的各类承运人订立运输合同来实现运输。代理人在目的地接受货物后，再交给实际的收货人，从而完成运输责任。这类业务可用图 6.4 来说明。

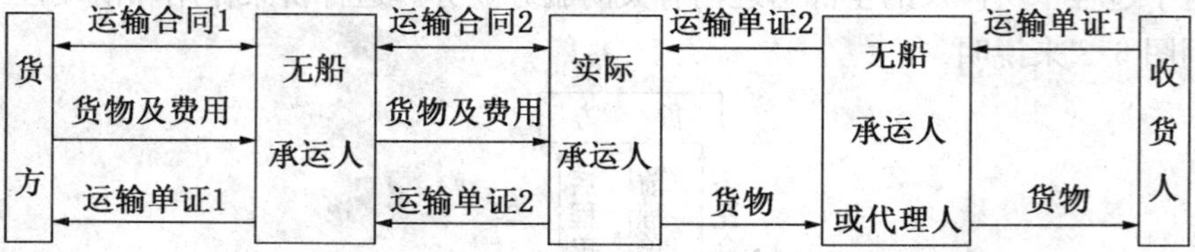


**图 6.4　无船承运人作用示意图**

从事这类业务的货运代理人在业务性质、工作身份、法律地位及收入构成等方面，与传统的货运代理人有很大的区别。

首先，从该类业务的性质和内容来看，已经突破了与运输相关的服务范畴，进入了实际运输领域。由于与托运人签订了运输合同，根据目前的定义，承运人是签订运输合同的人或实际完成运输的人，这类货运代理人已经成为承运人了。又由于并不具备任何运输工具，自己并不实际完成运输，仅能通过与有运输工具的承运人订立运输合同来完成运输任务，因此，这类承运人被称为无船承运人(non-vessel operating common carrier, NVOCC)，而把实际完成运输的承运人称为实际承运人。



其次，在无船承运人从事业务的过程中，从与托运人订立运输合同并接受货物，直至在目的地交付货物期间，该代理人在与实际承运人订立运输合同和办理理货、装卸、仓储、发货和提货等具体业务中，不再仅仅是货方委托的代理人身份，而是以承运人委托人的身份工作，是有关合同的当事人。从法律上讲，它的法律地位也发生了根本性的变化。无船承运人作为独立的法人，要对上述掌管货物期间货物的安全运输负责，要对以自己名义订立的所有合同和运输单证负责。

第三，随着业务性质和法律地位的变化，无船承运人的收入构成也发生相应的变化。作为由货运代理人发展而来的运输经营人，他一般不会放弃传统的服务业务，因此收入中仍包括传统的佣金收入。由于他开始经营货物运输，收入中可以名正言顺地包括运费差价，即向发货人收取的运费与付给实际承运人运费的差价。这种做法不仅可以增加收入，而且可为货方提供更多的方便，货方只要与他打交道就可以完成运输全过程，而不必再与实际承运人打任何交道。

经过长期的发展，货运代理人已成为交通运输业中一支不可缺少的重要队伍，随着业务的不断扩展，他在国际贸易和运输中的作用也将不断被强化。

# 本章小结

对外贸易运输是国际商品贸易交易过程中的重要环节之一，随着经济全球化的发展，对外贸易运输将成为国际贸易价值链中越来越重要的环节。对外贸易运输业务涉及装运时间、运输方式、装运港、目的港以及装运单据等项内容，是对外贸易业务中环节多、涉及面广的环节，有关业务人员应该熟悉外贸装运的基本知识，按照安全、迅速、准确、节约、方便的原则，灵活运用各种运输工具和运输方式，争取做到出口货物的安全及时交付和进口货物接运任务的顺利完成。

在国际货物运输中，涉及的运输方式有很多，其中包括海洋运输、铁路运输、航空运输、内河运输、邮政运输、公路运输、管道运输、集装箱运输、大陆桥运输以及由各种运输方式组合的国际多式联运等，其中，海洋运输方式仍然是最重要的运输方式。同时，以海洋运输方式为基础发展起来的集装箱运输方式、国际多式联运运输方式将得到更加迅速的发展。与此同时，以传统的运输方式为基础发展起来的物流业将以更快的速度发展，并且将逐步取代大部分传统的运输业务。

# 复习与思考

1. 国际货物运输的方式有哪几种？在实际业务中，应如何选择使用？
2. 何谓班轮运输和租船运输，试分别简述其特点。
3. 班轮提单的性质和作用表现在哪些方面？
4. 提单的种类有哪些？说明其含义和作用。
5. 为什么当货物通过班轮运输时，进口人通常要求出口人提供已装船、清洁提单，并作成凭指示的空白抬头、空白背书的提单？
6. 何谓装卸时间、滞期费、速遣费？为何程租船合同要对这些问题作出具体规定？
7. 什么样的提单是不可转让海运单？它与一般的海运提单有哪些区别？
8. 铁路运单、航空运单、邮包收据各有什么作用？与海运提单相比各有哪些异同？
9. 多式联运单据与其他单一运输方式的单据有何区别？

10. 装运时间的规定方法有哪几种?
11. 何谓分批装运和转运?《跟单信用证统一惯例》对分批装运是怎样规定的?
12. 在出口业务中确定装运港(地)和目的港(地)时各应该注意哪些问题?
13. 我国某公司出口一批货物,共20吨,14.876立方米,由上海装船经中国香港转运至温哥华港。经查,上海至中国香港,该货运费计算标准为W/M,8级,基本费率为每运费吨20.50美元;中国香港至温哥华计算标准为W/M,8级,基本费率为每运费吨60美元,另收中国香港中转费,每运费吨13.00美元。试计算该批货物的总运费。
14. 某公司出口箱装货物一批,报价USD$35 per case CFR Liverpool,英国商人要求改报FOB价。已知,该批货物体积每箱长45厘米、宽40厘米、高25厘米,每箱毛重35千克,商品计费标准为W/M,每运费吨基本费率为120美元,并加收燃油附加费20%,货币附加费10%。我方应报价多少?
15. 什么是国际货运代理人?经历了哪些发展阶段?

## 案例分析

1. 中国某进出口公司与利比亚某公司签订了出口1 000台数控机床的合同,所选用的贸易术语为FCA Shanghai,采用国际多式联运方式运输。中国公司与某家货运代理公司签订运输合同以后,又与后续运输所涉及的相应机构订立了相应的运输合同,然后向承运人交货。在交货的过程中该公司与承运人发生了分歧,请问:

(1) 对上述公司的业务操作有何评论?

(2) 在交货的过程中该公司与承运人可能发生了什么样的分歧?



2. 我国某柴油机股份有限公司的进出口公司向毛里塔尼亚以FOB条件出口一批柴油机配件。装船前客户到场检验,认定产品合格后开具合格证并铅封了包装袋。货物到达目的港后,客户及时提货。可是开箱后发现,很多配件都生了薄锈。客户认为是包装和运输问题,因此,要求由出口方或船公司赔偿。而出口方检查了包装记录,没发现不合理的地方,回电称不承担责任。船公司回答说包装完好,船公司不承担责任。你觉得配件生锈的责任该由谁负责?

# 第 7 章　运输货物保险

## 本章关键词

风险(risk)
保险(insurance)
被保险人(insured)
保险人(insurer)
中国保险条款(China Insurance Clause, C.I.C.)
平安险(free from paricular average, F.P.A)
水渍险(with average, or with particular average, W.A or W.P.A)
一切险(all risk, A.R.)
附加险(additional risks)
保险单(insurance policy)
协会货物条款(Institute Cargo Clause, ICC)

## 互联网资料

中国人民财产保险股份有限公司网站　http://www.picc.com.cn
中国国际贸易发展网　http://www.itdn.com.cn

中国人民财产保险股份有限公司简介

中国人民财产保险股份有限公司(简称人保财险),是由中国人保控股公司发起设立的为目前中国内地最大的非寿险公司,并继承了原中国人民保险公司商业业务的全部资产、负债以及分支机构,经营除人身保险以外的一切保险。人保财险始终遵循"以市场为导向,以客户为中心"的经营理念,公司经过多年发展在以下险别方面的经营管理优势:船舶保险、货物运输保险(其中包括进出口货物运输和国内水路、陆路货物运输保险)、家庭财产保险、企业财产保险、责任保险、建筑安装工程险、农业保险、特殊风险保险、意外伤害保险、综合保险、机动车辆保险等。

进出口货物运输保险最常用的保险条款是 C.I.C. 中国保险条款,该条款是由中国人民财产保险股份有限公司制定,中国人民银行及中国保险监督委员会审批颁布。C.I.C.中国保险条款按运输方式来分，有海洋、陆上、航空和邮包运输保险条款四大类。对某些特殊商品，还配备有海运冷藏货物、陆运冷藏货物、海运散装桐油及活牲畜、家禽的海陆空运输保险条款等。

资料来源：中国人民财产保险股份有限公司网站(http://www.picc.com.cn)。

所谓运输货物保险，是指投保人，或称被保险人(insured)，就其所发运的货物向承保人，或称保险人(insurer)，即保险公司投保一定的险别，并缴纳保险费，由承保人出具保险单。承保后，若保险货物发生了承保责任范围内的损失，承保人就会按照其出具的保险单的规定给予投保人经济上的补偿。在国际贸易中，买卖双方往往是远隔重洋，在货物装卸、运输、仓储的过程中，可能会遇到各种风险，例如，自然灾害、意外事故等。发生风险后，会给货物造成损失。发货人为了在货物遭受损失后可以及时得到经济上的补偿，在出口货物时可以到保险公司办理对外贸易运输货物保险业务。

本章所讲授的保险是对外贸易的运输货物保险，这种运输货物保险属于商业保险的范畴。所谓商业保险是指以营利为目的的保险形式。和商业保险相对应的是社会保险。所谓社会保险，是指以某种形式形成社会保险基金，对因年老、疾病、伤残和失业等而丧失劳动能力或失去工作机会的社会成员提供基本生活保障的一种社会保障制度。商业保险与社会保险的主要区别在于：

(1) 商业保险是一种经营行为，保险业经营者以追求利润为目的，独立核算、自主经营、自负盈亏；社会保险是一种以国家财政支持为后盾的社会保障制度，目的是为人民提供基本的生活保障。

(2) 商业保险依照平等自愿的原则；而社会保险具有强制性，凡是符合法定条件的公民或劳动者，都可能需要按照国家立法缴纳保险费或接受社会保障。



(3) 商业保险的保障范围由投保人、被保险人与保险公司协商确定，不同的保险合同项下，对于不同的险种，被保险人所受的保障范围和水平是不同的；而社会保险的保障范围一般由国家事先规定，保障的水平比较低。

## 7.1 保险的基本原则

### 7.1.1 最大诚信原则(principle of utmost good faith)

1. 规定最大诚信原则的原因

(1) 保险信息的不对称性；

(2) 保险合同内容的有限性；

(3) 国际范围内的文化差异。

2. 最大诚信原则的内容

最大诚信原则可以分为告知原则和保证原则等原则。

(1) 告知原则。

在合同签订前、签订过程中以及签订后的有效时间内，双方当事人均应如实申报和陈述相关内容或问题。

投保人应该告知的内容有：

第一，签订合同时，必须主动把有关保险标的的风险状况和其他相关重要事项告知保险人；

第二，合同签订后，如果保险标的风险发生变化，应当及时告知保险人；

第三，如果发生风险和事故，应当及时告知保险人；

第四，如果发生重复保险，要及时告知保险人；

第五，在保险标的所有权发生转让时，必须及时告知保险人。

保险人应该告知的内容有：

第一，在订立保险合同时应当主动向投保人说明合同条款的内容，明确免责条款等；

第二，在保险事故发生或在合同约定的条件发生后，告知有关理赔事宜。

(2) 保证原则。

保证是指保险双方在合同中约定，保证在保险期限内对某事项的作为或不作为，或者某事项的真实性等，具体内容如下：

① 按照保证存在的形式，保证可以分成明示保证和默示保证。

② 按照保证是否确实存在，保证可以分成确认保证和承诺保证。



## 7.1.2　保险利益原则(principle of insurable interest)

所谓保险利益，是指投保方对保险标的所具有的法律上承认的经济利益。

1. 保险利益应该符合的条件

(1) 符合法律的利益；

(2) 客观存在的利益；

(3) 属于经济范畴的利益。

2. 保险利益的分类

① 财产保险的保险利益。

财产保险的保险利益主要包括所有权、委托保管权、抵押权等。

② 人身保险的保险利益。

人身保险的保险利益除了包括本人的利益以外，还包括：

第一，对配偶、子女与父母的利益；

第二，与投保人有抚养、赡养或者扶养关系的家庭其他成员、近亲属的利益；

第三，同意投保人为其订立合同的，视为投保人对被保险人具有的其他保险利益。

3. 保险利益原则的具体内容

下面按照人身保险、一般财产保险和海上运输货物保险三种情况说明保险利益原则，以便比较之间的异同。

(1) 人身保险的保险利益原则。

人身保险规定，保险利益必须在保险合同订立时存在，而不要求风险和损失发生时具有保险利益。此外，人身保险的保险单可出售、转让和抵押。

(2) 一般财产保险的保险利益原则。

① 要求投保人对保险标的具有保险利益，而且所约定的保险金额不得超过该保险利益额度。

② 从保险合同订立到损失发生的全过程中，保险利益必须始终存在。所以，一般财产保险的保单在转让的时候一定要得到保险人同意，并由其签字。

(3) 海上货物运输保险的保险利益原则。

① 该项保险的保险利益原则规定，在投保时保险人对保险标的可以不具有保险利益，但在发生保险事故时保险利益一定要存在。

② 在运输过程中，货物处于流动状态，为了促进国际贸易的发展，海上货物运输保险的保险单可以在不征得保险人同意的情况下自由转让。



## 7.1.3 近因原则(principle of proximate cause)

所谓近因，是指造成保险标的损失最直接的和起决定性作用的原因。可以想象，近因是相对的，近因原则主要适用于造成损失的原因有两个或两个以上时，分析和判断损失发生原因的情况下。近因原则是在保险理赔过程中必须遵循的原则，它要求只有在被保险人的损失是直接由于保险责任范围内的事故所造成的情况下，保险人才能给予赔偿。

对于海上运输货物保险来说，损失的原因中，既有承保责任范围内的风险，又有非承保责任范围内的风险。这就需要分析研究造成事故损失的主要原因。

### 7.1.4　补偿原则(principle of indemnity)

补偿原则，又称损害补偿原则，是指保险标的在遭受保险责任范围内的损失时，保险人应该按保险合同的约定履行赔偿义务。补偿原则主要包括以下内容：

(1) 在承保责任范围内的风险和损失发生以后，被保险人有权利要求保险人按合同给予赔偿，保险人则有义务对被保险人的损失进行赔偿。

(2) 在承保责任范围内的风险和损失发生以后，被保险人从保险人处所得到的赔偿应该与保险事故所造成的损失相等。不允许被保险人因损失而获得额外的利益；如果被保险人将同一标的向两家或两家以上保险人投保相同风险，被保险人所得赔偿总额不得超过保险标的受损价值。

(3) 被保险人必须对保险标的具有保险利益。

(4) 如果事故是由第三方责任造成的，被保险人从保险人处得到全部赔偿后必须将其对第三方的追偿权力转让给保险人。以便保险公司取代被保险人的地位或以被保险人名义向第三责任方进行追偿。保险人的这种权利，叫作代位权或代位追偿权(the right of subrogation)。

国际运输货物保险业务是随着国际贸易和海上运输事业的发展而发展起来的。同时，国际运输货物保险事业的发展又促进了国际贸易和海上运输事业的发展。随着国际贸易的发展，国际运输货物保险在国际贸易中的作用越来越重要了。因此，在交易磋商中，国际运输货物保险成了重要的内容之一，运输货物保险条款是进出口合同中的重要条款之一。

对于商品，尤其是机器设备、仪器仪表等商品，由于在其交易过程中，买卖双方对其结构、性能、技术规范等方面都有比较严格的要求，因此，投保运输货物保险就更有其实际意义了。对外贸易运输货物保险属于财产保险的范畴。当保险人承保了运输货物保险之后，对被保险货物遭受承保责任范围内的风险所造成的损失即承担赔偿责任。



## 7.2　对外运输货物保险的作用和业务分类

### 7.2.1　对外运输货物保险的作用

投保对外运输货物保险有以下一些作用。

(1) 把不定的损失变为固定的费用。

在对外贸易货物运输过程中,起运港(地)与目的港(地)一般相距较远,途中情况也较为复杂,可能会遇到各种各样的不利情况和风险。投保相应的运输货物保险险别、缴纳少量的保险费用以后,一旦发生投保责任范围内的风险和损失,便可以得到相应的经济补偿。这样,不仅可以使企业维持正常的生产和开支,而且有利于生产企业和外贸公司的经济核算和日常结算。

(2) 为国家积累资金。

在进出口业务中,经过交易磋商,在平等互利和自愿原则的基础上,我国的进出口公司应争取由我方在我国的保险公司投保。这样,可以用人民币支付保险费,不仅可以节约外汇,而且可以为国家建设积累资金。同时,如果能够争取外商或国外企业到我国保险公司投保,还可以使我国增加外汇资金收入。

(3) 加强国际合作,促进对外贸易的发展。

我国开办对外贸易运输货物保险业务,可以加强与各国工商界、航运界、保险界等领域的业务联系以及国际间的友好往来和经济合作,从而促进我国对外贸易工作的发展。

### 7.2.2 保险公司的保险业务种类

对外运输货物保险是以对外贸易货物运输过程中的各种货物作为保险标的的一种保险。由于对外贸易货物的运输方法主要有海运、陆运、空运和邮政四种途径,因此,对外贸易运输货物保险的种类也相应分为四类,即海洋运输货物保险、陆上运输货物保险、航空运输货物保险和邮包保险。如果在运输一批货物的过程中使用两种或两种以上的运输方式,一般以主要的运输方式来确定其所投保的保险险别。



我国对外贸易运输货物保险由中国人民财产保险股份有限公司及其下属机构负责办理,对外贸易运输货物保险是我国对外经济贸易活动的重要组成部分,是我国对外办理的保险业务中的一种。

下面以中国人民财产保险股份有限公司的保险条款为例来说明对外贸易运输货物保险的有关问题。中国人民财产保险股份有限公司的保险条款,简称为"中国保险条款"(China Insurance Clause, C. I. C. ),按照不同的运输方式,可以分为"海洋运输货物保险条款"、"陆上运输货物保险条款"、"航空运输货物保险条款"和"邮包保险条款"等。另外,根据不同的运输货物制定了"海洋运输冷藏货物保险条款"、"海洋运输散装桐油保险条款"等专项保险条款。同时,还制定了“附加保险条款”。为了鼓励并促进产品出口，保证出口企业的收汇权益，中国人民财产保险股份有限公司根据国务院的要求，于 1989 年 9 月开始，开办了“短期出口信用综合险”等保险业务。

## 7.3　风险和损失

运输工具在运输过程中可能会遇到各种各样的风险，因此，可能使货物遭到不同程度的损失。由于海洋运输方式是一种最主要、最常用的国际贸易货物的运输方式，同时，在海洋运输过程中发生风险和损失的可能性也比较大，因此，下面以介绍海上运输货物的风险和损失为主。

### 7.3.1　风险

海上运输货物风险（risk）包括海上风险和外来风险两类。

1. 海上风险

海上风险（perils of the sea）又被称为海难，一般是指货物在海上运输过程中所发生的或者因为与海上运输有关的原因造成的风险。海上风险包括自然灾害和意外事故。

自然灾害（natural calamities）是指由恶劣气候、雷电、海啸、洪水、地震和流冰等人力不可抗拒的、非一般自然力所造成的灾害。

意外事故（fortuitous accidents）是指由船舶搁浅、触礁、碰撞、爆炸、沉没、火灾、船舶失踪等意外原因所造成的风险。

2. 外来风险

外来风险是由外来原因所造成的风险。外来风险包括一般外来风险和特殊外来风险。

由于一般外来原因所造成的风险称为一般外来风险，例如偷盗、破碎、雨淋、受潮、受热、发霉、串味、玷污、短量、渗漏、钩损、锈损等。

由于政治、军事、国家法令、政策以及行政措施等特殊外来原因所造成的风险称为特殊外来风险，例如战争、罢工、武装冲突、政治运动、法令或行政措施等。

综上所述，海上运输货物风险主要是指海上所发生的风险，但又不局限于海上所发生的风险。

## 7.3.2 损失

海上运输货物的损失是指由于海上运输风险所造成的损失。海上运输货物损失一般可以分为全部损失和部分损失。

1. 全部损失

全部损失(total loss),简称全损,是指在运输过程中,整批货物或不可分割的一批货物的全部灭失或等价全部灭失。按照损失的具体情况,全部损失又可以分为实际全部损失和推定全部损失。

实际全损(actual total loss),是指被保险货物全部灭失或保险货物损失后不能复原,或被保险货物完全变质失去原来的用途。例如,货物沉没无法打捞,仪器仪表锈蚀严重无法修复,水泥遭水泡结成硬块不能再按原来的用途使用等。

推定全损(constructive total loss)是指被保险货物遭受损失时实际全损已经不可避免,或者修复、恢复受损货物并且将其运送到原来的目的地所发生的费用将超过该批货物按原计划运至目的地的原来价值。

2. 部分损失

部分损失(partial loss)是指被保险货物的一部分在运输途中遭受损失和灭失。按照损失的性质,部分损失可以分成共同海损和单独海损两类。

(1) 共同海损。

共同海损(general average,G. A.),是指载货船只在航行过程中,由于某种原因发生了威胁到船舶和货物的共同利益的风险时,船方为了维护船舶、货物的共同安全或使航行得以完成,有意识地采取合理措施,由此所造成的特殊牺牲或支付的额外费用。例如,当船舶搁浅时,为了使船浮起而将部分货物抛入大海,这种牺牲的货物为共同海损的牺牲。又例如,在航行过程中,由于触礁使船舵失灵,船方雇用拖船将船拖至附近港口,这种雇用拖船所支付的额外费用则为共同海损费用。

造成共同海损的原因很多,最主要的原因是自然灾害和意外事故。当然,有时外来风险也可能造成共同海损。例如,由于海盗的破坏,使货轮受损而无法继续航行等。

构成共同海损,需要满足以下条件。

① 共同海损的发生必须是危及船舶和货物双方的共同利益,采取的措施也必须是为了解救船货双方的共同危险。例如,船在航行中搁浅,既涉及船方的利益,又涉及货方的利益,所以危险是共同的。

② 船方在采取紧急措施时,共同海损的危险必须是真实存在的。只凭主观

臆测可能会有危险发生或相信其他人传播的消息就认为危险会发生而采取某些措施，或由可以预测的常见事故所造成的损失都不能构成共同海损。

③ 所采取的施救和救助措施必须是为了解救船货双方的共同危险，并且是有意识的、合理的。所谓有意识的，是指共同海损的发生必须是人为的、经过人的周密计划的，而不是意外的损失；所谓合理的，是指在采取共同海损行为时，必须符合当时实际情况的需要，并能在节约的情况下较好地解除危及船货双方的共同危险。例如，为了使搁浅船只浮起，应该抛出那些较重的、价值较低的、便于抛出的货物。

④ 共同海损所作的牺牲必须是特殊性质的，是额外的，即支付的费用是船舶营运所应支付的正常费用以外的费用。

在发生共同海损后，可按以下方式解决费用问题。

由于共同海损的牺牲和费用是为了使船、货免于遭受损失而作出或支付的，因此，应该由船方、货方及运输方按解救共同危险最后结算的价值按比例分摊。这种分摊一般都称为共同海损分摊(G. A. contribution)。

如果船舶在海上遇难，根据国际航海惯例，其他航海船只应该有义务救助。若救助成功，遇难船只就要支付给救助船只一定的救助费用。一些国家的海上救助组织一般都制定有固定格式的救助协议书。我国国际贸易促进会也制定了这种协议书。救助协议书一般都是按照无效果无报酬的原则制定的。由于各国的情况不同，因此，各国制定协议书的原则和内容也各有差异。

由于船舶在航行过程中可能遇到的情况会比较复杂，因此，发生共同海损和救助费用所涉及的因素也会很复杂。一般需要对发生的情况进行调查研究和判断，并提出解决方法，这个过程称为对共同海损的理算。各国都设有专门的理算机构。我国共同海损的理算工作由中国国际贸易促进委员会海损理算处具体负责。发生共同海损以后，有关当事人应及时向该机构报告并及时申请给予理算。



为了搞好共同海损的理算工作，各国都制定了相应的规则。目前，在国际上影响较大的海损理算规则是《约克·安特卫普规则》。此规则虽然不是国际规则，但由于其内容详细，办法合理，因而被很多国家采用，被称为具有国际性质的海损理算规则。我国于 1975 年制定了《共同海损理算暂行规则》(简称为《北京理算规则》)。为了促进我国对外贸易的发展，《北京理算规则》的内容是依照《约克·安特卫普规则》起草的。

在对共同海损的理算过程中，除了按照有关规则办事外，有关各方还要本着实事求是、友好协商的态度配合理算机构搞好理算工作，使共同海损的有关问题得以圆满解决。

上面谈到的通过理算机构的理算，分清各方所受到的损失，主要目的是为了了解和掌握各方的损失情况，使保险公司在将来对损失进行理赔时能很好地确定对各方的赔偿范围和数量(金额)等，以便做到公平合理。

(2) 单独海损。·

单独海损(particular average, P. A.)是指船舶在运行过程中发生的，仅仅涉及船或货单方面利益的损失。例如，由于触礁使船体部分撞坏，但船舶仍然可以航行；又如，由于暴风雨的袭击，海水入舱，使机器设备严重锈蚀。由于单独海损仅仅涉及某一方面的利益，因此，一般仅由受损失方单独负责，而不像共同海损那样由几方共同分摊。

3. 其他损失

除上述损失外，被保险货物在运输途中还可能发生另外一些损失。例如，由于运输货物的自然损耗或由于货物本身的缺陷等原因所造成的损失。有的货物因为本身具有自然挥发的物理性质，还有的货物会因为气温高而蒸发，到目的港后，货物的重量下降，出现了损失；有的机器设备由于外表喷漆质量差，加上海上气温的变化而出现裂纹等。这种损失，一般就不属于保险公司承保责任范围了。

## 7.4 C.I.C.海洋运输货物保险条款

海洋运输货物保险条款(Ocean Marine Cargo Clause)是指保险人或保险公司在其保险单内所载明的，明确规定其所负责的赔偿责任范围、除外责任、被保险人的义务及其他有关事项的条款。

C. I. C. 海洋运输货物保险条款的主要内容有：保险公司的承保责任范围、除外责任、责任起讫、被保险人的义务及索赔期限等。



所谓险别，是保险公司按照不同情况所规定的不同的保险范围。C. I. C. 海洋运输货物保险条款包括基本险别和附加险别两种险别。

### 7.4.1 基本险别

1. 基本险别的承保责任范围

在 C. I. C. 海洋运输货物保险条款承保责任范围中，首先列有三种基本险别，即平安险、水渍险和一切险。

(1) 平安险。

平安险(free from particular average, F. P. A.)的英文原意是指不负责单独

海损的赔偿。根据国际保险界对单独海损的解释，这里所说的单独海损实际上是指部分损失。因此，平安险是指部分损失不负责赔偿的险别。平安险的承保责任范围是：被保险货物在海上运输（包括海陆相接的陆上运输）过程中，由于以下原因所造成的损失以及所产生的费用。

① 恶劣气候、雷电、海啸、地震、洪水等自然灾害所造成的整批货物的全部损失。

② 运输工具搁浅、触礁、沉没、互撞、与流冰或其他物体碰撞以及失火、爆炸等意外事故所造成的货物全部损失或部分损失。

③ 在运输工具发生搁浅、触礁、沉没、焚毁等意外事故的情况下，货物在此前后又在海上遭受恶劣气候、雷电、海啸等自然灾害所造成的部分损失。

④ 在装卸或转运时，一件或数件货物落海所造成的全部损失或部分损失。

⑤ 被保险人对遭受承保责任范围内的危险货物采取措施进行抢救、防止或减少货损而支付的合理费用，但以不超过该批被抢救货物的保险金额为限。

⑥ 运输工具遭受海难后，在遇难港由于卸货所引起的损失以及在途中港、避难港由于卸货、存仓以及运送货物所产生的特别费用。

⑦ 共同海损的牺牲、分摊和救助费用。

⑧ 运输契约中如订有“船舶互撞责任”条款，则根据该条款的规定，应由货方赔偿船方的损失。

(2) 水渍险。

水渍险（with average or with particular average，W. A. or W. P. A.）的英文原意是承保部分损失。水渍险的承保责任范围是，除了负责上述平安险所承保的各项保险责任以外，还负责被保险货物由于恶劣气候、雷电、海啸、地震、洪水等自然灾害所造成的部分损失的赔偿责任。



(3) 一切险。

一切险（all risks，A. R.）的承保责任范围为，除了上述水渍险的保险责任范围外，还负责被保险货物在运输途中由于一般外来风险所造成的全部损失或部分损失的赔偿责任。

2. 基本险的除外责任

所谓除外责任（exclusion）是指保险公司明确规定不予承保的损失或费用。如果发生了以上三种基本险，保险公司对以下一些损失不负赔偿责任：

(1) 被保险人的故意行为或过失所造成的损失。

(2) 发货人的责任所造成的损失。

(3) 收货人的过失或故意行为所造成的损失。

(4) 被保险货物的自然损耗、本质缺陷、货物的特性、运输延迟等原因所造成的损失。

(5) 在保险责任开始以前业已存在的数量短缺或品质不良等所认定的损失。

3. 保险责任起讫

根据C. I. C. 海洋运输货物保险条款的规定，三种基本险，即平安险、水渍险和一切险的承保责任起讫期限，均采用国际保险业务中经常采用的"仓至仓"(warehouse to warehouse clause, W/W)的规定方法，即保险责任从被保险货物运离保险单所载明的起运地发货人的仓库或储存处所开始时生效，直至该项货物到达保险单所载明的目的地收货人的仓库或储存处所时终止。所谓到达是指被保险货物一旦进入收货人仓库或储存处所，保险公司对被保险货物在仓库或储存处所中发生的损失不负保险责任。上述规定包括与海运有关的正常运输中的陆上、内河和驳船运输在内。

如果被保险货物从海轮上卸下后放在码头仓库、货场或海关仓库，而未到达收货人仓库或储存处所，保险责任继续有效，但最长的保险期限以卸离海轮后60天为限。

如果被保险货物卸离海轮后60天内被转运到非保险单所载明的目的地时，则以该项货物开始转运时终止保险责任。

如果被保险货物在到达保险单所载明的目的地仓库或储存处所以前在某处所发生分配、分派等情况，则该仓库或处所就作为收货人的最后仓库或储存处所，保险责任也自被保险货物到达此处时终止。

保险人在特殊情况下可以扩展保险期限。例如，对于某些内陆国家，如果自港口卸货后无法运抵收货人仓库或储存处所时，可以向保险公司申请扩展保险期限。经保险公司批准后，加收保险费即可使保险期延长。但是，延长保险期的申请应及时办理。买卖双方最好在交易磋商中，订明有关可能发生延长保险期的问题，例如扩展期限多长，最后目的地在何处等。并且，在磋商延长保险期时，应该征得保险公司的同意，否则，可能由于特殊困难，保险公司不予办理。

4. 被保险人的义务

被保险人对保险标的负有重要责任和义务，因此，应作到以下几点。

(1) 申请时所述情况要属实。保险申请书(即要保书或投保书)，是保险人确定是否承保、计算保险费和签发保险单的依据，因此，被保险人在填制保险申请书时要实事求是，认真填写。

(2) 如果发现有关运输事宜的变动情况或被保险人要求改变运输路线等，或者有保险责任的变动情况，应该立即通知保险人。

(3) 如果发现有些损失是由承运人或其他人的责任造成的，应向承运人或其他人追索。

(4) 要认真对待保险。保险是建立在互相信任的基础上的，被保险人应该正确对待保险。当发生风险以后要积极主动地协助保险人做好工作，应绝对避免某种故意行为的发生和发展。

(5) 如发生损失，应立即通知保险人或保险人指定的海损查勘人(surveyor)或理赔代理人(settling agents)(查勘人和理赔代理人一般都订在合同中)，以便进行检验，并取得检验报告。如无检验报告，一般不能索赔。

(6) 一旦发生损失，应及时准备好所需的资料，及时向有关方面索赔。

5. 索赔期限

索赔期限，又称索赔时效(the time of validity of a claim)，是指被保险人在保险标的发生损失时，向保险人提出索赔的有效期限。

被保险标的到达目的地以后，如果发现保险责任范围内的损失，被保险人应该立即通知保险人或其指定机构进行检验，取得检验报告后，连同其他索赔证件一起向保险人或其代理人索赔。保险单中一般都规定，索赔必须在货物到达目的地卸离运输工具后的一定时间内提出才算有效。这一段时间就称为索赔期限。中国人民财产保险股份有限公司规定的索赔期限为9个月。其他各国对索赔期限规定的时间各有不同，采用较多的为两年。

### 7.4.2 附加险别

附加险(additional risk)是指为了承保外来风险所造成的损失而设计的险别。投保人向保险人投保了上述三种基本险后，货物在运输过程中还可能遇到因外来风险的发生而造成的损失。例如，投保人投保水渍险后，货物如果遇到外来风险而发生损失，保险公司对外来风险所引起的损失并不负保险责任；再如，如果被保险人投保了一切险，但保险公司不负责由特殊外来风险所造成损失的承包责任。为此，为了使货物运输过程中因遭受到外来风险而造成的损失也能得到补偿，中国人民财产保险股份有限公司在海运货物保险业务中，在设立三种基本险别的基础上又设立了附加险别，使被保险人根据具体情况，选择投保相应的附加险别，从而使运输货物的保险得到较为可靠的保障。附加险别分为一般附加险别和特殊附加险别两种。

1. 附加险别的承保责任范围

(1) 一般附加险。

一般附加险(general additional risk)主要承保由一般外来风险所造成的损失。一般附加险包括以下险别：

① 碰损、破碎险(clash and breakage)。是指由于碰撞等原因,使被保险货物被碰坏造成的损失,以及被污染而引起的损失等。

② 串味险(taint of odour)。是指由于没有对货物进行有效隔离等原因,致使个别货物的味道串至不应具有该味道的货物上而出现的损失。这种险别主要适用于对味道敏感或要求比较严格的货物,例如食品、茶叶、香料、药材等。

③ 淡水雨淋险(fresh water and/or rain damage)。是指由于雨水、雪水等淡水的渗入或淋洒等原因对被保险货物所造成的损失。

④ 偷窃、提货不到险(theft, pilferage and non-delivery, T. P. N. D.)。是指被保险货物被偷窃,以及买方提不到货所发生的损失。

⑤ 短量险(shortage)。是指对被保险货物数量、重量等短少损失的赔偿责任。

⑥ 渗漏险(leakage)。是指保险公司负责赔偿由于其他液体的渗漏对被保险货物造成的损失,例如腐蚀、变质等。

⑦ 混杂、玷污险(intermixture and contamination)。是指被保险货物混进了杂质或互相混杂所造成的损失。

⑧ 钩损险(hook damage)。是指被保险货物在装卸过程中因为不合理使用带钩的工具对保险标的所造成的损失,例如包装被钩破而造成货物外漏等所造成的损失。

⑨ 受潮受热险(sweat and heating)。是指由于货物周围环境湿度大和/或温度高而对被保险货物造成的损失,例如食品变质、化学品氧化等。

⑩ 锈蚀险(rust)。是指由于未采取有效保护而导致被保险货物生锈所造成的损失。例如,由于运输时间长、转运次数多等原因使车床的导轨、光杠、丝杠在运输途中发生锈蚀等损失。



⑪ 包装破裂险(breakage of packing)。是指因为各种原因使包装破裂造成货物的外漏、玷污、潮解等所发生的损失。

上述 11 种一般附加险,不能单独投保,必须在投保平安险、水渍险这两种基本险的基础上加保。对于一切险,由于其中包括了一般附加险,因此,如果投保"一切险",就不能再加保一般附加险了。

(2) 特殊附加险。

特殊附加险主要承保由于特殊外来风险所造成的损失。其中包括以下 8 个险别。

① 战争险(war risks)。根据 C. I. C. 海洋运输货物战争险条款,海运战争险负责承保直接由于战争、类似战争行为和敌对行为、武装冲突或海盗行为所造成的损失,以及由此而引起的捕获、拘留、扣留、禁止、扣押等所造成的损失。同时,

还负责承保各种常规武器(包括水雷、鱼雷、炸弹等)所造成的损失以及由于上述风险而引起的共同海损的牺牲、分摊和救助费用。但对于原子或热核武器所造成的损失和费用不负赔偿责任。

战争险的保险责任起讫是以水上危险(waterborne)为限,即保险责任自货物在起运港装上海轮或驳船时开始,直至目的港卸离海轮或驳船时为止。如果货物不卸离海轮或驳船,则从海轮到达目的港的当日午夜起满 15 天,保险责任终止;如果货物在中途港转船,不论货物是否在当地卸货,保险责任以海轮到达该港或卸货地点的当日午夜起满 15 天为止,其间如果货物又被装上海轮续运,则保险恢复有效。

② 罢工险(strike risks)。该险别的承保责任范围,包括被保险货物由于罢工、工人被迫停工或参加工潮、暴动等因为人员的行动或任何人的恶意行为所造成的直接损失,和上述行动或行为所引起的共同海损的牺牲、分摊和救助费用。但在罢工期间由于劳动力短缺或不能使用劳动力所造成的被保险货物的损失,包括因罢工而引起的动力或燃料缺乏,使冷藏机停止工作所致的冷藏货物的损失,以及无劳动力搬运货物、使货物堆积在码头淋湿受损等,对由上述原因造成的损失不负赔偿责任。罢工险的保险责任起讫与其他海运货物保险险别一样,采取"仓至仓"条款。

③ 黄曲霉素险(aflatoxin)。该险别对被保险货物因所含黄曲霉素超过进口国所规定的标准,被拒绝进口、没收或强制改变用途而遭受的损失负责赔偿。

④ 交货不到险(failure to deliver)。交货不到是指由于船舶不能在预定时间抵达目的港而使进口人无法提到货物。该险的承保责任范围是,对不论由于何种原因,在被保险货物装上船舶以后,如果不能在 6 个月内运抵目的地交货的,保险公司负责按全损险赔偿。



⑤ 舱面险(on deck )。投保了该险别以后,当被保险货物存放在舱面上时,保险责任除了按保险单所载明的范围以外,还包括货物被抛弃或被风浪冲击落水的损失。

⑥ 进口关税险(import duty)。该险的承保责任范围是,当被保险货物遭受保险责任范围以内的损失,而被保险人仍须按完好货物价值完税时,保险公司对损失部分货物的进口关税负责赔偿。

⑦ 拒收险(rejection)。该险的承保责任范围是,当被保险货物在进口港被进口国的政府或有关当局拒绝进口或没收,保险公司按货物的保险价值进行赔偿。

⑧ 货物出口到香港(包括九龙)或澳门存仓火险责任扩展条款(fire risk extension clause—for storage of cargo at destination Hongkong, including

Kowloon,or Macao)。被保险货物运抵目的地香港(包括九龙)或澳门卸离运输工具以后,如果直接存放于保险单载明的过户银行所指定的仓库,则保险对存仓火险的责任至银行收回押款解除货物的权益为止,或运输责任终止时起满30天为止。

2. 海洋运输货物战争险的责任起讫

海洋运输货物战争险的责任起讫与基本险有所不同,它不采用“仓至仓”条款。战争险的保险责任自在保险单所载明的起运港装上海轮或驳船时开始,直到在保险单所载明的目的港卸离海轮或驳船时为止。如果货物不卸离海轮或驳船,则保险责任最长延至货物到达目的港的当日午夜起15天为止。如果在途中港转船,则无论货物在当地是否卸货,保险责任以海轮到达该港或卸货地点当日午夜起满15天为止。

3. 附加险的投保方法

按照保险条款的规定,附加险均不能单独投保,一般要在投保一种基本险别的基础上加保附加险别。例如,在投保平安险和水渍险的基础上可以加保任何一般附加险和特殊附加险;在投保一切险的基础上只能加保特殊附加险。特殊附加险和一般附加险一样,是不能单独投保的,只能在投保基本险的基础上加保特殊附加险。和一般附加险不同的是,不论已经投保了何种基本险别,均可以另外加保特殊附加险别。

投保人究竟适合于投保哪种险别,需要根据运输中的具体情况,例如,航程的长短、风险的多少、风险的种类、港口或承运人的运输惯例等,应该对具体情况具体分析以后确定,要力争做到既安全又节约。另外,根据国际保险业的惯例,罢工险一般都和战争险同时投保,保险费合并计收,适用于同一个保险费率,不能分开。因此,如果已经投保了战争险(或罢工险),事后如果又要加保罢工险(或战争险)的话,则不必再交保险费,只要在保险单上将罢工险(或战争险)列出来即可。



### 7.4.3 海洋运输货物专门保险险别与条款

在我国的海洋运输货物保险险别中,还有两种专门的保险险别,即海洋运输冷藏货物保险和海洋运输散装桐油保险,这两种保险均属基本险的范畴。

1. 海洋运输冷藏货物保险

根据C. I. C. 海洋运输冷藏货物保险条款的规定,海洋运输冷藏货物保险(ocean marine-insurance-frozen products)险别包括冷藏险和冷藏一切险两种险别。

冷藏险(risk for shipment of frozen products)的承保责任范围为,除了负责水渍险的承保责任以外,还负责由于冷藏机器停止工作连续24小时以上所造成的被保险货物的腐败或其他损失。

冷藏一切险(all risks for shipment of frozen products)的承保责任范围为,除包括上面冷藏险的责任范围以外,还负责赔偿被保险货物在运输途中由于一般外来风险所造成的腐败和其他损失。

海洋运输冷藏货物保险的除外责任除了包括海洋运输货物保险的除外责任以外,还对以下损失不负责任:被保险货物在运输途中的任何阶段因未存放在有冷藏设备的仓库或运输工具中,或辅助运输工具没有隔湿设备所造成的腐烂损失,以及在保险责任开始时被保险货物因未保持良好状态,包括整理加工和包装不妥,或者由于冷冻方面规定不合理,以及肉食骨头变质,由此所引起的腐烂和其他损失。

海洋运输冷藏货物保险的责任起讫与海洋运输货物三种基本险的责任起讫基本相同。所不同的是,当货物到达保险单所载明的最后目的港以后,如果在30天内将货物卸离海轮,并将其及时存入岸上的冷藏仓库,则保险责任继续有效,但以货物全部卸离海轮时起10天为限。如果在上述期限里,货物一旦移出冷藏仓库,保险责任即告终止。如果货物卸离海轮时不能存入冷藏仓库,保险责任至卸离海轮时终止。

2. 海洋运输散装桐油保险

海洋运输散装桐油保险(ocean marine insurance woodoil bulk)的承保责任范围是,不论任何原因造成散装桐油的短少、渗漏、玷污或变质的损失。

海洋运输散装桐油保险的责任起讫也采用“仓至仓”的原则。但是,如果被保险的散装桐油运抵目的港不及时卸货,则保险责任自海轮到达目的港时起满15天为止。



## 7.5　其他国家的海洋运输货物保险条款

国际贸易所涉及的地域范围十分广泛,因此,各国所制定的国际贸易海洋运输货物保险条款不仅涉及各国的法律制度,而且还会涉及各国的风俗习惯。

目前,各国一般都设立了对外贸易运输货物保险机构,并制定了相应的保险条款。在国际运输货物保险市场上具有较大影响的是英国伦敦保险协会(Institute of London Underwriters)制定的《协会货物条款》(Institute Cargo Clause, I. C. C. )。在其他国家,如果被保险人提出按《协会货物条款》投保时,一般都可以接受。在我国,中国人民财产保险股份有限公司的海洋运输货物保险的承保责任范围相当大,可以满足各种运输货物保险的要求。但是,如果国外客户在我国办理投保手续时要求按《协会货物条款》办理,中国人民财产保险股份有限公司一般是可以根据具体情况予以办理的。

除英国的《协会货物条款》外,还有美国的保险条款、法国的保险条款、德国的保险条款、日本的保险条款,都具有一定的国际影响。下面仅对英国的《协会货物条款》作一下简单的介绍。

伦敦保险协会的《协会货物条款》自制定以来已修改过多次。《协会货物条款》的三种基本险别分别为:协会货物条款A[Institute Cargo Clause A, ICC(A)],协会货物条款B[Institute Cargo Clause B, ICC(B)]和协会货物条款C[Institute Cargo Clause C, ICC(C)]。

除此之外,还有协会货物战争险条款(Institute War Clause—Cargo),协会货物罢工险条款(Institute Sirikes Clause—Cargo)和恶意损坏条款(Malicious Damage Clause)。

## 7.5.1 协会货物条款A

1. ICC(A)承保的风险

在ICC(A)条款中,由于承保责任范围非常广泛,所以其承保责任范围采用了"一切风险减去除外责任"的规定方式,即保险人除了对"除外责任"项下所列的风险造成的损失不负责承保以外,对其他风险所造成的损失均负责承保。具体规定如下:



(1) ICC(A)条款承保除了"除外责任"各条款所规定的责任范围以外的一切风险所造成的损失。

(2) 承保共同海损和救助费用。

(3) 负责赔偿被保险人根据运输契约订立的《船舶互撞责任》条款中,应该由货方赔偿船方的损失。

2. 除外责任

ICC(A)条款的除外责任包括"一般除外责任"、"不适航和不适货除外责任"、"战争除外责任"和"罢工除外责任"等。

(1) 一般除外责任。

一般除外责任适用于以下情况。

① 由于被保险人故意的违法行为造成的损失或费用,不包括其他人故

意的违法行为所造成的损失或费用。例如，船长、船员的恶意行为；再如沉船、纵火或其他任何形式的行为所造成的损失。除被保险人之外的其他人的故意违法行为所造成的损失，保险人须予以负责。因此，ICC(A)条款的承保责任范围包括了"恶意损害险"所承保的风险。

② 保险标的自然渗漏，重量和容量的自然下降或消耗。

③ 包装缺陷或原来量不足或不该造成的损失和费用。

④ 保险标的内在缺陷或因其特殊原因所造成的损失和费用。

⑤ 由于延迟交货所造成的损失和费用。

⑥ 由于船舶所有人、经纪人、租船人或经营人破产或不履行义务所造成的损失和费用。

⑦ 由于使用原子或核武器所造成的损失和费用，其中包括由于"敌对行为"使用原子武器或核武器所致的损失和费用，也包括由于其他原因遭受原子武器或核武器的袭击所致的损失或费用。

(2) 不适航和不适货除外责任。

不适航和不适货除外责任适用于下述情况。

① 保险标的在装船时，被保险人或其受雇人已经知道船舶或驳船不适航，以及船舶、运输工具、集装箱或大型海运箱等不适货。按照这个条款规定，如果装船时被保险人对不适航和不适货情况不了解，则保险标的因不适航和不适货所造成的损失，保险人应该给予补偿，然后转向承运人追索。

② 被保险人或其受雇人违反适航和适货的，按照规定的原则，如果发生了损失和费用，保险人不负责赔偿。按照英国《1906 年海上保险法》第 39(1)条和第 40(2)条的规定，船舶在航程开始时必须适航和适货是被保险人的两项默示担保(implied warranty)，如果在装船时被保险人或其受雇人对不适航、不适货情况已经知道而未向保险人说明，则违反了适航和适货的默示担保，保险人无赔偿责任。

(3) 战争除外责任。

战争除外责任适用于以下情况。

① 由于战争、内战、敌对行为等造成的损失和费用。

② 由于捕获、拘留、禁止、扣留(海盗行为除外)以及这种行为的后果或这方面的企图所造成的损失和费用。

③ 由于水雷、鱼雷、炸弹或其他战争武器所造成的损失和费用。

(4) 罢工除外责任。

罢工除外责任适用于以下情况。

① 由于罢工者、被迫停工的工人所造成的损失和费用。

② 由于罢工、被迫停工所造成的损失和费用。

③ 任何恐怖主义者和由于政治动机而产生的行为所造成的损失和费用。

### 7.5.2 协会货物条款 B

1. 承保风险

ICC(B)条款承保风险采用"列明风险"的方式，即一一列出保险人所承担的损失赔偿责任。这样做的原因有两个，一是因为 ICC(B)条款的承保责任范围不如 ICC(A)条款承保的责任范围那么广泛；二是有意使 ICC(B)条款的承保责任更加明确了，有利于被保险人了解和选择。其具体承保的风险和损失如下：

(1) 由于火灾、爆炸所造成的保险标的的灭失或损失。

(2) 由于船舶或驳船触礁、搁浅、沉没或倾覆所造成的保险标的的灭失或损失。

(3) 由于路上运输工具倾覆或出轨所造成的保险标的的灭失或损失。

(4) 由于船舶、驳船或运输工具因水以外的任何外界物体碰撞所造成的保险标的的灭失或损失。

(5) 由于在避难港卸货所造成的保险标的的灭失或损失。

(6) 由于地震、火山爆发或雷电所造成的保险标的的灭失或损失。

(7) 由于共同海损的牺牲所造成的保险标的的损失。

(8) 由于抛物或浪击入舱所引起的保险标的的损失。

(9) 由于海水、湖水或河水进入船舶、驳船、其他运输工具、集装箱、大型海运箱或储存处所引起的保险标的的全损。



2. 除外责任

ICC(B)条款的除外责任有：

(1) 由于任何个人非法行为故意损坏或破坏保险标的而造成的损失和引起的费用(这里的任何人包括被保险人在内，而在 ICC(A)条款中只指被保险人)。

(2) 由于捕获、拘留、禁止、扣押以及这种行为的后果或这方面的企图所造成的损失和费用。和 ICC(A)条款不同，在 ICC(B)条款项下，对海盗行为所造成的损失，保险人不负赔偿责任。ICC(B)条款对任何人(不仅是被保险人)的恶意损害所造成的损失，均不负保险责任，所以在 ICC(B)条款项下，如果要取得此种风险的保险，尚须另外加保"恶意损害险"。

## 7.5.3 协会货物条款C

1. 承保风险

ICC(C)条款承保的风险比ICC(B)条款所承保的风险还要少,它只承保"重大意外事故"的风险,而不承保ICC(B)条款中的自然灾害(如地震、火山爆发、雷电等)和非重大的意外事故风险(如装卸船过程中整件货物灭失等)。ICC(C)条款具体承保的责任范围包括:

(1) 由于火灾、爆炸所造成的保险标的的灭失或损失。

(2) 由于船舶或驳船触礁、搁浅、沉没或倾覆所造成的保险标的的灭失或损失。

(3) 由于路上运输工具倾覆或出轨所造成的保险标的的灭失或损失。

(4) 由于船舶、驳船或运输工具同水以外的外界物体碰撞所造成的保险标的的灭失或损失。

(5) 由于在避难港卸货所造成的保险标的的灭失或损失。

(6) 由于共同海损牺牲所引起的保险标的的损失。

(7) 由于抛物所引起的保险标的的灭失或损失。

2. 除外责任

ICC(C)条款的除外责任有以下两点:

(1) 任何人的非法行为对保险标的的故意损害或所引起的损失和费用。

(2) 由于捕获、扣留、禁止、扣押以及这种行为的后果或这方面的企图所造成的损失和费用。



## 7.5.4 协会货物战争险条款

1. 承保责任范围

由于战争或类似战争的行为、敌对行为、内战、革命、叛乱、暴乱或民众斗争等行为以及船只被扣押、拘留和禁止等故意行为所造成的损失或者由于水雷、鱼雷、炸弹或其他武器所造成的损失,以及由于上述原因引起的共同海损和救助费用,均负责赔偿。

2. 除外责任

该条款规定:对于原子弹或核裂变、核聚变或其他类似反应或放射性武器所造成的损失不负责赔偿。

3. 责任的起讫

协会货物战争险条款的责任起讫与中国人民财产保险股份有限公司战争险责任起讫的规定基本相同，但针对当前各国港口拥挤、船舶在卸货港等候泊位时间较长的情况，将在卸货港的保险责任终止期限的计算方法作了修改。目前的规定是，船舶在卸货港不管是否已经停靠码头，保险公司的保险责任以船舶到达卸货港第一次抛锚停泊时起满 15 天为止。

协会货物战争险属于特殊附加险。协会特殊附加险除协会货物战争险外，还包括协会货物罢工、暴动、民变险条款(Institute Strikes Clause—Cargo)等保险条款。根据国际保险市场的惯例，罢工、暴动、民变等险都与战争险同时投保，共同使用同一费率，一起缴纳保险费。因此，已经投保了战争险后，如果再想加保罢工、暴动、民变险时，不另加收保险费，仅需在保险单上说明包括哪种险即可。

## 7.6 陆、空、邮运输货物保险

### 7.6.1 陆上运输货物保险

陆上运输货物保险是货物运输保险的一种。陆上运输包括铁路运输、公路运输和与陆上运输有关的水上驳运等。上述海洋运输货物保险的某些规定也适用于陆上运输的货物保险。但由于陆上运输还有其自己的特点，因此，各国的保险公司一般都专门制定了陆上运输货物保险条款。中国人民财产保险股份有限公司的陆上运输货物保险险别规定如下。



1. 基本险别

中国人民财产保险股份有限公司根据承保的责任范围，把陆上运输货物保险条款(Overland Transportation Cargo Insurance Clause)分为陆运险和陆运一切险两种基本险别。

(1) 陆运险(overland transportation risk)。

陆运险的承保责任范围为：被保险货物在运输途中遭受暴风、雷电、地震、洪水等自然灾害，或由于陆上运输工具(主要是指火车、汽车)遭受碰撞、倾覆或出轨，如果有驳运过程，包括驳运工具搁浅、触礁、沉没或由于遭受隧道坍塌、崖崩或火灾、爆炸等意外事故所造成的全部或部分损失。可见，保险公司对陆运险的承保责任范围大致相当于海运险中的“水渍险”。

(2) 陆运一切险(overland transportation all risks)。

陆运一切险的承保责任范围为:除包括上述陆运险的承保责任范围以外,保险公司还对被保险货物在运输途中由于外来原因造成的短少、短量、偷窃、渗漏、碰损、破碎、钩损、雨淋、生锈、受潮、受热、发霉、串味、玷污等所造成的全部或部分损失负赔偿责任。

2. 投保方法

除投保上述两种基本险以外,还可以加保战争险等附加险别。

3. 除外责任

陆上运输货物保险条款的除外责任与海洋运输货物保险条款中除外责任的规定基本相同。具体内容如下:

(1) 被保险人的故意行为或过失所造成的损失。

(2) 属于发货人的责任或被保险货物的自然消耗所引起的损失。

(3) 由于战争、工人罢工或运输延迟所造成的损失。

4. 责任起讫

保险责任的起讫期限与海洋运输货物保险所采用的“仓对仓”原则基本相同,是从被保险货物运离保险单所载明的启运地发货人的仓库或储存处所开始运输时生效(包括正常陆运和有关的水上驳运在内),直至该项货物送交保险单所载明的目的地收货人的仓库或储存处所为止。如果未进入保险单所载明的收货人的仓库或储存处所,则从到达最后卸载火车站满 60 天为止。如中间被保险人分配、分派或运输到非保险单载明的其他储存处所,则在分配、分派时和运输到非保险单载明的其他储存处所时保险责任终止。

如果加保了战争险,其责任起讫则自货物装上火车时开始,至目的地卸离火车时为止。如不卸离火车,则以火车到达保险单载明的目的地当日午夜起满 48 小时为止。如在中途转车,不论货物在当地卸车与否,从火车到达此站的当日午夜起满 10 天为止。如货物在 10 天内重新装车续运,保险责任继续生效。



## 7.6.2　航空运输货物保险

1. 基本险别

中国人民财产保险股份有限公司根据承保的责任范围,把航空运输货物保险条款(Air Transportation Cargo Insurance Clause)分为航空运输险和航空运输一切险两种基本险别。

(1) 航空运输险(air transportation risks)。

航空运输险的承保责任范围,包括被保险货物在运输途中遭受雷电、火灾、爆炸等灾害，或由于飞机遭受恶劣气候或其他危难事故，或由于飞机遭受碰撞、倾覆、坠落或失踪等意外事故所造成的全部或部分损失。

(2) 航空运输一切险(air transportation all risks)。

航空运输一切险的承保责任范围除包括上述航空运输险的承包责任以外，还负责由于盗窃、短少等外来原因所造成的全部或部分损失。

2. 投保方法

基本险可以单独投保，还可以在基本险的基础上加保附加险。但是，附加险必须在投保上述两种基本险的基础上加保。

3. 除外责任

航空运输货物保险的除外责任与海洋运输货物保险的除外责任基本相同。

4. 责任起讫

航空运输货物保险也采用"仓对仓"的原则，即航空运输货物保险的责任起讫期限从被保险货物运离保险单所载明起运地发货人仓库或储存处所开始运输时生效，直至该项货物运抵保险单所载明的目的地收货人仓库或储存处所为止。如果货物未进入仓库或储存处所，则以被保险货物在最后卸货目的地午夜起满 30 天为止。如果被保险人对货物进行分配、分派或运到非正常运输的其他储存处所，则在分配、分派时和运输到非保险单载明的其他储存处所时保险责任终止。

如果加保了战争险，责任起讫自被保险货物装上飞机时开始，至目的地卸离飞机为止。如果未卸离飞机，以飞机到达目的地当日午夜起算满 15 天为止。如在途中转运，以飞机到达转运地的当日午夜起满 15 天为止。如果在 15 天内装机续运，保险责任继续有效。



### 7.6.3 邮包运输货物保险

由于邮包运输要通过海、陆、空三种方式进行，所以，中国人民财产保险股份有限公司对于邮包运输货物保险的承保责任兼顾了三种运输方式的风险和承保责任。

1. 基本险别

邮包保险条款(Parcel Post Insurance Clause)是承保通过邮政局寄发的货物在邮递过程中发生风险所造成的损失。不论通过何种运输方式，凡是以邮包方式将贸易货物运达目的地的，所投保的险别均属于邮包保险。邮包保险条款的基本险别包括邮包险和邮包一切险。

(1) 邮包险(parcel post risks or parcel post transportation risks)。

邮包险的承保责任范围如下:

① 被保险货物在运输途中由于遭受恶劣气候、雷电、流冰、海啸、地震、洪水等自然灾害或由于运输工具搁浅、触礁、沉没、碰撞、出轨、坠落、失踪、火灾和爆炸等意外事故所造成的全部或部分损失。

② 被保险人对遭受承保责任范围内风险的货物采取抢救、防止或减少货损的措施而支付的合理费用,但以不超过该批被救货物的保险金额为限。

(2) 邮包一切险(parcel post all risks or parcel post transportation all risks)。

邮包一切险的承保责任范围除包括上述邮包险的责任范围以外,还承保被保险货物在运输途中由于外来原因所造成的全部或部分损失。

2. 投保方法

基本险可以单独投保,还可以在基本险的基础上加保附加险。但是,附加险必须在投保上述两种基本险的基础上加保。

3. 除外责任

邮包保险条款的除外责任与海洋运输货物保险条款的除外责任基本相同。

4. 责任起讫

邮包保险条款的保险责任自邮包离开保险单所载明的起运地点寄件人处所运往邮局开始,至目的地邮局发出通知书给收件人的当日午夜起满 15 天为止。如在此期限内邮包一经递交至收货人处所,保险责任亦即终止。

如果加保战争险,其责任起讫自被保险邮包经邮局收取后从储存处所起运时开始生效,直至该项邮包运达目的地邮局送交收件人为止。



## 7.7 投保运输货物保险的注意事项

在对外贸易实践中,运输货物保险工作是一项重要而繁杂的工作。因此,企业和进出口贸易公司的外贸人员都应该熟悉保险业务的内容和做法,这样,既可以节省办理手续的时间,又可以节省费用。凡买卖合同中规定由我方办理保险业务时,各进出口公司一般都应该按照规定向中国人民财产保险股份有限公司办理投保手续。但由于保险的标的不同,运输方式不同,货物的交易方法不同(货物出口、货物进口、对外加工等),因此保险手续也会有所不同。下面就保险手续的有关问题加以说明。

### 7.7.1 保险险别的选择

保险险别是保险公司所负赔偿责任的依据。选择投保的险别不同,收取的保险费不同,保险公司的赔偿责任范围也不同。因此,如何合理地选择险别,是一个非常重要的问题。一般来说,投保时要根据货物的品种、特性、包装情况、季节、气候、航线等情况具体分析后再选择险别。同时,还应征求保险公司的意见,以便弄清楚有关问题或取得保险公司的帮助。下面举例说明有关险别选择的方法。

对于大型机器设备,其体积大、重量重且较坚固,但是由于是由金属材料制成的,所以,在运输过程中要防止潮湿、水浸、雨淋等,因此,可以投保一切险或者在投保水渍险的基础上加保一般附加险。

对于散装货物,例如,矿石、煤炭等,由于在装卸过程中或在运输过程中容易造成短量,因此,可投保一切险,或者根据实际情况,在投保平安险或水渍险的基础上加保短量险(risk of shortage)。

如果运输路线要经过正在发生武装冲突国家的附近海域或邻国,一定要加保相应的特殊附加险。

表 7.1 以一些典型商品为例来说明其可能发生的风险和损失及应该投保的险别范围。

**表 7.1 部分商品可能发生的风险及投保的险别范围**

| 商品类别 | 易发生的风险和损失 | 建议投保险别 |
|---|---|---|
| 机械设备及成套设备 | 碰损、锈蚀等 | (1) 一切险(all risks)<br>(2) 水渍险/平安险+碰损险+锈损险(WA/FPA + clash and breakage + rust)<br>(3) 附加条款:根据商品的特性 |
| 家电仪器仪表玻璃陶瓷制品等 | 碰损、破碎、被盗 | (1) 平安险+偷窃、提货不到险+碰损险(FPA + TPND + clash and breakage)<br>(2) 一切险(all risks) |
| 棉毛纺织纤维等 | 水浸、潮湿、变色霉变、火灾 | (1) 一切险(all risks)<br>(2) 水渍险+混杂、玷污险(WA + intermixture and contamination) |
| 鱼粉木制装饰材料 | 受潮霉变受热自燃 | (1) 水渍险/平安险+受潮受热险(WA/FPA+sweat and heating)<br>(2) 一切险(all risks) |

（续表）

| 商品类别 | 易发生的风险和损失 | 建议投保险别 |
|---|---|---|
| 盐渍肠衣兽皮等 | 玷污、串味、变质 | (1) 一切险(all risks) |
| 石油燃油液化气等 | 短量、爆炸、玷污 | (1) 平安险＋爆炸险＋玷污险(FPA＋explosion＋contamination)<br>(2) 散装石油、燃气条款 |
| 散装矿石建材 | 短量 | (1) 平安险＋短量险(FPA＋shortage)<br>(2) 水渍险＋短量险(WA＋ shortage) |
| 水　泥 | 包装破裂、潮湿、水浸 | (1) 水渍险＋包装破裂险＋淡水雨淋险(WA ＋ breakage of packing ＋ fresh water and/or rain damage) |
| 天然橡胶 | 潮湿变质、玷污、挤压 | (1) 一切险(all risks)<br>(2) 协会天然橡胶条款 |
| 甲板货 | 落海、被抛入海 | (1) 平安险＋舱面险(FPA＋on deck)<br>(2) 水渍险＋舱面险(WA＋on deck) |

## 7.7.2　出口货物保险手续和保险费

1. 出口货物保险手续

出口货物若按CIF术语条件成交，应由我国出口公司向中国人民财产保险股份有限公司的当地分公司办理投保手续。其具体做法如下：

(1) 投保人(出口人)按照买卖合同和信用证的要求，在备完货后确定租船出运时，按保险公司规定的格式填写投保单，具体填写好保险人姓名、保险货物名称、数量、包装及标志、保险金额、保险起讫地点、运输工具、起运日期和投保险别等，然后向当地保险公司投保。

(2) 保险公司以保险单的内容为凭据出具保险单(或其他保险凭证)，以作为其接受保险的正式凭证。该凭证是出口人向银行议付货款所必备的单证之一，也是被保险人索赔和保险公司理赔的主要依据之一。

(3) 在保险公司出具保险单后，如果投保人需要更改险别、运输工具、航程、保险期限及保险金额时，应向保险公司或其授权的代理人提出修改申请。保险公司或其授权的代理人如果接受了这项申请，应立即开具批单，作为保险单的组成部分并附在保险单上。以后，保险公司即按此批改的内容承担保险责任。

(4) 被保险人按规定缴纳保险费。

(5) 被保险货物到达国外目的地后，如果发生承保责任范围内的损失，可由国外收货人凭保险单等有关凭证直接向中国人民财产保险股份有限公司或其代理人索赔。

2. 保险费的计算方法

保险金额(insured amount)是投保人对货物的投保金额,也是保险人计算保险费的依据和赔偿的最高金额。参照国际保险市场的一般习惯做法,中国人民财产保险股份有限公司承保出口货物的保险金额一般是按 CIF(或 CIP)价再加上10%的金额计算的。其中的10%称为保险加成率,也就是说,保险金额为 CIF(或CIP)发票价格的110%。其中10%的金额为保险加成金额,可作为买方的预得利润。如果买方希望提高保险加成,也可以酌情考虑增加保险加成的百分比。但是,首先要由买卖双方商定,然后再与保险公司协商。保险费的具体计算方法如下:

$$\text{保险金额} = \text{CIF(或 CIP) 价} \times (1 + 10\%)$$
$$\text{保险费} = \text{保险金额} \times \text{保险费率}$$

保险费率是按照商品种类、运输航程、投保险别等因素计算出来的,一般还要根据具体情况进行调整。所以,计收保险费时,要仔细查对和核算,不得疏忽。

由于保险金额的计算是以 CIF(或 CIP)货价为基础的,如果交易是按照FOB(FCA)价或 CFR(CPT)价成交,需要先将 CFR(CPT)、FOB(FCA)价换算为 CIF(或 CIP)价后再求出相应的保险金额和保险费。下面以 FOB 价和 CFR价换算为 CIF 价为例推导 FOB 价、CFR 价和 CIF 价之间的换算公式。

因为

$$\begin{aligned}\text{CIF 价} &= \text{CFR 价} + \text{保险费}\\ &= \text{CFR 价} + [\text{CIF 价} \times (1 + \text{保险加成率}) \times \text{保险费率}]\end{aligned}$$

移项整理后得:

$$\text{CIF 价} - \text{CIF 价} \times (1 + \text{保险加成率}) \times \text{保险费率} = \text{CFR 价}$$

所以

$$\begin{aligned}\text{CIF 价} &= \frac{\text{CFR 价}}{1 - [(1 + \text{保险加成率}) \times \text{保险费率}]}\\ &= \frac{\text{CFR 价}}{1 - [(1 + 10\%) \times \text{保险费率}]} = \frac{\text{FOB 价} + F(\text{运费})}{1 - [(1 + 10\%) \times \text{保险费率}]}\end{aligned}$$



保险费的计算本身并不复杂,但是,投保的险别是比较复杂的,涉及的因素也比较多,因此,在对外报价之前就应该对各种情况考虑清楚,既要使报价具有竞争力,也要利于保险费的计算。

### 7.7.3 进口货物保险手续和保险费

1. 进口货物保险手续

预约保险(open cover)是我国进口业务中所采用的投保方法。进口货物无论是按照FOB价格条件成交还是按照CFR价格条件成交,保险手续都是由买方办理。在我国,由于各进出口公司和中国人民财产保险股份有限公司都签订了进口货物预约保险合同(海运进口货物预约保险合同和航空、邮包运输进口货物预约保险合同等),一般均按照预约保险合同办理保险。这样,可以简化进口保险手续。

(1) 海运进口货物预约保险。

按照海运进口货物预约保险合同的规定,投保人在得悉每批货物的起运消息后,应该尽快将船名、开航日期、航线、货物品名及数量、保险金额等内容,以书面形式通知保险公司,以此作为向保险公司办理投保的手续,保险公司就会对所保货物自动承保责任和义务。如果保险人未能按照保险合同规定的内容办理投保手续,则当货物发生损失后,保险公司不负赔偿责任。

(2) 航空、邮包运输进口货物预约保险。

按照航空、邮包运输进口货物预约保险合同的规定,凡属进口货物预约保险合同范围内承保的货物,投保人必须逐笔向保险公司填报起运通知书,要详细说明运输方式、飞机运单号、开航日期或邮包收据日期、起运地及目的地、货物名称、贸易术语、价格等项目,作为投保人向保险公司投保的手续和凭证。保险公司获得上述情况后,自动负责承保,在今后对承保范围内的货物所发生的损失予以赔偿。

当投保人对上述进口货物的投保项目(如货物名称、飞机航班号、开航日期和保险金额等)要求变更时,应将更改的有关事项填入更改通知书中,及时向保险公司办理更改手续,切不可拖延。

航空、邮包运输进口货物的保险金额均按CIF价计算,投保人按规定费率缴纳保险费。

航空、邮包运输进口货物如果发生了承保范围之内的损失,投保人应凭保险单或邮运包裹单等有关单证及残损货物联合检查报告及时向保险公司办理索赔手续。

2. 保险费的计算方法

在进口业务中,保险人按照双方签订的预约保险合同承担保险责任,保险金额按进口货物的CIF价计算,不另加减,保费率按"特约费率表"规定的平均费率计算;如果以FOB术语条件进口货物,则按平均运费率换算为CFR货值后再计算保险金额。

以FOB术语条件成交的货物,计算公式为:

$$\text{保险金额} = \frac{\text{FOB价} \times (1 + \text{平均运费率})}{1 - \text{平均保险费率}}$$

$$保险费 = 保险金额 \times 保险费率$$

以 CFR 术语条件成交的货物，计算公式为：

$$保险金额 = \frac{CFR 价}{1 - 平均保险费率}$$

$$保险费 = 保险金额 \times 保险费率$$

保险公司按照上述公式计算出来的保险金额，每月或每季汇总一次向进出口公司收取保险费。如果被保险货物发生损失，按照保险单或其他保险凭证所规定的内容、所计算的保险金额及其他情况给予补偿。

### 7.7.4 对外加工装配业务保险

对外加工装配业务保险与一般货物保险业务有所不同。对外加工装配业务不仅涉及运输问题，而且还涉及加工过程中的财产问题。因此，对外加工装配业务保险应包括运输货物保险和财产保险两部分。在办理保险时，可以采取“分段保险”的做法，也可以采用“一揽子综合险”的做法。

1. 对外加工装配业务保险手续

(1) 分段保险。

采用这种方法时，首先把加工装配业务的全过程分为机器设备、原材料、零部件进口，加工装配成成品和向外商出口三个阶段或分过程，然后再分别计算保险费进行保险。其中，机器设备、原材料、零部件进口和成品向外商出口可向保险公司投保进出口运输货物保险，加工期间的原材料、半成品、机器设备等要投保财产火险或财产综合险等。

(2) 一揽子综合险。

采用该种保险方式时，首先由投保人与保险公司订立一个预约保险合同，在货物起运前填写起运通知书交保险公司，则保险公司对预约保险范围内的财产自动承担保险责任。

2. 对外加工装配业务保险费的计算方法

(1) 分段保险。

首先按各段保险财产的价值和相应的计算方法计算出每个阶段的保险费，然后加起来即可，也可以采用分段计算保险金额再计算保险费的方法。

(2) 一揽子综合险。

采用这种方法时，首先把财产综合起来，按一笔财产计算应该缴纳的保险费。

## 7.8 订立保险条款应该注意的问题

在订立买卖合同时，买卖双方应该进行仔细认真的磋商，在合同中明确订立保险条款的每一个细节，以便双方明确自己的责任和义务，做到更好地履行合同，同时，也可以避免事后发生争议。

### 7.8.1 出口合同

按 FOB 和 CFR 术语条件成交的出口货物，在订立合同保险条款时一般要写明："保险由买方办理"(Insurance to be effected by the buyer)。如果买方委托卖方办理，应该明确按什么样的保险条款、代保哪种险别、保险金额是多少、保险费由买方承担等。例如，条款中应该写明："由买方委托卖方按发票金额的××%代为投保××险，保险费由买方负责"(insurance to be effected by the seller on behalf of the buyer for ... % of Invoice against ... risk, premium to be for buyer account)。

如果按 CIF 术语条件成交，一般应在合同中写明："保险由卖方负责办理"(Insurance to be effected by the seller)。另外，除险别、保险金额等项目要写明外，还应订明按××年××月××日 C. I. C. 海运货物保险条款承保。例如，"由卖方按发票金额的××%投保××险，按××年××月××日 C. I. C. 海运货物保险条款办理"(Insurance to be effected by the seller for ... % of invoice value against ... risk as per Ocean Marine Clauses of C. I. C. dated .../.../.../)。

如果买卖双方有保险公司承保责任范围以外的特殊要求，则应事先同保险公司磋商，以便求得妥善解决。

### 7.8.2 进口合同

我国的进口货物的保险一般都争取由我方办理保险。由于我国对于进口保险采用预约保险的方法，做起来也简便易行。在这种情况下，合同中的保险条款一般都比较简单，通常只作如下规定："保险由买方于装船后投保"(insurance to be effected by the buyers after loading)。但同时应该说明卖方有提供资料的责任。

## 7.9 保险单证

保险单证是保险人与被保险人就运输货物保险的契约。在被保险货物遭受损失时，它是被保险人据以索赔和保险人据以理赔的主要依据，同时，它也是向银行办理结汇的重要单据之一。

根据国际保险业的惯例，运输货物保险单证可以在不经保险人同意的情况下，由被保险人背书后，随着货权的转移而转移。

目前，进出口业务中经常使用的保险单证主要有以下几种。

(1) 保险单。

保险单(insurance policy)是保险人承担保险责任后所出具的承保证明文件。保险单是运输货物保险业务中内容最完整的单据，因此，又被称为大保单。保险单是保险人和被保险人之间的保险契约，它具体体现了保险人和被保险人之间的权利和义务。保险单的具体内容如下：

保险单正面一般载有：被保险人名称、被保险货物名称、数量、包装、标志、编号、装运工具、开航日期、承保险别、起运地和目的地名称、保险金额、保险费率、保险费、偿付地点、出单机构地点等。

保险单的背面一般都印有详细的保险条款，以便明确保险人和被保险人的权利和义务。

保险费率和保险费一般都不对外公开，只填写"如议"字样。

被保险人一栏，根据实际情况，有时填写投保人自己，有时填写货主。如果保险单作为押汇的证件时，可以填写卖主，然后由卖主背书转让给银行，或填写"由某某公司过户某某银行"。

保险金额一栏中保险金额的计算，一般是按照 CIF 价填写，另加保险加成。如果买卖双方同意提高保险加成，也可以考虑，但须经保险公司同意。

承保险别一栏中，要按实际需要填写，不要漏填。

保险单条款包括在保险单上印好的保险条款、附贴条款和书写条款三部分。在保险单上印好的保险条款的内容主要有保险的责任范围、除外责任、保险责任的起讫、被保险人的义务等项目。附贴条款是在保险单上加贴盖章的附加笺条，上面所列内容是对保险单内容的补充或修改。例如，在原来险别的基础上加保罢工险等。书写条款是为保险人和被保险人特别规定的条款，这部分条款随着货物、船舶、时间、地点、风险的不同而不同。上述三个部分都是保险单的组成部分，如果这三个部分之间发生矛盾，应以书写部分为准，其次要看附贴部分，最后是保险单的印就部分。

保险单是一种最完整的保险证件，只有在国外特别指定时才出示这种正式保单，一般只出示保险凭证。

(2) 保险凭证(certificate of insurance)。

保险凭证是一种简化形式的保险单，因此，俗称小保单，与保险单有同样的作用。其正面列有与保险单相同的重要项目，背面无保险条款。保险公司出立保险凭证以后，保险人与被保险人之间的权利和义务仍以正式保险单的保险条款为准。但是，如果正式保险单与保险凭证内容有矛盾时，或者保险凭证有特定的条款时，应以保险凭证为准。

(3) 暂保单(cover note)。

暂保单是一种临时性的保险凭证，是投保人在不了解装运被保险货物船名、起航日期等情况下先行投保时保险人所签发的一种非正式的保险单。投保人得到暂保单后，在得悉船名、起航日期等情况以后再通知保险人，即可换取正式保险单。暂保单在其有效期(一般为10天)内，具有与保险单相同的效力。

(4) 联合凭证(combined certificate)。

联合凭证是保险公司在进出口公司开具的商业发票上加注承保险别、保险金额、保险编号等项目后使之成为具有保险凭证作用的简化保险单。目前，国际上使用联合凭证的较少，只有我国港澳地区少数华商可以接受。

(5) 预约保险单(open policy)。

预约保险单又称为预约保险合同，是承保在一定时期内将要发运货物的保险单。预约保险单内载明保险货物的名称、险别、保险金额、保险费率等项目。凡属预约保险范围内的保险货物，一经起运，保险公司即自动承保。被保险人获悉货物的起运情况后，应及时将起运的有关情况通知保险公司。目前，在我国这种保险单只用于进口货物的预约保险。



## 7.10　保险索赔与理赔

所谓保险索赔(claim)是指被保险的运输货物遭受承保责任范围内的风险而造成损失时，被保险人向保险人要求赔偿的行为。保险理赔(settling)则是指保险人处理被保险人提出的保险索赔的行为。保险索赔是一项重要而细致的工作，一定要实事求是，认真负责，确保双方的权利和义务的履行。

### 7.10.1 被保险人要注意保护自己的最终利益

在进出口交易中，运输货物发生损失而提出索赔的一方一般都是买方。因此，买方如何注意保护自己的保险利益是一个很关键的问题。

由于以下具体理由，买方应该尽量争取在本国保险公司投保：

(1) 买卖双方位于两个不同的国家，由于法律环境的差异，对一个问题的看法和解释可能会有一些差别。

(2) 各国规定的保险索赔时效的长短不同，损失发生后，被保险人准备好充足的证据和单证准备到对方国保险公司进行索赔时，可能已经超过索赔时效。

(3) 如果由买方在卖方国保险公司投保，除了法律、文化环境的问题以外，一旦发生损失，还有一个联系不便的问题。

买方应该争取在本国的保险公司投保，要从交易磋商时就开始注意合同中的一些细节，争取得到卖方的理解和支持。例如：买方应争取以 FOB、FCA、FCR、CPT 等贸易术语作为合同的价格条件，这样，可以争取在本国的保险公司投保。

如果买方不能争取以 FOB、FCA、FCR、CPT 等贸易术语作为合同的价格条件，在交易磋商中应该尽量了解对方国保险公司的资信和保险操作方法、处理保险索赔的有关规定等有关情况，争取做到知己知彼。如果由卖方在卖方国按合同条款的有关险别办理货物保险，当买方收到的货物发生损失时，需要由买方自行备齐保险单上规定的索赔文件，在保单限定的时间内，以保单规定的方式直接向保险公司索赔或由卖方代为办理索赔。因此，在货物买卖合同中应该明确卖方应该协助买方办理好有关保险索赔事宜的规定，以约束卖方在损失发生之后全力以赴地协助买方做好索赔工作。



按照一些国家的规定，其进口货物必须由进口人在国内保险公司投保，这些国家有朝鲜、缅甸、印度尼西亚、伊拉克、巴基斯坦、加纳、也门、苏丹、叙利亚、伊朗、墨西哥、阿根廷、巴西、秘鲁、索马里、利比亚、约旦、阿尔及利亚、扎伊尔和尼日利亚等。

### 7.10.2 被保险人向保险人索赔时应做的工作

在国际贸易中，如由卖方办理投保，当货物抵达目的港(地)发现货损时，买方或其收货代理人作为保险单的合法受让人，应就地向保险人或其代理人要求赔偿。中国人民财产保险股份有限公司为便利我国出口货物运抵国外目的地后及时检验损失，就地给予赔偿，已在一百多个国家建立了检验或理赔代理机构。至于我国进口货物的检验索赔，则由有关的专业进口公司或其委托的收货代理人在港口或其他收货地点，向当地保险公司索赔。被保险人或其代理人向保险人索赔时，应做好下列几项准备工作。

1. 仔细检查货物，作好索赔准备

当被保险人得知或发现货物已遭受保险责任范围内的损失时，应及时通知保险公司。

被保险货物运抵目的地以后，被保险人或其代理人应及时对货物进行检查验收，看货物是否完整无损。

如果发现有货损货差，应尽量保留现场，以便保险人及其代理人或有关方面前来检验。

对于发现货损货差的货物，应获取承运人或港口(或车站、机场等)理货人的证明。

准备好有关单证，及时(在索赔期限内)向有关方面索赔。

2. 确定索赔对象

确定索赔对象是指确定向谁提出索赔。在进出口业务中，提出索赔的往往是进口人。

(1) 向卖方索赔。

凡属下列情况之一者，应该向卖方索赔：在包装完好的情况下，原装数量不足、货物品质、规格与合同规定不符、未按期交货等。

(2) 向轮船公司索赔。

凡属下列情况，均可以向轮船公司索赔：货物数量少于提单所载数量；提单是清洁提单，而货物有残缺情况，并且属于船方过失所致；货物所受的损失，根据租船合约应由船方负责等。

(3) 向保险公司索赔。

凡是保险单载明的属于承保责任范围以内的损失，都应该向保险公司提出索赔。例如，由于自然灾害、意外事故或运输中其他事故的发生致使货物受损，并且属于承保险别范围以内的；轮船公司不予赔偿或赔偿金额不足抵补损失的部分，并且属于承保险别范围以内的损失等，均可向保险公司索赔。

如果我国出口人被保险的货物是按CIF、CIP价格条件成交的，则由我出口人向中国人民财产保险股份有限公司进行投保。遭受责任范围内的损失后，应该向中国人民财产保险股份有限公司或保险单上载明的中国人民财产保险股份有限公司国外理赔代理人索赔。

如果被保险的进口货物是按照FOB、FCA、CFR、CPT等贸易术语成交的，在遭受保险责任范围内的损失以后，进口方应向中国人民财产保险股份有限公司提出索赔。例如，若货物是经海运的，则应向提单或海运单上载明的进口港保险公司索赔；若货物是经陆运到达的，则要向铁路运单上载明的目的地保险公司索赔；如果货物是经空运到达的，则应向空运单上载明的目的地保险公司索赔。

如果目的地没有保险人的理赔代理人或检验人时，按照保险单的规定，收货人需要聘请公证机构进行检验，以便出具证明。

3. 准备有关单证

索赔时主要应提供以下单证：

(1) 保险单或保险凭证的正本。

(2) 货损、货差检验报告。货损、货差检验报告(或称为货物残损检验报告)是被保险方发现货损货差以后聘请检验机关对货物检验后所提供的证明货损、货差的报告。此报告是提出索赔的重要依据，也是确定保险责任和应赔金额的主要证件。保险公司可以以该报告为依据，也可以另行检验。

(3) 发票、装箱单、重量单、磅码单。发票、装箱单、重量单、磅码单等单证是用来证明被保险货物原始情况的，以此来确定货物的残损情况。

(4) 运输单证。运输单证包括海运提单、铁路运单、航空运单、邮包收据等，用来证明货物运输的原始记录和承运过程中的有关情况。

(5) 事故报告。事故报告包括海运事故报告、铁路事故报告、空运事故报告等，是用来确定货物损失的原因和保险责任归属的重要资料。

(6) 被保险人为保全被保险货物所支付的合理的费用清单和发票，以及货物残损检验费用开支清单。



(7) 向承运人或其他第三责任方索赔的有关文件和来往函电。

(8) 索赔清单。这是被保险人要求保险公司赔偿的详细项目及其相应价值。

除上述单证外，保险人还可能根据具体情况要求被保险人提供其他单证。因此，被保险人在事故发生之后应该尽快收集足够的有关证据，以便顺利地进行索赔工作。

4. 其他注意事项

(1) 权利转让手续。

如货损涉及第三责任者，则首先应该向有关责任方提出索赔或声明保留索赔权。在保留向第三者索赔权的条件下，可向保险公司索赔。被保险人在获得保险补偿的同时，须将受损货物对第三责任者的有关权益转让给保险公司，以便保险公司取代被保险人的地位或以被保险人名义向第三者责任方进行追偿。保险人的这种权利，叫做代位权或代位追偿权(the right of subrogation)。

(2) 委托手续。

如果被保险货物遭受严重损失，被保险人要求用推定全损赔偿时，被保险人应提出委托通知，将货物及其一切权益委托(abandonment)给保险公司，否则保险公司只能按部分损失赔偿。

(3) 索赔时效。

根据保险惯例，索赔必须在一定时间内办理方为有效，否则保险公司不予受理。按照惯例，保险业的索赔时效一般为两年。

(4) 防止损失扩大。

各国保险法或保险条款中一般都规定，保险货物受损后，被保险人和保险人都有责任采取可能的、合理的施救措施，以防止损失扩大。因抢救、阻止、减少货物损失而支付的合理费用，保险公司负责赔偿。被保险人能够施救而不履行施救义务，保险人对于扩大的损失甚至全部损失有权拒赔。

# 本章小结

国际贸易运输货物保险是以对外贸易货物运输过程中的各种货物作为保险标的的保险。国际贸易运输货物保险具有把不定的损失变为固定的费用、为国家积累资金、加强国际合作和促进对外贸易的发展等作用。

国际贸易中货物的运输有海运、陆运、空运以及通过邮政送递等多种途径，因此，国际贸易运输货物保险的种类也相应地分为四类：海洋运输货物保险、陆上运输货物保险、航空运输货物保险、邮包保险等。当一批货物的运输全过程使用两种或两种以上的运输方式时，往往以货运全过程中主要的运输方式来确定投保何种保险种类。中国人民财产保险股份有限公司《海洋运输货物保险条款》是我国进出口贸易中投保运输货物保险时的重要依据，也是保险公司办理货物保险业务的重要依据。

在国际保险市场上，各国保险组织都制定有自己的保险条款。但最为普遍采用的是英国伦敦保险业协会所制定的《协会货物条款》。我国企业按CIF或CIP条件出口时，一般按“中国保险条款”投保，但如果国外客户要求按《协会货物条款》投保，一般也应该可以接受。

## 复习与思考

1. 对外贸易运输货物保险的作用是什么？

2. 按照不同的运输方式，中国保险条款，可以分为哪些具体的保险条款？
3. 对外贸易运输货物会发生哪些风险和损失？
4. 什么是共同海损和单独海损？共同海损成立的条件是什么？
5. C.I.C.海洋运输货物保险条款包括哪些基本险别和附加险别？各险别承保的责任范围是什么？
6. C.I.C.海洋运输货物保险条款基本险别的除外责任、保险责任起讫和索赔期限是如何规定的？
7. 海洋运输货物战争险责任起讫与基本险责任起讫的规定方法有什么不同？
8. 如何投保C.I.C.海洋运输货物保险条款的基本险别和附加险别？
9. 英国伦敦保险协会所制定的《协会货物条款》的险别是如何规定的？
10. "中国保险条款"中陆、空、邮运输货物保险的险别是如何规定的？投保方法是什么？
11. 举例说明如何根据运输条件和商品特点选择保险险别？
12. 在我国，如何办理进口货物的保险手续和计算保险费？
13. 有哪些类型的保险单证，它们之间有何区别？
14. 什么叫作代位权，什么时候会发生代位权？
15. 按照中华人民共和国海洋运输货物保险条款，如果将下列内容列入保险条款中，你认为合理吗？为什么？

(1) 碰损、破碎险，罢工险，战争险。

(2) 平安险，一切险，黄曲霉素险。

(3) 一切险，偷窃、提货不到险，战争险。

(4) 水渍险，淡水雨淋险，罢工险。

16. 我国某进出口公司与国外一公司签订了以CFR术语为条件的出口合同，合同规定由我国公司代理国外公司按10%的加成在我国向中国人民财产保险股份有限公司投保一切险和战争险，该业务的发票金额为35 000美元，一切险保险费率为0.5%，战争险保险费率为0.03%，请计算该笔业务应缴纳的保险费。
17. 大连某公司出口商品报价为USD300 M/T FOB Da Lian，一泰国公司收到报价后回电，要求改报CIF Bangkok价。从大连到曼谷的运费是USD140/FCL (14 M/T)，保险费率为1%。请报出CIF Bangkok价。



## 案例分析

1. 某货轮装载各种家具、化肥等货物从天津港驶往吉大港，船和货物全部按中国人民财产保险股份有限公司的保险条款投保了平安险。船在公海上航行时,由于风大船体摇晃等原因使海水进入船舱,并且舱内货物因摩擦起火。后来经过全船人员的共同抢救,将水排出,火也被扑灭,但是已经造成严重的损失。其中,装在甲板的水泥因海水进入而全部浸湿,11号船舱的家具被烧毁,船舱部分舱板也被烧坏,需要修理;23号船舱的部分家具由于用于扑火而被烧损;因为救火,24号船舱的部分化肥包装被损坏;船主机失灵,只好雇用拖船;两名船员因船体摇晃而摔伤,6名船员由于扑火被烧伤,需要住院治疗。请分析:

(1) 所发生的损失的性质。

(2) 对所发生的损失应该如何进行索赔和理赔。

2. 我国某机械设备进出口分公司以FOB烟台为条件向伊朗某公司出口两套冷冻设备,货物于5月3日装船,之后我方公司用传真将船名、航次以及开船时间等内容通知了伊方公司,该船于5月4日准时起航。伊方公司于5月5日下午2时在当地投保了英国ICC保险条款A险。可是,该船于5月5日上午11时因风浪触礁沉没。三天之后买卖双方才得到消息。请分析,谁对这种损失负有赔偿责任?

3. 2004年,我国某制罐机械生产企业进出口分公司以CIF术语条件向中东某国某饮料生产企业出口两套复合材料饮料罐生产设备。在订舱之后,发货人按照合同要求投保了水渍险和战争险。当货轮到达目的港后,当一套设备被卸入港口仓库以后,该国发生了战争,两台设备都被损坏,无法恢复使用。请问:

(1) 如何界定损失的性质?

(2) 损失的设备如何进行赔偿?

# 第8章　出口商品报价和外贸业务核算

## 本章关键词

价格术语(price term)
总价(total amount)
成本(cost)
佣金(commission)
费用(expenses/charges)
折扣(discount)
预期利润(expected profit)
净价(net price)
单价(unit price)

## 互联网资料

中国银行　http://www.bank-of-china.com
中华涉外网　http://trade.9c9c.com.cn
经贸资讯网　http://xtrade.myrice.com



世界银行和国际货币基金组织简介

世界银行(World Bank)与国际货币基金组织(International Monetary Fund, IMF)是当今世界上最具影响力的两大多边金融机构。这两个组织的宗旨是向成员国提供经济援助，但在业务上又各有分工，互相配合。只有国际货币基金组织的会员方可加入世界银行。

世界银行又称国际复兴开发银行，它成立初期的宗旨是致力于战后的欧洲经济复兴，而后才转向全球性的发展援助，即为成员国的生产性投资提供长期贷款和技术援助。目前主要是向发展中国家提供以政府名义担保的项目贷款，资助兴建那些周期长、利润偏低但又是该国经济和社会发展所必需的建设项目。

国际货币基金组织是一个旨在稳定国际金融体系的专业机构，主要任务是稳定国际汇率,消除妨碍世界贸易的外汇管制,在货币问题上促进国际合作,并通过提供短期贷款,帮助成员国解决在国际收支出现暂时困难时的外汇资金需要。

资料来源:中国国际贸易发展网(http://www.itdn.com.cn)。

出口商品的报价直接关系到企业的利益和市场的竞争力。但是,当价格发生变化的时候,价格对企业利益和商品在市场中的竞争力的影响是截然相反的。例如,当价格下调时,企业的利益可能会降低,但是,产品在市场中的竞争力却会得到一定的提高。因此,如何做好出口产品的定价工作,对于一个企业来说是至关重要的。

在出口业务中,确定商品价格的一般原则是,在坚持平等互利的原则基础上,以国内价格为基础,参考国际市场价格,按照国别政策,利用各种差价并结合购销意图制定适当的价格。

我国出口商品价格主要是以国内价格为基础,参照国际市场价格水平作价。因此,出口商品价格同该商品在国内的生产成本是有直接联系的。我们要反对那种不计成本,不计盈亏,单纯完成出口任务的错误做法。要重视和加强对出口商品的成本计算,通过出口成本计算和业务结算,为今后的业务操作打好基础。

# 8.1 出口商品价格的构成

在进出口业务操作的过程中,了解和核算出口商品价格的构成要素,掌握出口商品成本、利润和各种费用的含义及其计算方法,对于准确地核算出口商品价格、控制出口成本、增加预期利润是很重要的。出口商品价格的构成主要包括成本、费用和利润三大部分。



## 8.1.1 商品成本

出口商品的成本(cost)可以包括生产成本、加工成本和采购成本三种。

生产成本是指制造企业生产某一产品所投入的成本。

加工成本是指加工企业对成品或半成品进行加工、装配所需的成本。

采购成本是指贸易商向供应商(制造企业、加工企业等)采购商品的价格,亦称进货价格。

供货厂商报出的价格一般会包含税收，例如增值税。增值税是以商品进入流通环节所发生的增值额为课税对象的一种流转税。由于出口商品通常会进入国外市场流通，同时，许多国家为了降低出口商品的成本，以增强其产品在国际市场的竞争力，往往对出口商品采取退税（全额或按一定比例）的做法，我国目前实施的退税主要是退增值税和消费税。在实施出口退税制度的情况下，出口商品在核算价格时，为了增加其产品在售价上的竞争力，往往会将商品进价中的出口退税部分按照金额或退税率予以扣除。在我国，商品进价中包含了17%的增值税，增值税的征收额和退税额均是按照货物的不含税价格计算的。因此，在计算商品退税额的时候，首先应该计算出商品不含税的价格，然后乘以出口退税率。具体公式如下：

$$\text{商品进价(含增值税)} = \text{商品不含税价} + \text{增值税额}$$
$$\text{增值税额} = \text{商品不含税价} \times \text{增值税率}$$

所以

$$\text{商品不含税价} = \frac{\text{商品进价(含增值税)}}{1 + \text{增值税率}}$$

由此可得

$$\text{出口退税额} = \frac{\text{商品进价(含增值税)}}{1 + \text{增值税率}} \times \text{出口退税率}$$

例题：

上海某进出口公司向越南一公司出口船用柴油机，一台东风牌135型船用柴油机购货价为1 000美元，其中包含17%的增值税。按中国政府的有关规定，柴油机出口退税率为17%，那么，如果不计其他相关费用，每台船用柴油机的实际成本应该是多少？

解：按照上面的公式先计算出出口退税额，

$$\text{出口退税额} = \frac{\text{商品进价(含增值税)}}{1 + \text{增值税率}} \times \text{出口退税率}$$
$$= \frac{1\,000\ \text{美元}}{1 + 17\%} \times 17\% = 145.30\ \text{美元}$$

所以，每台柴油机的实际成本 ＝ 1 000 美元 － 145.30 美元 ＝ 854.70 美元

由此可见，出口退税可以降低出口价格，从而促进出口业务的发展。

### 8.1.2 费用

由于进出口交易是跨越国界的商品交换活动，因此交易中所发生的费用

(expenses/charges)比一般国内所进行的交易要复杂得多。在出口商品价格中，费用所占的比重虽然不大，但因其内容复杂，涉及的问题较多，且计算方法又不尽相同，因此，费用核算也较为复杂。出口业务中通常会发生的费用有以下几种。

(1) 包装费(packing charges)。包装费用通常包括在采购成本之中，但如果客户对货物的包装有特殊要求，由此产生的费用为附加的包装费，应该另算。

(2) 仓储费(warehousing charges)。在出口发运前，需要提前采购的或者需要另外存仓的货物往往会发生仓储费用。

(3) 国内运输费(inland transport charges)。这是出口货物在装运前所发生的内陆运输费用，通常有卡车运输费、内河运输费、路桥费、过境费及装卸费等。

(4) 认证费(certification charges)。是指出口商办理许可、配额、产地证明及其他证明所支付的费用。

(5) 港区港杂费(port charges)。主要是出口货物在装运前在港区码头所需支付的各种费用。

(6) 商检费(inspection charges)。是指出口商品检验机构根据国家的有关规定或出口商的申请对货物进行检验所发生的费用。

(7) 税收(duties and taxes)。国家对出口商品征收、代收或退还有关税费，通常有出口关税、增值税等。

(8) 垫款利息(interest)。这是出口商自国内采购至收到国外进口商付款期间因生产或购买出口商品垫付资金所产生的利息。

(9) 业务费用(operating charges)。是指出口商在经营中发生的有关费用，如:通讯费、交通费、交际费，等等。业务费用又被称为经营管理费。

(10) 银行费用(banking charges)。这是出口商委托银行向国外客户收取货款、进行资信调查等业务所支出的费用。

(11) 出口运费(freight charges)。是指货物出口时支付的海运、陆运或空运等费用。

(12) 保险费(insurance premium)。这是出口商向保险公司投保货物运输保险或出口信用保险等所支付的费用。

(13) 佣金(commission)。主要是出口商为了出口商品向中间商所支付的报酬。

### 8.1.3 预期利润(expected profit)

利润是出口价格的重要要素之一，价格中所包含利润的多少往往是根据商品成本、市场需求以及企业的价格策略等因素来决定的。与保险费、银行费用和佣金的计算不同，利润作为商人自己的收入，其核算方法由商人自行决定，一般是以规定一定百分比的利润率来计算利润额的。在计算的过程中，计算基数的选定是很重要的，可以用某一成本（生产成本、购货成本或出口成本）作为基数，也可以用销售价格作为基数，企业可以根据自己的需要和统计方面的要求具体规定该基数的确定方法。

例题：

某产品的成本为 100 元人民币，预定的利润率为 10%，试计算在下列两种情况下该商品的价格：

(1) 利润占成本的一定比例。

(2) 利润占价格的一定比例。

解：(1) 利润占成本的一定比例：

$$利润额 = 成本 \times 利润率 = 100\text{元} \times 10\% = 10\text{元}$$

$$价格 = 成本 + 利润额 = 100\text{元} + 10\text{元} = 110\text{元}$$

或者

$$价格 = 成本 + 利润额 = 成本 + 成本 \times 利润率$$

$$= 成本 \times (1 + 利润率) = 100\text{元} \times (1 + 10\%) = 110\text{元}$$

(2) 利润占价格的一定比例：

$$利润 = 价格 - 成本 = 价格 \times 利润率$$

即

$$价格 - 价格 \times 利润率 = 成本$$

$$价格 = \frac{成本}{1 - 利润率} = \frac{100\text{元}}{1 - 10\%} = 111.11\text{元}$$



由于利润定义的方法不同，因此所计算的结果也不一样。

## 8.2 佣金、折扣及其计算方法

### 8.2.1 佣金

1. 佣金的含义

佣金(commission)是指出口商（或进口商）付给中间商或代理商的报酬。因此，卖方通过中间商推销货物，或进口商通过中间商购买商品，一般都会发生佣金。佣金的表示方法一般是在价格术语中标明含佣金的比例(一般为百分比)。例如商品价格术语为:CIF 伦敦价每公吨 2 000 欧元含佣金 3%(EUR 2 000 M/T CIF London including 3% commission,或简写为 EUR 2 000 M/T CIF C 3% London)。该价格术语所表示的商品价格为含佣价(the price including commission)。如果在价格中不含有佣金,该价格称为净价(net price)。

佣金按照是否在价格术语中明确表示出来,可以分为明佣和暗佣两种。如果在价格术语中,佣金以百分比或以其他形式明确地表示出来,这种佣金叫作"明佣"。如果有佣金,但没有表示出来,这种佣金叫作"暗佣"。在暗佣的情况下,有关佣金问题,一般由双方当事人商定另外支付。

2. 佣金的计算

佣金是贸易活动中经常发生的现象。在各国贸易中,佣金的计算方法主要有两种,一种是按发票金额(或交货总金额)计算,另一种是按交货总数量计算。我国企业一般是按发票金额(或交货总金额)计算。这里所说的发票金额泛指任何形式的发票价格。

佣金的计算公式为:

$$佣金额 = 发票金额 \times 佣金率$$

公式中的发票金额实际上是含佣价,也就是含有佣金的价格。与此相反,不含有佣金的价格为净价。含佣价与净价之间的换算关系如下面的公式所示:

$$含佣价 = \frac{净价}{1 - 佣金率}$$

例题:

上海 A 公司就某商品向美国 B 公司报价,价格条件为 \$200 per kg CFR C 2% New York。B 公司收到报价后要求改报佣金率为 5% 的 CFR New York。请计算并报出含 5% 佣金的 CFR 纽约价。

解:根据上面的公式得:

$$\begin{aligned} 净价 &= 含佣价 \times (1 - 佣金率) \\ &= 200 美元 \times (1 - 2\%) = 196 美元 \end{aligned}$$

然后再用该公式计算含佣金 5% 的 CFR 纽约价:

$$含佣金 5\% 的含佣价 = \frac{净价}{1 - 佣金率} = \frac{196 美元}{1 - 5\%} = 206.32 美元$$

所以,含 5% 佣金的 CFR New York 报价为:\$206 per kg CFR C 5% New York。

通过案例的计算，我们应该注意到，在计算过程中，应该首先计算出净价，然后利用净价计算另一个佣金比例条件下的含佣价。为此，会有以下两种情况：

(1) 在贸易术语不变的情况下，计算出净价以后，可以直接利用公式计算另一个佣金比例条件下的含佣价，如上面例题。

(2) 在贸易术语发生变化的情况下，计算出原贸易术语的净价以后，还要计算出变化以后贸易术语的净价，然后再利用公式计算出与变化以后贸易术语相关的另一个佣金比例条件下的含佣价。

例如，在上面的例题中，如果B公司收到报价后要求改报佣金率为5%的CIF New York，而保险费率为1%。请计算并报出含5%佣金的CIF纽约价。则该题的解法为：

解：根据上面的公式得：

$$\text{CFR 的净价} = \text{含佣价} \times (1 - \text{佣金率}) = 200\text{ 美元} \times (1 - 2\%) = 196\text{ 美元}$$

然后，利用公式求出CIF的净价：

$$\text{CIF} = \frac{\text{CFR}}{1 - [(1 + 10\%) \times \text{保险费率}]}$$

$$\text{得 CIF 价} = \frac{\text{CFR}}{1 - [(1 + 10\%) \times \text{保险费率}]} = \frac{196\text{ 美元}}{1 - [(1 + 10\%) \times 1\%]} = 197.98\text{ 美元}$$

最后，利用佣金公式计算出含5%佣金的CIF纽约价：

$$\text{含佣金 5\% 的 CIF 含佣价} = \frac{\text{净价}}{1 - \text{佣金率}} = \frac{197.98\text{ 美元}}{1 - 5\%} = 208.40\text{ 美元}$$

所以，含5%佣金的CIF New York报价为：USD 208.40 per kg CIF C 5% New York。



3. 佣金的支付

一般情况下，中间商不希望最终用户了解到有关佣金的情况；另外，有些国家对佣金收入要缴纳所得税。因此，在进出口业务中，采取暗佣的办法表示佣金，还是采用明佣的方式表示佣金，要具体情况具体分析。一般来说，利用暗佣的方式较多。佣金的支付方法主要有两种。一种是直接扣除法，即中间商从销售货物的货款中直接扣除应得佣金后再把剩余的货款付给委托人。另一种是回佣法，即中间商把全部货款付给委托人后，委托人再按照约定的佣金比例或数量将佣金付给中间商。

究竟采用哪种方法，要根据具体情况而定。中间商对进出口业务的作用有时是举足轻重的，要注意发挥中间商的积极性，促进进出口业务的顺利发展。

### 8.2.2 折扣

所谓折扣(discount)是指在交易中卖方按原来的标价(face value)给予买方一定百分比的价格减让。在国际贸易中,卖方为了加强竞争,常常用折扣吸引顾客。折扣可以用本国文字表示,也可以用英文"D(discount)"或"R(rebate)"表示。例如货价是 FOB 青岛,每箱 100 美元,给 3%的折扣,其单价可以写作:USD 100 per case FOB Qing Dao less 3% discount;又如 CIP 大阪,每集装箱 2 800 日元,1%的折扣率,则价格可以写为:JPY 2 800 per FCL CIP D 1% Osaka。

与佣金一样,折扣也分为明扣和暗扣两种。所谓明扣是指在价格术语中将折扣明确地表示出来;所谓暗扣是指在价格术语中未将折扣的情况表示出来。一般来说,暗扣更具有竞争性。折扣的计算方法和佣金的计算方法基本一致,一般都按发票金额乘以折扣率来求得折扣金额。

## 8.3 出口商品的报价

为了更好地理解有关出口商品的报价问题,下面分别介绍即期结算出口业务商品报价、远期结算出口业务商品报价(汇率保持稳定)、远期结算出口业务商品报价(汇率会因两国存在利率差而调整)的计算方法。

### 8.3.1 对即期结算出口业务商品的报价



下面,通过一个例题来说明对即期结算出口业务商品的报价方法。

上海某贸易公司 A 应菲律宾某公司 B 的询价,准备向 B 报出 10 台微型数控精密车床的 FOB 上海价和 CIF 马尼拉价。每台车床的收购价为 6 000 元人民币(含 17%的增值税),包装费为 500 元。整批货物的国内运杂费共计 1 200 元,出口商检费为 300 元,报关费为 100 元,港杂费为 900 元,其他各种费用共计 2 000 元。按照 A 公司的规定,公司的业务管理费用为商品收购价的 5%。该产品的出口退税率为 17%。从装运港上海至目的地马尼拉港每一个 20 英尺集装箱的包箱费率是 4 300 元人民币,保险费为 200 元人民币,国外客户佣金为每一个 20 英尺集装箱 1 000 元人民币。该批车床可以由3个20英尺集装箱装运。整批货物的预期利润为10%（以成交成本金额计），此时人民币对美元的汇率是100美元—655/660元人民币，合同计价货币为美元，请报出该批货物出口的FOB上海价和CIF马尼拉价。（计算过程中的结果如果出现小数，小数点后保留两位数字。）

我们知道，在不考虑其他因素的条件下，商品的出口价格应该等于商品的成本、出口过程中的各种费用（装卸费、运费、保险费、其他杂费等）和预期利润之和，即：

出口价格 = 商品成本 + 费用 + 预期利润

FOB和CIF两种价格的构成因素分别为：

FOB价 = 商品成本 + 国内费用 + 预期利润

CIF价 = 商品成本 + 国内外总费用 + 预期利润

下面以单价为基础对商品的价格进行计算：

(1) 计算商品成本。

商品成本 = 收购价格 + 业务管理费用 − 出口退税

在本题中，

收购价格 = 6 000元

业务管理费用 = 收购价格 × 5% = 6 000元 × 5% = 300元

$$出口退税额 = \frac{商品进价(含增值税)}{1 + 增值税率} \times 出口退税率$$

$$= \frac{6\,000元}{1 + 17\%} \times 17\% = 871.79元$$

于是得

出口成本 = 6 000元 + 300元 − 871.79元 = 5 428.21元



(2) 计算出口费用。

国内费用 = 500元 + (1 200元 + 300元 + 100元 + 900元 + 2 000元) ÷ 10
= 500元 + 450元 = 950元

国外费用 = (4 300元 + 200元 + 1 000元) × 3 ÷ 10 = 1 650元

(3) 计算预期利润。

预期利润 = 出口成本 × 预期利润率
= 5 428.21元 × 10% = 542.82元

(4) 计算报价。

FOB价的报价如下：

FOB 价(人民币价格)＝5 428.21 元＋950 元＋542.82 元＝6 921.03 元

FOB 价(美元价格)＝人民币价 / 美元买入价

＝6 921.03 元 /6.55 元＝1 056.65(美元)

CIF 价的报价如下：

CIF 价(人民币价格)＝5 428.21 元＋950 元＋1 650 元＋542.82 元

＝8 571.03 元

CIF 价(美元价格)＝人民币价 / 美元买入价 ＝8 571.03 元 /6.55 元

＝1 308.55(美元)

所以，在即期结算的情况下，该商品的 FOB 上海价和 CIF 马尼拉的美元对外报价分别是：

USD 1 057 per unit FOB Shanghai。

USD 1 309 per unit CIF Manila。

## 8.3.2　对远期结算出口业务商品的报价(汇率保持稳定)

在上题中，如果合同规定的支付条件是 3 个月远期信用证付款，为此，A 公司向银行贷款 3 个月，贷款金额等于出口成本，贷款的年利率为 5%，手续费为 0.5%(按出口成本计算)。3 个月内人民币对美元的汇率保持稳定，仍然是 100 美元—655/660 元人民币，合同计价货币为美元，请报出该货物出口的 FOB 上海价和 CIF 马尼拉价。(计算过程中的结果如果出现小数，小数点仍保留两位数字。)

很明显，按照题意，该题与上题的不同点是该题在对外报价中要增加贷款利息和手续费。因为贷款金额等于出口成本，贷款利息也是按照出口成本计算，因此，首先要求出出口成本。出口成本可以有两种理解方法，一种为出口商品的出口成本，例如在上题中已经计算出来的 5 428.21 元人民币；另一种理解方法是商品的报价，因为报价中的费用是要由出口人支付的。下面对两种方法分别进行计算。

1. 按出口商品的出口成本计算贷款利息和手续费

上题中已经计算出的商品出口成本为 5 428.21 元人民币，因此，贷款利息和手续费应该是：

贷款利息和手续费＝5 428.21 元×5%×3/12＋5 428.21 元×0.5%

＝67.85 元＋27.14 元

＝94.99 元

因此，FOB 价的报价如下：

FOB 价(人民币价格) = 5 428.21 元 + 950 元 + 542.82 元 + 94.99 元
= 7 016.02 元

FOB 价(美元价格) = 人民币价 / 美元买入价 = 7 016.02 元 /8.25 元
= 850.43(美元)

CIF 价的报价如下：

CIF 价(人民币价格) = 5 428.21 元 + 950 元 + 1 650 元 + 542.82 元 + 94.99 元
= 8 666.02 元

CIF 价(美元价格) = 人民币价 / 美元买入价 = 8 666.02 元 /8.25 元
= 1 050.43(美元)

所以，在远期结算、人民币对美元汇率保持稳定的情况下，该商品的 FOB 和 CIF 的对外报价分别是：

USD 850 per unit FOB Shanghai。

USD 1 050 per unit CIF Manila。

2. 按出口商品的报价计算贷款利息和手续费

上题中已经计算出来的商品报价分别是：FOB 价为 6 921.03 元人民币，CIF 价为 8 571.03 元人民币。因此，贷款利息和手续费应该是：

FOB 价贷款利息和手续费 = 6 921.03 元 × 5% × 3/12 + 6 921.03 元 × 0.5%
= 86.51 元 + 34.61 元
= 121.12 元

CIF 价贷款利息和手续费 = 8 571.03 元 × 5% × 3/12 + 8 571.03 元 × 0.5%
= 107.14 元 + 42.86 元
= 150 元

因此，FOB 价的报价如下：

FOB 价(人民币价格) = 5 428.21 元 + 950 元 + 542.82 元 + 121.12 元
= 7 042.15 元

FOB 价(美元价格) = 人民币价 / 美元买入价 = 7 042.15 元 /6.55 元
= 1 075.14(美元)

CIF 价的报价如下：

CIF 价(人民币价格) = 5 428.21 元 + 950 元 + 1 650 元 + 542.82 元 + 150 元
= 8 721.03 元

CIF 价(美元价格) = 人民币价 / 美元买入价 = 8 721.03 元 /6.55 元
= 1 331.45(美元)

所以，在远期结算、汇率保持稳定的情况下，该商品的 FOB 和 CIF 的对外报价分别是：

USD 1 075 per unit FOB Shanghai。

USD 1 331 per unit CIF Manila。

## 8.3.3　对远期结算出口业务商品的报价(汇率会因两国存在利率差而调整)

在上题中，如果当时人民币的年利率为 5%，美元的年利率为 8%，两国货币之间的汇率会因利率的不同而发生变化，上海某贸易公司 A 考虑到面临汇率变化的风险，应该如何调整报价为好？(计算过程中的结果如果出现小数，小数点后保留两位数字。)

对汇率可能发生变化的远期结算出口业务，其报价既要考虑贷款利息和金融机构手续费对价格的影响，又要考虑汇率变化对价格的影响。如上面计算过程所述，利息和手续费对价格的影响主要是增加价格的金额，而汇率变化对价格的影响，则是在本币换算成外币时带来的影响。

按照本节的条件，汇率对价格的影响主要考虑以下几方面的因素：

(1) 两国存在利率差会使两国的汇率有发生变化的趋势。

(2) 汇率变化主要表现在外币的升水或贴水方面。所谓升水，是指远期外汇比即期的贵，而贴水则指远期外汇比即期的便宜。

(3) 鉴别升水与贴水主要看两国利率的情况，如果外国利率比本国的利率高，则外币会贴水；否则会升水。升水或贴水值可用以下公式计算：

$$\text{升水(贴水)值} = \text{即期汇率} \times \text{两国利率差} \times \frac{\text{合同支付期限}}{12}$$

(4) 远期汇率的计算可以遵循下面的方法：

由于我国的汇率一般采用直接标价方法，所以，

① 在升水的情况下，远期汇率 = 即期汇率 + 升水值。

② 在贴水的情况下，远期汇率 = 即期汇率 − 贴水值。

下面对题目进行计算：

由于两国存在利率差，因此，会使两国的汇率有发生变化的趋势。由于美元的利率高，所以远期美元会有贴水的趋势。具体的贴水值可以利用下面的公式计算：

$$\text{贴水值} = \text{即期汇率} \times \text{两国利率差} \times \frac{\text{合同支付期限}}{12}$$

$$= 655\text{元} \times 3\% \times \frac{3}{12} = 4.91\text{元}$$

所以，远期美元的汇率 = 655 元 − 4.91 元 = 650.09 元

如果美元对人民币三个月的远期汇率买入价按照这种趋势变化的话，上海 A 公司该笔出口业务的人民币收入将会减少(与签订合同时相比)。因此，在价格可以接受的情况下，应该按照 100 美元—650.09 元人民币的汇率调整美元报价。即：

FOB 价的报价如下：

FOB 价(人民币价格) = 5 428.21 元 + 950 元 + 542.82 元 + 121.12 元
= 7 042.15 元

FOB 价(美元价格) = 人民币价 / 美元买入价 = 7 042.15 元 /6.50 元
=1 083.40(美元)

CIF 价的报价如下：

CIF 价(人民币价格) = 5 428.21 元 + 950 元 + 1 650 元 + 542.82 元 + 150 元
= 8 721.03 元

CIF 价(美元价格) = 人民币价 / 美元买入价 = 8 721.03 元 /6.50 元
= 1 341.70(美元)

所以，在远期结算、汇率会因利率的不同而调整的情况下，该商品的 FOB 和 CIF 的对外报价分别是：

USD 1 083 per unit FOB Shanghai。

USD 1 342 per unit CIF Manila。



## 8.4 商品报价计算过程中应该注意的问题

在商品报价计算过程中应该注意以下问题。

### 8.4.1 合理运用汇率的买入价与卖出价

汇率的买入价与卖出价之间一般相差 0.1%—0.3%，如果进出口公司在计算对外报价时考虑不周，或者合同条款规定得不明确，都有可能给某一方造成损失。在运用汇率的买入价与卖出价时，应该注意以下几个问题：

(1) 出口交易以外币报价时应该用外币买入价。

若中国进出口公司出口的商品价格是以人民币表示的，而客户要求改成美元报价，则应该用该外币的买入价（以人民币表示的价格）除以本币所表示的价格，就可以得到相应的美元价格。请看以下例题。

中国某公司出口商品以人民币表示的单价为 3 000 元，该公司于 2011 年 1 月 18 日应泰国公司要求对该商品报出美元价。该日的人民币对美元的汇率为 100 美元—655/660 元人民币，则应该报出的美元价格为 3 000 元/6.55 元 ＝ 458.02（美元）。

利用这样的折算方法是公平合理的，因为当国外买方所支付的以美元外币所表示的货款通过银行汇入出口地银行以后，该银行也是使用外汇的买入价将收到的外汇折算成本币以后付给客户（拨入客户账户）的。

(2) 进口交易以外币报价时应该用外币卖出价。

请看以下例题。

中国某生产企业的进出口公司欲从外国某公司为本企业进口生产用的成套机械设备。该公司根据以前的进口情况已经有了自己的心理价位，价格为 2 000 000.00 元人民币。由于是老客户，国外客户要求中国公司报出以美元表示的可以接受的价格。报价当日的人民币对美元的汇率为 100 美元—654/659 元人民币，则应该报出的可接受的美元价格为 2 000 000.00 元/6.59 元＝303 490.14（美元）。

利用这样的折算方法是公平合理的，因为该成套设备进口付汇时，中国公司需要以该卖出价向出口地银行购买美元外汇付给国外卖方。

通过上面的例题我们可以看出，在计算进出口报价的过程中，首先要掌握各项价格内容的计算方法和依据，然后，要仔细分析研究各种给定条件的意义，并认真进行计算。在报以外汇计价的价格时，要注意外汇买入价/卖出价的使用。在实际交易业务中，各公司往往会总结出自己的报价方法或经验公式，使报价的计算过程更加简化。



## 8.4.2　出口费用的计算

出口报价中的费用部分在价格中所占比例虽然不会很大，但由于内容较多且计费方法又不尽相同，所以在计算时应特别加以注意。

1. 出口费用的计算方法

出口费用的计算方法有以下两种。

(1) 将有关费用的数额逐项相加。运用这种方法时，应该注意不同费用额的计量单位，例如，究竟是按整批货物计算，还是按20英尺或40英尺集装箱计算。

(2) 定额费用率法。在实际业务中，除了费用额相加的方法以外，有的贸易公司则规定定额费用率的做法。所谓定额费用率是指各公司将业务操作过程中的费用，诸如银行利息、邮电通讯费用、交通费用、仓储费用、码头费用、商检报关费、差旅费、招待费等，按公司年度实际支出状况规定一个百分比，一般是以公司进货价(或称为购货成本、含税的采购成本)为基础规定一个百分比，以此来计算各笔出口业务的出口费用。所规定的百分比也可以根据不同的商品类别有所区别。

2. 出口费用举例

(1) 出口运输的包干费用。

在进出口业务中，贸易商往往委托货物运输代理来办理货物的订舱、托运、报关、装箱以及长短途驳运等涉及货物的国内外运输和通关手续。货运代理公司往往根据其提供的服务向货主(委托人)收取费用。费用中除了包括以上提到的订舱、托运、报关、装箱以及长短途驳运等费用以外，还包括单证费、手续费、港杂费等。这些费用统称为进出口货物包干费用。包干费是以包干费用率的形式规定的，通常是按照货物的类别及装箱方式(分为散装货、拼箱、20英尺箱、40英尺箱、普通集装箱、特种集装箱、一般危险品和冷冻箱等)的不同分别规定的。

(2) 银行费用。

银行费用通常是指出口商委托银行向进口商收取货款时所需交纳的手续费。由于银行是根据出口商委托的金额，即成交发票的金额的一定百分比来收取费用的，所以银行费用是按照报价来计算的。

(3) 垫款利息。

垫款利息是在远期结算的条件下，出口商为了出口向国内供货商购进商品而形成的资金占用所造成的利息损失和远期收款利息。一般而言，垫款利息的计息是以采购总成本为基础的，而远期收款利息则根据成交金额来计算。当然，由于利息在报价中所占比例太小，有些出口商往往采取高估其他费用而对利息忽略不计的方法。



## 8.5 合理订立价格条款

### 8.5.1 合同中价格的形式

在国际货物买卖合同中价格条款的表现形式有单价和总值两项。

(1) 单价(unit price)。

进出口合同中的单价一般由计量单位、计价货币、计价金额和贸易术语等项目构成。例如，“每公吨 C. I. F. 纽约 100 美元”(USD 100 per M/T C. I. F. New York)。

(2) 总值(total amount, or amount)。

总值也被称为总价，是指该批进出口货物的全部金额，其金额等于贸易的总数量和单价的乘积。

## 8.5.2　确定合同中价格条款的办法

在规定价格条款时，除了应该合理地确定成交价格、采用适当的贸易术语和选用有利的计价货币外，还要根据不同的情况，列明具体的作价办法。在国际贸易中，常见的作价办法有下列几种：

(1) 固定价格。

所谓固定价格，就是在买卖合同中订明具体价格，该价格在合同有效期限内是固定不变的。这是国际上常见的习惯做法。按此办法成交时，买卖双方按约定的价格交货付款，即使约定价格与当时市场的实际价格相差很大，任何一方也无权要求改变这一价格。这就意味着买卖双方要承担从合同达成到交货期间内价格变动的风险。为了减少风险，采用该种定价办法时，除必须对价格波动趋势作出正确的判断外，还应注意选择资信好的成交对象。当然，还要注意采取规避风险的措施。

(2) 待定价格。

买卖双方洽商交易时，如果对价格变动趋势一时难以预料，可以利用待定价格的方法签订合同的价格条款，即只约定成交的品种、数量和交货期等项目，而具体价格则留到某个时期再进行商定。但是，一定要在价格条款中把以后商订价格的时间和原则订明。按此办法成交时，由于买卖双方开始都不承担价格变动的风险，有利于促成交易。

(3) 部分固定价、部分待定价。

在大宗交易和分批交货的情况下，买卖双方为了避免承担远期交货价格变动的风险，可以只约定近期交货部分的具体价格，而对远期交货部分的价格，则采取上述待定价格的做法。

(4) 暂定价格。

买卖双方在签订合同时，先规定一个初步价格，作为开立信用证和预付货款的依据，待双方确定正式价格以后，再根据多退少补的原则进行业务结算。这种做法既有利于成交,又不至于使双方承担较大的价格变动风险。

(5) 滑动价格。

对某些生产周期长的机器设备和原料性商品的交易,买卖双方在约定暂定价格的同时,还要规定价格调整条款,即按某种条件,例如按原材料价格、工资变化或物价指数等,来计算和确定最后的价格。

## 8.6 外贸业务核算

对外贸易业务核算是指有进出口业务的公司对本公司所开展的进出口业务的定期结算,总结和评价业务经济效益等。对外贸易业务核算的目的是为今后进一步开展好进出口业务打好基础。按照业务性质,对外贸易业务核算可以分为:出口业务核算和进口业务核算两部分。

### 8.6.1 出口业务核算

出口业务核算是指进出口公司在国内收购产品进行出口贸易的经济核算。对于有自营权的生产企业来说,出口业务核算是指企业经营产品出口的经济核算。随着经济全球化的发展,我国对外贸易经营权已经放开,有进出口自主经营权的企业越来越多。出口业务核算一般包括出口外汇净收入、出口盈亏额、出口盈亏率和换汇成本的核算等几项内容。

(1) 出口外汇净收入。

这里所说的出口外汇净收入是指以外汇所表示的,扣除出口运费、保险费等费用以后的出口商品销售价款。出口外汇净收入也可以认为是FOB价的外汇收入,而绝不是出口商品销售的净利润。出口商品外汇净收入指标的意义,主要是对出口业务的经济效益进行初步的比较,同时也为出口业务换汇成本的计算打基础。下面以FOB、CIF和FCA三个贸易术语为例,说明在进出口业务中,在以不同贸易术语为价格条件时,商品出口业务外汇净收入的计算方法。

① 对于以FOB术语条件成交的出口业务,计算公式为:

出口外汇净收入 = FOB外汇价 − $C$(佣金) 等

② 对于以CIF术语条件成交的出口业务,计算公式为:

出口外汇净收入 = CIF外汇价 − $F$(运费) − $I$(保险费) − $C$(佣金) 等

③ 对于以 FCA 术语条件成交的出口业务，计算公式为：

$$出口外汇净收入 = FCA价 - C(佣金)等$$

（2）换汇成本。

换汇成本是指某种商品出口时以本币所表示的出口总成本与外汇净收入的比值，即：

$$换汇成本 = \frac{商品出口总成本(本币)}{商品出口外汇净收入(外币)}$$

可以看出，换汇成本计算出来的结果应该是以单位外币为分母，以一定数量的本币为分子的一个分数，例如 7.88 元人民币/1 美元。该分数所表示的意义应该是：以分子所表示的一定数量的本币所生产的产品，通过出口换回来一个单位的外币。因此，用这个分数与国家的外汇牌价相比就可以知道该笔业务的经济效益了。例如，如果同一时间中国商业银行的外汇牌价是 8.25 元人民币/1 美元，则说明，换汇成本为 7.88 元人民币/1 美元的业务经济效益是相当可观的，是一笔很成功的业务。

上面的公式涉及了出口总成本。所谓出口总成本，是指以本币表示的准备出口商品所发生的总费用，例如商品进货成本加上出口前的一切费用（仓储费、运输费、包装费、出口税等），再减去出口后按国家政策由税务部门交给企业（生产企业或出口企业）的退税。现在，外贸公司或企业的对外贸易部门在业务操作的过程中，由于运输、仓储等业务由专门的业务部门负责，因此，往往采取对每笔业务收取业务操作定额费用的办法，解决上面提到的费用计算问题。所以，商品出口总成本的计算公式如下：

$$\begin{aligned}商品出口总成本(含增值税) = {}& 商品的购货成本(含增值税) + \\ & 企业的定额费用 - 出口退税收入\end{aligned}$$

其中，

$$企业的定额费用 = 购货成本(含增值税) \times 定额费率$$

而出口退税收入即出口退税额：

$$出口退税额 = \frac{商品进价(含增值税)}{1 + 增值税率} \times 出口退税率$$

从上述公式可以看出，商品出口总成本（含增值税）相当于以本币所表示的商品的 FOB 价。

（3）出口盈亏额。

出口盈亏额是指出口商品以本币所表示的出口利润。出口盈亏额应该等于以本币所表示的出口净收入与商品出口总成本的差额，即：

出口盈亏额 = 以本币所表示的净收入 − 商品出口总成本

其中，

以本币所表示的净收入 = 外汇买入价 × 商品出口外汇净收入(*FOB* 价)

商品出口总成本(含增值税) = 商品的购货成本(含增值税) +
企业的定额费用 − 出口退税收入

(4) 出口盈亏率。

出口盈亏率是指商品出口的盈亏额占商品出口总成本的比率。出口盈亏率等于商品的出口盈亏额与出口总成本的比值。即：

$$出口盈亏率 = \frac{出口盈亏额}{出口总成本} \times 100\%$$

下面请看一道计算换汇成本和出口盈亏率的例题。

中国大连的A公司向美国的B公司出口一批某商品，A公司的出口报价为USD 200 per M/T CFR New York，从大连到美国纽约的运费是USD 140/ FCL (14 metric tons)，保险费率为1%。该笔业务最后成交了1 000公吨，合同的支付条件为L/C at sight。该商品的进货价为每公吨1 500元人民币(含17%的增值税)，出口退税率为13%，A公司业务操作费用定额率为进货价的9%，美元对人民币的汇率为100美元—826/828元人民币。请计算该笔出口业务的换汇成本和盈亏率。

下面按单价(每公吨的价格)计算该笔业务的换汇成本和盈亏率。

(1) 换汇成本。

根据换汇成本的公式，首先要计算出商品出口总成本和商品出口外汇净收入。

商品出口总成本公式如下：

商品出口总成本 = 商品购货成本(含增值税) + 企业的定额费用 − 出口退税收入

本题中，

商品购货成本(含增值税) = 1 500 元

$$\begin{aligned}企业的定额费用 &= 购货成本(含增值税) \times 定额费率 \\ &= 1\,500元 \times 9\% = 135元\end{aligned}$$

$$\begin{aligned}出口退税收入 &= \frac{商品进价(含增值税)}{1+增值税率} \times 出口退税率 \\ &= \frac{1\,500元}{1+17\%} \times 13\% = 166.67元\end{aligned}$$

所以，

商品出口总成本 = 1 500 元 + 135 元 − 166.67 元 = 1 468.33 元

由于商品出口外汇净收入＝ FOB 外汇价，并且根据题意，商品报价为 USD 200 per M/T CFR New York，从大连到美国纽约的运费是 USD 140/ FCL (14 metric tons)，可得，

$$\begin{aligned}\text{FOB外汇价} &= 200\text{美元} - 140\text{美元}/14 = 200\text{美元} - 10\text{美元} \\ &= 190\text{美元}\end{aligned}$$

所以，

$$\begin{aligned}\text{换汇成本} &= \frac{\text{商品出口总成本(本币)}}{\text{商品出口外汇净收入(外币)}} \\ &= \frac{1\,468.33\text{元}}{190\text{美元}} = 7.73\text{元}/1\text{美元}\end{aligned}$$

(2) 出口盈亏率。

计算出口盈亏率可以采取以下两种方法：

第一种方法是利用出口盈亏率公式计算。

出口盈亏率的公式为：

$$\text{出口盈亏率} = \frac{\text{出口盈亏额}}{\text{出口总成本}} \times 100\%$$

其中，出口总成本为 1 468.33 元，出口盈亏额为：

$$\begin{aligned}\text{出口盈亏额} &= \text{以本币所表示的净收入} - \text{商品出口总成本} \\ &= \text{外汇买入价} \times \text{出口外汇净收入} - \text{商品出口总成本} \\ &= 8.26\text{元} \times 190 - 1\,468.33\text{元} \\ &= 1\,569.40\text{元} - 1\,468.33\text{元} = 101.07\text{元}\end{aligned}$$

所以，

$$\begin{aligned}\text{盈亏率} &= \frac{\text{出口盈亏额}}{\text{出口总成本}} \times 100\% \\ &= \frac{101.07\text{元}}{1\,468.33\text{元}} \times 100\% = 6.88\%\end{aligned}$$

第二种方法是利用换汇成本计算。

上面已经计算出，换汇成本为 7.73 元/1 美元，同时已知汇率为 8.26 元/1 美元，所以

$$\begin{aligned}\text{盈亏率} &= \frac{8.26\text{元} - 7.73\text{元}}{7.73\text{元}} \times 100\% \\ &= \frac{0.53\text{元}}{7.73\text{元}} \times 100\% = 6.86\%\end{aligned}$$

两种方法的计算结果之所以有差别，是由于计算过程中对数字尾数的处理造成的。

### 8.6.2 进口业务核算

这里所讲的进口业务核算主要指进口原材料和机器设备的进口业务核算。一般来说，原材料和机器设备的进口往往是为产品出口作准备的。因此，原材料和机器设备的进口工作一般是和产品的出口工作联系在一起的。所以，进口业务核算不仅涉及原材料和机器设备的进口业务，还会涉及生产经营和产品出口业务的核算。下面，仅就进口外汇成本、外汇增值额、外汇增值率等项内容说明进口业务核算的有关问题。

(1) 进口外汇成本。

进口外汇成本是指进口原材料、机器设备的外汇成本加上按外汇折算的流通费用和代理费用等的外汇总额。即：

$$进口外汇成本 = 进价外汇成本 + 流通费用 + 进口代理费 + 其他有关费用$$

(2) 进口成本。

进口成本是以人民币表示的进口外汇成本。

(3) 外汇增值额。

外汇增值额是指出口外汇净收入与进口外汇成本的差额，即：

$$外汇增值额 = 出口外汇净收入 - 进口外汇成本$$

这里要说明的是，外汇增值额的计算与出口商品外汇净收入的计算有关。而出口商品外汇净收入与出口商品的作价方法有关。

(4) 外汇增值率。



外汇增值率又称出口创汇率，是指外汇增值额与进口外汇成本的比率。即：

$$外汇增值率 = \frac{外汇增值额}{进口外汇成本} \times 100\%$$

## 本章小结

国际贸易是国家经济活动中的重要组成部分，对国家的财政收入、外汇储备、汇率等项目或指标起着举足轻重的作用。如果操作得不好或者在操作之前没有进行必要的预算，不仅可能发生亏损，而且还可能带来业务操作、外汇汇率等风险。因此，在对外贸易操作的过程中需要及时进行各种核算和结算，以便了解利润情况，检查贸易操作过程中应该注意的地方和制定相应的改进措施。这就需要对各种操作环节总结和设计相应的计算方法。本章中给出了一些环节的计算公式,各公司或部门还应该根据本公司经营产品或商品的不同、贸易对方所处的地理位置等情况设计适合本公司操作的公式,使业务人员可以灵活机动地对自己所操作的业务进行预算和核算。

## 复习与思考

1. 判断下列各题所给出的价格术语是否正确。对于错误的,请说明题中错误的内容,并将其改正过来。
   (1) HK500 CIF net New York。
   (2) J1 500 per cubic meter FOB discount。
   (3) RMB1 000 metric ton CIFC Hong Kong。
   (4) USD1 000 per case FOB New York Vessel。
2. 中国青岛 A 公司想向德国的 B 公司出口某产品,A 公司的报价为 USD$300 per case CFR Hamberg。从青岛到汉堡的运费是 USD 160/ FCL (16 cases)。该笔业务最后成交了 2 000 箱。该商品的进货价为每箱 1 800 元人民币(含 17%的增值税),出口退税率为 13%,A 公司业务操作费用定额率为进货价的 9%。签订合同的时候,美元对人民币的汇率为 100 美元—825/828 元人民币,请计算 A 公司该笔出口业务的换汇成本、盈亏额和盈亏率。
3. 美国 A 公司生产 30 kW 的农用拖拉机,每台拖拉机的价格为 2 000 美元。中国黑龙江省 B 公司与美国 A 公司签订了购买合同,将要购买 100 台这种型号的农用拖拉机。合同的支付条件是 on the basis of L/C 90 days after sight。人民币对美元的即期汇率为 100 美元—825/828 元人民币,中国和美国的现行利率分别为 5%和 2%。请问,当 B 公司向 A 公司付款的时候,如果汇率由于受到两国利率的影响而发生了变化,与签订合同时相比,B 公司将多支付(或少支付)多少本币?



## 案例分析

1. 在我国对外贸易发展过程中,有时会发生国人自相竞价的事件。事情往往是这样进行的:外商拿着中国 A 企业的商品报价到 B 企业处进行压价;然后,再拿着 B 企业的商品报价到 A 企业、C 企业等处继续压价,直至他认为无价格余地可压了为止。于是,该外商得到了满意的价格,业务的利润很丰厚。试分析:

(1) 外商能够成功压价的原因何在?

(2) 你有什么办法可以制止这种现象发生?

2. 小王大学毕业后在一家汽车零部件生产企业的外贸分公司找到了工作。一天，他在互联网上看到了一则求购信息，正好是求购汽车零部件的。于是他给这位客户回复了可供该产品的电子发盘。他很快得到了答复并按要求寄去了样品。对方对小王的样品和报价表示满意，但并没有很快订货，而是给小王寄来了自己样品，问我这里是否能生产。小王落实了本系统一家专业生产厂，并对来样进行了成本核算，然后分别报出了价格。客户来电说："Your prices appear to be very competiable on these products"。

(1) 通过外商的一系列反映和小王的行为，你对小王的业务开展方法有何评价？

(2) 你能否可以设想一下该笔业务的发展前景。

3. 烟台某家用电器生产企业通过美籍华人卢先生向美国市场出口该企业生产的洗碗机产品，由卢先生向美国的零售商批发洗碗机。双方商定第一批供货的佣金为发票金额的2%，第一批商品批发业务进行得很顺利。紧接着，卢先生要求第二批供货，并要求在出口成本不变的情况下将佣金改为发票总金额的3%。试分析：

(1) 为什么卢先生要求提高佣金率？

(2) 你认为烟台该家电生产企业会同意卢先生提高佣金率的要求吗？为什么？

# 第 9 章　货款的支付

## 本章关键词

支付工具(payment means)
汇付(remittance)
支付方式(payment mode)
托收(collection)
票据(bill/note)
信用证(letter of credit, L/C)
汇票(bill of exchange or draft)

## 互联网资料

中国银行　http://www.bank-of-china.com
经贸资讯网　http://xtrade.myrice.com

《国际商会跟单信用证统一惯例》(国际商会第 500 号出版物)
(1993 年修订本)

《国际商会跟单信用证统一惯例》,即国际商会第 500 号出版物,适用于所有在信用证文本中标明按本惯例办理的跟单信用证(包括本惯例适用范围内的备用信用证),除非信用证中另有明确规定,本惯例对一切有关的各方均有约束力。

《托收统一规则》(国际商会第 522 号出版物)
(1995 年修订本)

银行没有义务必须办理某一托收或任何托收指示或以后的相关指示。如果银行无论出于何种理由选择了不办理它所收到的托收或任何相关的托收指示,它必须毫不延误地采用电讯,或者如果电讯不可能时采用其他快捷的工具向收到该项指示的当事人发出通知。

资料来源:经贸资讯网(http://xtrade.myrice.com)。

在国际贸易中,卖方交货与买方付款是每笔交易的两个方面。按照合同规定支付货物价款是买方的基本义务,收取货物价款则是卖方的主要权利。支付条款是进出口合同的主要交易条款之一。

在对外贸易中，支付是指货款及其从属费用如何计价、结算以及在什么时间、什么地点、采用什么样的工具和方式支付。因此，在对外贸易的支付业务中主要涉及两个方面的内容，即支付工具和支付方式。

随着国际贸易和国际信用制度的发展，逐渐产生了多种支付工具（如货币、汇票）和支付方式（如汇付、托收、信用证），以及各种货币间兑换的汇率和外汇业务。目前，国际贸易货款的支付，一般都是通过银行，利用票据这种支付工具进行的，只有在极少数的情况下利用可自由兑换的货币直接进行支付结算。我国外贸进出口货款的结算，除一部分是根据两国政府间贸易支付协定由双方国家银行相互开立账户，用记账方式结算外，大部分都是通过银行使用现汇结算方式。

在对外贸易的每笔交易中，如何收付货款不是一个单纯的技术问题，而是一个涉及政治、经济、商业信用等多种因素的复杂课题。国际市场的形势瞬息万变，各国的对外贸易政策也在不断调整，各国货币币值的波动以及金融市场形势的变化，都会给各国外汇资金的使用和货款的收付带来一定影响。在对外贸易结算工作中，经常研究国际贸易中对结算有影响的各种因素的变化趋势，使每笔交易都能恰当地选择计价货币及正确地选择和运用各种支付工具和支付方式，这对于保障企业及时安全收汇、加速资金周转和提高企业竞争力等方面均具有重要的意义。

## 9.1 支付工具



在国际贸易业务中，所谓支付工具（payment means），是指用什么来支付外贸业务中的货款。支付工具主要有货币和票据两种。

### 9.1.1 货币

货币（money/currency）是国际贸易中的一种支付工具。在国际贸易中，由于买卖双方分属不同的国家（或地区），而各国（或地区）的货币制度又不同，因此，在对外贸易过程中选用何种货币所涉及的问题也较为复杂。表 9.1 所示为世界部分国家或地区货币及其代码情况。

**表 9.1　世界部分国家货币及其代码**

| 国家货币 | 代码 | 国家货币 | 代码 | 国家货币 | 代码 |
|---|---|---|---|---|---|
| 澳大利亚元<br>Australia Dollar | AUD | 加拿大元<br>Canada Dollar | CAD | 瑞士法郎<br>Switzerland Franc | CHF |
| 中国人民币<br>China Yuan Renminbi | CNY | 英镑<br>Britain Pound | GBP | 德国马克<br>Germany Deutsche Mark | DEM |
| 欧元<br>Euro | EUR | 法国法郎<br>France Franc | FRF | 意大利里拉<br>Italy Lira | ITL |
| 日元<br>Japan Yen | JPY | 俄罗斯卢布<br>Russia Ruble | RUR | 美元<br>US Dollar | USD |

在贸易磋商和签订合同时所选用的货币主要有三种：一是选用本国货币；二是选用对方国家的货币；三是使用第三国货币。对方国家货币和第三国货币都属于外国货币。一笔交易的过程中，可能同时涉及两种以上货币，例如，以一种货币计价而以另一种货币结算。从 1968 年起我国外贸业务中开始使用人民币结算，但是主要还是限于账面收付，不在国外流通。在我国的实际外贸业务中，一般是用外币计价和结算。在进出口业务中，买卖双方应该根据自愿的原则，共同商定合同的计价货币和支付货币。

在选用计价货币的时候，应该注意所选货币国的政治倾向、经济发展水平等情况，同时还应该注意以下几个问题：

(1) 货币的可兑换性。

可兑换性是指一种货币能够自由兑换成另一种货币的能力。一般来说，可以自由兑换的货币具有较好的市场流通性。目前，可以自由兑换的货币主要有美元、英镑、欧元、日元和港元等。

(2) 货币的稳定性。

货币的稳定性是指其币值在一定时期的稳定程度。在浮动汇率制度的条件下，较稳定的货币，其币值的波动一般可以控制在一定范围以内，在一定时期内具有抗升值与贬值的能力。在开放的经济环境中，一种货币的稳定性是相对于其他货币而言的。在交易中，应该尽量选择相对稳定的货币，例如美元、欧元和日元等。

(3) 不同的交易方式应该选择变化趋势不同的货币。

交易方式主要有两种：一种是进口交易，另一种是出口交易。进口交易一般选择具有下浮(贬值)趋势的货币计价为好；相反，出口交易则选用具有上浮(升值)趋势的货币计价为好。

随着经济全球化的发展，货币的稳定性越来越受到挑战。因此，密切注意金融市场中各种主要货币的变化趋势，对于顺利进行进出口业务交易、获得理想的交易效益是至关重要的。

不同货币之间是通过汇率来折算的。汇率是指一个国家(或地区)的货币折算成另一个国家(或地区)货币的比率或比价。我国人民币对世界各国货币的汇率由国家外汇管理局每日公开对外挂牌，作为企业和个人买进或卖出外汇的结算依据。外汇牌价是由国家外汇管理局根据我国的经济政策和金融政策，参照国际金融市场各国货币汇率的变化情况制定和调整的，使人民币在我国对外经济活动中保持相对稳定。我国是对金融市场管理较严格的国家之一，除国家另有规定者外，一切中外机构和个人的外汇收入，都必须按照国家规定的外汇汇率卖给银行；一切外汇的支出和使用，都必须按照国家有关部门的计划或有关规定，向中国银行购买。

## 9.1.2 票据

票据(bill/note)是指某些可以代替现金流通的证券。它是适应商品经济发展的需要而发展起来的。目前，在国际贸易中，直接使用现金进行结算的业务只占很小的比重，而大量的是用票据(汇票、本票、支票等)进行结算。在使用票据结算中，最主要的一种是汇票。

1. 汇票

汇票(bill of exchange，或 draft)是指出票人签发的委托付款人在见票时或者在指定日期无条件支付确定的金额给收款人或者持票人的票据。汇票是由一方开给另一方无条件的支付命令，要求对方按照票面所规定的期限和金额支付给指定人的一种票据。

汇票是国际贸易中最常用的支付工具。出口人发货后一般都开具汇票向进口人提示货款的金额等事宜，此时，汇票作为卖方要求付款的凭证。汇票的内容必须符合进出口合同的规定，即汇票中的货币种类、数量及付款时间等内容必须和合同的相关项目一致。如进出口双方选择信用证方式收付货款，汇票的内容还需和信用证的相关项目一致。

(1) 汇票的主要项目及其内容。

各国使用的汇票的格式虽然不完全一样，但其主要项目和内容基本是一致的。下面图 9.1 所列出的是一种常用的汇票格式(为了便于说明，在各项目前加注了数字)。

BILL OF EXCHANGE

No. ①

For ③ (amount in figure)　　　　② (place and date of issue)

At ④ sight of this FIRST Bill of exchange(SECOND being unpaid)

Pay to ⑤ or order the sum of

③ (amount in words)

Value received for ⑥ (quantity) of ⑥ (name of commodity)

Drawn under ⑦

L/C No. ⑦ dated ⑦

To:　　　　For and on behalf of

⑧

⑨

(Signature)

**图 9.1　汇票的一般格式**

下面对汇票格式中的各项目依次进行说明。

① 汇票编号。汇票编号应与发票编号完全一致。尤其是在信用证支付的情况下,因为信用证支付方式项下的发票是整套单据的中心单据。

② 汇票出票地点及日期。汇票的出票地点是汇票内容中的主要项目之一。出票地点一般应该是议付地点,它的位置一般在右上方和出票日期连在一起。出票地点之所以是汇票的主要项目之一,是由于目前国际上票据法还不统一,各国根据自身利益订立自己的票据立法,不同国家的法律内容之间还可能会有矛盾。当交易双方在贸易中发生矛盾时,采取哪一国的法律为准就成为关键问题。按照贸易惯例,如果在汇票的支付上发生矛盾,一般都以出具地的法律为准解决问题,这样,汇票的出票地点就成为汇票的主要项目之一。我国有些出口公司把出票地点在印刷汇票时就事先印好,以免在缮制时遗忘。该汇票格式中的出票地点就是这种情况。

原则上,出票日期最晚不迟于提单出单日期 21 天以后,更不能晚于信用证的议付日期,也不能早于提单出单日期和发票日期,出票日期最好填写议付日期。如果出票日期以制单日期填制,往往距离议付日期太长,而且早于提单日期。为了有利于及时、安全收汇，有些国家或有些地区的做法是由议付行在议付时代替企业和公司填写。我国也曾经采取过这样的做法。

③ 汇票金额。汇票金额应根据信用证规定的金额填写。信用证一般规定按发票金额的100%开立汇票，有时也有按发票金额的一定百分比开立的。在填写汇票金额时要注意金额的大小写要一致，而且货币币种要与信用证金额货币相同。汇票金额不许涂改或盖校对章。另外，汇票的金额不得超过信用证的金额。除非信用证金额前有"大约"或类似字样时，允许有少量变动。按照国际惯例，如果开证行所在国参加了国际商会，信用证要接受国际商会《跟单信用证统一惯例》的约束，"大约"可以按10%增减幅度掌握。如果开证行所在国未参加国际商会，则不受《跟单信用证统一惯例》约束，只能增减5%。

④ 付款期限。付款期限在各国票据中都被视为票据的重要项目。许多国家视没有付款期限的汇票为无效。汇票的付款期限一般分为两种：即期付款与远期付款。

即期付款是指出口人开出即期汇票，开证行见票即期付款。即期汇票的表示方式是只要在横线上用"＊　＊　＊　＊"或"- - - -"表示，或者在汇票付款期限栏中填写"即期"(at sight)。

远期付款是指汇票上规定汇款人见票后于将来的一定日期或期限内付款，按信用证汇票条款的规定填入相应的付款期限。远期汇票的付款期限一般有四种规定方法：

第一，付款人见票后若干天付款(at ... days after sight)，如30天、60天、90天等。例如，"见票后30天付款"(at 30 days after sight)。

第二，出票后若干天付款(at ... days after date)。例如，"汇票出票日后45天付款"(45 days after date)。



第三，在提单签发后若干天付款(at ... days after date of bill of lading)。例如，"提单出单日后60天付款"(60 days after the B/L date)。(注意：此时应在B/L date后加注实际的提单日期)。

第四，按固定的×年×月×日付款。例如，JAN 19，2003。

⑤ 收(受)款人(payee)。收(受)款人又称抬头人，是接受汇票所规定的金额的人。受款人一般为出口人，有的受款人是出口人所指定的第三方。

按照汇票的抬头不同，汇票可以被分为三种类型：

第一，指示式抬头。即在汇票的受款人栏中填"付给××公司或其指定人"(pay to ... Co. or order)，"付给××人的指定人"(pay to the order of ...)。在通常的条件下，在信用证支付条件下收款人栏目可以填信用证议付行的名称。例如，"付给中国银行上海市分行的指定人"(pay to the order of Bank of China

Shanghai Branch)。

第二，限制式抬头。使用这种类型的汇票，一般是因为出票人没必要或者不愿意把债权、债务的关系转移给第三者。这种汇票的格式特点是在受款人栏中填“限付给××人”(pay to ... only)或“限付给××人，不需转让”(pay to ... only not transferable)。这种抬头的汇票不能转让和流通。

第三，持票人式抬头。在汇票的受款人栏内填写“付给来人”(pay to bearer)。这种抬头的汇票在转让时无须持票人背书，仅凭交付汇票即可转让。按照我国《票据法》必须记载收款人名称的规定，持票人式抬头的汇票为无效汇票。在涉外票据中，一般也不使用持票人式抬头。

⑥ 出票条件。出票条件是对该笔业务商品状况的描述。

⑦ 出票条款。出票条款也叫“出票依据”。该栏目一般包括三项内容，即开证行名称、信用证号码和开证日期。如果信用证规定有缮制方法，则应该按照信用证规定的缮制方法填制。

⑧ 付款人(drawee)。汇票上的付款人也是汇票的主要项目之一。因为汇票就是出票人指令付款人按期限、按金额支付款项的一种票据。如果没有付款人，汇票的意义就不存在了。汇票的付款人大部分以开证申请人或开证行为付款人。这要根据信用证的具体规定办理。如信用证规定：“开立你方的即期汇票，以我行为付款人。”按这样的条款填汇票时，在汇票付款人栏中应该填写开证行的名称。如果信用证没有这方面的明确规定，一般也可以以开证行为付款人。

⑨ 出票人(drawer)及其签字。汇票的出票人应该是信用证的受益人，在出口业务中也就是出口商。汇票要有出票人及其签字才能生效。

汇票一般是一式二联的。银行寄单大部分都采用二次寄出的方式，如果第一联邮寄遗失，第二联还有效。中国香港和澳门地区的联行开来信用证也可以开具单独一份汇票，因为中国银行对港澳联行采取一次寄单。但开具单独一张汇票，须将汇票格式中的二联式字句改为“sole”，以表示一联式汇票。



(2) 汇票的种类。

由于汇票的方式、出票人以及汇票的条款不同，汇票可以分为以下几种：

① 跟单汇票(documentary draft)和光票(clean bill)。这是根据汇票在使用和流转过程中是否附有货运单据及其他有关单据来区分的。必须随附有关货运单据及其他有关单据才能生效的汇票，称为跟单汇票。不需随附货运单据及其他有关单据就可生效的汇票，称为光票。在实际业务中，跟单汇票也可以看作是出口商以货物作抵押而取得贷款的一种凭证，这种获得资金的方法被称为押汇。在国际贸易业务中，一般都使用跟单汇票收款，很少使用光票。光票一般仅在托收或收取运费、佣金等小金额款项时使用。

② 即期汇票(sight draft)和远期汇票(time draft)。这是根据付款的时间长短来区分的。凡是明确规定见票付款或立即执行付款等字句的汇票都被称为即期汇票。凡是明确规定见票后××天或规定将来某一期限内付款人执行付款的汇票都为远期汇票。即期汇票和远期汇票的内容基本相同,只是付款的时间不同而已。

③ 银行汇票(banker's bill)和商业汇票(commercial draft)。这是根据不同的出票人来划分汇票种类的方法。在对外贸易中,凡由出口商签发,向进口商或银行收取货款的汇票,都属于商业汇票。商业汇票属于商业信用范畴。由银行向其国外分行、支行或代理行签发的汇票,为银行汇票。它一般是银行应汇款人的要求,开立以汇入行为付款人的汇票,这种汇票一般由汇款人直接寄交收款人,然后,收款人凭汇票向汇入行取款。银行汇票属于银行信用范畴。

④ 商业承兑汇票(commercial acceptance bill)和银行承兑汇票(banker's acceptance bill)。这是按不同承兑人来划分远期汇票种类的方法。不论是商业承兑汇票,还是银行承兑汇票,都是属于远期汇票的范畴。如果远期汇票的付款人为商人,经付款人承兑后,这种汇票就叫作商业承兑汇票;如果远期汇票的付款人是银行,由银行承兑后,这种汇票就叫作银行承兑汇票。

(3) 汇票的使用。

汇票的使用一般要经过出票、提示、承兑和付款等法定程序,如需转让,还要经过背书手续。汇票遭到拒付时,还要涉及拒付证书、依法行使追索权等问题。

① 出票(to draw)。出票是指出票人在汇票上填写付款人、付款金额、付款日期和地点以及受款人等项目,经签字后交受票人的行为。出票是把汇票投入流通的第一环节。出票包括两个内容:一是由出票人制作汇票,并在其上签字;二是将票据交给受票人。如出票人仅仅制成了汇票,但并未把它交给受票人,那还不算"出票",只有出票人交出了汇票,出票行为方算告成。



② 提示(presentation)。提示是指持票人向付款人出示汇票,请其承兑或付款的行为。付款人看到汇票的行为叫作见票(sight),如系即期汇票,付款人见票后应立即付款;如系远期汇票,付款人见票后先办理承兑手续,到期时再付款。

③ 承兑(acceptance )。承兑是指付款人对远期汇票表示承担到期付款责任的行为。其手续是由付款人在汇票正面书写"承兑"(accepted)字样,注明承兑日期,并签上自己的名字,交还持票人。付款人对汇票完成承兑行为后,即成为承兑人(acceptor)。承兑人承担在远期汇票到期时付款的责任。

④ 付款(payment)。对即期汇票而言,在持票人提示时,付款人应立即付款。即期汇票不需要经过承兑手续。对远期汇票而言,付款人承兑后承诺在汇票到期即付款。付款后,由汇款所产生的债权、债务关系即告消灭。

⑤ 背书(endorsement)。在国际市场上,汇票可以作为一种流通工具,可以流通转让。背书是转让汇票权利所需手续的一个环节。背书是汇票的受票人在汇票背面签字或作批注,表示把汇票转让给他人的行为。经背书后,汇票的收款权利便转让给受让人。对于受让人来说,所有在他以前的背书人以及原出票人都是他的"前手",而对于出让人来说,他以后所有的受让人都是他的"后手",前手对于后手负有担保承兑汇票或付款的责任。

在国际市场上,汇票持有人如需在付款人付款之前取得票款,可以经过背书将汇票转让给银行,银行扣除一定的利息后将票款支付给持有人,这种行为叫作"贴现"(discount)。银行贴现后,就成为汇票的持有人,还可以在市场上继续转让汇票,或者在到期时向付款人索取票款。

⑥ 拒付(dishonor)。当持票人向付款人提示汇票时,付款人拒绝承兑或拒绝付款的行为称为拒付。按照相关法律规定,汇票上所列明的付款人所以有履行付款的义务,并不是由于出票人对他开立了汇票,而是由于在出票之前,他们之间已存在债权债务的关系,并事先谈妥采用汇票付款的办法。因此,当付款人拒付汇票时,出票人要根据买卖合同和信用证条款,而不是根据被拒付的汇票进行交涉。付款人一经在汇票上表示承兑后,就成为汇票的债务人,承担到期付款的责任。

⑦ 追索(recourse)。追索即债权人追讨债务的行为。当汇票遭到拒付时,持票人有权向所有的"前手"追索,一直追索到出票人,这项权利称为"追索权"。

持票人为了行使追索权,应及时开具拒付证书(protest)。拒付证书是由付款地的法定公证人或其他有权作这种证书的机构(如法院等)所出具的付款人拒付的正式文件,是凭以向"前手"进行追索的法律依据。如拒付的汇票已经被承兑,出票人可凭拒付证书向法院起诉,要求承兑汇票的付款人付款。此外,汇票的出票人或背书人为了避免承担追索的责任,可在出票时加注"不受追索"(without recourse)的字样。凡列有这种批注的汇票,在国际市场上一般是很难转让的。

2. 支票

支票(cheque)是银行存款户对银行签发的授权银行对某人或某指定人或持票人即期支付一定金额的无条件书面命令。支票相当于以银行为付款人的即期汇票。在我国对外贸易业务中,支票作为外贸业务中的支付工具,使用的情况比汇票少。但随着我国对外开放形势的发展,很多外贸企业和公司在国外设立分支机构,将货物发运给驻国外的分支机构在当地销售,国外的买者会用支票向国外分支机构付款,然后国外分支机构将全部货款用汇票或转账的方式寄交国内。

(1) 支票的基本内容。

支票必须具备以下几项内容:①必须有"支票"字样;②无条件的支付命令;③付款银行名称;④出票人签字;⑤出票日期和地点;⑥付款地点(未载明付款地点者,付款银行所在地视为付款地点);⑦写明"即期"字样;⑧金额;⑨受款人或其指定人。

(2) 支票的种类。

支票一般有以下几种:

① 记名支票(cheque to order)。记名支票是在支票的受款人一栏内写明具体受款人姓名。如"限付××人"(pay ... only),取款时须由受款人签章。

② 不记名支票(cheque to bearer)。又称空白支票,这种支票上不记载受款人姓名,只写"付持票人"(pay bearer)。取款时持票人无须在支票背后签章即可取款。

③ 划线支票(crossed cheque)。这是在支票正面划两道平行线的支票。划线支票与一般支票不同,一般支票可以委托银行收账,也可以由持票人自己提取现款,而划线支票只能委托银行收账。

④ 保付支票(certified cheque)。为了避免出票人开出空头支票,保证支票在提示时付款,支票的收款人或持票人可以要求银行对支票"保付"(to cheque)。保付是由付款银行在支票上加盖"保付"戳记,以表明在支票提示时一定付款。支票一经保付,付款责任即由银行承担,出票人、背书人都可免予追索。付款银行对支票保付后,即将票款出票人的账户转入另一账户,以备付款,所以保付支票提示时,不会退票。

⑤ 银行支票(banker's cheque)。这是由银行签发,并由银行付款的支票,也是银行即期汇票。银行代理顾客办理票汇时,可开立银行支票。

3. 本票



本票(promissory note)是一个人向另一个人签发的,保证于见票时或定期或在可以确定的将来的时间,对某人或其指定人或持票人支付一定金额的无条件的书面承诺。所以,本票是出票人对受款人承诺无条件支付一定金额的票据。

本票可分为商业本票和银行本票。由工商企业或个人签发的本票为商业本票。由银行签发的本票为银行本票。商业本票有即期和远期之分,银行本票则都是即期的。在国际贸易结算中使用的本票,大部分是银行本票。

## 9.2 支付方式

支付方式是指进口人支付合同货款给出口人所采用的具体方法。当进口人支付货款时，按照怎样的程序来进行支付呢？这就涉及支付方式（payment mode）的问题。目前，支付方式主要有三种，即汇付、托收和信用证。

## 9.2.1 汇付

在国际贸易中，汇付（remittance）是指付款人以一种支付工具，通过银行将货款直接交付给出口人的行为。汇付通常也被称为汇款。在贸易业务中，如果债务人将款项主动支付给债权人，支付工具的流动方向与支付方式的传递方向相同，习惯上将这种支付方式叫作“顺汇”。汇付业务一般都是债务人主动把款项汇交债权人，所以汇款业务属于顺汇范围。

汇付的当事人一般有四个：汇款人（债务人，即进口人）、汇出行、汇入行和收款人（债权人，即出口人）。汇付的程序一般是：汇款人向汇出行申请汇款，汇出行接受汇款人的委托，将款项委托书寄交汇入行或以密押电报通知汇入行，授权汇入行按额付款项给收款人，从而完成了债务人向债权人偿清债务的任务。

1. 汇付业务的方式

汇付业务的方式主要分为以下三种：

(1) 信汇（mail transfer，M/T）。信汇是付款人向汇出行提出信汇申请，汇出行将信汇委托书邮递给汇入行委托其付款给收款人的一种支付方式。

(2) 电汇（telegraphic transfer，T/T）。电汇是付款人向汇出行提出电汇申请，汇出行用电报的形式通知汇入行付款给收款人的方式。汇出行同时向汇入行邮寄电报证实书（cable confirmation），以资核对。由于电汇能减少货币贬值的风险和减少利息损失，所以电汇方式在国际贸易中使用很广，尤其是大金额的货款或急需款项多使用电汇。但采用电汇，费用较信汇要高些。

(3) 票汇（demand draft，D/D）。票汇是付款人向汇出行提出票汇申请，汇出行开具汇票交给付款人，付款人把汇票自行寄给收款人，收款人持汇票向汇入行取款。汇出行在开出汇票的同时把汇票的票根寄给汇入行，作为收款人取款时核对之用。在票汇方式下，由于是汇出行签发汇票，所以这种汇票为银行汇票。银行汇票与一般的商业汇票是有区别的。这种汇票只用于银行代替客户拨款，因此，受票人和付款人之间是通过同一银行（或代理行）发生关系。

在对外贸易支付业务中，无论是信汇、电汇还是票汇，货运单据一般都是由出口人自行寄交进口人，银行并不经手，所以这种支付方式又称单纯支付（clear payment, simple payment)。

2. 预付货款和交货付现

根据汇款结算时间与发运货物时间先后，有先汇款后装运货物的，也有先装运货物后汇款的。前者属于预付货款（payment in advance）或称随订单付现（cash with order, C. W. O.），后者属于交货付现（cash on delivery, C. O. D.）或称记账交易（open account trade）。采用预付货款或随订单付现，对卖方来说，先收款后交货，风险小并且资金不受积压，显然对卖方有利。对于买方来说，在还没有收到货物之前，甚至机器设备出口商还没有生产时，进口商就付款，实质上是先垫付货款，不但风险大而且要损失垫付利息。这种方式多用于大型机器设备、成套设备或国际市场热门商品的交易中。采用交货付现或记账交易时，对卖方来说，先交货后收款，资金就要积压，并且存在不能及时、安全收汇的风险。因此，这种方式一般用于有积压趋势的货物或者卖方对买方较为信任的交易中，而且卖方也相信进口国的政治经济形势较为稳定，交货后不会发生有关禁止资金转移的风险。显然，这种方式对买方来说较为有利。

在我国的出口业务中，汇付方式多用于预付货款，但因进口人要在接到货之前付款，因此会顾虑发生货物晚交或不交的风险。为了促进我国对外贸易的发展，除了某些小额交易外，一般不采取汇付方式。此外，对我国港澳地区长年供应的鲜活商品，有时也采用"先出后结"的方式，即由出口人先交出货物或单据，然后由进口人根据约定付货款。

3. 分期付款和延期付款

分期付款（progression payment）是指按照商品生产或交货的不同阶段分期支付货款的付款方式。最后一笔货款一般是在货物全部交付以后或在卖方承诺的质量指标（例如保证机器设备生产合格产品的数量）达到以后付清。延期付款（deferred payment）是指交货后的一定时间内付清货款的支付方式。分期付款和延期付款的主要区别如下：

(1) 分期付款的货款一般是在交货之后很快付清。而延期付款是一种赊销形式，付款会延续到交货以后的一段时间内，并且，大部分款项是在交货后支付的。

(2) 采用分期付款，买方没有占用卖方的资金，因而不存在利息问题。而延期付款的买方占用卖方的资金，除了需要支付货款之外，一般还需要按规定支付占款的利息。

(3) 在相同商品的交易中，利用分期付款的方式，由于买方没有占用卖方的资金，付款及时，因此，商品价格会较低一些；而采用延期付款时，由于买方利用了卖方的资金，是买方变相利用卖方资金的一种形式，因此，商品价格一般较高。

在成套设备、大型机械产品的交易中，因为成交金额较大，一般都采取按工程进度和交货进度分若干期付清货款的分期付款方法。例如，在订购的产品投产前，买方应先支付部分货款作为订金，卖方在买方付出订金前则应向买方提供出口许可证和银行开具的保函。其余货款则按不同阶段分期支付，但最后一笔货款，一般都是在全部交货或买方按合同规定验收完毕后付清。

延期付款是买卖双方在贸易磋商中商定的对付款期限的规定方法，是在合同中明确规定的，和一般的付款拖延或延期是不同的。付款的拖延或延期是在合同中明确规定付款时间的基础上由于经济等原因不能按规定时间付款而发生的延误。例如，我公司张华经理因急事出差纽约，6月1日以前不能返回，故该款项请宽延一下，我们将于7月2日汇款。(Our Mranager Zhang Hua is away in New York on an urgent business, and will not return until the 1st June, and so if you will kindly let the payment stand over till then, we will pay you on 2nd July.)

## 9.2.2　托收

在国际贸易结算中，凭商业信用进行交易的结算方式除了上述的汇付方式外，还有一种交付方式——托收。所谓托收(collection)，是指根据合同的规定，卖方在装货后，开出汇票(有时随附发票及其他货运单据)，委托当地银行通过买方所在地的分行或代理银行向买方收取货款。采用托收方式时，出口商开具汇票要求进口商按期支付规定金额给出口商。由于利用这种方式结算时支付工具的流动方向和支付方式的传递方向相反，所以属于“逆汇”的范畴。

1. 托收业务中各当事人的权利和义务

托收业务中的基本当事人共有以下四个：

(1) 委托人(principal)。也称出票人(drawer)，即出口商。由于出口商出具汇票后委托银行向国外进口商收货款，所以把出口商称为“委托人”。

(2) 托收行(remitting bank)。即接受委托人的委托而办理托收业务的出口国银行。所以有人又称它为“出口方银行”。

(3) 代收行(collecting bank)。即接受托收行的委托向付款人收取货款的进口国的银行。

(4) 付款人(payer, or drawer)。即进口商，也就是汇票上载明的付款人。

另外，提示行(presenting bank)也可能是当事人。提示行是指向付款人作出提示的银行。在进出口业务中，有时要增加提示行这个角色。由于代收行可能与付款人相距较远，或者由于代收行与付款人没有往来关系，可以委托另外一个与付款人有往来关系的银行作提示行向付款人提示，有利于托收业务的完成。

委托人与托收行、托收行与代收行之间都是委托和代理的关系。托收行与代收行的义务只是根据委托书中所载明的内容办事，所收到的文件和单据等应该与委托书所列的内容一致。如果发现单据遗漏，应立即通知对方。银行没有义务进一步审查单据，也不负责收回货款。托收行对代收行的委托指示应与委托人对托收行的委托指示相一致。托收行有义务按照委托人的指示进行托收业务活动。

付款人与代收行不存在任何契约关系，付款人也不受代收行的任何约束。付款人根据代收行或提示行所提示的汇票及其他托收单据或凭证而履行付款的责任。在代收行或提示行提示以前，或付款人在承兑汇票以前，并不存在付款的责任，只是付款人承兑汇票以后，才有付款的责任。

2. 托收的种类

出口人发货后，开出汇票委托托收行办理托收。按照所开具的汇票是否随附货运单，托收可以分为光票托收和跟单托收两种。

(1) 光票托收(clean bill of collection)。

光票托收指出口人开具汇票通过银行向进口人收款时，所开具的汇票不随附任何货运单据。由于不随附货运单据，对买方的约束力较小，因此，这种方式常用于佣金、货款尾数及其他从属费用的托收业务中。有时汇票虽然不跟随货运单据，但却跟随发票等非货运单据，这也属于光票托收范围。

按照汇票的期限，光票托收一般可以分为两种：即期光票托收和远期光票托收。即期光票托收和远期光票托收在制单上的主要区别表现在汇票付款期限的内容上。即期光票托收应该标明“即期”(at sight)字样，远期光票托收应该标明“远期”(如：at 10 days sight)字样。

即期光票托收与远期光票托收在托收程序上的主要区别是：即期光票托收的代收行收到即期汇票后应立即向进口人提示汇票，要求进口人立即付款；而对于远期光票托收，代收行在接到远期光票托收的汇票后，应立即向进口人提示汇票并要求承兑，在承兑后，代收行收回原汇票，等到汇票到期时再向付款人再次提示，并要求付款。

(2) 跟单托收(documentary bill for collection)。

跟单托收是指出口人发货后开具跟单汇票，委托托收行通过进口国分行或代收行向进口人收取货款的支付方式。跟单托收根据交单条件不同可以分为付款托收和承兑托收，付款托收和承兑托收又被分别称为付款交单和承兑交单。

① 付款交单(document against payment，D/P)。

付款交单是指付款人付款后代收行才能向付款交货运单据的托收方式。采用这种支付方式时，必须在进口人付清全部货款后，代收行才把货运单据和其他单据交给进口人。换句话说，进口人必须付清货款后才能得到单据提取货物。

按照货款支付时间的不同，付款交单又分为即期付款交单(documents against payment at sight，D/P at sight)和远期付款交单(documents against payment after sight，D/P after sight)两种。

即期付款交单是指出口人发货后，开具即期汇票，委托托收行向进口人收取货款，进口人见票后要立即付款，付清货款后领取货运单据。

在进出口业务中，要注意一些国家对即期付款交单的理解。有的国家将即期付款交单与“凭单付现”相提并论，采用“凭单付现”(cash against documents，C. A. D)这一术语来代替“付款交单”。有的国家在对外贸易操作实践中，把“凭单付现”解释为出口人将货运单据直接寄交进口人或其代理人，由进口人或其代理人直接支付货款，而不需要通过银行付款。显然，这样做有可能酿成风险的发生。

远期付款交单是出口人发货后，开具远期汇票，通过银行向进口人提示，先由进口人承兑，于汇票到付款期限时再由进口人付清货款、领取提货单据。

在远期付款交单的条件下，由于货物和单据到达买方所在地时往往付款期限还未到，这样就可能出现进口人利用信托收据(trust receipt，T/R)借单提货的可能性。所谓信托收据，是指进口人借单时提供的一种书面信用担保文件，用来表示进口人愿意以代收行委托人的身份代为报关、提货、出售等，并承认货物的所有权仍属银行。借单提货的行为是导致远期付款交单增加风险的重要原因，因此，在进出口业务中，要由允许借单提货的一方负责承担由该风险造成的损失。

如果代收行允许进口人借单，代收行应该承担可能发生的风险。进口人为了抓住市场机会，可能与代收行商量在汇票到期前借单提货，在汇票到期时再付清货款。在实际业务中，代收行往往对于资信较好的进口人，允许其凭信托收据借取货运单据，先行提货。由进口人将部分货物出售后利用所得的货款再向代收行支付货款。这是代收行自己向进口人提供的一种信用，而与出口人无关。因此，如果在代收行借出单据后，当汇票到期不能收到货款时，则代收行应对委托人负全部责任。

如果凭信托收据提货的做法是由出口人主动授权办理的，这种做法被称为“付款交单凭信托收据借单”(D/P · T/R)。出口人在办理托收时在委托书中提示银行允许进口人在承兑汇票后可以凭信托收据先行借单提货。在这种情况下，如果进口人于汇票到期时拒付，则与代收行无关，应由出口人自己承担风险。在这种情况下，对出口人来说，“付款交单凭信托收据借单”方式的风险与采用承兑交单没有多大区别。

② 承兑交单(documents against acceptance, D/A)。

承兑交单是指出口人交单以进口人承兑汇票为条件的托收方式。进口人承兑汇票后，即可从银行取得货运单据，承兑汇票到期时进口人进行付款。因为只有远期汇票才需要办承兑手续，所以承兑交单条件，只适用于远期汇票的托收。

在目前实际使用跟单托收方式的外贸业务中，对出口人来说，采用付款交单方式比采用承兑交单方式的风险要小，因为进口人必须付清货款后，货权才从出口人转移给进口人。而承兑交单方式只凭进口人对汇票进行承兑就可以把货权从出口人手中转移出去，相对于付款交单方式而言，出口人面临的风险更大一些。所以在外贸实践中，使用承兑交单方式比付款交单方式要少些。一般在出口人认为进口人信用比较可靠，而且金额不太大的情况下才有可能采用承兑交单方式。

3. 托收的程序

下面，利用图解法说明托收的一般程序。

(1) 即期付款交单。

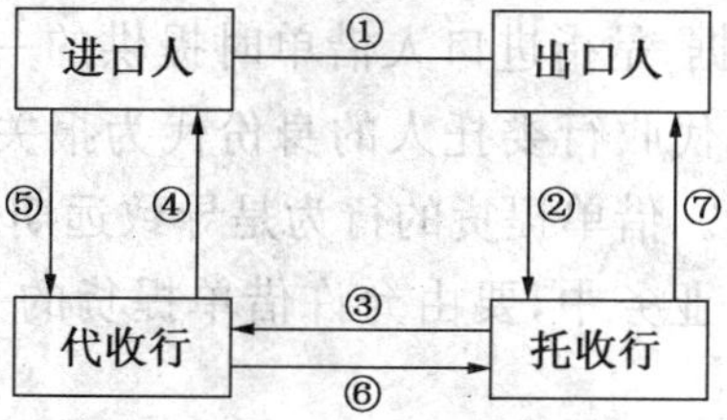


说明：① 进出口人在贸易合同中规定采用即期付款交单方式结算。
② 出口人按照合同规定装货后，填写托收委托书，开出即期汇票，随附合同要求的全套货运单据送交托收行委托其代收货款。
③ 托收行将汇票连同货运单据，按照托收委托书上各项指示，寄交代收行(进口地分行或代理银行)，委托其代收货款。
④ 代收行收到汇票及货运单据后，立即向进口人作出付款提示(或由提示行进行提示)。
⑤ 进口人付清货款，获取货运单据。
⑥ 代收行电告托收行，款已收妥办理转账。
⑦ 托收行将货款转交给出口人。

**图 9.2 即期付款交单操作程序**

(2) 远期付款交单。

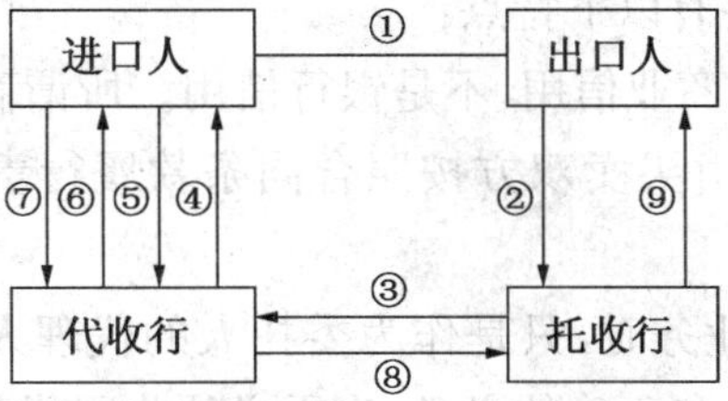


说明：① 进出口人在合同中规定用远期付款交单方式结算。
② 出口人按照合同规定交货后，填写托收委托书，开出远期汇票，随附合同要求的全套货运单据送交托收行委托其以远期付款交单的方式代收货款。
③ 托收行将汇票连同货运单据，按照托收委托书上的各项指标，寄交代收行（进口地分行或代理银行），委托其代收货款。
④ 代收行收到汇票及货运单据后，立即向进口人作出提示（或由提示行进行提示）。
⑤ 进口人承兑汇票后，代收行收回汇票及全套单据。
⑥ 代收行（或提示行）于汇票付款日再次向进口人作出付款提示。
⑦ 进口人付货款后获取货运单据。
⑧ 代收行电告托收行，款已收妥办理转账。
⑨ 托收行将货款转交给出口人。

**图 9.3　远期付款交单操作程序**

(3) 承兑交单。

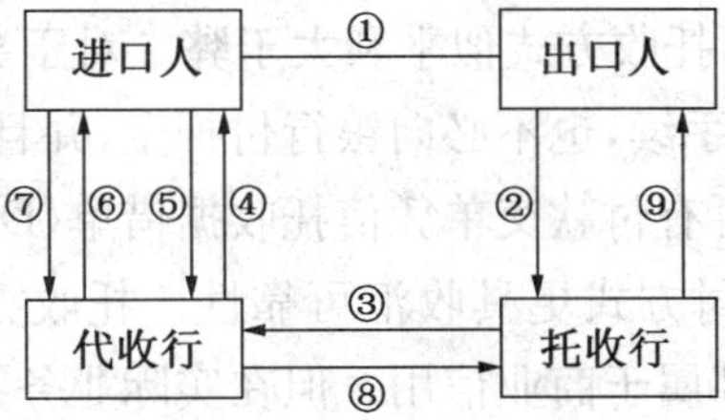


说明：① 进出口人在合同中规定采用承兑交单方式结算。
② 出口人按照合同规定装货后，填写托收委托书，开出远期汇票，随附全套货运单据，送交托收行委托其以承兑交单方式代收货款。
③ 托收行将汇票连同货运单据，按照委托书上的各项指示，寄交进口地代收行。
④ 代收行收到汇票及货运单据后，立即向进口人作出承兑提示（或由提示行进行提示）。
⑤ 进口人承兑汇票后，取得货运单据，代收行收回汇票。
⑥ 代收行（或提示行）于汇票付款日再作付款提示。
⑦ 进口人付清货款。
⑧ 代收行电告托收行，款已收妥办理转账。
⑨ 托收行将货款转交给出口人。

**图 9.4　承兑交单操作程序**

4. 托收的特点

托收支付方式主要有以下特点：

(1) 托收方式属于商业信用，不是银行信用。所谓商业信用，是指银行不承担保证付款的责任，而由买卖双方按照合同条款履行责任和义务，并相互提供信用。

① 银行办理托收业务时，只是作为委托人的代理人身份行事，既无检查货运单据等单证是否齐备和正确的义务，也无必须收回货款的责任。

② 如果付款人借故拒不付款，除非事先约定，银行没有义务代为保管货物，出口人仍须关心货物的安全，直到对方付清货款为止。

(2) 业务操作中卖方存在着较大的风险。在付款交单的情况下，进口人在没有付清货款之前，领不到货运单据，提不走货物，货物的所有权仍在出口人的手中；如进口人到期拒不付款赎单，虽然出口人另行处理货物可能需要承担额外费用和风险，但由于货物仍在手中，总可以挽回部分损失。至于在承兑交单的情况下，进口人只要办理了承兑手续，即可取得货运单据，取得货物；而出口人能否取得货款要取决于进口人的信用，一旦进口人到期不付款，虽然出口人可以依法起诉，但如果进口人无力付款，或倒闭破产，出口人就无法得到货款。但是，托收支付方式可以增加商品市场竞争力、促进成交、扩大商品出口，因此，在加强调查研究的基础上，根据商品的不同特点、不同交易对象、不同国家的商业习惯，适当地使用托收方式，是可以促进商品出口业务发展的。

(3) 对于买方来说，托收方式似乎利大于弊。对于买方，采用托收方式可以免去申请开立信用证的手续，也不必向银行付押金，并且可以由于不开信用证而减少银行手续费用，还可有付款交单凭信托收据借单(D/P・T/R)的机会。

(4) 托收方式比汇付方式更具收汇可靠性。托收方式与汇付方式相比，两者都没有第三者担保，都属于商业信用。但在实际业务结算中，由于托收是委托银行进行的，客观上借用了一定的银行信用，因此，忽略买卖双方之间的信用因素，在进出口业务操作过程中，利用托收方式会更安全一些，尤其是跟单托收支付方式。在汇付方式下，出口人可以先按合同规定把货物装运出去，然后将有关单据邮寄给进口人要求对方支付货款；或进口人先将货款汇给出口人，然后出口人装运货物。这样的做法，由于货物单据与货款分离，使买卖双方都存在着一定风险。前者，出口人的货物装运出去后，进口人可能不付款或不按期付款；如果采取预付货款的结算方式，进口人也会担心货款预先汇出后，出口人不按期交货。比较起来，跟单托收对出口人较为有利的是，进口人在付款后才能得到货权(如 D/P 方式)，或进口人向银行书面承诺负责到期付款后才能得到货权(如D/A方式)。因此，对于出口人来说，托收方式在安全收回货款方面一般要比汇付安全一些。对于进口人来说，出口人必须按合同装运货物，进口人见到了货运单据，说明货物已经装运才付货款(如D/P方式)，或进口人取得了货权才付款(如D/A方式)。因此，托收方式在国际贸易结算中应用还是比较广泛。

5. 合同中的托收条款

(1) 即期付款交单条款。

例如：

"买方应凭卖方开具的即期跟单汇票，于第一次见票时立即付款，付款后交单。"(Upon first presentation the buyers shall pay against documentary draft drawn by the sellers at sight. The shipping documents will be delivered against payment only.)

(2) 远期付款交单条款。

例如：

"买方对卖方开具的见票后××天付款的跟单汇票，应于第一次提示时给予承兑，并应于汇票到期日立即付款，付款后交单。"(The buyers shall duly accept the documentary draft drawn by the sellers at ... days sight upon first presentation and make payment on its maturity. The shipping documents will be delivered against payment only.)

(3) 承兑交单条款。

例如：

"买方对卖方开具的见票后××天付款的跟单汇票，应于第一次提示时给予承兑，承兑后交单，并于汇票到期日立即付款。"(The buyers shall duly accept the documentary draft drawn by the sellers at ... days sight upon first presentation and make payment on its maturity. The shipping documents will be delivered against acceptance.)

6. 托收的国际惯例

国际商会为了减少银行和委托人之间由于银行用语上的分歧和各银行业务做法的差异可能引起的纠纷，于1967年拟定《商业单据托收统一规则》(即254小册子)，统一了银行在托收安排方面的做法。1978年修订并改名为《托收统一规则》，简称为第322号出版物(Uniform Rules for Collection, publication No. 322)。这些规则，并不是国际上公认的法律，只有在有关当事人事先约定时，才受其约束。目前，由于该规则的影响越来越大，不管是否参加了国际商会，各国一般都承认该规则，并按照规则中的有关规定规范托收业务。我们应该对其内容认真研究，以便更好地顺应国际贸易的发展。

7. 使用托收方式应注意的问题

托收业务中买卖双方之间的信用属于商业信用，在以先发货、后付款为主要操作方法的外贸业务中，托收方式对卖方安全收汇会带来一定的风险，而对于买方来说，似乎是利大于弊。因此，出口人在以托收为支付方式的业务操作中，注意托收方式的利与弊，仔细分析与支付有关系的诸因素，使出口业务做到安全、及时收汇。出口人在使用托收支付方式时，主要应该注意以下几点：

(1) 注意调查研究，考察进口人的资信情况和经营情况，成交金额应妥善掌握，不宜超过进口人的信用程度。

(2) 在不了解具体情况的条件下，国外代收行不能由进口人指定，以免在远期付款交单的情况下买方向代收行借单提货(D/P・T/R)而给卖方带来风险。如果只好由进口人指定代收行，应该事先征得托收行同意。

(3) 了解进口国家的贸易管制和外汇管制方面的法律与规定，以免货到目的地后，由于不准进口或无外汇支付货款而遭受损失。比如，有些国家要在进口货物验关放行后才能批给进口商用汇指标。

(4) 了解进口国的商业惯例，以免影响安全及时收汇。例如，有的国家，不论对远期汇票还是即期汇票，均要等货物到达目的港(或地)后才办理付款或承兑手续；还有的国家将远期付款交单方式与承兑交单方式等同起来，理由是，进口人一旦承兑汇票就成为汇票的主债务人，承担到期付款的责任。

(5) 卖方发货后，应该始终关注货物的动向和安全等情况，一旦发现对方有商业信用问题，可以通过托收行、代收行或有关方面收回货物。

(6) 要认真制单，应该做到单据种类、份数、内容等都要符合合同条款的规定，以免因疏漏促使对方以某种借口拒付货款。

(7) 未经银行事先同意，货物不能直接发给银行或以银行为收货人。因为托收方式属于商业信用范畴，在托收方式条件下，银行无义务保管和提取货物。



## 9.2.3 信用证

在国际贸易结算中，使用建立在商业信用基础上的汇付和托收方式，已不能适应现代国际贸易发展的需要。例如，出口人不信任进口人，担心在收到货款之前，如果将货运单据交给对方，货款可能落空，即使通过银行办理托收，也可能有拒付的风险。同时，进口人也可能不信任出口人，在预付货款的情况下，如果对方不发货或发出的货不符合合同的有关规定，会给买方带来不利。总之，双方都不愿意把钱或货先交给对方，在这种情况下，就出现了银行保证付款的信用结算方式——信用证支付方式，它在一定程度上解决了买卖双方之间的信用矛盾，同时也为进出口双方提供了资金融通的便利。信用证支付方式，已成为国际贸易业务中的主要支付方式。

1. 信用证的含义及作用

信用证(letter of credit, L/C)，又称信用状，是指开证行应开证申请人(即进口人)的申请，向受益人(即出口人)开具的有一定金额、承诺在一定期限内凭规定的单据付款的书面保证文件。

采用信用证的支付方式对进出口双方都有一定好处。出口人采用信用证的支付方式，有了开证银行的付款保证，以银行信用代替了商业信用，对及时、安全收汇较有保障。对进口人来说，不仅在付款后可以取得货运单据，而且可以通过银行的信用和信用证的条款促使出口人履行合同中的有关规定。信用证的出现较好地解决了买卖双方之间的信用矛盾，从而促进了国际贸易的发展。

2. 信用证的当事人及支付的一般程序

(1) 信用证支付方式的当事人。

信用证支付方式共有以下六个当事人：

① 开证申请人(applicant)。指向银行申请开立信用证的人，一般为进口人。在信用证中开证申请人又被称为开证人(opener)。

② 开证行(opening bank, or issuing bank)。指接受开证申请人的申请而开立信用证的银行，它承担保证付款的责任。开证行一般是进口人所在地银行。

③ 通知行(advising bank, or notifying bank)。指受开证行的委托，将信用证转交给出口人的银行。它只证明信用证的真实性，并不承担其他义务。通知行一般是出口人所在地的某一家银行。

④ 受益人(beneficiary)。指信用证上所指定的有权使用该信用证的人或被保证获得货款的人，即出口人。

⑤ 议付行(negotiating bank)。指愿意买入或贴现受益人交来跟单汇票的银行。议付行可以是指定的银行，也可以是非指定的银行，由信用证的条款决定。

⑥ 付款行(paying bank, or drawee bank)。指信用证上指定的付款银行，它一般是开证行，也可以是被指定的另一家银行，由信用证的条款决定。

(2) 信用证支付方式的一般程序。

采用信用证方式结算货款，从进口人向银行申请开立信用证开始，一直到付款行付款后向进口人收回垫款，其中经过许多环节，需要办理多项手续。而且不同种类的信用证，信用证条款中的规定也有所不同。从一般原理分析，信用证的支付过程包括以下几个最基本的环节和手续，称为信用证支付的一般程序(见图9.5)。

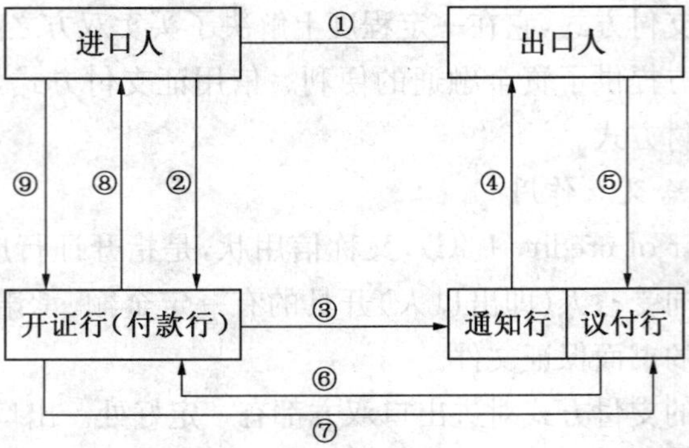


说明:① 进出口人在贸易合同中,规定使用信用证方式结算。
② 进口人向开证行(当地银行)提出申请,填写开证申请书,并交纳押金或提供其他保证,请开证行开具信用证。
③ 开证行根据申请书内容,向出口人(受益人)开出信用证,并寄交通知行(出口人所在地分行或代理行)。
④ 通知行核对印鉴无误后,将信用证交给出口人。
⑤ 出口人审核信用证与合同相符后,按信用证规定备货、发货,发货后开出汇票,按信用证条款的要求备齐货运单据和其他单证,在信用证有效期内,送请议付行(当地银行)议付。议付行按照汇款金额扣除利息,把货款垫付给出口人。
⑥ 议付行将汇票和货运单据寄交开证行(或其指定的付款行)索偿。
⑦ 开证行(或其指定的付款行)核对单证无误后,付款给议付行。
⑧ 开证行通知进口人付款赎单。
⑨ 进口人付款赎单。

**图 9.5 信用证支付的一般程序**

完成上述程序之后,各银行间结算或划账。

3. 信用证的主要内容



国际上各国所印制的信用证虽然没有统一的格式,但其内容基本上是相同的。一般信用证的主要内容如表 9.2 所示。

**表 9.2 一般信用证的基本格式和条款**

| Issue of a Documentary Credit | |
|---|---|
| (Issuing Bank) | BKJPYUTYA08E SESSION：000 ISN：000000<br>BANK OFOSAKA<br>NEWYORK<br>NO. 216，AUMAHU，AKI _ GUN，OSAKA，JAPAN |
| Destination Bank | XXXXXXXX<br>BANK OF CHINA，DALIAN BRANCH<br>NO. 5 ZHONGSHAN SQUARE<br>ZHONGSHAN DISTRICT |

（续表）

| | |
|---|---|
| | DALIAN<br>CHINA<br>TEL：(86)411-25682568 |
| Type of Documentary Credit | IRREVOCABLE |
| Letter of Credit Number | LGU-002156 |
| Date of Issue | 050919 |
| Date and Place of Expiry | 051230 CHINA |
| Applicant Bank | NEWYORK BANK，OSAKA |
| Applicant | SHUANGYANG TRADING CO. LTD |
| Beneficiary | LIAONING PERFECT TRADING CO.，<br>60，ZHONGSHAN RD DALIAN，CHINA |
| Currency Code，Amount | USD 29，190.00 |
| Available with…by… | ANY BANK BY NEGOTIATION |
| Drafts at | AT SIGHT |
| Drawee | NEWYORK BANK，OSAKA |
| Partial Shipments | NOT ALLOWED |
| Transhipment | NOT ALLOWED |
| Shipping on Board/Dispatch/Packing in Charge at/ from | |
| DALIAN PORT，CHINA | |
| Transportation to | OSAKA，JAPAN |
| Latest Date of Shipment | 051019 |
| Description of Goods or Services：<br>SPARE PARTS OF DIESEL ENGINE USD990/MT CIF OSAKA QUANTITY：200MT CHINA ORIGIN | |
| Documents Required：<br>1. SIGNED COMMERCIAL INVOICE IN 5 COPIES.<br>2. PACKING LIST/WEIGHT MEMO IN 4 COPIES INDICATING QUANTITY/GROSS AND NET WEIGHTS OF EACH PACKAGE AND PACKING CONDITIONS AS CALLED FOR BY THE L/C.<br>3. FULL SET OF CLEAN ON BOARD OCEAN BILLS OF LADING MADE OUT TO ORDER AND BLANK ENDORSED，MARKED "FREIGHT PREPAID" NOTIFYING ACCOUNT. | |

（续表）

| | |
|---|---|
| 4. CERTIFICATE OF QUALITY IN 3 COPIES ISSUED BY PUBLIC RECOGNIZED SURVEYOR.<br>5. BENEFICIARY'S CERTIFIED COPY OF FAX DISPATCHED TO THE ACCOUNTEE WITH 3 DAYS AFTER SHIPMENT ADVISING NAME OF VESSEL, DATE, QUANTITY, WEIGHT, VALUE OF SHIPMENT, L/C NUMBER AND CONTRACT NUMBER.<br>6. CERTIFICATE OF ORIGIN IN 3 COPIES ISSUED BY AUTHORIZED INSTITUTION.<br>7. CERTIFICATE OF HEALTH IN 3 COPIES ISSUED BY AUTHORIZED INSTITUTION. | |
| ADDITIONAL INSTRUCTIONS:<br>1. CHARTER PARTY B/L AND THIRD PARTY DOCUMENTS ARE ACCEPTABLE.<br>2. SHIPMENT PRIOR TO L/C ISSUING DATE IS ACCEPTABLE.<br>3. BOTH QUANTITY AND AMOUNT 10 PERCENT MORE OR LESS ARE ALLOWED. | |
| Charges | ALL BANKING CHARGES OUTSIDE THE OPENNING BANK ARE FOR BENEFICIARY'S ACCOUNT. |
| Period for Presentation | DOCUMENTS MUST BE PRESENTED WITHIN 15 DAYS AFTER THE DATE OF ISSUANCE OF THE TRANSPORT DOCUMENTS BUT WITHIN THE VALIDITY OF THE CREDIT. |
| Confirmation Instructions | WITHOUT |
| Instructions to the Paying/Accepting/Negotiating Bank:<br>1. ALL DOCUMENTS TO BE FORWARDED IN ONE COVER, UNLESS OTHERWISE STATED ABOVE.<br>2. DISCREPANT DOCUMENT FEE OF USD 50.00 OR EQUAL CURRENCY WILL BE DEDUCTED FROM DRAWING IF DOCUMENTS WITH DISCREPANCIES ARE ACCEPTED. | |
| "Advising through" Bank | BANK OF CHINA, DALIAN BRANCH<br>NO. 5 ZHONGSHAN SQUARE<br>ZHONGSHAN DISTRICT<br>DALIAN<br>TEL: (86)411-25682568 |
| ******** Other wordings between banks are omitted. ******** | |



从上表可以看出，信用证的内容主要包括几方面：

（1）关于信用证本身。信用证主要有八项内容，分别是：①信用证的形式（form of credit）；②开证行名称（opening bank）；③信用证号码（L/C number）；④开证日期、地点（date and place of issue）；⑤受益人（beneficiary）；⑥开证申请人（applicant）；⑦金额（available amount）；⑧有效期（terms of validity, expiry date)。

(2) 关于汇票。汇票上主要有以下六项内容:①出票人(drawer);②付款人(drawee);③汇票期限(time);④金额(draft amount);⑤汇票号码(number of draft);⑥出票条款(drawn clause)。

(3) 关于货运单据。货运单据主要有以下七项:①商业发票(commercial invoice);②提单(bill of lading);③保险单(insurance policy);④品质检验证书(inspection certificate of quality);⑤重量检验证书(inspection certificate of weight);⑥原产地证明书(certificate of origin);⑦其他单据(other documents)。

4. 信用证项下的议付单据

信用证项下的议付单据种类很多。在《跟单信用证统一惯例》中提到的单据除汇票以外,其他单据主要分为以下四大类:

(1) 运输单据。包括以下八种:①海运提单(marine/ocean bill of lading);②不可转让海运单(non-negotiable sea waybill);③租船合同提单(charter party bill of lading);④多式联运提单(multi-modal transport document);⑤空运单据(air transport document);⑥公路、铁路和内陆水运单据(road, rail, or inland waterway transport document);⑦专递及邮政收据(courier and post receipts);⑧运输行签发的运输单据(transport documents issued by freight forwarders)。

(2) 保险单据。包括以下两种:①保险单(insurance policy);②保险凭证(insurance certificate)。

(3) 其他单据。包括以下几种:①商业发票(commercial invoice);②装箱单(packing list);③普惠制原产地证(GSP FORM A);④一般原产地证(certificate of origin);⑤商检证书(inspection certificate);⑥领事发票/领事签证发票(consular invoice/consular legalized invoice);⑦海关发票(customs invoice);⑧受益人证明/声明(beneficiary certificate/declaration);⑨船公司证明(shipping company certificate);⑩装运通知的证实副本(certified copy of telex/fax of shipping advice)。



5. 信用证的分类

信用证可根据它的性质、形式、付款期限和用途等分为不同的类型。

(1) 按能否单方面随意撤销信用证,可分为可撤销信用证和不可撤销信用证。

① 可撤销信用证(revocable L/C)。开证行可以不经过受益人的同意,也不必事先通知受益人,在议付行议付之前,可随时修改信用证内容或撤销信用证,这样的信用证就是可撤销信用证。但是,对于可撤销信用证,如果受益人

已经采取了行动，例如，受益人已经装运了货物，并且已经到议付行议付之后，开证行才通知撤销信用证，这样的撤销是不可以的，开证行仍须承担付款的责任。

可以看出，从某种意义上说，银行对可撤销信用证还没有赋予真正的付款保障，在受益人到银行议付之前似乎属于商业信用。因此，可撤销信用证在国际贸易业务中应用的还很少。但是，总的来说，可撤销信用证还是借助于银行信誉，对出口人来说，与一般的托收方式相比，可撤销信用证还是有利的。同时，并不是所有的可撤销信用证都会被撤销。

② 不可撤销信用证(irrevocable L/C)。不可撤销信用证是指一经开出，在有效期内，未经受益人及有关当事人的同意，开证行不得单方修改或自行撤销的信用证。对于不可撤销信用证，只要受益人提供的单证符合信用证条款，开证行必须履行付款义务。这种信用证对受益人较为有利，因此，在国际贸易中，使用最为广泛。

这两种信用证在信用证上一般都标明“可撤销信用证”或“不可撤销信用证”。如果信用证上未标明“可撤销”或“不可撤销”字样，按国际商会《跟单信用证统一惯例》(第500号出版物)规定，应该被认为是不可撤销信用证。

(2) 按照信用证是否随附货运单据，可分为跟单信用证和光票信用证。

跟单信用证(documentary L/C)是指凭跟单汇票(documentary draft)或只凭货运单据付款的信用证。这种信用证是国际贸易结算中普遍使用的信用证。

光票信用证(clean L/C)是指凭光票(clean draft)，即不随附货运单据的汇票付款的信用证。这种信用证有时也随附其他有关单据，但一般不是货运单据。在非贸易结算或贸易从属费用结算中，可以使用这种信用证。

(3) 按照信用证的付款期限，可分为即期信用证、预支信用证和远期信用证。

即期信用证(sight L/C)指凭即期汇票收付货款的信用证。如果在这种信用证中加列“电报索偿条款”(T/T reimbursement clause)，议付行在议付单据后，当天可用电报要求付款行偿付。

预支信用证(anticipatory L/C)指允许受益人在装货和交单前先支取部分或全部货款的信用证。

这种付款在前、交货在后的信用证，主要是向出口人提供采购原材料、零配件和包装物料的资金融通便利。开证人能开立这种信用证，一般情况下是由于所购货物是市场的缺货等原因，故在付款上以优惠条件争购货物，或利用对出口人有利的支付条件，向出口人压价购货。当然，也可能是因为进出口双方一直保持着良好的贸易关系。

开具这样的信用证，如果出口人取得款项后不执行交货和交单义务，其后果由开证人负责。预支信用证的预支条款，开证行通常以红颜色书写或打成红字，所以又有人称预支信用证为“红条款”信用证（red clause L/C）。但目前所用的“红条款”信用证并非必须用红色表示。

远期信用证（usance L/C）是指凭远期汇票进行结算的信用证。利用这种信用证，受益人提供符合信用证要求的远期汇票及提单，不能立即取得货款，须等汇票到期后，付款行和开证行才履行付款责任。

出口人为了扩大贸易，或者为了推销滞销商品，或者在与进口人有较好的商业交往的情况下，利用远期信用证，在付款期限上给进口人提供较优惠的付款条件。与承兑交单方式相对比，采用远期信用证还是要优惠得多，因为远期信用证由银行保证付款。

在远期信用证中，有一种被称为买方远期信用证（buyer's usance L/C）的远期信用证。虽然信用证规定出具远期汇票，但在信用证特别条款或在偿付条款中又明确规定受益人可以即期支取货款，其贴现利息及其他有关费用由开证人承担。例如在信用证的汇票条款中规定：“This Credit is available by your draft(s) drawn on us at 90 days sight”，但在偿付条款或特别条款中又规定：“Usance draft(s) to be negotiated on sight basis and discount charges and acceptance commission are for buyer's account”。因为这样的信用证从形式上看是远期信用证，但受益人可以即期收款，所以一般被称之为“假远期信用证”。又因为这种信用证对出口人可以即期付款，而对于进口人则可远期付款，因此，这种信用证又称为买方远期信用证。

(4) 按照信用证是否有第三者保兑，可以分为保兑信用证和不保兑信用证。

保兑信用证（confirmed L/C）是指由另一家银行对开证行所开具的信用证进行保证兑付。由于政治、资信等方面的原因或者由于来证金额超过开证行的资力，出口人可能要求进口人请开证行委托第三者对付款责任加以保证，即请第三者对信用证保证兑付。有时，进口人为使其信用证容易被出口人接受，也有主动开出保兑信用证的情况。保兑行做出保兑行为后，其义务就和开证行一样，对受益人承担保证付款的责任。保兑信用证实际上有双重银行保证付款。

开证行不能自己宣称所开的信用证为保兑信用证，因为保兑行为是由第三者发出的行为。按国际商会第371号出版物《1975—1979决议》规定，开证行自己在信用证中加注“保兑”字样是不合逻辑的。因为所谓“保兑”必涉及不同于双方银行的第三家银行，应由开证行邀请或授权通知行或其他第三家银行对信用证加以保兑，而且通知行或第三家银行必须已接受了这种邀请或授权，否则保兑不成立。

保兑信用证必须是不可撤销的信用证。如果信用证是可以撤销的，那么该信用证随时都有可能被银行单方面撤销，因此，不存在被第三家银行加以保兑的问题。欧洲一些国家的银行对保兑信用证的传统理解和国际惯例的理解有所不同，它们习惯上认为保兑信用证就是不可撤销信用证。但是，随着贸易的发展，这些银行也开始顺应国际贸易的潮流了。然而，既然有过这样的惯例，在贸易协商中就应该注意双方对问题的共同理解，避免出现分歧。

不保兑信用证(unconfirmed L/C)指未经其他银行加以保兑的信用证。在进出口交易中，保兑与不保兑并不能说明信用证对付款的绝对可靠性。是否履行信用证规定的义务，与银行的资信、买卖双方的业务往来关系等因素都有密切的关系。

(5) 按照信用证是否可以转让，可以分为可转让信用证和不可转让信用证。

可转让信用证(transferable L/C)是指受益人有权把信用证金额的全部或部分转让给另一个或数个第三者(第二受益人)使用的信用证。

信用证一般只允许转让一次，不允许第二受益人再进行另外一次转让。但在一些转让中，第一受益人往往把信用证金额分成几部分，分别同时转让给几个人，这种方式的转让仍然被视为一次转让。根据第一受益人的要求，通知行可以重新缮制信用证。有的国家规定可以用第一受益人代替开证申请人名称，用第二受益人代表第一受益人，由第二受益人执行交货和交单，然后第一受益人再重新换制汇票和发票等单据向原开证行收汇。我国有些出口交易由各总公司统一对外成交，分口岸交货，或者由主管口岸公司对外成交，由配合口岸公司执行。我方可以要求国外客户开具可转让信用证，以便各有关口岸公司就地出口，就地议付。



不可转让信用证(non-transferable L/C)是指受益人不得将信用证使用权利转让给第三者使用的信用证。凡信用证没有载明“可转让”字样都视为不可转让信用证。不可转让信用证的受益人不得将信用证转让给另外一个人使用，受益人必须自己按时交货，提供以受益人名称出具的符合信用证要求的各种单据。

(6) 循环信用证(revolving L/C)。

循环信用证是指允许受益人在每次规定的金额全部或部分用完后，可以重新恢复原金额再使用的信用证。使用这种信用证时，受益人可使用到若干次数或总金额用完时为止。这种信用证一般用于需要在较长时间内分批装运的贸易结算中。在这种情况下，出口人一般相信信用证能及时开到，而进口人又不至于预付太多的押金，使用循环信用证也可以减少进口人逐笔开证的手续和费用。

例如，一循环信用证条款规定共10公吨货物，每公吨单价50欧元，共500欧元。同时又规定每装运10公吨、支付500欧元后信用证可主动恢复原金额再循环使用，一共可以循环8次，总金额不得超过4 000欧元。这种循环一般根据金额而循环。又如，信用证规定10公吨数量，每公吨单价50欧元，共500欧元。同时信用证又规定从5月开始装运，5月、6月、7月、8月和9月每月装10公吨。每月装完10公吨后，即可自动恢复原金额再次使用。这种循环是按照时间界限循环的。

采用按时间界限循环的信用证时，如果在某一特定时间内受益人未按期交货，而信用证允许在下个特定时间(如下一个月)内补交，这种信用证又被称为"累计循环信用证"。如果上期未交货，信用证规定不允许下次补交，而且该未交货的金额即失效，但以后其他各期仍可继续交货。这种信用证有人称它为"非累计循环信用证"。

按金额循环的信用证又可以分为自动循环信用证、半自动循环信用证和非自动循环信用证三种：

使用自动循环信用证(automatic revolving L/C)，受益人根据信用证规定，按一定的金额每议付一次货款后信用证的金额即可主动恢复到原来的金额，不需要开证行的任何通知和指示。

使用半自动循环信用证(semi-automatic revolving L/C)，受益人根据信用证规定按一定的金额每议付一次后，如果未接到开证行不得再恢复循环的通知，信用证的金额即可自动恢复到原来的金额。

使用非自动循环信用证(non-automatic revolving L/C)，受益人根据信用证规定，按一定的金额在每次议付后，必须等开证行发来允许恢复循环的通知后，信用证的金额才能恢复到原来的金额。

(7) 对开信用证(reciprocal L/C)。

交易的一方开出第一张信用证，但暂不生效，须在对方开来一定金额的回头信用证(第二张信用证)后并经受益人接受，通知对方银行两证同时生效，这种信用证称为对开信用证。对开信用证的特点是第一张信用证的受益人(出口人)和开证人(进口人)就是第二张信用证的开证人和受益人，对于两张信用证，两者身份刚好对调。同时，两地的银行也经常是位置对调，即第一张信用证的通知行通常就是第二张信用证的开证行。对开信用证多用于易货贸易、来料加工或补偿贸易业务中。在交易双方都担心自己按照合同的要求履行义务后，交易对方不履行义务的情况下，采取这种互相联系、互为条件的开证办法，彼此的利益都会得到满足。

### 9.2.4 银行保证书

银行保证书又称保函，是指银行(保证人)应申请人的请求，向第三方(受益人)开立的一种书面信用担保凭证，承诺对申请人的债务或应履行的义务承担赔偿责任。

在使用银行保证书时，按索偿条件不同，通常可分为两种：一是见索即付保函，又称无条件保函，是指保证人在受益人第一次索偿时，就必须按保函所规定的条件支付款项，所以，见索即付保函的保证人承担的是第一性的、直接的付款责任。银行保证书大多属于见索即付的保证书。二是有条件保函，即保证人对受益人承担付款责任是有条件的，只有在符合保函条件的前提下，保证人才承担付款责任。这种保函的保证人承担的是第二性的、附属的付款责任。

银行保证书在实际业务中使用十分广泛。根据用途不同，可以分为许多种，在国际工程承包项目中，通常使用投标保证书、履约保证书和还款保证书三种。

银行保证书并无统一格式，其主要内容包括保证人应承担的责任条款、有效期限、保证书的终止日、索赔的证明文件等。

## 9.3 信用证支付方式风险



自从信用证被作为支付方式以来，这种以银行信用为付款保证的支付方式受到交易各方的重视，经常成为对外贸易支付方式的首选。但是，进入20世纪90年代以来，这种支付方式的使用机会却有所下降，而付款交单等以商业信用为基础的支付方式却开始受到青睐，在国际贸易中被更多的人们选用。

比较起来，信用证无疑是支付方式中最安全、最可靠的一种。但是，国际贸易支付方式的安全与可靠是相对而言的，信用证支付方式也存在着风险，而且，当人们将信用证作为一种最安全、最可靠的支付方式时，其风险就更应该引起广泛的注意。下面，我们介绍一下信用证支付方式可能发生的风险以及相应的规避与防范措施。

## 9.3.1 信用证风险的一般表现形式

所谓信用证风险，是指在以信用证为支付方式的进出口业务中，由于不按照合同规定操作与信用证有关的业务或者由于信用证内容的不规范等原因可能为该笔业务带来的潜在风险。信用证风险一般表现在以下几个方面：

1. 不按照合同规定操作与信用证有关的业务

(1) 进口商不按期开证或不开证。

(2) 进口商不按照合同规定的内容开证。

① 单方面要求提高保险金额、增加保险险别等。

② 要求改变商品包装材料、提高商品包装质量等。

2. 信用证内容表述方面的问题

(1) 受益人名称、地址、船名、目的港、有效期限等有错字漏字等现象。

(2) 信用证中有自相矛盾的内容。例如规定禁止分批装运却又限定每批交货的期限，或允许使用联运提单却又禁止转船，或者要求的保险险别相互重叠等。

(3) 无金额信用证(zero letter of credit)。信用证开出时没有规定金额，通过修改增加金额或只进行记账，不发生实际现汇支付。而合同中并未做明确规定。

3. 信用证中有些内容与有关国家法律规定不一致

信用证在开具的过程中，要特别注意一些国家政府或具体业务部门的有关规定。如果信用证内容与有关规定有矛盾，就会影响信用证业务的正常操作。

(1) 远期信用证中规定利息或贴现费由买方负担，但到期付款时，开证行又要按照政府的有关规定扣除利息所得税。例如，某国某银行规定的利息税率为30%，所得税的征收对象应该是本国企业与公民。远期汇票是由出口公司缮制的，利息由买方负担，所以，开证行不应扣除利息所得税。

(2) 信用证规定同时投保伦敦协会货物保险条款和某国保险条款，但根据该国保险公司的规定，不能同时投保中外两个保险机构，只能任取其一。

4. 信用证中要求提供不易获得的单据或提出难以实现的要求

要求提供不易获得的单据会影响信用证业务的进行，尤其是会延误交单。这对出口方是很不利的。不易获得的单据主要包括：

(1) 某特定人签字的单据，或注明货物配船部位的提单。

(2) 在FOB和CFR条件下，要求将保险公司回执作为议付单据之一。

(3) 订有要求受益人提供某国商品检验检疫局出具的价格检验证明书的条款。实际上有些国家商品检验检疫局只能出具品质和数量检验证明，不能出具价格检验证明。

(4) 一票货物，信用证要求就每一包装单位分别誊制提单。

(5) 信用证规定瓷器要单舱、散装矿石要单舱或不准装深柜。此类内容不能作为规定列入信用证，因为配舱属于船方的权力范围，货主不能干涉或指定装船位置。

5. 信用证内容中存在“软条款”

所谓信用证“软条款”是指信用证中所列明的存在潜在风险的条款。信用证“软条款”又被称为“限制性”条款。有了这样的条款以后，一旦出口方不能达到条款的要求，就不能及时发货或交单，于是，开证行就有理由以迟交单等为由拒付，或者因为进口方挑剔导致单证不符而被开证行拒付。综合起来，信用证软条款的作用主要有：

第一，使出口方不能按期完成发货或交单等义务的条款；

第二，可以使开证申请人或开证行单方面随时解除付款责任的条款。

因此，信用证的软条款的作用实质上是将不可撤销信用证变成了可撤销信用证，从而，使信用证的作用失效。常见的软条款归纳如下：

(1) 对信用证生效时间的限制。

① 信用证中规定的样品由申请人确认后信用证方能生效。

② 进口许可证签发后通知信用证方能生效。

③ 收到领事发票通知后信用证方可生效。

(2) 对装船、发货等时间的限制。

① 开证申请人通知船公司、船名、装船日期、目的港、验货人等信息后才能装船，或者货轮、起运港和目的港须经开证申请人确认后方可装船。

例如，货物只能于收到申请人指定船名的装运通知后装运，而该装运通知将由开证行以信用证修改书的方式发出。(SHIPMENT CAN ONLY BE EFFECTED UPON RECEIPT OF APPLICANT'S SHIPPING INSTRUCTIONS THROUGH L/C OPENING BANK NOMINTING THE NAME OF CARRYING VESSEL BY MEANS OF SUBSEQUENT CREDIT AMENDMENT.)

装运只有在收到本证修改书中标明指定运输船名和装运日期时，才能实施。(SHIPMENT CAN ONLY BE EFFECTED UPON RECEIPT OF AN AMENDMENT OF THIS CREDIT ADVISING NAME OF CARRYING VESSE/AND SHIPMENT DATE.)

② 信用证中列有限制运输船只或航线等的条款。

③ 在FOB术语条件下，不规定买方的派船时间，或在CFR或CIF术语下，规定船公司、船名、装运期、目的港，但规定装船时间须取得开证申请人的同意。

(3) 对交单、付款条件的限制。

① 受益人议付时必须提交由开证申请人(或开征行)出具(或确认)的检验证书。

例如，某年某月，广东某企业将制备好的一套单据交当地银行议付。经银行审核发现，其检验证书未按信用证条款要求由开证行确认。因为时间有限，如果将单据寄往国外会影响交单时间，所以，只好以单证不符交单。由于是老客户，所以，最后还是把货款收回来了，但是开证行扣除了50美元的单证不符点费和30元的电报费。

② 商品检验证书由进口商出具和签署并由受益人会签，其印鉴应该与通知行持有的存档印鉴相符。

③ 开证申请人要求受益人议付时提供第三方机构出具的商检证书。

由于是由第三方机构出具商检证书，所以这类信用证签发人的签字有时会和开证行的预留印鉴不一致，开证行可能会以签字不一致而拒付货款。例如，某国某银行的来证表示：付款的前提是要由独立的检查人员在特定的地点——进口人所在地码头就货物的质量和数量进行检验合格。

④ 要求交单时提供由进口国领事馆确认的商检证书。有时由于当地没有进口国领事馆，必须到较远的大城市办理，于是，可能造成延期交单或单据不全等情况发生。

⑤ 信用证中规定经开证行或开证申请人授权才能议付的条款，例如"Payment to be effected to beneficiary upon receipt of our authenticated message authorizing you to release payment"。

⑥ 货物运至目的港后，经检验合格后或经外汇管理部门核准后方能履行付款。

⑦ 信用证规定的到期地点在开证行所在国或有效期在开证行所在国。

(4) 其他内容的软条款。

指定货代公司出具联运提单，但一程海运后，二程境外改为空运。收货人可以不凭正本联运提单提货。

6. 利用修改信用证的机会错改信用证条款

例如，受益人要求将信用证中不符合合同条款的"杂质不超过1%"改为符合合同的"杂质不超过3%"。开证行寄来的修改书的内容却为"杂质不超过3%，帆布袋包装"。杂质的比例修改过来了，但是，将"编织袋包装"改为"帆布袋包装"，增加了受益人的包装费用支出。

又如,中国公司A与外国公司B签订了贸易合同,规定以即期不可撤销信用证结算。公司A收到公司B开来的信用证为远期证。于是公司A致电公司B要求改证。3天后,公司A收到公司B的改证,内容如下:上述信用证修改如下:本信用证项下开具的远期汇票可按即期议付。由我行办理贴现。其他条款不变。(THE ABOVE MENTIONED CREDIT IS AMENDED AS FOLLOWS: USANCE DRAFT DRAWN UNDER THIS LETTER OF CREDIT ARE TO BE NEGOTIATED AT SIGHT BASIS AND DISCOUNTED BY US. ALL OTHER TERMS AND CONDITIONS REMAIN UNCHANGED.)

公司A看到信用证可即期议付,以为是"假远期信用证"。当公司A收到货款以后,发现扣除了贴息和费用,损失了几千美金,才知道经过修改后的信用证不是假远期信用证。假远期信用证必须具备两个条件:第一,明确规定受益人可即期收汇;第二,汇票贴息和费用由信用证申请人承担。

7. 银行把关不严引起的信用证风险

信用证是自足文件,银行按照信用证的规定凭单付款,可以不考虑合同的规定以及卖方是否真正履行了合同和信用证的有关规定。有的银行未留存有关运输单据和保险单等原始单据,无法判断信用证的真实性,一旦酿成风险,信用证风险就会转移为银行的信用风险,对银行的业务发展是很不利的。

8. 货到单不到可能带来的风险

由于运输条件的改善,或由于距离较近,发运的货物可能很快就可以运到目的港,而单据却需要经过一些环节、在一定时间后寄到,因此,会产生货到单不到的现象。由于这一客观事实,会产生下列风险:

① 进口人希望尽快提货,开证申请人要求受益人避开银行直接寄单提货。

由于市场、季节或由于商品是易变质的商品,开证申请人要求受益人先寄一份提单提货。为了发展业务,受益人(发货人)可能将正本提单直接寄给进口人。



② 部分开证申请人可能从事转口业务,为此,需要得到单据尽快办理转船运输等手续。

例如,中国台湾地区与大陆的间接贸易中,台商在中国香港设有公司,首先从台湾开出信用证给香港公司,香港公司再开具信用证给大陆出口公司,而货物是先从大陆运到香港,再从香港运至台湾。因此,它们一般要求"提单直接寄给开证申请人",以便尽快提取货物办理转口手续。

9. 发货人过失,使所交单据出现不符点或有意违规

《UCP500》第15条规定,银行只审查单据与信用证是否表面一致,对于单据的形式、单据的完整性、准确性、真实性、法律效力等概不负责任。信用证是一种自足的文件,银行按照信用证的规定凭单付款,可以不考虑出口人是否真正履行

了合同和信用证的有关规定。因此，如果出口方未能按照信用证的规定操作业务，可能会给进口方带来风险。

① 单证过期。例如提单过期，信用证过期等。

② 单证不符要求。例如提单为不清洁提单，或非“已装船提单”，或提单上没有“运费已付”等应该加的批注，或汇票上汇款人名称、地址有误等。

③ 短装或超装、发票抬头人不对、保险单不符合信用证的要求、发票/汇票/保险单中大小写金额不一致等。

④ 单据中缺少签字和印章、单据的份数不足，汇票、提单、保险单背书错误或没有背书。

⑤ 单据之间号码不一致，或重量(数量)、港口名称等不一致。

例如，信用证上的装运港为广州港，提单上却标明黄埔港；信用证商品名称为玉制品江南水乡，提单上的商品名称为江南水乡；信用证中的贸易术语为“CIF 上海外高桥保税区”，而提单上却是“CIF 上海外高桥”。

再如，外方开来的信用证要求办理罢工险，发货人认为不可能发生罢工而未办理该项保险，于是保险单中未标明该项保险。

⑥ 有潜在风险的单据。例如载明货物将转运而信用证禁止转运的提单；在船只、装船港及卸货港项下注有“预期”或类似保留用语的提单、金额超过信用证限额的发票等。

⑦ 出口方所交货物的品质、数量等不符合贸易合同和信用证的规定，例如出口方所发货物以次充好，以假乱真，可能使进口方蒙受损失。

⑧ 出口方伪造单据骗取货款。

⑨ 出口方勾结承运人出具预借提单或倒签提单，或勾结其他当事人(如船长)中途出售货物。

10. 信用证诈骗

上面讲到的有关信用证的风险问题都可能使交易当事人一方受到损失。但是，这些风险和信用证诈骗还是有本质不同的。所谓信用证诈骗，是指以非法获利为目的、利用信用证支付方式进行的诈骗活动。信用证诈骗的结果是破坏贸易基础和贸易关系。信用证诈骗按照形式可以有以下类型：

(1) 伪造信用证或伪造信用证要件诈骗。

诈骗分子在打印好的信用证上或利用某银行有固定格式的空白信用证，假冒或伪造开证行有权签字人员的印鉴(签字)开具信用证，以达到骗取出口货物的目的。

例如，某外贸公司曾收到一份以英国某银行伯明翰分行(BIRMINGHAM-BRANCH, ENGLAND)名义开具的跟单信用证，金额为 USD4 020 000 元。该证没有经过当地银行通知直接寄给该外贸公司。该公司觉得有些反常，于是，在发货前拿该证到某银行要求鉴别真伪。银行专业人员发现了以下疑点：

① 信用证的格式陈旧，邮政戳记模糊，难以辨认寄出地址。

② 信用证的签名不是手签，也无法核对。

③ 信用证要求将货物空运至诈骗案多发的某国。

后经与国外银行联系查实，开证行没有开具该项信用证，从而避免了一起伪造信用证诈骗案。

又例如，中国某银行收到一份由加拿大某银行电开的信用证，金额约 100 万美元，受益人为国内某进出口公司。银行审证员发现该证存在以下疑点：

① 电开信用证应该加密押，该证没有加押，仅注明"本证由××行电开"。

② 装运期与有效期为同一天，且离开证日不到 20 天。

③ 要求受益人发货后，速将一套单据副本随同一份正本提单快寄开证申请人。

④ 该证为见票 45 天付款，且规定受益人可按年利率 11%索取利息。

⑤ 申请人在加拿大，而收货人却在墨西哥。

⑥ 来证电传号不规范。

针对上述疑点，该国内银行一方面通知出口方暂时不要发货，另一方面进行查询。结果是查无此行。

(2) 伪造信用证修改书诈骗。

所谓"伪造信用证修改书"是指诈骗分子不通过开证行而直接向通知行或受益人发出信用证修改书，以便促使受益人尽快发货，达到骗取出口货物的目的。伪造的信用证修改书有以下特点：

① 原证是真实、合法的，但含有某些限制性条款，需要要求开证行进行修改。

② 修改书是盗用银行密押或借用原证密码以电报或电传的方式发出。

③ 修改书直接发给通知行或受益人。

④ 规定发货后快寄一份正本提单给申请人。

⑤ 来证规定的装运期一般较短。

例如，修改书中规定："只有在收到我行加押电报修改书并经通知行通知的买方装运指示、指定船名、装运日期时，才可装运，该修改书必须包括在每套单据中议付。"(SHIPMENT CAN ONLY BE EFFECTED UPON RECEIPT OF BUYER'S SHIPMENT INSTRUCTIONS MOMINATING NAME OF CARRYING VESSEL, DATE OF SHIPMENT IN THE FORM OF CABLE AMENDMENT THRU ADVISING BANK AND COPY OF SUCH AMENDMENT MUST BE INCLUDED IN EACH SET OF DOCUMENTS FOR NEGOTIATION.)

(3) 利用假客检证书诈骗。

所谓"假客检证书",是指以申请人代表的名义在受益人出货地验货后签发的商品检验证书。但商品检验证书的签名可能与开证行留底印鉴不符,因此会使受益人单据遭到银行拒绝或拒付,但货物可能已经被骗走。假客检证书有以下特点:

① 含有检验证书由开证申请人代表签署的条款。

② 规定开证申请人代表签名必须与开证行留底印鉴式样相符。

③ 要求一份正本提单交给开证申请人代表。

④ 申请人可能将大额支票交给受益人作抵押或担保。

(4) 合谋诈骗风险。

有些不法分子采用内外勾结开立无贸易背景远期信用证方法进行诈骗,骗取开证行的资金。其做法是国内开证申请人和国外受益人联手,伪造假合同、假单据联合进行诈骗。首先,国内信用证开证申请人利用假合同和单据向银行申请开出远期信用证后,国外受益人向议付行提交符合信用证规定的假单据。开证申请人接受单据,催促开证行承兑。一旦开证行承兑后,就由有条件的付款承诺变成了无条件到期付款责任。开证行一旦贴现,受益人就从银行套取了资金。

## 9.3.2 远期信用证风险

远期信用证是信用证中的一种,应该具有一般信用证的特点。但是,由于远期信用证具有其特殊性,因此,远期信用证的风险也会有其不同于其他信用证的特点。

从收汇的时间角度来看,远期信用证是出口商对进口商的一种资金融通方式,所以很受国外进口商的青睐。然而其风险也是难以预测的。银行一旦承兑了远期汇票,它的责任就由信用证项下单证一致的付款责任转变为针对票据的无条件付款责任,使得远期信用证比即期信用证更具风险性。远期信用证所涉及的风险主要有以下几种:

(1) 开证行经营不善或破产。

开证行经营不善或破产,使开证行无力支付货款。

(2) 利用远期信用证合谋诈骗(见上节中的合谋诈骗风险)。

(3) 挪用货款风险。

在远期信用证业务中,进口商往往在将货物销售出去以后,在付款日期未到时将收回的货款挪作他用,无法支付到期的应付账款,于是开证行只好垫款,这就产生了挪用货款风险。在远期信用证业务中,多数信用证的付款时间为90—180天。进口方希望较长的付款期限,以便较长时间占用银行资金。但是,时间越长,越容易产生风险。

(4) 市场风险。

对于市场热销的商品,一般价格波动都比较大,很难预测商品的准确价格。商品价格一旦下跌,进口方就无法收回全部货款,使进口方无法按时支付进口商品货款,银行被迫垫付资金,形成不良垫款。

(5) 外汇风险。

所谓外汇风险(foreign exchange exposure)是指一个组织、企业或个人以外币计价的资产(债权、权益)与负债(债务、义务)因汇率波动而引起的价值变化的可能性。外汇风险包括交易风险(transaction exposure)、会计风险(accounting exposure)和经济风险(economic exposure)。

### 9.3.3 空运方式下的信用证风险

信用证的支付基础是银行的信用保证。在信用证条件下,虽然银行处理的只是单据,但由于单据性质与特点的不同,也会使信用证风险所呈现的特点不一样。在海运方式下,因为海运提单是物权凭证,如果买方不付款赎单就提不到货物。但在空运方式下,由于以下理由,收货人可以凭承运人的到货通知和有关的身份证明就可以提货:

(1) 空运货物运输所需要的时间较短,通常在托运人将运单交给收货人之前,货物就已经运到目的地。



(2) 航空运单(AIR WAYBILL)不是物权凭证,仅是承运人与托运人之间缔结的运输合同以及承运人或其代理人向托运人签发的货物收据。因此,不一定需要空运单就可以提货。

因此,在空运的情况下,不一定要凭空运单就可以提货,提货人签字就可提货,货权难以控制,风险很容易发生。

### 9.3.4 信用证风险的不良后果

信用证风险对货款的收付有较大的不利作用,具体如下:

(1) 使有关当事人造成经济损失。

(2) 可能使货物受损,或者使出口方不能及时安全收汇。

(3) 破坏了双方当事人贸易关系,动摇了国际贸易赖以生存的商业信用基础。

(4) 扰乱了正常的金融市场秩序和外汇管理秩序。

(5) 会酿成银行信用风险。同时,还会因为金融资产变现差而造成流动风险,如抵押物变现损失及银行垫款损失等。

(6) 动摇了信用证作为最安全可靠支付方式的基础。

### 9.3.5　导致信用证风险的主要原因

(1) 信用证的特点。

信用证是一种自足的文件,信用证方式下的国际贸易业务是单纯的单据业务(pure documentary transaction),或者说信用证项下所处理的业务是纯粹的单据买卖。在信用证支付条件下,只要受益人提供与信用证规定表面相符的单据,银行就应该按照信用证的规定凭单付款,可以不考虑合同的规定以及卖方是否真正履行了合同和信用证所规定的义务。

(2) 有关信用证的法律和制度不健全。

现有的法律规范主要是国际商会制定的《跟单信用证统一惯例》,该惯例没有规定有关诈骗等问题的界定方法、法律适用以及解决方法等。另外,国内与之相配套的法律规定也比较少。

(3) 由于信用证项下的交易是一种"单纯的单据业务",不需要实际交货或检验货物交易的真实性。因此,信用证项下的进出口双方交易的速度快,一旦付款赎单,追索是比较困难的,法律规定也难以干预。

(4) 市场经济的发展给我们开辟了无比广阔的交换领域,但是,要想通过市场获得自己的利益,除了与之相适应的法律规定以外,还需要健全的信用体系、市场理念等与之相适应。在这方面,还需要做出我们的努力。



### 9.3.6　出口企业规避信用证风险的措施

信用证风险会给企业、金融机构等带来风险和损失,因此,我们应该规避信用证风险,消除其影响或者将风险和损失减低到最低水平。

(1) 审查进口商的资信情况,例如财务状况、经营状况、付款记录等,以核定其信用程度,决定成交合同金额的大小。

(2) 调查研究开证行的资信情况，避免出现开证行故意找“不符点”扣款或拒付，必要时可以要求对信用证保兑。

(3) 尽量采取 CIF 或 CFR 术语成交，可以避免国外进口人指定境外货代安排货物的运输。

① 如果进口人坚持以 FOB 术语成交，并指定船公司和货代安排运输，可接受指定的船公司，但对货运代理的资格应该进行审查，或要求进口方提供相应的资信资料。原则上只能接受信用较高的货运代理。

② 如果进口人坚持指定境外货代，出口人应该要求境外货代的提单必须委托出口人指定的货运代理企业签发。同时，由代理签发提单的货代企业出具保函，承诺货到目的港后凭信用证项下银行流转的正本提单放货，否则要承担无单放货的赔偿责任。

(4) 对来证进行认真的审查，发现有不符合合同规定的“软条款”等条款或附加条件，都应该通知进口方尽快改证，直至符合合同规定或不影响成交和收汇为止。如果进口人或开证行不同意改证，可以要求重新开具符合合同的信用证。如外商不开，也不勉强发货。

另外，要核实修改通知书的真伪和内容是否正确。更不可轻信外商口头改证。

(5) 争取采用与其他支付方式相结合的方法。例如，在合同中规定要求买方在卖方出货前以电汇方式预付一定比例的货款，以便降低信用证的风险程度。

(6) 应该尽量保持对货物的控制权。例如，如果合同的金额比较大，可以根据进口方的市场情况要求采用分批交货的方式。

(7) 要求将航空运单的收货人抬头做成“凭开证行/偿付行指示”的形式(TO ORDER OR TO THE ORDER OF THE ISSUING/REIMBURSING BANK)。



(8) 认真制单。严格按照信用证条款的要求制作单据，做到“单单一致，单证一致”，并尽力争取议付行的理解与配合，在开证行/偿付行发生问题时及时采取有效措施。

(9) 与航空承运人及其在目的地的代理人保持密切联系，一旦发货人在收货人提取货物之前得到不利信息，可以要求航空承运人退回货物或变更货物的收货人。

(10) 投保出口信用险。出口信用险是承保因进口商的商业风险和/或政治风险所造成的收不到货款的风险和损失。

(11) 加强对外贸业务人员的培养。

加强对外贸业务人员的培养，尤其是实践环节的培养。努力提高外贸业务人员的业务理念、知识素质和业务素质，使之能够较好地识别信用证风险，并能因势利导地解决和处理潜在的风险。

### 9.3.7　银行的风险防范措施

在信用证支付方式下，银行的作用是举足轻重的，尤其是议付行。议付行是一个具有双重身份的银行，既要协助出口人收取货款，又要受开证行之托传收单据、货款等。在交易中应该发挥自己的作用，促进出口企业做到合理规避信用证风险，安全、及时收回货款。银行应该做到以下几点：

(1) 规范银行管理机制。

银行应该充分发挥审贷和授信机构的作用，从不同的角度审核信用证项下的贸易背景，严格按照信用等级和有关规定办事，防止利用无真实贸易背景的信用证进行的诈骗活动，从根本上防止银行信贷风险的发生。

(2) 研究和实施风险的量化管理方法。

银行应该根据实际工作经验，总结产生信用证风险的原因，研究风险的量化管理方法和量化管理指标，并针对不同的指标采取不同的管理方法，例如采用保证金制度或资产抵押方法等。

(3) 掌握客户的资信情况。

银行应该通过各种渠道，对客户的情况、尤其是对国外客户的资信情况进行调查研究，掌握客户的资信情况，协助进出口企业做好客户管理工作，尽量防止信用证的垫款风险和其他信用证支付风险的发生。

(4) 严格审单。

在信用证支付方式下，单单一致、单证一致是银行资金安全的基础，因此，要严格审单。在出现信用证风险时，银行可凭单证确认债权人，掌握货权，尽量降低风险的损失程度。



(5) 协助企业搞好内部管理。

银行应该健全内部信用管理制度。同时，还要协助企业搞好内部管理，在进出口企业内部实施应收、应付账款跟踪管理制度，定期核查进出款项的情况，促进企业建立适应对外贸易业务的规范的业务操作制度和财务管理制度。

(6) 加强对信用证业务的指导。

随着国际贸易形势的发展，信用证的业务操作方法也会有些细微的变化；另外，由于文化、市场背景的差别，各国对信用证业务的理解也会有差异，因此，银行应该加强对进出口企业信用证业务进行指导，与企业一起，共同防范信用证风险的发生。例如，一般不应该允许将信用证开给合同之外的第三方，尤其是大金额信用证。如果出口人从事转口贸易等业务，应该使用可转让信用证。

(7) 建议企业采用其他防止风险的方法。

对于出口业务，为了防止可能存在风险发生，可以建议企业采用保兑信用证的方式操作业务，或者利用投保出口信用保险、利用国际保理等方法，确保企业安全收汇，防止信用证风险的影响。

(8) 注意对远期信用证风险的防范。

远期信用证潜在的风险较大，除了上述提到的信用证风险以外，还会可能有汇率风险的发生。因此，除了注意对对方、对方银行的资信情况进行调查了解、做好审单等工作以外，要特别注意业务的性质，根据不同的业务性质采取不同的防范措施，例如，对于进口业务，要贯彻保证金制度，风险较大的要缴纳100%保证金，对保证金业务实行专户管理，不可以提前支取或者挪作他用。

### 9.3.8 开证行对不符点的处理方法

在进口信用证业务中，开证行应该认真审查从国外议付行寄来的单据是否与信用证中规定的单据种类、内容相一致。如果出现不一致的地方就是出现了不符点。如果国外议付行来单出现不符点，对于比较明显的不符点，要批注在来单通知书上，然后将通知书连同单据一起交开证申请人审查，希望开证申请人尽快将其对不符点单据的处理意见告诉开征行。然后，开证行再根据具体情况决定是否拒付。比较起来，远期信用证存在的潜在风险较多。对这类信用证单据的审查要特别注意。



(1) 如果开证申请人接受不符点单据，开证行可以对信用证汇票进行承兑，这种承兑的风险很小，因为开证申请人接受单据以后，待汇票的付款日期到了以后，开证申请人就会自觉地要求划款支付货款。

(2) 如果开证申请人拒绝了不符点单据，开证行坚持对信用证汇票进行承兑的话，承兑的风险就比较大了。因此，如果开证申请人拒绝了不符点单据的话，银行应该具体情况具体分析，对是否拒绝做出妥善的处理。

(3) 开证申请人作出是否拒付的决定既要考虑单据是否与信用证规定的情况相符，更重要的是要考虑货物与市场需求的关系等因素。因此，银行在考虑是否承兑问题的时候，要综合考虑各种情况，要作出既有利于企业的业务发展、又有利于银行信用的维持和提高。因为银行一旦承兑了远期汇票，就开始承担无条件支付的责任。

## 9.4 合理选择支付方式

为了保障外汇资金的安全收支,加速资金周转,扩大贸易往来,根据我国进出口贸易实践的需要,进出口人合理选择和运用各种不同的支付工具和支付方式是非常重要的。我们必须认真研究国际市场的形势,认真掌握和灵活运用各种支付工具和支付方式,以便促进对外贸易的发展。

### 9.4.1 几种支付方式的选择

在出口业务操作过程中,贸易方式的选择是非常重要的,直接关系到及时、安全收汇的问题。尤其是对于大型机械设备,一般是按用户要求设计生产的,更应采用可靠的支付方式进行结算。

1. *对于初次交易的交易双方*

对于初次交易的交易双方,由于没有交易往来基础,只能将对对方的资信调查作为次要的参考。在这种情况下,贸易方式本身的安全性就显得非常重要。因此,可考虑以下方式。

(1) 即期信用证支付方式。这是最可靠的支付方式。但是,要预先对开证行的资信进行较充分的调查研究,如果认为有问题,可以要求由第三方银行进行保兑的方法。

(2) 为了扩大出口或者非紧俏的一般产品的出口,对于资信条件比较好的进口商和银行,也可以考虑采用远期信用证的支付方法。

(3) 对于初次交易的买卖双方,托收方式未必就是一种风险大、不可选择的支付方式。对于有一定资信度的卖方来说,可利用付款交单,尤其是即期付款交单方式。由于进口国代收行在进口人付款后才放单,因此,如果出口人选择了理想的收款行,这种方式应该是既经济又可靠的支付方式。

2. *对于有交易经历的交易双方*

对于有过一段时间交易经历的交易双方,由于互相已经掌握了对方的部分资信情况,应该将对方的资信情况作为交易的重要参考因素,然后再合理选用适宜的支付方式,这样更能使交易顺利进行。这里主要分析对于资信好和资信一般客户的出口业务应该注意的问题。对于资信不好的客户,应该尽量避免继续发生业务往来。

对于资信较好的客户，应该说，客户本身的资信是最可靠的保证。在这种情况下，支付方式本身的安全性就显得不很重要。如果仅仅是为了安全，任何支付方式都不可能是万无一失的。出口人主要应从交易及时性考虑，并且注意尽量节约支付过程中产生的费用。对于金额小的交易可以采用汇付方式，对于大额的可以采用托收方式。

对于资信一般的客户，还是要考虑支付方式本身的安全性，可以在首先考虑保证收汇安全的前提下选择支付方式。

### 9.4.2 几种支付方式的搭配选用

每一种交易过程都会有其自己的特点，例如，同样是大型机械设备交易，可能所涉及的客户的特点、所交易的机械设备对市场的适应性、货款结算的期限等都不一样。因此，应该根据业务特点，灵活搭配选用不同的支付方式，这样会使交易获得比较满意的结果。支付方式的搭配形式主要有以下几种。

1. 信用证与汇付相结合

信用证与汇付相结合主要指部分货款用信用证支付，余数用汇付方式结算。例如，对于出口一批微型计算机的交易，双方可以约定，信用证条款规定凭装运单据兑付发票金额的一定百分比，余数待货到目的港(或地)后用电汇(T/T)方式支付或到目的地开箱检验合格后用票汇(D/D)方式支付。

2. 信用证与托收相结合

信用证与托收相结合是指部分货款用信用证支付，余数用托收方式结算。一般做法是信用证规定出口人开立两张汇票，属于信用证部分的货款凭光票付款，而全套单据附在托收部分的汇票项下，按即期或远期托收办理。但证上须注明“在发票金额全部付清后才可交单”的条款，以保货款安全。其合同中的支付条款举例如下：



> “货款××%应开立不可撤销即期信用证。其余××%见票立即(或见票后××天)付款交单。全套货运单据随附于托收部分。在汇票到期时发票金额全数付清后方可交单。如××%托收金额被拒付，开证行应掌握单据听凭卖方指示。”(... % of the payment is available against irrevocable sight L/C while the remaining ... % of document against payment at sight under credit. The full set of the shipping documents shall accompany the collection item and shall only be released after full payment of the value. If ... of the payment is failed to be paid, the shipping document shall be

held by the issuing bank at the exporter's disposal.)

3. 汇付与银行保函相结合

一些成套设备和大型产品，如船舶、飞机等，由于金额大、生产周期长，一般由买方根据制造、交货过程，按进度分期付款，往往采用汇付与银行保函相结合的方式。例如，在买卖合同中规定，买方在每一阶段结束时，根据卖方提供的有关证明文件，用汇付方式交付一部分货款。最后一部分货款，通常在卖方将货物装船并提供装运单时付清。卖方应通过银行出具以买方为受益人的银行保函，保证如果卖方最后不能履约，由银行退回已交付的货款和利息。

4. 备用信用证与跟单托收相结合

托收方式属于商业信用范畴。在业务比较可观、买方的资信情况不特别清楚等情况下，为了防止跟单托收项下的货款遭到买方拒付，可以利用备用信用证与跟单托收相结合的办法。一旦托收项下货款遭到买方拒付，可以利用备用信用证索回货款。在这种情况下，开具备用信用证的时候，在备用信用证中应列明以卖方为受益人，在跟单托收项下货款遭受拒付时凭卖方的拒付证明书要求备用信用证的开征行支付货款。利用备用信用证与跟单托收相结合的方法，合同条款为"Payment available by D/P at sight with a Stand-by L/C in favour of the seller for the amount of __ as the undertaking. The stand-by L/C should bear the cause: in case the drawee of the documentary collection under credit No. ________ fails to honour the payment upon due date, the Beneficiary has the right to draw under this L/C by their draft with a statement stating the payment on credit No. ________ was not honoured."。

5. 预付款与跟单托收相结合的方法

对于市场上较为紧俏的货物，也可以采用预付款与跟单托收相结合的方法。在签订合同的时候，首先要求买方预付一定比例的预付金，其余货款利用跟单托收的方式收取。这样除了可以在发货前获得可靠的预付款外，发货后，一旦其他货款遭到拒付时，卖方可以通知代收行退单，并追回(退运)货物。例如"Shipment to be made subject to an advanced payment amounting ____ to be remitted in favour of seller by T/T or M/T with indication of S/C No. ____ and the remaining part on collection basis, documents will be released against payment at sight."

6. 不同支付方式与分期付款、延期付款相结合

对于大型设备、成套机械以及大型交通工具的交易，由于具有金额大、生产周期长、检验手段复杂、交货条件严格、产品质量保证期较长等特点，可以选择上述支付方式。例如采用银行保函与分期付款相结合的支付方式。因此，在合同

中应该订明规定，买方要开具银行保函(Letter of Guarantee)，对进口货物的付款进行担保，然后，根据生产进度和工程的需要分期支付各笔货款。

## 9.5 合理订立信用证支付条款

在国际贸易中，合理订立信用证支付条款也是相当重要的。以下是一些信用证支付条款的范例。

按照100%发票金额开30天的远期汇票(Drafts to be drawn at 30 days' sight on us for 100% of invoice value)。

要求在中国银行上海分行开总金额不超过120 000美元的即期汇票(You are authorized to draw on Bank of China, Shanghai at sight for a sum not exceeding US$120 000)。

即期汇票一式两份，注明："根据ABC银行香港分行跟单信用证748236号，日期2003年1月15日开具"(Drafts in duplicate at sight bearing the clause "Drawn under ABC Bank Hong Kong Documentary Credit No. 748236 dated January 15th, 2003")。

凭议付的即期汇票，以你本人为受益人，按照发票金额的95%开具不可撤销的跟单信用证。(We open this Irrevocable Documentary Credit favoring yourselves for 95% of the invoice value available against your draft at sight by negotiation on us.)

受益人开具以开证行为付款人的60天远期汇票，在任何银行都可以议付货款。(His credit is available with any bank by negotiation of Beneficiary's Drafts at 60 days date drawn on Issuing bank.)



## 9.6 出口信用保险

在外贸业务中，出口人如采用赊账(open account, O/A)和托收(D/P或D/A)方式结算货款，因凭商业信用交易，所以需承担较大风险。出口人为避免或减少收汇风险，可以使用出口信用保险。

出口信用保险是国家为推动外贸出口，保障出口企业收汇安全而制定的一项由国家财政提供保险准备金的非盈利的政策性保险业务。我国财政部下属的中国出口信用保险公司及各地分支机构是开展该业务的惟一单位。中国出口信用保险公司的任务是积极配合国家的外交、外贸、产业、财政和金融政策，通过政策性出口信用保险手段加强对货物、技术和服务出口，特别是加大对高新技术、高附加值的机电产品、成套设备等资本性货物出口的支持力度。同时，在信用保险、出口融资保障方面，支持国内企业的国际化生存和发展。

### 9.6.1　出口信用保险与国际贸易商业性保险的区别

除了政策性、不以盈利为目的的区别外，出口信用保险与国际贸易中商业性保险的主要区别在于承保的对象和风险范围不同。

出口信用保险承保的对象是出口企业的应收账款，承保的风险主要是人为原因造成的商业信用风险和政治风险。商业信用风险主要包括：买方因破产而无力支付债务，买方收货后超过付款期限四个月以上仍未支付货款，买方因自身原因而拒绝收货及付款。政治风险主要包括因买方所在国禁止或限制汇兑、实施进口管制、撤销进口许可证，发生战争、叛乱等卖方、买方均无法控制的情况，导致买方无法支付货款。而以上这些风险，是无法预计、难以计算发生概率的，因此也是商业保险无法承受的。

国际贸易中商业性保险承保的对象一般是出口商品，承保的风险主要是因自然原因在运输、装卸过程中造成的对商品品质的损害或数量的影响。有的商业保险也承保人为原因造成的风险，但也仅限于对商品本身的损害。而这些风险可以计算发生概率，根据概率制定保费以确保盈利。

### 9.6.2　出口信用保险的主要业务品种



目前，中国出口信用保险公司及其下属分支机构开展的出口信用保险的主要业务品种如下，出口企业可根据具体情况选择相应的保险产品。

1. 短期出口信用保险

短期出口信用保险所承保的责任范围主要涉及放账期不超过 180 天的出口业务(经出口信用保险公司批准，放账期可延长至 360 天)，有以下五个险种。

(1) 特定买方保险。承保出口企业对一个或几个特定买方以非信用证支付方式出口的应收账款收汇风险。

(2) 统保保险。承保出口企业以非信用证支付方式出口的全球或某个国家客户的收汇风险。与特定买方保险相比，相当于流通领域中的零售与批发。因此,统保保险在费率方面相对较低。需要说明的是,统保并非所有的客户都必须保,而是一个在数量上与特定买方保险相对的概念。

(3) 信用证保险。承保出口企业以信用证支付方式出口的收汇风险。

(4) 特定合同保险。承保出口企业在某一特定出口合同项下的应收账款收汇风险,适用于较大金额的机电产品和成套设备等产品出口并以非信用证方式结算的业务。

(5) 买方违约保险。承保出口企业以分期付款方式签订的商务合同,因买方违约而遭受的出运前和出运后的收汇损失风险。它不仅适用于机电产品、成套设备出口,而且适用于对外工程承包和劳务合作。其特点是:商务合同中以分期付款为支付方式,且付款间隔期不超过360天。

2. 中长期出口信用保险

中长期出口信用保险主要针对放账期超过360天的出口收汇风险,有以下三个险种。

(1) 买方信贷保险。指在买方信贷融资方式下,出口信用机构(ECA)向贷款银行提供还款风险保障的一种政策性保险产品。在买方信贷保险中,贷款银行是被保险人。投保人可以是出口商、贷款银行或借款人,但一般要求贷款银行直接投保。

(2) 出口延付合同保险(又称出口卖方信用保险),是一项旨在促进我国市场多元化战略的实施,支持并推动我国高技术含量、高附加值的大型成套设备和机电产品出口的政策性险种。

(3) 投资保险。这是中国出口信用保险公司开办的一项政策性保险,目的是鼓励中国企业进行海外投资,吸引外商来华投资。

3. 其他业务



中国出口信用保险公司还设有保单抵押贷款等其他业务。

(1) 保单抵押贷款。因付款交单、赊账等结算方式风险较大,一般商业银行不会对此种方式提供押汇贷款。在企业投保出口信用保险后,可以与出口信用保险公司、贷款银行签订保单权益转让协议,发生收汇风险后,可以得到补偿。

(2) 出口信用保险公司还可以为企业提供客户资信情况调查、账款追讨等其他业务。

投保出口信用保险有利于企业采取灵活多样的贸易结算方式,提高竞争能力,扩大出口规模;同时,出口信用保险有助于企业了解买家信用情况,加强应收账款管理,提高风险管理水平,便于企业获得出口融资。因为投保出口信用保险,收汇有了安全保障,银行也愿意提供资金融通。运用出口信用保险这一损失补偿保障机制,有利于企业的健康发展。

# 本章小结

货款的收付是进出口业务中最关键的环节之一，因为它不仅直接决定着买卖双方的经济利益，而且可能会导致业务风险的发生。货款的收付涉及支付工具和支付方式的选择问题，正确选用支付工具和支付方式及灵活运用支付工具和支付方式是成功地进行货款收付的重要因素之一。因此，买卖双方应该在交易磋商的过程中根据业务的具体情况和外汇汇率变化的趋势等情况，尽量选择好支付工具和支付方式，争取做到双赢，为稳定的业务发展打好基础。在业务操作的过程中所发生的风险有很多，例如，业务操作的风险、汇率风险，等等，正确地进行货款的收付工作可以有效地降低这些风险，提高外贸业务的操作效率，从而保证公司的稳定收入和发展。

# 复习与思考

1. 国际贸易中，选择计价货币时应考虑哪些因素？
2. 什么是商业汇票和银行汇票？试分析两者的主要区别。
3. 远期汇票的付款时间主要有哪些规定方法？
4. 简述汇票使用所经过的法定程序。
5. 简述跟单托收的主要种类，并分析各种类间在收付程序上的区别。
6. 简述信用证支付方式的一般程序。
7. 如何对信用证进行分类？说明各种信用证的基本含义和使用条件。
8. 在国际贸易中，不同结算方式的结合使用，主要有哪些类型？试分别说明其作用及基本做法。
9. 在远期付款交单的情况下，如果借单是由出口人指示的，称之为“付款交单凭信托收据借款”（D/P，T/R），则与银行无关，如果出现风险与损失应由出口人自己承担风险。在这种情况下，对出口人来说，D/P、T/R 方式的风险与采用承兑交单有哪些区别？
10. 信用证、备用信用证、银行保函的作用原理有哪些区别？
11. 为什么信用证支付方式会存在风险？
12. 一般信用证支付方式存在哪些风险？
13. 在航空运输方式下，信用证支付方式风险与海运方式有何不同？为什么会存在这些不同？
14. 如何规避信用证支付方式风险？

## 案例分析

1. 我国某外贸企业A与外国B公司达成一项出口合同,付款条件为付款交单,见票后60天付款。当汇票及所附单据通过托收行寄抵进口地代收行后,B公司在汇票上履行了承兑手续,并出具信托收据向代收行借得单据,先行提货转售。汇票到期时,B公司因经营不善,丧失偿付能力。代收行以汇票付款人拒付为由通知托收行,并建议我外贸企业直接向B公司索取货款。对此,你认为我外贸企业应如何处理?为什么?

2. 我国某出口公司按CIF条件,凭不可撤销议付信用证支付方式向某外商出口货物一批。该外商按合同规定开来的信用证经我方审核无误。我出口公司在信用证规定的装运期限内将货物在装运港装上开往目的港的海轮,并在装运前向保险公司办理了货物运输保险。但装船完毕后不久,海轮起火爆炸沉没,该批货物全部灭失。外商闻讯后来电表示拒绝付款。你认为,我出口公司应如何处理?为什么?

3. 中方某公司收到国外开来的不可撤销信用证,由设在我国境内的某外资银行通知并加保兑,中方在货物装运后,正要将有关单据交银行议付,忽然接到该外资银行通知,由于开证行已宣布破产,该行不承担对该信用证的议付或付款责任,但可接受我出口公司的委托向买方直接收取货款。请对此案例加以评析。

4. 上海某进出口公司与利比亚某公司签订了出口1 000台数控机床的合同,所用的贸易术语为CFR的黎波里(CFR Tripoli)。合同中规定,该批货物分三批发运,即期信用证分批开出,采用国际联运方式运输。上海公司对第一批货物办理了货物保险后按照信用证规定的时间发了货,并委托途中的分公司协助办理转运事宜。第二批货的交货时间比信用证规定的交货时间晚了半个月,后来在结汇问题上出现了波折。经过当事各方的反复磋商,将第二批业务的支付方式由信用证改为托收,使业务得以继续操作下去,第三批业务仍然按照合同的规定操作。请问:

(1) 对上海公司的业务操作有何评论?

(2) 为什么要将信用证改为托收才能将业务操作下去?

# 第 10 章　合同的履行

## 本章关键词

开具信用证(establishment of L/C)　结算单据(documents of settlement)
备货(to prepare for the goods)　议付(negotiation)
报关(to declare at the customs)　结汇(settlement of exchange)

## 互联网资料

中国企业资讯网　http://www.companyfaq.com
中国国际贸易网　http://www.chinaintertrade.com

《中华人民共和国合同法》简介

《中华人民共和国合同法》是第九届全国人民代表大会第二次会议于1999年3月15日通过的,于同年10月1日开始实施。《中华人民共和国合同法》所包括的内容有一般规定、合同的订立、合同的效力、合同的履行、合同的变更和转让、合同的权利义务终止、违约责任、其他规定、买卖合同、供电、供水、供气、热力合同、赠与合同、借款合同、租赁合同、融资租赁合同、承揽合同、建设工程合同、运输合同、技术合同、保管合同、仓储合同、委托合同、行纪合同、居间合同和附则等。

资料来源:中国国际贸易网(http://www.chinaintertrade.com)。

合同的履行是指合同签订后,买卖双方根据合同中所规定的权利和义务,使合同中的各项条款付诸实践,完成该笔交易。从某种意义上说,合同的履行是一笔交易的最后阶段,不仅关系到买方所得到的货物是否货真价实,还关系到卖方是否能安全及时收回货款。因此,合同的履行阶段是交易的重要环节之一。

通过在绪论中对进出口业务程序的介绍和后来一些章节内容的展开,已经涉及很多有关合同履行的内容,因此,在本章中就没有必要再详细阐述其中的所有问题,只是将有关思路或尚未涉及的问题作一下说明。按照贸易方式不同,合同的履行可以分为出口合同的履行和进口合同的履行两个方面。

## 10.1 出口合同的履行

出口合同的履行是指出口方对出口合同中所规定的出口方的权利和义务的履行。如果合同是按照CIF贸易术语为价格条件签订的,则出口方履行合同的环节包括备货、报验、催证、审证、改证、租船订舱、报关、发货、装船、办理保险、制单结汇等诸方面。其中,备货、催证、审证、改证、租船订舱和制单结汇是最核心的几个环节。履行合同阶段的各项工作不仅涉及出口业务公司和出口产品生产企业,而且还涉及国外买方和国内外有关银行、轮船公司、保险公司、商检部门、海关等单位。因而外贸业务公司和产品生产企业均应该注意自己的工作安排,使其能够与其他有关部门和机构的工作有机地配合,以便使合同按时、顺利地得到履行。

### 10.1.1 备货

所谓备货是指按合同或信用证的要求,按时、按质、按量地准备好出口货物。商品的备货工作可分为需要经常供货的产品备货和合同签订后再组织生产的产品备货。

1. 需经常供货的产品备货

这类产品的供货主要是根据买卖双方的合同或其他贸易契约规定,卖方需按一定时间的间隔向买方分批发运保质保量的产品。这种备货方式主要适用于那些国际市场上需要经常供应的,而且在国际市场上具有一定声誉的产品,例如,小汽车、电视机、电冰箱、洗衣机、自行车、录像机等生活消费品,以及载重汽车、拖拉机、通用机床、计算机等生产用工业商品,及机器设备的零配件,等等。对于这类商品,在备货过程中应该注意以下有关问题:

(1) 与生产企业或生产部门签好供货合同。

为了使生产企业或部门能按时保质保量地生产出出口产品,使外贸公司或生产企业的外贸部门能够顺利地履行合同,外贸公司和生产企业的外贸部门应该首先与生产企业或自己企业的生产部门签订产品的长期供货合同。

(2) 注意保证产品的品质、数量和供货时间。

对于这种长线供货产品,要想保证产品的品质、数量和供货时间,应该做到严把生产关，就是要求出口产品企业在产品的生产过程中时刻注意产品的质量和生产进度。这就要求企业首先要具有一定的生产能力、较先进的技术水平和管理经验。企业的生产管理部门应该建立健全各种相应的规章制度，对每一个零件的每一道工序、每一个部件中每一个零件的装配等都要严把质量关，不合格者绝不放行。为此，出口企业和生产企业的销售部门应该对出口产品进行定期检查和抽查。企业的生产管理部门还要注意掌握生产进度，做到及时供货。另外，要大力鼓励新产品的开发工作，提高产品的技术含量和附加值。同时，专业外贸公司还要注意对货源的调查研究，增加同类产品的供货渠道。这样，不仅可以增加供货渠道、保证供货的及时性，而且可以使各企业间展开竞争，促进出口产品质量的提高，保证商品的供货时间和出口数量。

在备货过程中，在可能的情况下要对供货时间留有充分的余地，要提前做好收货、包装、仓储、租船订舱等工作。不要等装运之前才紧急收货，以免一旦发现问题，来不及采取补救措施或错过装运时间，就会发生一系列问题。

2. 合同签订后再组织生产的产品备货

这里主要说明大型机器设备、成套设备、承包工程所需供货的机械设备等商品的供货情况。因为与市场中一般的长线产品相比，这类商品是在出口合同签订之后备货的，要比经常供货商品的备货困难得多。其主要原因是：

(1) 大型机器设备、成套设备、承包工程所需供货的机械设备等产品所需要的生产周期一般较长，一般要分成几个环节，备货过程中的有关问题难以预料。

(2) 由于这类商品一般都用于生产或建设中，进口企业一般都是按照计划安排进口的，因此，对商品的到货期限一般要求比较严格。

(3) 这类商品本身一般都包含先进的技术和工艺，有的还直接涉及知识产权问题。同时，这类商品的价格一般都比较高。因此，客户对这类商品性能和价格的要求一般也比较高，有的还要求在装运前进行组装调试等。另外，这类商品对包装方法、装卸方法和运输方式的要求一般也比较高。



(4) 这类商品所涉及的生产企业一般较多，商品的结构复杂，有的体积很大，给各设备之间的连接、安装调试以及出口装箱等工作带来一定的困难。

对于这种大型机器设备、成套设备、承包工程所需供货的机械设备等商品的备货，应该注意以下有关问题：

(1) 与生产企业或生产部门签好供货合同。为了使生产企业或部门能保质保量地按时生产出口产品，使外贸公司能够顺利地履行合同，外贸公司和生产企业应该在产品出口合同签订之后与生产企业签订产品的供货合同。

(2) 为了保证出口质量，在备货时间允许的条件下，在出厂前一定要进行初步安装调试，性能达到合同规定的要求以后，检验合格后再包装出厂。在包装过程中要根据产品的特点保护好关键设备和关键部分，以防在长途运输中造成不应有的损失。

### 10.1.2 催证、审证、改证

催证、审证、改证这三个环节主要适用于买卖双方约定以信用证为支付方式的商品交易业务的备货过程中。

1. 催证

催证是指卖方在买方未按合同规定及时开来信用证的情况下，催促买方尽快开具信用证。在以信用证为支付方式的交易中，卖方发货一般是以收到买方开来符合合同规定的信用证为前提的。按照合同的规定，买方及时开证是买方应尽的义务。但是，由于国际市场供求关系会发生变化，买方自身的资信情况也可能会发生变化，例如资金情况的变化等，这些变化都可能促使买方迟开或不开信用证的事件发生。

信用证是保证卖方是否可以安全、及时收到货款的保证文件。因此，对于卖方来说，收到信用证越早越好。如果买方开信用证的时间推迟以后，对卖方就可能造成风险。尤其是大型机器设备、成套设备等产品的出口，则风险更大。为此，在交易磋商中和签订合同时，卖方要以合同条款的形式规定合理的开证时间范围，要求买方及时开具信用证。同时，还要在合同中订明有关晚开信用证的处理办法，约束买方及时开出信用证。如果买方晚开信用证已构成事实，卖方应尽快查明原因，以便采取相应的防范措施。为了弄清买方迟开信用证的原因，可以采取各种方法，必要时，可以请本国银行驻外分行或驻外机构协助查明。如果买方未及时开来信用证的原因是由于资金不足而不能支付货款或企业不景气而面临倒闭，卖方则应采取合理方式终止合同，停止供货，以免造成更大的经济损失。



2. 审证

信用证应该是以合同为依据开立的，其具体内容应该与合同中的有关条款相一致。但是，在进口方和进口地银行办理信用证的过程中，可能由于买方对卖方国的具体政策和贸易习惯不了解，或者由于某种疏忽，或者为了自己的利益而故意在信用证上做文章，使开来的信用证在个别内容上与合同条款所规定的情况不一致。因此，卖方收到买方开来的信用证以后，应该根据合同中的有关条款对信用证进行认真的审核。

审核信用证是卖方或其他受益人和通知行的共同责任。卖方或其他受益人主要应该审核信用证的内容是否与合同所规定的相应内容一致，例如装运期、交单期，尤其是关系到收取货款的内容更要仔细审核。通知行主要审核开证行的资金情况、信用背景、付款责任、索汇路线、信用证的真伪等项目。

审核信用证是一项十分重要的工作，因此，一定要仔细、认真地进行。对信用证的所有文字、条款都要仔细分析、逐字逐句核查，千万不要粗心大意。审核信用证条款时主要应该注意下列问题：

(1) 审核来证内容是否符合我国关于对外贸易的有关规定。例如，信用证来自与我国签订有贸易协定的国家的银行时，应该核查一下开证行是否属于协定中指定的开证行，所使用的货币和记账方式是否符合协定的规定。如果开证行不是与我国有来往的国家和地区的银行，原则上要拒绝接受。

(2) 要审核开证行的资信情况。要了解银行的资金储备情况，因为资金储备情况直接涉及支付能力；同时还应了解银行的商业信誉情况。如果开证行支付能力差或商业信誉不好，原则上不应接受该行开立的信用证，除非该行所开立的信用证由另一家经常与我国有贸易往来的、资信情况较好的银行保兑。另外，信用证中应该有保证付款的说明，同时，还要对索汇方式和索汇路线进行分析，如果认为不妥，也应要求开证方修改。

(3) 审核信用证的签字或印鉴是否真实，电开信用证的密押是否符合。必要时可请有经验的银行或其他机构帮助鉴别。

(4) 审核信用证的性质是否与合同规定的相符。在出口业务中，我国一般都要求国外买方开立不可撤销信用证。这种信用证可以使我方安全收汇。如果对方开来的是可撤销信用证，或虽然是跟单信用证，但未说明是不可撤销的，应要求对方改证。有些信用证，虽然名义上是不可撤销信用证，但在证内却列有限制性条文。例如，规定“接到我方的通知后方能生效”(Subject to receipt of our advice to that effect)，或者“该证领取进口许可证后生效”(This L/C is not operative until import licence granted)。对于这样的信用证，原则上不能接受。如果上述限制性条文确定是由于进口国的某些规定或其他客观原因造成的，可以考虑接受。

如果合同规定采用即期付款的办法，而信用证却要求开远期汇票，则应判断是真远期还是假远期，对假远期汇票可以考虑接受，对真远期汇票，则不可接受。

如果开来的是对开信用证，应查明信用证生效时间，防止对方履行出口义务后，不再履行进口义务。如果没有关于生效时间的限制性文句，则应要求对方加列。

如果来证是循环信用证，应审核循环次数、金额及循环方式是否与合同规定的相符，若不相符，应要求对方修改。

对于内容为“另函详”(airmailing detail)的电开信用证，一般要等正本信用证开来后再进行审核。

(5) 审核开证申请人和受益人的名称、地址是否与合同相符;如不相符,应要求对方改证。

(6) 审核信用证中的商品名称、规格、数量、单价、总价、货币种类、包装是否与合同中规定的一致。如有差错,应要求对方修改。

(7) 审核信用证的装运期、有效期和到期地点是否与合同相符或合理。有效期一般要比装运期晚 15 天左右。

① 对于双到期信用证,即只有装运期而无有效期或只有有效期而无装运期的信用证,或者有效期与装运期为同一天的信用证,应该注意审查。对于第一种情况,应该要求对方改证。对于后两种情况,如果船、货均无问题,也可以考虑接受。但要注意信用证的有效期,要留有充分余地,要尽快发货,以保证在信用证有效期内制单结汇。

② 信用证的到期地点应在我国国内,否则不应接受。

(8) 审核信用证中规定的装运港(地)和目的港(地)。装运港(地)应该是中国某港口(或某地)。对于目的港(地),在信用证中应标明清楚,并且应与合同中的规定相一致。

(9) 应弄清楚来证所需要随附的各种单据及其他有关要求,对于我方难以办到的,应及时要求对方改证。

3. 改证

对信用证进行审核以后,如果发现其中有与合同不相符的内容或对我方不利的交易条件,应及时通知对方改证。尤其是对那些影响出口企业及时、安全收汇的内容,应坚决要求对方改证。但是,在通知对方的时候,要态度友好、言辞慎重、方法灵活,使对方易于接受。同时应注意以下问题:

(1) 在审证过程中,对于难以理解的、容易造成错误理解的地方,应要求对方详细说明、予以明确。

(2) 对信用证中要求修改的内容,应该尽量做到一次性向对方提出。这样,不仅可以节省时间,而且可以促使对方持慎重态度。

(3) 对于某些内容,若对方改证后我方仍无法接受,仍可以要求对方继续修改,直至符合合同的规定为止。买方修改后的信用证一般是以“修改通知书”的形式通知卖方的。卖方收到开证行的“修改通知书”以后,如果对其中的部分内容仍不可接受的话,要及时提出修改意见,否则会被认为已接受修改意见。按照一些国家的商业习惯,应在 3 个工作日内把“修改通知书”退回开证行才算有效。

但要注意不要影响履行合同的时间。在交易磋商和订立合同时,应与对方明确:如果因信用证的内容与合同的有关内容不符合或与卖方利益相违背,卖方的改证要求及时合理,而买方未能认真改证而贻误合同履行的话,后果应该由买方负责。

(4) 卖方收到“修改通知书”以后，如果认为内容可以接受才能办理装运，并且应将“修改通知书”附在原信用证的后面，合并一起构成完整的文件。

(5) 对于不可撤销信用证中任何条款的修改，都必须在有关当事人全部同意的情况下才能生效。这是一般国家银行都公认的惯例。

(6) 对信用证中与合同内容不相符合的地方，要具体问题具体分析，不一定都要求对方修改。例如，如果合同中规定要分批装运，而信用证上要求一次装运，如果货已齐备，船也订好，也可以考虑接受。

### 10.1.3 报验

凡属国家规定要报验的商品或者合同中明确规定要求经过检验的商品，都要在备好货后申报商检部门进行检验。检验合格后，由商检部门出具检验证明书。该证明书是海关放行和交单议付的重要依据。

申请检验的手续为，出口方先填写《出口报验申请单》。该单的主要内容有：品名、规格、数量(或重量)、包装、产地、进口国等项目。有的《出口报验申请单》上还要求附有合同或信用证副本以及其他有关单据。《出口报验申请单》一般都要求用中文和英文或另外一种外文填写。在填写时，要注意中、外文字在意义上的一致性，否则会引起纠纷。

商检部门根据《出口报验申请单》，并参阅合同副本或信用证副本等，对出口产品进行检验，得出检验结果以后，即可出具检验证书。

申请报验以后，如果出口人发现《出口报验申请单》内容有误，或中、外文意义不合适，或因其他原因需要改变供货的规格、数量、收货地点等，应及时向商检部门提出更改申请，并填写《更改申请单》，说明更改的项目和原因。

不同商品的出口合同可能有不同的检验要求。有的可能要求在出口国检验，有的可能要求在进口国检验，有的可能要求在出口国初验后在进口国复验。对于后两种情况，出口方更应该把住备货关，否则，一经进口国检验机构检验后发现问题，就可能造成经济损失。

### 10.1.4 租船订舱和装运

所谓租船，是指货物数量比较大时，向外运公司租用整条船进行装运；所谓订舱,是指在货物数量不大时,向外运公司预订部分舱位运输货物。

按照CIF和CFR贸易术语成交的货物合同,要由出口方租船订舱。目前,各国办理租船订舱的办法有所不同。租船订舱工作应该与备货工作有机地结合起来,一般要按照合同中规定的装运时间,在货备好或基本备好的情况下再办理租船订舱。当然,也要注意船源、运价等情况。租船订舱以后,要及时装运。下面是租船订舱和装运的一般程序:

(1) 各进出口公司在信用证符合要求和已备好货的情况下(或基本备好货),应即着手办理租船订舱手续。

如果委托外运公司办理租船订舱,进出口公司应根据合同或信用证中的有关规定,参照外运公司每月发来的列明航线、船名、国籍、抵港日期、截止收单期、受载日期、挂靠港口名称的船期表,认真填好托运单(或称为租船订舱委托书)中的货物名称、件数、毛重、尺码、目的港、最后装运日期等栏目,并及时将托运单送交外运公司,作为租船订舱的依据。

外运公司收到托运单据以后,会同中国外轮代理公司,根据配载原则,结合船期、货物性质、货物数量、目的港等具体情况安排船只和舱位,然后由外轮代理公司签发《装货单》(shipping order),俗称"下货纸",作为通知船方收货装运的凭证。

如果进出口公司自行办理租船订舱手续,则由进出口公司直接与外轮公司或代理公司办理有关手续。

(2) 轮船到达转运港以后,由进出口公司或外运公司将货物送至码头,经海关查验放行后,凭装货单装船。

(3) 货被装上船后,由船长或大副签发大副收据(mate's receipt),上面载明货已装船待运。然后,托运人凭大副收据向外轮公司交付运费,然后领回海运提单。



(4) 如果需要特种舱位(如冷藏舱、通风舱、油舱等)运输的货物,进出口公司应尽早通知外轮公司,以便及时安排舱位。

近年来,我国远洋船队发展很快,不仅可以承接需要我方办理的运输任务,而且还可以承接国外客户货物,按照国外客户的要求装运货物,对我国的外贸运输工作和国际贸易业务的发展起到了很大的促进作用。

### 10.1.5 报关

报关是指进出口货物的收、发货人或其代理人(专业报关公司等,以下称为"报关人")就货物、运输工具等的进出境向海关申报材料、申请查验、放行的过程。按照我国《海关法》规定，凡是进出口的货物，必须经由设有海关的港口、车站、国际航空站进出，并向海关申报，经海关查验放行后方可提货或装船。

办理出口手续时，首先要填写报关单。报关单的主要内容包括：品名、规格、数量、唛头、件数、重量、合同价格、金额和运输工具名称等。出口报关单的一般格式和内容如下表所示。

**表 10.1　出口报关单的一般格式**

**中华人民共和国海关出口货物报关单**

预录入编号：　　　　　　　　　　　　海关编号：

| | | | | |
|---|---|---|---|---|
| 出口口岸 | 备案号 | | 出口日期 | 申报日期 |
| 经营单位 | 运输方式 | | 运输工具名称 | 提运单号 |
| 发货单位 | 贸易方式 | | 征免性质 | 结汇方式 |
| 许可证号 | 运抵国(地区) | | 指运港 | 境内货源地 |
| 批准文号 | 成交方式 | 运费 | 保费 | 杂费 |
| 合同协议号 | 件数 | 包装种类 | 毛重(公斤) | 净重(公斤) |
| 集装箱号 | 随附单据 | | | 生产厂家 |
| 标记唛码及备注 | | | | |

| 项号 | 商品编号 | 商品名称、规格型号 | 数量及单位 | 最终目的国(地区) | 单价 | 总价 | 币制 | 征免 |
|---|---|---|---|---|---|---|---|---|
| | | | | | | | | |
| | | | | | | | | |
| | | | | | | | | |
| | | | | | | | | |

（续表）

| 税费征收情况 | | | |
|---|---|---|---|
| 录入员　录入单位 | 兹声明以上申报无讹并承担法律责任 | 海关审单批注及放行日期（签章） | |
| 报关员 | | | |
| 申报单位（签章） | | 审单 | 审价 |
| | | 征税 | 统计 |
| 单位地址： | | 查验 | 放行 |
| 邮编：　电话：　填制日期： | | | |

现在对出口报关单中部分项目的意义和填制方法说明如下：

(1) 预录入编号。

指申报单位或预录入单位对该单位填制录入的报关单所进行的编号。该编号是所申报货物的报关单在海关接受申报前的编号。预录入报关单编号一般与海关编号相同。

(2) 海关编号。

指海关接受申报后对报关单所做的编号。海关编号为10位数字。第1—2位为申报海关的代码；第3位为年份，例如99年为9；第4—9位为顺序号，其中000001—499999为进口报关单，500000—999999为出口报关单；第10位为报关单标识码。

(3) 备案号。

指进出口企业在海关办理加工贸易合同备案或办理征、减、免税审批备案等手续时，海关给予《进料加工登记手册》、《来料加工及中小型补偿贸易登记手册》、《外商投资企业履行产品出口合同进口料件及加工出口成品登记手册》、《进出口货物征免税证明》或其他有关备案审批文件的编号。

(4) 提运单号。

指进出口货物提单或运单的编号。所填报的内容应与运输部门向海关申报载货清单所列的相应内容一致。

(5) 贸易方式。

贸易方式有时也称为监管方式。贸易方式栏目应根据实际情况，按海关规定的《贸易方式代码表》选择填报相应的贸易方式简称或代码。

① 一般贸易(代码 0110)。

指我国境内有进出口经营权的企业所进行的单边进出口贸易。其中包括以正常交易方式成交的进出口货物贸易、进料加工出口成品中进口料件价值占成品总值小于 20%的出口商品贸易、贷款援助的进出口货物贸易、外商投资企业用国产原材料加工出口的产品或经批准自行收购国内产品出口的商品贸易、外商投资企业进口供加工内销产品的进口料件贸易、外籍船舶在我国境内添加的国产燃料、外商用自有资金进口的自用设备及其零部件等。

② 易货贸易(代码 0130)。

指不通过货币媒介而直接用出口货物交换进口货物的贸易方式。

③ 租赁贸易(代码 1523)。

指租期在一年及以上的货物租赁进出口贸易。

④ 合资合作设备(代码 2025)。

⑤ 外资设备物品(代码 2225)。

⑥ 退运货物(代码 4561)。

(6) 结汇方式。

即发货人或其代理人收结外汇的方式。结汇方式应按海关规定的《结汇方式代码表》中的代码填写。

**表 10.2　海关结汇方式代码表**

| 代　码 | 结汇方式 | 英文名称 | 代　码 | 结汇方式 | 英文名称 |
|---|---|---|---|---|---|
| 1 | 信　　汇 | M/T | 6 | 信 用 证 | L/C |
| 2 | 电　　汇 | T/T | 7 | 先出后结 | |
| 3 | 票　　汇 | D/D | 8 | 先结后出 | |
| 4 | 付款交单 | D/P | 9 | 其　　他 | others |
| 5 | 承兑交单 | D/A | | | |

(7) 成交方式。

成交方式栏目应根据实际成交价格条款按海关规定的《成交方式代码表》选择填报相应的成交方式代码。

**表 10.3　成交方式代码表**

| 代　码 | 1 | 2 | 3 | 4 | 5 | 6 |
|---|---|---|---|---|---|---|
| 名　称 | CIF | CFR | FOB | C&I | 市场价 | 垫仓 |

无实际进出境货物的成交方式，进口填报 CIF 价，出口填报 FOB 价。

(8) 随附单据。

指随进(出)口货物报关单一并向海关递交的单证或文件，例如合同、发票、装箱单、许可证等。本栏目应按海关规定的《监管证件名称代码表》选择填报相应证件的代码。

办理出口手续时需要随附的单据有：商业发票、装货单、商检证书、出口许可证，有时还要提供合同和信用证的副本。

(9) 商品编号。

指按海关规定的商品分类编码规则确定的进(出)口货物的商品编号。

海关对货、单、证查验无误后在《装货单》上盖章放行后，进出口公司方可办理装船事宜。装船后，应及时通知买方。有的货物在报关时还要缴纳出口税。

## 10.1.6 办理保险

办理保险的目的主要是，一旦在运输过程中货物发生了风险和损失，可以得到经济补偿。凡是以 CIF 贸易术语条件成交的出口合同，都由出口方办理投保手续。我国的出口业务要按照合同或信用证中规定的保险条款，向中国人民财产保险股份有限公司逐笔办理投保手续。

办理保险时，要注意掌握运输途中可能发生的风险，然后投保合适的险别。要注意各种险别的承保责任范围，否则，有可能发生重复投保的现象，造成经济损失。

由于机电商品，尤其是大型机器设备，其技术性能要求严格、价格一般较高，因此办理保险更有其实际意义。



如果货物是按 CFR 条件成交的，由于租船订舱是卖方的责任，而投保则是买方的责任，因此，卖方应该在装船之后尽快将船名、开航日期等情况通知买方，以便使买方及时到保险公司办理保险手续。

## 10.1.7 制单结汇

制单结汇是指进出口公司按照合同和信用证的要求，在货物装船之后，及时制备所需单据，在信用证规定的交单有效期内，持所需单据向议付行议付货款。所谓议付是指议付行(一般为出口地银行)购买出口人出具的汇票和货运单据等单证的行为。在议付过程中，银行审单无误后，扣除手续费和自转让汇票日起至开证行付款日止的利息，把剩余货款全部付给出口人。

目前，我国银行的操作方法还是延续以前的做法，即审单后将出口单据寄往国外开证行或付款行，以索取货款。在议付过程中，我国银行并不立即垫付现金，而是收到外汇货款以后，再按当时国家外汇牌价的外汇买入价折合成人民币付给进出口公司(一般是将人民币货款打入客户账户)，这是所说的收妥付款。

进出口公司在制单过程中，一定要准备好所需要的全部单证，并使之单证一致、单单一致。否则，当出现单证不一致或单单不一致的情况时，可能遭到银行拒绝，或者因为存在“不符点”而被外国银行扣款，造成不应有的经济损失。因此，在制单过程中，应该做到正确、完整、及时、简明、整洁。这样，不仅可以提高结汇速度，而且不易发生其他问题。下面，把结汇用的几种主要单据及其制备时应注意的问题说明如下：

1. 汇票

制备汇票(Bill of Exchange, draft)时应注意以下问题：

(1) 付款人(payer)。在采用信用证支付方式时，汇票的付款人应按信用证中的规定填写。如果信用证中未明确规定付款人，则应理解为以开证行为付款人；采用托收支付方式时，汇票的付款人应该是进口人。

(2) 受款人(payee)。除个别来证另有规定以外，汇票的受款人应该是受益人，我国一般要求填写议付行或托收行。

(3) 出票地点和日期。出票地点和日期应填写清楚，出票日期最早不应该早于其他单据的出具日期。

(4) 所用的货币。所用的货币名称的文字和符号应一致，大小写金额也要一致。

(5) 出票条款(drawn clause)。出票条款是开具汇票的依据。如果以信用证为支付方式，应该按来证上规定的填写。如果信用证上没有具体规定，则应填写开证行名称、地点、信用证编号及开证日期；如果采用托收方式，汇票上应注明合同号。

(6) 利息条款(interest clause)。有的信用证上还规定有利息条款，这种条款应按信用证上所规定的内容填写。

(7) 份数。汇票一般一次开具一式两份，其中一份用于收取货款以后，另一份自动作废。

(8) 汇票上不能有任何涂改、错别字或模棱两可的词句，否则，有可能被拒付。

2. 发票

所谓发票(invoice)，一般是指商业发票(commercial invoice)，是指出口人给进口人开具的表示出口货物价格(单价和总价)等项目的清单。除了一般的商业发票以外,还有海关发票、领事发票和厂商发票等。发票具体可以有以下几种:

(1) 发票。

发票一般又称为商业发票,上面一般列有发票编号、开立日期、货物名称、规格、数量、单价、包装、总金额、进口人名称、装运港(地)、目的港(地)、运输工具及支付方式等。发票是买卖双方交接货物、结算货款的主要依据,也是进出口报关完税所必不可少的单据之一。在我国,各进出口公司所使用的发票格式不同,但内容基本上是一致的。在制作发票时,应注意以下问题:

① 如果采用信用证付款方式,除另有规定以外,发票的抬头通常为开证申请人。如果采用托收支付方式,应该是合同中的买方。

② 货物的名称、规格、数量、件数、单价、包装等项目必须与信用证上的内容相一致。如果信用证上未规定详细的品质和规格要求,可按合同的内容填制,并加注说明,不许与来证的内容相抵触。如果信用证上的规定有错别字,也不许随便修改。文字、符号等都必须与来证一致。如果采用托收支付方式,上述内容应按照合同的规定结合实际装运情况填制发票。

③ 价格条件应该按信用证的规定在发票上填写清楚,例如,来证价格条件为 USD200 per M/T CIF New York,则发票也要照样填制,不许省略或改动。

④ 如果买方要求或者信用证上规定在发票上加列船名、原产地、生产企业名称、进口许可证号码、外汇批文号、银行登记号、销售合同号等,均可一一照办。

⑤ 来证和合同规定的价格若含有佣金,发票上应照样填制;如果来证和合同中规定有"现金折扣"(cash discount)的字样,在发票上也应该全部列出,不要有任何改动。



⑥ 除非另有特殊规定,发票上的总金额不得超过信用证上的总金额,并应与汇票上的总金额相一致。按照银行惯例,开证行可以拒绝接受超过信用证所许可金额的商业发票。

⑦ 信用证上规定附加运费(additional freight)、附加保险费(additional premium)或港口拥挤费(port congestion sur charges)、选港费(optional charges)由买方负担(for buyers account),而信用证金额已包括上述费用者,或虽然信用证金额不包括上述费用,但规定可由信用证项下支取者(may be drawn under this credit),则可连同货款一起列入总值。如果信用证金额不包括上述费用,且也未规定可由信用证项下支取者,则应另制汇票进行托收。

⑧ 由于各国的法令或习惯不同,有的来证要求出具不同形式或内容的发票,应酌情处理,尽量照办。例如,有的要求提供"收讫发票"(received invoice),则填制发票时,应该在发票首部注明 RECEIVED INVOICE,并在发票内注明

PAYMENT RECEIVED AGAINST ... BANK L/C NO ... DATED ... 。

再如，有的来证要求提供"证实发票"(certified invoice)，则填制发票时，应在发票首部注明 CERTIFIED INVOICE，并在发票内加注："WE HEREBY CERTIFY THAT THE CONTENTS DESCRIBED HEREIN ARE TRUE AND CORRECT"，并且将发票中的"有差当查"(E. &O. E. )字样划掉。

如果来证要求提供"中性发票"(neutral invoice)，或称中立人发票，一般应以"To whom it may concern"作为发票的抬头。这种发票是指在发票上不能表示出口人(受益人)的名称。

(2) 海关发票。

海关发票(customs invoice)是由进口国家制备，要求国外出口人填写的，作为在报关时对进口商品征税依据的发票。各国海关发票名称和格式一般各不相同，大致有以下几种：①普通海关发票(customs invoice)；②标准海关发票(standard customs invoice)；③特别海关发票(special customs invoice)；④价值和原产地联合证明书(combined certificate of value and origin，C. C. V. O)；⑤价值和原产地声明(declaration of value and origin)；⑥根据××国海关法令的正式发票(certified invoice in accordance with ... customs regulations)。

在货物进出口时，一般按要求需要提供海关发票，以供海关按情况征收关税。除此以外，海关发票还可用来编制统计资料。

在填制海关发票时，应注意以下问题：

① 每个国家的海关发票都有自己的固定格式，因此，必须使用进口国印有固定格式的海关发票，同时，在填写时不要混淆。

② 当海关发票与商业发票有相同项目时，填写的内容必须与商业发票一致。

③ 必须以个人名义手签，不盖该公司印章。如果反面也有具体内容时，两面的日期要相同，同时，还需要有一个证明人(witness)签字，签字也要手签。证明人、签字人和其他货运单据的签字人应该相同。

④ 海关发票中"出口国国内市场价格"一栏的填写要慎重处理。因为此栏内容是征收反倾销税的重要依据。

⑤ 如果交易是按 CIF 术语条件达成的，应分别列明 FOB 价和运费、保险费和数额。

(3) 领事发票。

所谓领事发票(consular invoice)是指由进口国家在出口国家所设领事馆所签发的发票。这是一些国家对商品进出口的规定。例如，东南亚、拉丁美洲的一些国家规定，凡向这些国家出口商品，国外出口人都必须向该国海关提供经该国领事签发的发票。其中有的国家还印有固定格式的发票，有的国家则规定出口人的商业发票由该国领事签证(consular visa)后作为领事发票。领事签证时要收取签证费。

领事发票的作用与海关发票基本相同。如果国外开来的信用证规定需要由我方提供领事发票的条款时,一般不应轻易接受。

(4) 厂商发票。

厂商发票(manufacturers' invoice)是由出口厂商所开具的发票。该种发票以本国货币表示商品的价格,从而可以证明出口国国内市场同类商品的价格。这种发票也是为了提供进口国海关作为对进口商品进行估价和征收进口税的依据。填制这种发票时,也要慎重从事,要注意保护进口方的利益,以保护销售渠道。填制这种发票时,应参照填制海关发票时的处理办法,发票的抬头应该是进口人。

3. 提单

提单(Bill of Lading,简写为B/L)是各项单据中最重要的单据。提单的主要内容有:发货人、收货人、装运港、目的港、唛头、件数、货名、重量、尺码、运费、签发地点及日期等,是由承运人及其代理人发给托运人的运输单据。托运人及其代理人在填制提单时应该注意以下问题:

(1) 提单的种类。

要注意国外来证中所要求的提单种类,否则,银行将不予接受。例如,一般国外来证均要求提供清洁、已装运提单(clean on board B/L),我方应按照要求办理。

(2) 发货人(shippers)。

发货人也称托运人。提单上的发货人应该是信用证上的受益人。如果来证规定以第三者为发货人时,可以用国内运输机构或其他有关公司作为发货人。



(3) 收货人(consignee)。

提单上的收货人习惯上称为抬头人。绝大多数信用证都要求做成"凭指示"(TO ORDER)抬头,即空白抬头;有的要求做成"凭发货人指示"(TO ORDER OF SHIPPERS)抬头,还有的信用证要求做成"凭开证银行指示"(TO ORDER OF ISSUING BANK),或"凭收货人指示"(TO ORDER OF CONSIGNEE)。

"凭指示"抬头和凭"发货人指示"抬头的提单在转让时必须经发货人背书,而后面两种提单无须发货人背书。

(4) 货物名称、唛头、件数和重量(description of goods、mark、number of package、weight)。

货物名称可以使用概括性统称,一般不须列出详细规格。货物名称应该与来证中的货物名称一致,否则,银行不会接受提单。例如,来证所载明的货物名称为吉普车(jeep),提单上的货物如果是基普车(jeep),则银行一般不会接受。

提单上的唛头必须与其他单据上的唛头相一致,如果为散装货,应注明"N/M"或"in bulk"的字样。提单上的件数除用阿拉伯数字表示以外,还应该用文字表示出来,文字一般要大写。如果在转船过程中,漏装少量件数,也应该表示出来。提单上的重量也要表示清楚,如果来证无特殊要求和规定,一般都用毛重表示。

(5) 运费(freight)。

如果合同是以 CIF 或 CFR 贸易术语成交的出口合同,提单上均须注明"运费预付"(FREIGHT PREPAID),或"运费已付"(FREIGHT PAID)。如果来证无特殊规定,"运费预付"和"运费已付"的提单上不必加注运费金额。如果以 FOB 价格条件签订的合同,提单上必须加注"运费到付"(FREIGHT TO COLLECT),如果来证无特殊规定,提单上也不必列出运费的具体金额或说明。

(6) 目的港(port of destination)。

提单的目的港原则上应与运输标志上所列的内容一致,以利于鉴别。

(7) 签发份数。

提单的签发份数是指正本提单的签发份数。收货人是凭正本提单提货的,为了避免正本提单丢失而使收货人取货发生困难,承运人一般签发两份提单,或者托运人有特殊要求时,可以多签发。但是,如果利用其中一份正本提单把货提出,其他各份即同时失效。合同或信用证中规定的受益人提供"全套提单"(full set or complete set of B/L)是指交单时要将承运人签发的全套正本提单都必须在议付时交给银行。

(8) 日期和地点。

提单上的签发日期必须与信用证上规定的装船日期相符合,并且,在提单的签发日期之后,还必须填写提单的签发地点。

(9) 其他项目。

由于进口人国家的法令、规定或由于其他原因,进口人有时要求出口人提供其他有关方面的证明。在不违背我国政府有关部门的有关规定的基础上,出口人应该尽量考虑到进口人的具体情况,在可能办到的情况下,应尽量满足进口人的要求。

4. 保险单

保险单(Insurance Policy)的主要内容有货物名称、唛头、件数、保险金额、保险险别、运输工具名称、装运港、目的港、大约开航日期、理赔地点及理赔代理以及签发日期、地点等。被保险人投保后,如果货物在运输途中发生了保险单所载明的承保责任范围内的风险和损失,被保险人或保险单持有人有权凭保险单向保险公司索赔。

发货人或其代理人收到保险单时应该核对以下内容：

(1) 被保险人。

除来证另有特殊规定以外，保险单上的被保险人应该是信用证上的受益人。被保险人可以在保险单上背书，背书后可以转让保险单。

(2) 保险单签发日期。

保险单签发日期应该早于提单日期，最迟应与提单日期一致，除非保险单上注明承担自装船日起的风险。否则，开证行和进口商可以不接受。

(3) 保险险别和保险金额。

保险险别和保险金额应该与信用证相一致。除非信用证另有规定以外，保险金额不得少于发票的最高金额，而且一般都在发票的基础上加上投保加成金额。根据国际保险的习惯，小数点后的数字一律去掉，并在个位上进一。

(4) 运输标志、包装、数量等内容。

保险单上的运输标志、包装、数量、货名、船名、(大约)开航日期、装运港、目的港等项内容应该与提单上相同项目的内容相一致。

(5) 理赔地点。

除信用证中另有规定以外，保险单的理赔地点应该是货物的目的地。如果目的地无保险公司的理赔代理人或检验机构，则应由离该地最近的保险公司的理赔代理人办理检验和理赔事宜。

5. 商检证明书

商检证明书(Inspection Certificate)是经商检机构对出口货物检验检疫后所开具的货物品质、数量(重量)或产地等的证明文件。如果合同和信用证有特殊规定，例如要求由生产企业、进出口公司或中国国际贸易促进委员会等部门出具证明书，也可以考虑接受。



检验检疫部门在填制商检证明书时应该注意以下问题：

(1) 出证机关、地点和证书名称。

如果信用证上规定了开证机关，一般应同意；如果信用证上规定由“有关当局”(competent authority)出证，则应由当地的商检机构出具；如果信用证尚未规定具体的出证机构，则可由出口人自行决定出证机关。

如果信用证上无特殊规定，出证地点应该是装船口岸。商检证书的名称应与信用证上的规定相一致。

(2) 商检证书的证明效果。

商检证书中所证明的事实要与信用证上所要求的事实相符合，同时也要与发票等有关单据所列明的品名、规格、品质、数量等情况相一致或者超过来证所规定的要求。

(3) 商检证明书日期。

商检证明书的出证日期最迟应与提单日期相同。这涉及检验时间的安排情况。如果有的产品在生产场地检验，有可能比提单日期早得多。另外，也要注意到信用证中的要求。如果信用证要求装船时出证，那么，检验证书的签发日期原则上应该与提单日期相同，最多不应超过 3 天。否则收货人会因该时间不合理而怀疑商品的品质。同时，议付行和开证行也会由于该时间与信用证的要求相差太多而不予接受。

6. 原产地证明书

原产地证明书(Certificate of Origin)是证明原产地的证明文件，我国出口的商品一般只填写"中国制造"(Made in China)即可，有的要按来证要求填写。原产地证明书可以由商检部门出具，也可以由中国国际贸易促进委员会出具。

普惠制原产地证明书表格 A(Generalized System of Preference Certificate of Origin Form A，简写为 G. S. P)是普惠制原产地证明书的具体形式之一。这种原产地证明书是经济发达国家对从发展中国家进口的某些商品征税时，在关税上给予优惠待遇的一种证明文件。

在我国，这种原产地证明文件由各地检验检疫部门签发。该表格 A 只适用于一般商品，其他特殊商品还需用其他形式的证明书。

7. 装箱单和重量单

装箱单(Packing List or Packing Specification)的作用是用来表示货物数量、重量或体积等指标的单据，也是用来区别货物花色的，所以又俗称为花色码单。重量单(Weight List or Weight Memo)主要说明货物重量的。装箱单和重量单一般是与商业发票一起使用的，在进口时，这两种单据可以有利于进口国海关查验货物和征收关税。



制备装箱单和重量单时应注意以下问题：

(1) 装箱单上的总件数和重量单上的总重量应与发票上的总件数和总重量相一致；

(2) 重量单上一般要列明货物的毛重和净重两种重量；

(3) 单据名称要与信用证上的规定相符合，否则可能会引起不必要的纠纷；

(4) 信用证如果要求提供详细内容的装箱单，则需详细说明每件货物的名称、规格、数量、编号、包装情况等；

(5) 如果来证还提出其他要求，例如加注尺码等，也应考虑接受。

工业商品，尤其是涉及技术的机械设备、仪器仪表等机电商品的出口，在履行出口合同时，一定要注意机械设备、仪器仪表等的技术条件、结构、性能等方面要与合同和信用证中的规定一致。

8. 集装箱编号

随着集装箱的普及，在制单时会越来越多地涉及集装箱有关资料的填写，尤其是集装箱编号。集装箱编号是在每个集装箱箱体两侧刷制的编号，该编号一般是全球统一的。因此，每一个箱子的编号是全球唯一的编号。例如：TBXU3606531 * 1(1)，表示箱号为 TBXU3606531，1 个标准集装箱；TBXU3607631 * 2(3)，表示箱号为 TBXU3607631 和 TBXU3607632 两个集装箱，折合为 3 个标准集装箱。在制单的时候，如果使用两个或两个以上集装箱，在写明一个集装箱的编号以后，其余集装箱编号打印在备注栏中或随附清单上。

9. 原产国(地区)/最终目的国(地区)

原产国(地区)指进出口货物的生产、开采或加工制造国家(地区)。最终目的国(地区)指已知的出口货物的最终实际消费、使用或进一步加工制造的国家(地区)。在制单时，应按海关规定的《国别(地区)代码表》选择填报相应的国家(地区)名称或代码。例如加工贸易报关：

(1) 料件结转货物，出口报关单填报“中国”(代码“142”)，进口报关单填报原料件生产国。

(2) 深加工结转货物，进出口报关单均填报“中国”(代码“142”)。

(3) 料件复运出境货物，填报实际最终目的国；加工出口成品因故退运境内的，填报“中国”(代码“142”)，复运出境时填报实际最终目的国。

## 10.2 进口合同的履行



进口和出口是对外贸易每笔货物交易的两个方面。因此，可以从对出口合同履行的内容介绍中了解一些关于进口合同履行的步骤和特点。但从另一方面看，进口合同的履行也有其自身的特点，因此，需要对进口合同的履行加以说明。

与出口方相比，进口方遵守“重合同、守信用”的原则显得更为重要。尤其是大型机械设备的进口工作，合同签订后，出口方备货要经过设计、备料、试制、生产、装运等一系列复杂的过程，需要大量的费用和较长的时间，并且产品一般都是针对某一特定用户的要求专门设计和生产的。因此，如果进口方不能“重合同、守信用”，在出口方即将发运产品之前，以种种理由阻止合同的履行，会给出口方带来经济损失。

为了充分说明进口合同履行中的一些问题，下面假设以 FOB 术语条件签订买卖合同。合同履行的程序主要包括开立信用证、租船订舱、装运、办理保险、审单付汇、接货报关、检验、拨交、索赔等。在合同履行过程中涉及的部门有:进出口公司、运输部门、商品检验机构、银行、保险公司及用货部门等。

### 10.2.1 开立信用证

在进口合同履行过程中,进口方的第一项义务就是开立信用证。进口方应该按照合同中的规定,及时填写开立信用证申请书,向开证银行办理开证手续。开证银行收到申请书后,在审核进口人资信等情况以后,按进口方的申请开具信用证。

1. 开具信用证的依据与内容

信用证的开具要以合同为依据。信用证的内容应该与合同条款的内容相一致。例如,品质、数量、价格、交货期、装货期、装货条件、装运单据等都要与合同中相应条款的规定相一致。

2. 信用证的开具时间

信用证的开具时间应该按照合同中的规定办理。如果合同规定买方要以卖方领取出口许可证为条件,则买方应在收到能够证明卖方确实领到出口许可证的证明或通知后,再申请开证。如果合同规定在卖方确定交货期后开证,则应在收到卖方交货通知书后再申请开证。

3. 信用证的修改

将开出的信用证通知给卖方后,如果卖方经过审证后不同意信用证的部分内容,则会来函要求改证。如果卖方的要求合理,买方应予以接受,并认真改证,及时到银行办理改证手续。常见的改证内容有延长装运期和信用证有效期以及改变装运港等项目。



### 10.2.2 租船和订舱

以 FOB 术语条件为基础的进口合同,由进口方租船订舱,按时派船接货。

FOB 合同中一般规定,卖方应在交货前的一定时间内将预计装船日期、装运港等情况通知买方,买方接到通知后,要及时办理租船或订舱等有关事宜。

在我国,多数进出口公司进口货物的租船和订舱工作统一委托给外运公司办理。进出口公司接到卖方寄来的关于装船日期等情况的通知以后,向外运公司填报进口订舱联系单,连同合同副本交外运公司,委托外运公司代为安排船只或舱位。

当外运公司安排好船只和舱位以后,买方应该及时向卖方发出装船通知(shipping instruction)。通知内容一般包括即将派去的船名、预计到达装运港的日期以及装载数量等,并要求卖方确认。卖方确认后通知买方,然后再由买方派船去装运港装运货物。船到装运港后,卖方应及时装船。船装好后,卖方要及时通知买方。

为了做好租船订舱和装运工作,进口方应注意了解有关的轮船公司的船源情况和运价动态,以便在需要租船订舱时,以合适的价格租到合适的船或订到合适的舱。另外,买方应该与卖方协调一致,经常互通信息,以便顺利完成该笔货物的运输。

当船到达装运港以后,如果卖方未备好货或者由于卖方的其他原因货物未能及时装船,买方应催促卖方尽快装船。为了防止卖方拖延装船时间,在交易磋商中,买方应与卖方协商好有关事宜,并在合同中订明:如果买方按照合同规定及时派船接货,但因卖方原因未能及时装运货物所引起的后果应由卖方负全部责任。

### 10.2.3 保险

以 FOB 或 CFR 术语条件签订的进口合同,运输货物保险应该由进口方办理。目前,我国进口货物保险工作由中国人民财产保险股份有限公司按照各进出口公司与其签订的预约保险合同办理。

按照预约保险合同的规定,所有按 FOB 和 CFR 术语条件进口的货物,进口公司在收到国外装船通知后,只要把船名、提单号、开航日期、商品名称、数量、装运港、保险金额等内容及时通知中国人民财产保险股份有限公司的当地分支机构,则该公司便可自动承担该进口货物的保险责任。

由于保险直接涉及买方利益,所以在买方办理保险时,一定要及时;同时要注意所投保的险别应该与货物、航线等情况相适应,确保险别合理。

### 10.2.4 审单付汇

中国各商业银行在收到国外寄来的汇票以及货运等单据以后,便通知进口人。进口人与银行首先应核对汇票以及货运等单据是否符合信用证的有关规定。如果做到了单单一致、单证一致以后，进口人应该按照外汇牌价买外汇付款赎单。如果中国商业银行在审理国外寄来的有关单据时，发现单证不一致或单单不一致，应立即通知国外议付行改证后再执行付款义务。进出口公司按照国家外汇牌价向中国商业银行买汇赎单后，凭银行出具的“付款通知书”进行结算或通知进口企业进行结算。

## 10.2.5　报关、报验

货物到达目的港后，港务部门在卸货时要进行核对，如果发现缺货，应及时填制《缺货报告》交给船方确认，作为今后向船方索赔的依据。如果货物有残损，一般不应提货，而应把货存放在海关指定的仓库内，由保险公司和商品检验部门共同对货物检验后分清责任，再向有关方面索赔。

进口报关是指货物到达目的港(地)以后，由进出口公司自己，或委托报关公司、外轮公司等根据进口单据填制《进口货物报关单》，向海关申请检验放行的过程。申报时，一般要附有发票、提单和保险单等单证，如果商品属于法定检验的进口商品，还须随附商品检验证书。如果合同中规定，该批货物到目的港后要进行检验或复验，则应申请当地检验检疫部门对货物进行检验。检验合格后，商检部门出具商品检验证书或由商检部门在报关单上加盖“已接受报验”章后，才算检验合格。货证相符后，海关方可放行。

如果商品不属于法定检验的进口商品，但合同有规定，到目的港(地)后要进行检验或复验。货到目的港(地)后，进出口公司或用户要向商检部门申请检验。可以由商检部门直接检验和出证，有时也可以先由申请人自检。如果申请人在自检过程中发现货物有残损等现象，或者由于某种原因认为不合格，应该申请由商检部门进行复验，如果复验仍不合格，则应由商检部门对外签发索赔证书。报验的时间应该符合合同的相关规定，超过合同规定的时间再进行检验，不但商检部门可能不受理，而且，一旦需要索赔，也会受到对方的拒绝。



## 10.2.6　提货、拨交和结算

经过报关、检验等环节以后，如果进口货物的名称、品质、数量等情况与合同规定相符，则进出口公司可以委托中国对外贸易运输公司提货，并将货拨交给订货单位。如果订货单位不在卸货港口，外运公司应将货物运至订货单位。所有关税及货物运往订货单位的运费由外运公司向进出口公司结算后，进出口公司再向订货单位结算。

如果是以 CIF 术语条件进口的货物，进出口公司可以凭银行的《付款通知书》中所列的金额，加上进口关税、增值税、国内运杂费、进出口公司手续费等，向订货单位结账；如果是以 CFR 术语条件为基础的进口合同，除上述费用外，还应加上代付的保险费；如果是以 FOB 术语条件为基础的进口合同，还应加上代付的运费和保险费。

### 10.2.7 索赔

进口货物到达目的港后，经检验，如果发现货物的品质、数量、规格等与合同规定的内容不相符，首先应该进行调查研究，仔细检查分析与合同规定内容不相符的原因，然后再向有关方面索赔。

办理索赔时应该注意以下事项：

(1) 证据要确凿。首先，要弄清损失的程度和造成损失的原因。然后，制备索赔清单和证明文件，并且要随附检验证明书、发票、装箱单、提单副本等单证。同时，对不同的索赔对象要根据要求另附有关文件。

向卖方索赔时，要在查明原因的基础上提出充分的证明文件。如果是以 FOB 和 CFR 术语条件为基础的合同，还要提供一份保险单。

向承运人索赔时，一般要提供由船长及港务局理货员签发的理货报告和船长签发的短缺残损证明各一份。

向保险公司索赔时，要提供保险公司与买方或与其他部门联合检验的报告。

如果需要其他证明文件，只要合理，就应该考虑出具或提供。

(2) 索赔金额。在索赔过程中，索赔金额的高低与索赔的内容有直接关系。受损商品的价值是索赔金额的主要组成部分；除此以外，其他有关费用，例如检验费、装卸费、银行手续费、仓储费、利息等也可以要求索赔，但要具体情况具体分析，要实事求是。

(3) 索赔有效期。对外要求索赔应在索赔有效期内提出。超过有效期以后，对方一般不予受理。如果因为某些合理原因需要拖延时间，应该与对方商量解决。

(4) 防止卖方拒赔。如果索赔的理由合理，证据确凿、充分，对方应予以理赔。但是如果对方以种种理由拒赔的话，买方应采取仲裁或起诉等方法解决。

索赔工作是一项十分复杂而艰巨的工作，涉及的部门也较多，需要进出口公司、外运公司、订货部门、商检部门等有关部门的密切合作。在索赔工作中，一定要做到责任明确、证据确凿、单证齐全、要求合理，这样，既能较好地解决损失赔偿问题，又可以促进双方今后贸易工作的发展。

# 本章小结

在国际贸易过程中，合同是进出口业务的依据，签订了合同以后，买卖双方的权利和义务就基本固定下来了。但是，还要看到，履行合同阶段也是一个十分重要的阶段，因为该阶段是保证进出口业务是否能够顺利、圆满完成的重要环节。因此，在合同履行阶段，买卖双方应该严格按照合同或信用证上的有关规定，做好每一个环节的工作。在履行合同的过程中，买卖双方的互相配合是至关重要的。例如，在以信用证为支付条件的业务中，只有买方及时开来符合合同规定的信用证，卖方才会发货，因此，在合同签订之后，买方应该做好开具信用证的准备。另外，在合同履行阶段，买卖双方还应该注意对方可能出现的违反合同的行为，以便及时采取措施，防止损失的发生。

## 复习与思考

1. 出口合同的履行主要经过哪些环节？你认为哪几个环节是比较重要的，为什么？
2. 在出口备货的过程中，需要经常供货的产品和合同签订后再组织生产的产品在备货方面有哪些相同和不同之处？
3. 在履行合同时，催证、审证、改证这三个环节对于买卖双方各有什么影响？
4. 租船订舱、装运和申请报关这几个环节应该如何有机配合？
5. 买方在办理索赔时应该注意哪些问题？



## 案例分析

1. 大连某电子进出口公司向泰国某公司出口一批电风扇用的微型电机，合同规定 2003 年 3 月发货，采用 L/C At Sight 的收汇方式。大连公司于 2 月 10 日才收到泰国公司开来的信用证，其中规定的信用证到期日为 2 月 29 日。考虑到已经备好货，该公司于 2000 年 2 月 28 日发货，3 月 1 日拿到提单，当天到银行交单时，被银行拒绝。后来在同意罚款的条件下以托收方式收回货款。请分析：

(1) 银行拒绝的原因。

(2) 该公司应该吸取的教训。

(3) 如何正确地操作该笔业务。

2. 我国北方某印铁制罐厂与国外一家印铁设备制造公司达成了一项补偿贸易协议，由国外公司提供设备，我国公司用该设备生产的油漆罐作为补偿，两年内还清设备款。设备到货后很快投入生产。第一批货样提供给外商确认时，外商表示满意，并表示希望尽快收到货。可是第一批货运到后，外商称货不合格，并要求用美元偿付。后来外方公司破产，该国破产管理人以设备货款未付为由要求将设备退回，我方制罐厂开始着手退设备，后来被主管部门制止。请分析其中的是非缘由。

# 第 11 章　索赔、仲裁和不可抗力

## 本章关键词

争议(disputes)
仲裁(arbitration)
索赔(claim)
不可抗力(force majeure)
理赔(settlement or settling)

## 互联网资料

中国仲裁网　http://www.china-arbitration.com
中华会计网　http://www.chinaacc.com

**中国国际经济贸易仲裁委员会简介**

中国国际经济贸易仲裁委员会(China International Economic and Trade Arbitration Commission,以下简称仲裁委员会,自 2000 年 10 月 1 日起同时启用“中国国际商会仲裁院”的名称)是以仲裁的方式,独立、公正地解决契约性或非契约性的经济贸易等争议的常设商事仲裁机构。仲裁委员会同时受理当事人提交的国内仲裁案件。仲裁委员会是中国国际贸易促进委员会根据中华人民共和国中央人民政府政务院 1954 年 5 月 6 日的决定,于 1956 年 4 月设立的,当时的名称为对外贸易仲裁委员会。中国国际贸易促进委员会还制定了仲裁委员会的仲裁程序暂行规则。中国实行对外开放政策以后,为了适应国际经济贸易关系不断发展的需要,对外贸易仲裁委员会于 1980 年改名为对外经济贸易仲裁委员会,又于 1988 年改名为中国国际经济贸易仲裁委员会。仲裁委员会于 1988 年、1994 年、1995 年、1998 年、2000 年五次修订了它的仲裁规则。仲裁委员会的受案量近几年来已跃居世界第一位,案件当事人涉及除中国之外的 45 个国家和地区,仲裁裁决的公正性得到了国内外的一致认可,仲裁裁决可以在世界上 140 多个国家得到承认和执行。

资料来源:国际仲裁委员会网站(http://www.iccwbo.org/index_court.asp)。

在对外贸易交易过程中，买卖双方往往会因为彼此间的责任和权利问题而引起争议，并由此导致索赔、理赔、仲裁以及诉讼等情况的发生。为了防止争议的产生，以及在争议发生后能获得妥善的处理和解决，买卖双方通常都会在交易磋商的过程中，对违约后的索赔以及解决争议的方式等内容认真地进行磋商，并在合同条款中予以表明。

## 11.1 争议和索赔

### 11.1.1 争议

所谓争议(disputes)，是指交易的一方认为另一方未能部分或全部履行合同规定的责任而引起的业务纠纷。

1. 争议发生的原因

在国际贸易中引起争议的原因有很多，主要有下列四种情况：

(1) 卖方违约。如卖方拒不交货，或者卖方未按合同规定的时间、品质、数量、包装等交货，或交单时单证不符等。

(2) 买方违约。如买方没按合同要求开具信用证或延迟开具信用证，或在买方有义务租船订舱的情况下，未按合同规定的时间租船订舱和接货，或货到后不付款赎单，或无理拒收货物，或拒付货款等。

(3) 合同中的规定不明确。由于合同中有的条款规定的不明确，以至于使买卖双方因对合同条款的理解和解释不一致而出现争议。

(4) 在履行合同过程中遇到了买卖双方不能预见或无法控制的情况或风险，如某种不可抗力等，对这些不能预见或无法控制的情况或风险双方的理解和解释不一致等。



2. 解决争议的方法

在对外贸易中，解决争议通常采用以下三种方法：

(1) 友好协商。

所谓友好协商，就是在争议发生后，双方在友好的基础上，直接磋商，各自自愿作出一些让步，消除纠纷，最后达成协议。这种方式的好处是，气氛比较友好，有利于今后贸易关系的持续发展。因此，在一般情况下，买卖双方在发生纠纷时，首先应该进行友好协商，宁愿作出一些让步，承担一点损失，使问题在友好的基础上得到解决。

有些争议，因金额较大等原因，双方都不愿作出让步。虽然经过长时间的反复协商，仍无法达成双方都能接受的协议。在这种情况下，就要采用其他解决争议的方式，或者进行仲裁，或者进行诉讼。

(2) 仲裁。

所谓仲裁(arbitration)是指在国际贸易中，双方发生争议后，在友好协商不能解决争议的情况下，自愿把争议交给双方同意的第三者进行裁决。仲裁是国际贸易中解决争议的一种比较普遍采用的方式。以仲裁方式解决争议可能有两个原因，一是在买卖双方进行交易磋商之后在合同中已经订明仲裁条款，明确规定利用仲裁方式解决争议；二是在争议发生以后，双方经过协商后签订仲裁协议，同意将争议交给仲裁机构进行裁决。仲裁的裁决，应该是终局的，对交易双方都有法律约束力。

目前，我国的企业在进出口贸易过程中，与外商签订的买卖合同，一般都签订仲裁条款，如果发生争议以后，在友好协商不能解决争议时，则可以按照合同中的仲裁条款进行裁决。

(3) 诉讼。

诉讼(lawsuit)是指在买卖双方发生争议以后，由于分歧较大或争议激烈，不能采取友好协商方式或不愿意采取仲裁方式解决争议时，便会采用提交法院解决争议的方式。由于采用这种方式耗时长，费用高，并会使当事人之间关系紧张，影响以后贸易业务的开展，故在国际贸易中很少采用。

## 11.1.2　索赔

所谓索赔(claim)是指受损失的一方向违约的一方提出赔偿要求的行为；而理赔(settlement)则是指违约的一方对另一方的索赔要求进行处理的行为。 

1. 索赔对象

在国际贸易实践中，在卖方向买方交运货物的过程中，由于人为、天灾或其他种种原因，而使买方收到的货物不符合合同的有关规定，买方依据自己的权力，向有关方面提出赔偿要求，以补偿其所遭受的损失。也有因买方不履行约定而引起卖方向买方提出索赔的。按照索赔对象的不同，索赔一般可以分为以下三种情况：

(1) 向卖方提出索赔。

向卖方索赔一般是由于卖方的下列行为引起的：

① 短交，即卖方所交付货物重量(数量)等不足。这里是指卖方因工作疏忽或故意少装而造成的不足，不包括在运输途中因为货物的自然损耗而发生

的货物重量(数量)不足。例如,某些商品经过长途运输,因水分蒸发而发生重量短少不属于短交。

② 品质规格与合同的规定不符,即卖方故意以低劣商品交货,或未经严格检查,而将不合格产品装运出去,造成所交付货物规格与合同规定不符。

③ 因包装不良引起货物短失、破损等。

④ 延迟交货使买方遭受经济损失。例如,延迟交货导致货到后市场进入淡季,市场价格持续下跌引起损失等。

(2) 向买方提出索赔。

属于买方责任而引起卖方索赔的情况有以下一些:

① 由于买方违反合同规定,不开或迟开信用证,致使卖方备好货以后无法按时发货,遭受一定的经济损失。

② 在 FOB 等术语条件下,买方未及时办理租船订舱等运输手续。

③ 买方未按照合同或信用证所规定的期限支付货款。

(3) 向承运人索赔。

向承运人索赔也被称为运输索赔或装运索赔。就海运货物来说,向承运人索赔是指向承担运输责任的人或承运货物的轮船公司索赔。引起向承运人索赔的原因大体有以下一些:

① 短卸。所谓短卸是指货到目的地以后,应该卸到该地的货物没有被卸下来,致使买方无法提货而造成一定的经济损失。

② 误卸。误卸也被称为错卸,是指将不应该卸到该地的货物卸到该地。误卸不仅会给运输公司造成损失,而且也会贻误买方的提货时间和市场机会。

③ 运输途中发生的损失等。例如,买方收到货物以后,提单是清洁提单,可是,发现货物出现残损、破碎等。



根据国际贸易惯例,轮船公司对其所承运的货物,由于自身的原因使货物在运输途中遭受损失,是有赔偿责任的。但其责任范围以提单所注明的为限。提单所注明的责任范围一般是以海牙规则(Hague Rules)和其他有关规则、公约为依据的。超出提单所注明的责任范围,轮船公司概不负责。

(4) 向保险公司索赔。

向保险公司索赔,即所谓的保险索赔。在货物运输过程中,如果所发生的风险和损失属于保险公司的承保责任范围以内的,均可以向保险公司索赔。保险公司的承保责任,应以保险单所列明的保险险别为依据。

(5) 向其他责任方索赔。

关于其他责任方的责任,原因比较复杂。例如货物卸船后,从码头搬入仓库时,因码头搬运工人的疏忽或因野蛮搬运而使货物发生损坏,则属于码头装卸公司的责任。又如，货物卸船后，搬入码头仓库内，由于仓库管理不当而使货物发生了损坏，则应该属于仓库管理部门的责任。

2. 索赔依据和索赔时效

在索赔和理赔中，索赔依据和索赔时效是两个最基本的条件。索赔的法律依据是贸易合同和适用的法律、惯例。索赔的事实依据是违约事实发生后，有资格的机构出具的书面证明，当事人的陈述和其他旁证等。贸易合同是确定买卖双方权利、义务的法律依据。无论是买方或卖方违反合同所规定的责任和义务，在法律上均构成违约行为，都必须承担因为违约而对受损失方的赔偿责任。

索赔时效，即索赔期限，是指受损失的一方向违约方提出索赔的合理期限。合同中一般都要对索赔时效加以约定。超过了约定的索赔期限，受损害的一方即丧失了索赔权。如果在合同中未约定索赔时效，则可以依照有关法律规定的索赔期限。例如，《联合国国际货物销售合同公约》规定索赔时效为自买方实际收到货物之日起两年之内。营业地处于公约缔约国的买卖双方，在合同中无约定索赔期限时，将以公约规定的两年作为索赔期限。

3. 索赔条款

进出口合同中对索赔条款有两种规定方式：一种是异议和索赔条款(dispute and claim clause)；另一种是罚金条款(penalty clause)。一般的商品买卖合同中，多数只订立异议和索赔条款，有的还将异议和索赔条款同检验条款合并订在一起；在大宗商品和机械设备的贸易合同中，除订有异议和索赔条款外，一般还订立罚金条款。

(1) 异议和索赔条款。

异议和索赔条款除了明确规定一方违反合同另一方有权提出索赔外，还要规定索赔依据、索赔时效、损失赔偿办法和赔偿金额等项内容。

关于索赔的依据，主要是提出索赔必须具备的证件以及出证的机构。根据此项规定，如果提出索赔时证件不齐、证据不足或事实不清以及出证机构不符合规定等，都可能遭到对方的拒赔。因此，在规定索赔的依据时，要与检验条款规定的有关内容一致，不能出现互相矛盾的现象。

买方向卖方索赔时应提供的主要证件有：①公证检验机构出具的检验鉴定证书，主要用于证明索赔的事项和内容等；②索赔单，写明损失项目的名称、数量、索赔金额及计算方法；③外贸单证，例如，提单、商业发票、装箱单、磅码单等；④其他可能需要的证件。

买方向承运人提出索赔时应提供的证件有：①公证检验机构出具的检验鉴定证书；②事故证明文件，即由船公司或港务管理机构出具的事故证明或货物残损证明书等；③索赔单；④外贸单证，例如，提单、商业发票以及其他需要提供的单证。

买方向保险公司提出索赔时应具备以下证件：①公证检验机构出具的检验鉴定证书；②如果遇到海难等事故，应该有由港务管理机构签发的海难证明书；③承运人签发的事故证明书；④索赔单；⑤外贸单证，例如，保险单、提单、商业发票、装箱单、磅码单等以及其他可能需要提供的单证。

关于索赔时效的规定必须慎重，要规定得合理，应根据不同商品的具体情况作出不同的规定。对于某些食品、农产品或易腐烂的商品，索赔期限应规定得短一些；对于一般货物的索赔期限，通常限定为货到目的地后30天或45天；对于机器设备的索赔期限则可以订得长一些，一般规定为货到目的地后60天或更长。而对机器设备的质量订有保证期限的合同，索赔期限可规定为1年或1年以上。总之，对索赔时效的规定，除机器设备外一般不宜过长，免得使一方承担过重的责任。当然也不宜规定过短，因为会使另一方无法行使索赔权利。对某些商品还可以补充规定，"如在有效期内，因检验手续或发证手续来不及办妥，可先电告对方延长索赔期若干天"等内容。

关于处理索赔的办法和索赔金额，除个别情况外，通常在合同中只作一般笼统规定，而不作具体规定。因为违约的情况比较复杂，当事人在订约时往往难以估计。

(2) 罚金条款。

罚金条款的主要内容是买卖双方在合同中预先约定一个赔偿的金额，有时还需规定出最高的罚款金额。例如，我国某机械公司在合同中曾作这样的规定："除本合同第××条中所列举的不可抗力原因外，如卖方不能如期交货，由付款行从议付的货款中扣除罚金，延期交货的罚金不得超过货物总金额的5%，按每7天收取0.5%，不足7天者按7天计算。如卖方交货延期达10周时，买方有权撤销合同，并要求卖方支付上述延期交货的罚金。"但是，这里要特别注意的是，并不能因为违约方支付了罚金就可以解除其继续履行合同的义务。



4. 索赔与理赔时应注意的问题

在交易过程中，索赔和理赔既是一项维护有关国家和当事人权益和信誉的重要工作，又是一项涉及面广、业务技术性强的细致工作。因此，在一方提出索赔和另一方进行理赔时，必须注意以下一些问题：

第一，索赔一方要在索赔期限内提供必须具备的有效证据。理赔一方接到对方索赔要求和有关证件时，首先应对索赔的有效期、证件等进行认真审核。如果对方在索赔时间和手续上无问题，就要认真做好调查研究，查清事实，分清责任，认真地进行理赔。

第二，有关双方应根据合同规定和违约事实，本着平等互利和实事求是的精神，合理确定损害赔偿的金额和处理方案，如退货、换货、补货、整修、延期付款、延期交货，等等。关于损害赔偿金额的确定，根据《联合国国际货物销售合同公约》第 74 条、75 条和 76 条的规定，主要有以下三种方法：

(1) 一方当事人违反合同应负责的损害赔偿金额，应与另一当事人因违约方违反合同而遭受的损失额(包括利息、利润)相等。

(2) 如果合同被宣告无效，在合同宣告无效后一段合理时间内，若买方已经以某种合理的方式购买替代货物，而卖方已经以某种合理的方式把货物转卖，则要求损害赔偿的一方可以取得合同价格和替代货物交易价格之间的差额。

(3) 如果合同被宣告无效，而货物又有时价(指原交付货物地点的现行价格或另一合理替代地点的价格)，若要求损害赔偿的一方没有进行购买或转卖，则可以取得合同规定的价格和宣告合同无效时的时价之间的差额；如买方在接受货物之后宣告合同无效，则应适用接收货物时的时价。

第三，从争议内容的具体情况出发，正确利用国际贸易的有关法律和惯例，灵活选择解决争议的途径。在对外贸易中，如果买卖双方发生了争议，处理争议的方式有友好协商、仲裁和诉讼等方式。例如，一般来说，采用友好协商方式，不仅可以省去仲裁或诉讼的繁琐程序，而且节省费用，气氛也较和缓、友好。因此，在争议发生后，买卖双方都愿意首先采用友好协商的方式解决。但是，不从具体案情出发，只片面强调友好协商，往往使争议长期得不到正确处理。故根据案情，灵活选择解决争议的适当方式是很重要的。此外，在索赔、理赔过程中，正确利用国际贸易惯例和有关法律，对处理好争议也是必要的。

## 11.2　仲裁



所谓仲裁(arbitration)又称公断，是指买卖双方在争议发生之前或发生之后，签订书面协议，自愿将争议提交双方所同意的仲裁机构予以裁决(award)，以求解决争议的一种方式。由于仲裁是依照法律所允许的仲裁程度裁定争端，因此，裁决是具有法律约束力的，当事人双方必须遵照执行。

### 11.2.1　违约及其法律后果

货物买卖合同是对缔约双方具有约束力的法律文件。任何一方，只要违反了合同的有关规定，就应该承担违约的法律后果，受损失方有权提出损害赔偿要求。但是，各国的法律或国际组织的文件对于违约方的违约行为及由此产生的法律后果，以及对后果的处理方法等，有不同的规定和解释。

英国的《货物买卖法》将违约分为违反要件和违反担保两种。

违反要件(breach of condition)是指违反合同的主要条款，即违反与商品有关的品质、数量、交货期等要件；在合同的一方当事人违反要件的情况下，另一方当事人，即受损失方有权解除合同，并有权提出损害赔偿。

违反担保(breach of warranty)是指违反合同的次要条款。在这种情况下，受损失方只能提出损害赔偿，而不能解除合同。

至于在每份具体合同中，哪一条款属于主要条款，哪一条款属于次要条款，该法并无明确具体的解释，只是根据"合同所作的解释进行判断"。这样，在解释和处理违约案件时，难免带有一定的不确定性。

《联合国国际货物销售合同公约》(1980 年)主要是对违约的后果及其严重性进行判断，将违约分为根本性违约和非根本性违约。

根本性违约(fundamental breach)是指违约方的故意行为造成较严重的违约事件发生，如卖方完全不交货，买方无理拒收货物、拒付货款，其结果会给另一方造成实质性的损害(substantial detriment)。如果一方当事人根本违约，另一方当事人可以宣告解除合同，并同时可以要求损害赔偿。

非根本性违约(nonfundamental breach)是指违约的状况尚未达到根本违反合同的程度，受损失方只能要求损害赔偿，而不能宣告合同无效。

### 11.2.2 仲裁协议



在国际贸易中，通过仲裁解决对外贸易争议也是一种常见的方式。这种方式同司法诉讼解决争议的方式相比，气氛比较好，有利于今后继续发展交易，并且裁决方式也具有较好的法律效果。因此，在国际贸易中，当争议双方通过友好协商不能解决问题时，一般都愿意采取仲裁的方式来解决。

根据国际上的习惯做法和一些国家的法律规定，凡采用仲裁方式处理争议时，当事人双方必须订有仲裁协议。所谓仲裁协议是双方当事人表示愿意把他们之间的争议交给双方同意的仲裁机构解决的一种书面协议，它是仲裁机构或仲裁员受理争议案件的法律依据。仲裁协议有两种形式：

(1) 由双方当事人在争议发生之前订立的仲裁协议。

双方当事人在交易磋商中，如果双方都愿意将未来发生的争议提请仲裁机构解决，一般会在合同中订立仲裁条款(arbitration clause)。当争议发生以后，双方同意的仲裁机构可以依据该条款的规定对争议进行仲裁。

(2) 由双方当事人在争议发生之后订立的仲裁协议。

双方当事人在争议发生之后经过协商，如果同意将争议提交给仲裁机构进行裁决，需要补充签订仲裁协议。这种协议是以合同为基础，但又独立于合同的，因此，这种仲裁协议通常又称为提交仲裁协议（submission）。根据国家对仲裁程序的要求，这种协议包括两种情况。一种情况是，在合同未签订仲裁条款的情况下，一旦发生争议，需要补充签订仲裁协议。另一种情况是，在合同中已经签订了仲裁条款，但是，一旦发生争议，还是需要在原来仲裁条款的基础上，补充签订仲裁协议，对原来未表达清楚的问题做一些补充说明。

关于争议发生前后这两种形式的仲裁协议在法律效力上是否有区别，特别是在合同中已订有仲裁条款的情况下，当双方发生争议需要进行仲裁时，是否还必须另外再签订一项提交仲裁的协议的问题，各国还存在着一定的分歧。我国对外经济贸易仲裁由中国国际经济贸易仲裁委员会（China International Economic and Trade Arbitration Commission，CIETAC）按照该委员会制定的《仲裁程序暂行规则》进行。仲裁协议既包括合同中的仲裁条款，也包括其他形式（如特别协议、来往函电）的仲裁协议。无论是合同中的仲裁条款，还是以其他形式订立的仲裁协议，其作用与效力是完全相同的，在法律上没有任何差别。只要双方当事人在合同中订有仲裁条款，日后如果双方就合同范围内的一些问题发生了争议，则任何一方都可以根据仲裁条款提出仲裁。如果双方希望重新订立仲裁协议或补充仲裁协议，可以由双方协商解决。

对于大多数国家，仲裁协议还具有排除法院对有关争议管辖权的作用，也就是说，只要双方当事人订立了仲裁条款或仲裁协议，他们就不能把有关争议案件提交法院处理。如果任何一方违反仲裁协议，把他们之间的争议向法院起诉，对方可根据仲裁协议要求法院停止司法诉讼程序，把有关争议案件发还仲裁庭或仲裁员审理。由于大多数国家的法律都承认仲裁条款具有排除法院司法管辖权的作用，因此，凡是愿意通过仲裁方式解决贸易争议的当事人，最好在签订合同时就订立仲裁条款。



### 11.2.3　合同中的仲裁条款

目前，在各国使用的进出口合同中，仲裁条款的内容繁简不一。总的来说，一般包括仲裁地点、仲裁机构、仲裁程序和裁决的效力等有关方面的内容。

1. 仲裁地点

合同中的仲裁地点与仲裁所适用的程序法、实体法等法律、规定有着密切的关系，规定在哪国仲裁，一般就要适用哪国的有关仲裁法律或规则。因此，选择在什么地方进行仲裁，是买卖双方在磋商仲裁条款时的一个焦点问题。

我国进出口贸易合同中的仲裁地点，视贸易对象和业务情况的不同，一般采用下述三种规定方法。

(1) 力争规定在我国进行仲裁，由中国国际经济贸易仲裁委员会对争议进行仲裁。仲裁地点规定在我国的仲裁条款一般为：

"凡因执行本合同所发生的或与本合同有关的争议，应提交中国国际经济贸易仲裁委员会，根据该委员会的仲裁程序规定的规则进行仲裁。仲裁裁决是终局的，对双方均有约束力。"（Any dispute arising from or in connection with this contract shall be submitted to China International Economic and Trade Arbitration Commission for arbitration which shall be conducted in accordance with the Commission's arbitration rules in effect at the time of applying for arbitration. The arbitral award is final and binding upon both parties.）

(2) 如果双方无法对在我国进行仲裁达成协议，而对方国的法律、规则和仲裁实践还比较公平公正，我方也可以同意在对方国进行仲裁。仲裁地点规定在对方国的仲裁条款一般为：

"凡因执行本合同所发生的与本合同有关的一切争议，双方同意提交仲裁。仲裁在被诉人所在国进行。在××国（对方所在国名称），由××（对方所在国的仲裁机构名称）根据该组织的仲裁程序规则进行仲裁。仲裁裁决是终局的，对双方均有约束力。"[Any dispute arising from or in connection with this contract shall be submitted to（对方所在国的仲裁机构名称）for arbitration which shall be conducted in accordance with the commission's arbitration rules in effect at the time of applying for arbitration. The arbitral award is final and binding upon both parties.]。

(3) 规定在双方认同的第三国仲裁。选择这种规定方式时，所选择的国家应该是与我国比较友好的国家，同时对该国的仲裁法律和规则应该有较深入的了解。至于同我国有贸易协定的国家，仲裁地点应按照协定的规定办理。在第三国仲裁的条款一般为：

"凡因执行本合同所发生的或与本合同有关的一切争议，双方同意提交××国（某第三国名称）由××仲裁机构，根据该仲裁组织的仲裁程序规则进行仲裁。仲裁裁决是终局的，对双方都有约束力。"[Any dispute arising from or in connection with this contract shall be submitted to（某第三国仲裁机构名称）for arbitration which shall be conducted in accordance with the commission's arbitration rules in effect at the time of applying for arbitration. The arbitral award is final and binding upon both parties. ]。

2. 仲裁机构的选择

国际贸易仲裁机构主要有两种形式：一种是常设仲裁机构；另一种是临时仲裁机构。常设仲裁机构还可以分为三种类型：第一种类型是国际性或区域性的仲裁组织，如国际商会的仲裁院；第二种类型是各国所设立的仲裁机构，如英国伦敦仲裁院、美国仲裁协会、日本国际商事仲裁协会、瑞典斯德哥尔摩商会仲裁院和瑞士苏黎世商会仲裁院、中国国际经济贸易仲裁委员会等；第三类是附设在特定行业内的专业性仲裁机构，如伦敦油籽协会、伦敦谷物商业协会等。临时仲裁机构是直接由双方当事人指定的仲裁员组成的仲裁庭，争议处理结束后仲裁庭即自动解散。

与临时组成的仲裁机构相比，在仲裁中选择常设仲裁机构是有一定好处的。常设仲裁机构有自己具有相当资历和经验的仲裁员，有经过仲裁实践检验的仲裁程序和规则，有贸易双方可以借鉴的仲裁案例。同时，常设仲裁机构还从事有关仲裁的行政管理和组织工作，比如当一方拒不指定仲裁员时，仲裁机构有权代为指定。同时仲裁机构还为仲裁员提供工作上的各种方便。在近年来的国际贸易中，几乎有 95%的仲裁案件都是在常设仲裁机构的主持下进行仲裁的。只有少数案件是由临时性仲裁机构解决的。

由中国国际贸易促进委员会和中国国际商会所设立的中国国际经济贸易仲裁委员会是我国民间性的常设机构。凡双方同意在中国仲裁的，仲裁条款内都应该订明同意由该仲裁委员会仲裁。其受理案件的范围包括有关商品的仓储、报关、运输、保险等各环节所发生的争议以及中外合资(作)经营、合作开发、技术引进、引进外资、租赁业务、知识产权等业务中所发生的有关争议，以及其他有关对外贸易业务中所发生的争议。



3. 仲裁程序

所谓仲裁程序(arbitration procedure)是指规定如何进行仲裁的具体手续和做法。其中包括提出仲裁申请、组织仲裁庭、答辩方法与程序、仲裁审理、仲裁裁决等内容。仲裁程序的作用主要是为当事人和仲裁员提供一套进行仲裁的行动准则，以便在仲裁时有所遵循。各国常设的仲裁机构一般都制定有自己的仲裁程序。

仲裁规则与仲裁机构是密切联系的。一般说来，仲裁条款规定由哪个仲裁机构仲裁，就要按哪个仲裁机构制定的仲裁规则办理。但在有些国家也允许双方当事人任意选择他们认为合适的仲裁程序规则进行仲裁。例如，瑞典斯德哥尔摩商会仲裁院所审理的案件，允许当事人选定按联合国国际贸易发展委员会制定的仲裁规则进行裁决。我国的一般做法是规定在哪个国家进行仲裁就采用哪个国家的仲裁规则。

仲裁程序一般由以下四个步骤组成。

(1) 仲裁申请(arbitration application)。

仲裁申请,即将争议提交仲裁的申请文件。仲裁申请是仲裁程序的首要环节,是开始仲裁程序的必需手续。《中国国际经济贸易仲裁委员会仲裁规则》中指出:当事人一方申请仲裁时,应向该委员会提交包括下列内容的签名申请书:①申诉人和被诉人的名称、地址;②申诉人所依据的仲裁协议;③申诉人的要求以及所依据的事实和证据。

(2) 组织仲裁庭。

根据《中国国际经济贸易仲裁委员会仲裁规则》的规定,申诉人和被申诉人各自在仲裁委员会仲裁员名册中指定一名仲裁员,并由仲裁委员会主席指定一名仲裁员为首席仲裁员,共同组成仲裁庭。双方当事人亦可在仲裁委员名册中共同指定或委托仲裁委员会主席指定一名仲裁员为独立仲裁员,成立仲裁庭,单独审理案件。

(3) 审理案件。

仲裁庭审理案件的形式有以下两种:

① 不开庭审理。这种审理一般是经当事人申请,或仲裁庭征得双方当事人同意,只依据书面文件进行审理后作出裁决。

② 开庭审理。这种审理按照仲裁规则的规定,采取不公开审理;但是,如果双方当事人要求公开进行审理,由仲裁庭作出决定后进行公开开庭审理。

(4) 作出裁决。



裁决是仲裁程序的最后一个环节。裁决作出后,案件审理的程序即告结束,因此,这种裁决又被称为最终裁决。根据我国的仲裁规则,若仲裁庭认为有必要或者接受当事人的提议,在仲裁过程中,可就案件的任何问题作出中间裁决或者部分裁决。中间裁决是指对审理清楚的争议中间环节所作的暂时性或阶段性裁决,以利于对案件的进一步审理。部分裁决是指仲裁庭对争议中某一部分问题审理清楚,而先行作出的部分终局性裁决。这两种裁决是构成最终裁决的组成部分。仲裁裁决必须于案件审理终结之日起 45 天内以书面形式作出。除了由于调解达成和解而作出的裁决以外,应说明裁决所依据的理由,表明裁决是终局的,标明裁决书的日期、地点等,还要由仲裁员署名。

对于仲裁裁决书,当事人应依照其中所规定的时间自动执行裁决决议,裁决书未规定期限的,应立即执行。一方当事人不执行的,另一方当事人可以根据法律的规定,向法院申请执行,或根据有关国际公约、国家间缔结的公约或参加的其他国际条约的规定办理。

4. 仲裁裁决的效力

仲裁裁决的效力主要包括:裁决是否具有终局性,对双方当事人有无约束力,仲裁后能否再向法院提起上诉等问题。

世界上大多数国家的法律都承认仲裁条款具有排除司法管辖权的作用,即仲裁裁决一经作出,即具有法律效力,有关当事人应自觉执行。但仲裁员并无强制当事人执行裁决的权力,如果败诉一方不肯自愿执行裁决,胜诉一方可以向法院提出申请,要求法院予以强制执行。

很多国家的仲裁原则上都不允许对仲裁裁决提起上诉,有些国家虽然允许当事人上诉,但法院一般只审查程序,不审查实体,即只审查仲裁裁决在法律手续上是否完备,而不审查仲裁裁决在认定事实或运用法律方面是否正确。

一般说来,对于本国仲裁机构所作出的裁决,申请本国法院强制执行比较容易,申请外国法院强制执行则比较困难。原因是对外国裁决的执行,不仅涉及本国当事人的权益,而且往往也关系到本国的利益。因此,许多国家在法律上对于执行外国的裁决,都规定了一些限制,如要求以互惠为条件,或以外国仲裁裁决不能违反执行国的“公共秩序”为前提等。

为了解决各国在承认和执行外国仲裁裁决问题上所存在的分歧,国际上曾先后缔结过两个有关承认和执行外国仲裁裁决的国际公约。第一个公约是 1927 年缔结的《关于执行外国仲裁裁决的公约》,这个公约肯定了 1923 年《仲裁条款议定书》中有关仲裁条款效力的内容,同时对承认和执行外国仲裁裁决的条件以及拒绝执行外国仲裁裁决的条件作出了详细规定。第二个公约是 1958 年在联合国主持下,在纽约缔结的《承认和执行外国仲裁裁决的公约》,简称《纽约公约》。《纽约公约》不仅吸收了前两项公约的基本内容,而且还根据具体情况作出了新的规定。前两项公约是以互惠为基础的,两国之间必须首先缔结一项双边协议,然后才能在各自管辖范围内实施这两项公约。《纽约公约》放弃了互惠的要求,原则上可以适用于任何一个外国的仲裁裁决。但每一个国家在参加这项公约时,都可以声明只愿意对该公约的缔约国所作出的仲裁裁决实行该公约。目前,《纽约公约》已经成为有关承认和执行外国仲裁裁决的一个主要的国际公约。但对于那些未参加《纽约公约》而参加了《关于执行外国仲裁裁决的公约》的国家,它们仍然可以适用上述公约。到目前为止,已有 50 多个国家参加了《纽约公约》,我国已于 1986 年参加该公约。



我国关于执行仲裁裁决的法律依据主要是《中华人民共和国民事诉讼法》。该法对我国仲裁机构进行裁决的执行程序和对外国仲裁机构的裁决在我国申请执行的程序,分别作出了具体规定。该法规定,对于中华人民共和国的涉外仲裁机构所作出的裁决，一方当事人不履行的，对方当事人可以申请该仲裁机构所在地或财产所在地中级人民法院依照该法院的规定执行。如果当事人或者他的财产不在我国境内，我国人民法院可以根据我国缔结或者参加的国际条约，或者按照互惠原则委托外国法院协助执行。外国仲裁机构作出的裁决，可以通过司法协助的途径，委托我国人民法院协助执行。我国人民法院对外国法院委托执行的已确定的裁决，应当根据我国缔结或者参加的国际条约，或者按照互惠原则进行审查，认为不违反我国法律的基本准则或者我国国家、社会利益的，应该承认其裁定效力，并且依照该法规定的程序予以执行；否则，将其退回外国法院。

总的来说，对仲裁裁决提起上诉的案件是很少的。但是，为了明确仲裁裁决的效力，避免引起上诉，双方当事人在订立仲裁条款时，一般都明确规定：仲裁裁决是终局性裁决，对双方当事人都有约束力，任何一方不得向法院提起上诉。

5. 仲裁费用的负担

仲裁条款中通常都要明确规定仲裁费用由哪一方负担。一般规定由败诉方承担，也有规定由仲裁庭酌情处理的。

## 11.3 不可抗力

### 11.3.1 不可抗力的含义

所谓不可抗力(force majeure)，又被称为人力不可抗拒，是指在货物买卖合同签订以后，不是由于合同任何一方当事人的过失或疏忽，而是由于发生了当事人不能预见和预防，又无法避免和克服的意外事故，导致合同不能履行或不能完全或如期履行。发生不可抗力的情况以后，由于意外事故遭受损失的一方，可以延期履行合同或免除履行合同的责任。



不可抗力的意外事故通常包括两种情况：一种是由于“自然灾害”引起的，如火灾、水灾、暴风、大雪、暴风雨、地震等；另一种是由于“社会力量”引起的，如战争、罢工、政府禁令等。在美国，由于习惯上认为“不可抗力”事故仅指由于“自然力量”所引起的意外事故，而不包括由于“社会力量”所引起的意外事故，所以美国的贸易合同中往往不是用“不可抗力”一词。例如，美国的不可抗力条款称之为“意外事故条款”(contingeny clause)。

不可抗力事故所引起的后果，主要有两种：一种是免除不履行合同的责任，一种是免除延迟履行合同的责任。但是，在什么情况下可以不履行合同，在什么情况下可以延迟履行合同，要看事故对履约影响的程度而定。如果只是暂时或在一定时期内影响履约，就只能暂时中止合同，不可抗力事故消除后仍然需要继续履约。反之，如果事故发生之后立即影响到或者经过一段时间影响到履约的根本基础，使履约成为不可能，则可允许不再履约。例如，仅因为地震破坏了交通干线，影响了货物运输，一般只能暂时中止合同，推迟履约的期限，一旦恢复交通运输，当事人仍然需要继续履约。不可抗力是合同中的一项条款，也是一项法律原则。对此，在国际贸易中，不同的法律、法规都有自己的规定方法。1980 年《联合国国际货物销售合同公约》在其免责部分中作了如下规定：如果他能证明不履行义务的事实，是由于某种非他所能控制的事故，而且这种事故是在订立合同时无法预见的或不能避免或克服的，在这种情况下是可以免除履约责任的。

英美法中所说的合同落空，其意思也是指合同订立以后，不是由于合同双方当事人自身的过失，而是由于发生了双方当事人无法预见的或不能避免或克服的事故，致使原来的合同目的受到根本性的影响，未能履行合同规定的义务，当事人是可以据此免除责任的。根据英美法院判例的解释，并不是在签约后出现的任何意外事故都可以构成合同落空的。构成合同落空的条件必须是：合同中的原始条件已经发生根本的变化，合同的当事人在签订合同时并不知道或者不可能知道会发生这种变化，否则他们就不会签订该项合同，或者以其他的方式订立该合同，以便使合同不落空。

大陆法也认为，不可抗力对履行合同的影响是指由于某种意外事故改变了履行合同的基础，发生了不是由于当事人的原因所引起的变化。因此，双方当事人不可能按照原来的基础有效地履行合同。

## 11.3.2　进出口贸易合同中的不可抗力条款



由上文可见，当签订合同后发生了订约双方当事人无法预见的或不能避免或不能控制的意外事故，是否构成不可抗力，或从法律上说是否能构成合同落空，在各国国际贸易的法律或规定中，并无完全一致的解释。为了避免引起不必要的纠纷，防止一方当事人任意扩大或缩小对不可抗力事故范围的解释，或在不可抗力事故发生后在履约问题上提出不合理的要求，在进出口合同中订入不可抗力条款是非常必要的。各国的法律也承认当事人在合同中对不可抗力问题所作规定的有效性，并且允许当事人在不可抗力事故的范围方面订立与法律不同的规定。

1. 不可抗力条款的内容

各国法律关于不可抗力条款内容的规定也各不相同。归纳起来，一般有以下几项内容：不可抗力事故的范围，不可抗力事故的后果，出具事故证明的机构，以及发生事故后通知对方的期限等。

(1) 不可抗力事故的范围。

不可抗力事故的范围，对买卖双方都会产生一定的影响，是买卖双方在签订合同时容易发生争议的问题。因此，在磋商和规定不可抗力条款时，必须慎重对待。首先，要根据国家的方针政策，不要把政策不允许的内容列入不可抗力范围。其次，要防止国外商人，特别是国外卖方一旦发生对其履约的不利情况时，尽量扩大不可抗力的范围来推卸责任。例如，有的商人把机器发生故障、货物供应不及时、航线引起的延误、停航命令、运输公司怠慢、航期的变更等都作为不可抗力来解释和处理。第三，不要把一些含混不清、使不可抗力范围无法确定的词句订入不可抗力条款中。例如，规定"参照习惯的不可抗力条款"、"由于一般公认的不可抗力的原因而不能交货或延期交货"，等等。若采用此类笼统含混的词句，一旦发生问题很容易产生不同的解释，带来不必要的争议。第四，应该参照国际惯例商定合同中不可抗力事故的范围，以便有利于对不可抗力事故内容的解释。

(2) 不可抗力事故的后果。

关于不可抗力的后果，主要规定在哪些情况下应当免除不履行合同的责任，在哪些情况下免除延迟执行合同的责任等。在合同中，除应规定对卖方的免责条款外，还可根据具体情况规定买方遇到不可抗力时的免责条款。

(3) 出具事故证明的机构以及发生事故后通知对方。

关于出具事故证明的机构，我国进出口合同中一般都规定：如我方提出的，由中国国际贸易促进委员会出具证明；如对方提出的，由当地的商会或登记的公证人出具证明。



*2. 不可抗力条款的规定方法*

目前，在我国的对外贸易合同中，关于不可抗力条款的规定方法，主要有三种。

(1) 概括式。即在合同中不具体列明哪些现象是不可抗力事故，只作笼统或概括的规定。例如："如由于不可抗力的原因致使卖方不能交货或延迟交货，卖方可以免除责任。但卖方应立即以电报的形式通知买方，并须向买方出具发生此类事故的有效证明文件，以资证明。"再例如："由于不可抗力事故的影响而不能履行本合同的一方，经与对方协商同意后，可根据实际受影响的时间期限，延长履行合同的期限。"

(2) 列举式。列举式是指在不可抗力条款中明确列出哪些事故是不可抗力事故。凡合同中没有规定的事故，发生后均不能作为不可抗力事故。例如："如由于战争、洪水、火灾、地震、雪灾、暴风的原因致使买卖双方不能按时履行各自的义务时，可以相应推迟这些义务的履行时间，或者撤销部分或全部合同。”

(3) 综合式。即采用概括式和列举式相结合的方式。例如：“由于战争、地震、严重的风灾、雪灾、水灾、火灾以及双方同意的其他不可抗力事故，致使其中一方不能履行合同时，遭受不可抗力事故的一方，应立即将不可抗力事故的具体情况以电报的形式通知对方，并应在 15 天内，以航空挂号信的方式提供事故的详细介绍以及影响合同履行情况的证明文件。此项文件如由卖方提出，应由发生不可抗力事故地区的商会或公证人出具；如由买方提出，应由中国国际贸易促进委员会出具。”

从上述三种方法中可以看出，概括式的规定比较含糊，对不可抗力事故范围的解释容易产生争议；列举式的规定方法，虽然明确肯定，对不可抗力事故的解释不易发生争执，但是由于不可抗力事故有时是难以在合同条款中一一列明的，这样，一旦发生未列明的其他事故，就无法按照不可抗力事实处理问题；综合式的规定方法，弥补了前两种规定方法的不足，既不像概括式那样抽象、又不像列举式那样容易发生遗漏，除了条款中列明的不可抗力事故外，如发生其他的意外事故，可由双方通过友好协商对事故进行认定，从而使事故得到合理的解决。

# 本章小结

在对外贸易交易过程中，由于买卖双方的业务目标不同或者合同条款订立得不够清楚等原因，买卖双方之间有关责任和权利的争议时有发生，并且还会由此导致索赔、理赔、仲裁、法律诉讼等。为了尽量防止争议的产生，以及在争议发生后使争议获得妥善的处理和解决，买卖双方应该在交易磋商之前分别做好充分的准备，在交易磋商的过程中，要进行充分的协商。为了防止争议的发生，也为了在发生争议后使争议尽快得到妥善的解决，在合同条款中应该订明一方违约后，或因为其他原因发生争议以后解决争议的方法，以便在争议发生之后，双方能够利用合同规定的方法妥善解决所发生的争议，促进双方业务的持续发展。

## 复习与思考

1. 什么是争议？在当今国际贸易实践中，有哪些解决争议的方法？
2. 在国际贸易实践中，会发生哪些违约的情况？哪种违约发生得较多？为什么？
3. 什么是索赔？什么是理赔？两者之间有什么必然的联系？如何确定索赔

对象？

4. 举例说明如何确定索赔依据和索赔时间？
5. 索赔条款主要包括哪些条款？各条款的主要内容是什么？
6. 按照英国的《货物买卖法》，违约可以分成哪些种类？每种违约的意义是什么？《联合国国际货物销售合同公约》将违约分成哪些种类？每种违约的意义是什么？
7. 什么是仲裁？如何确定仲裁裁决的效力？
8. 为什么仲裁地点的确定是一个重要问题？如何确定仲裁地点？
9. 请说明一般的仲裁程序。
10. 什么是不可抗力？发生不可抗力的法律后果是什么？不可抗力条款有哪些规定方法？

## 案例分析

1. 中国某公司就向泰国某公司出口3台镗床与该公司于3月19日签订了销售合同，合同规定，如果货物存在质量问题，买方的索赔期为货物到达目的港曼谷(Bangkok)后3个月之内，并且规定，买卖双方如果不能通过友好协商来解决所发生的争议时，应该由中国国际经济贸易仲裁委员会进行仲裁。货物于6月18日到达曼谷港。可是，由于目的港不是货物的最终目的地，还要通过陆路运输，而在此期间正赶上连雨天气，道路冲毁，无法按时进行运输，致使买方于9月19日才开箱安装。后来发现镗床因部分零件加工的间隙和精度问题，机床无法正常运转，于是泰国该公司向中国公司提出索赔，试分析：

(1) 中国公司应该对泰国公司进行理赔吗？为什么？

(2) 你对该合同条款有何异议？



2. 我国某公司与西方一国家的两个公司以CFR交易条件分别达成了向对方共出口2 000吨东北大豆的协议(其中一个公司1 500吨，另一个公司500吨)。因为是同一个国家，所以发货时采用混装的方式。在途中由于船舱的一侧舱汗严重，大约500多吨的大豆受潮，有的发生膨胀，有的甚至霉变。我国公司收到船公司发来的货损通知以后立即通知国外进口500吨的客户，说货物在途中损失，该项损失应该由对方负责。于是双方函电频繁来往，互不相让，最后双方同意进行仲裁。你认为仲裁机构会如何裁决此案？

# 第 12 章　进出口业务的核销管理和电子口岸

## 本章关键词

外汇(foreign exchange)
核销(settlement)
国家外汇管理局(State Administration of Foreign Exchange)

## 互联网资料

外汇管理局网站　http://www.safe.gov.cn

国家外汇管理局简介

外汇管理是指一国政府授权国家货币金融管理当局或其他国家机关，对外汇收支、买卖、借贷、转移以及国际间的结算、外汇汇率和外汇市场等实行的管制措施。改革开放以前，中国实行高度集中的计划经济体制，由于外汇资源短缺，中国一直实行比较严格的外汇管制。1978 年实行改革开放政策以来，中国外汇管理体制改革沿着逐步缩小指令性计划，培育市场机制的方向，有序地由高度集中的外汇管理体制向与社会主义市场经济相适应的外汇管理体制转变。1996 年 12 月中国实现了人民币经常项目可兑换，对资本项目外汇进行严格管理，初步建立了适应社会主义市场经济的外汇管理体制。中国外汇管理体制改革的长远目标是实现人民币完全可兑换，而中国当前的国情和经济实际决定了人民币资本项目可兑换还将是一个中长期的渐进过程。在此前提下，不断改进经常项目外汇管理手段，进一步完善资本项目外汇管理措施；围绕维护国际收支平衡和人民币汇率稳定，加强银行外汇收支监管、打击外汇非法交易活动、整顿和规范外汇市场秩序、提高服务水平，努力为支持对外贸易和鼓励外商来华投资创造良好的环境和条件，最终实现包括资本项目可兑换在内的人民币完全可兑换，促进国民经济健康发展。

资料来源：外汇管理局网站(http://www.safe.gov.cn)。

和世界上多数国家一样，为了更好地开展对外贸易和发展国内经济，中国的商业银行对企业的收付汇实行结汇、售汇制度。企业的外汇收入应按当日汇价卖给银行；企业进口商品需要使用外汇时，可以持有效凭证到银行用人民币兑换外汇。对外贸易经营者在对外经营活动中，应当依照国家外汇管理制度的要求结汇、用汇。进出口业务外汇核销，是指国家外汇管理部门，对出口是否安全、及时收汇和进口是否合理用汇等所进行的监督管理业务。我国的进出口业务的核销管理制度包括出口收汇核销制度和进口付汇核销制度。

## 12.1 进出口外汇核销

所谓出口收汇核销，是指国家外汇管理部门在每笔出口业务结束后，对出口是否安全、及时收取外汇以及其他有关业务情况进行监督管理的业务。如果出口人安全、及时地收到了外汇，其他有关的业务情况也正常，外汇管理部门便认定该笔业务的结束。国家为了防止出口企业将商业单据直接寄交国外进口商，把国家外汇截留在境外，于 1991 年由中国人民银行、国家外汇管理局、外经贸部、海关总署、中国银行联合制定了《出口售汇核销管理办法》，对出口企业的收汇情况进行监督管理。

### 12.1.1 出口收汇核销

1. 出口收汇核销的凭证



出口收汇核销的凭证主要是出口收汇核销单、出口报关单和外汇水单等。出口收汇核销单是由国家外汇管理局统一印制，各分、支局核发（电子口岸通过数据交换系统发放），出口单位凭以向海关办理出口报关、向银行办理出口收汇、向外汇管理局办理出口收汇核销、向税务机关办理出口退税申报的重要凭证。在货物出口报关过程中，经过海关对单证和货物进行审核、检验合格后，对出口收汇核销单进行签章后交出口人留存，以备外汇货款收妥后用于出口外汇核销。出口报关单是出口报关时经海关签章后专门用于外汇核销的出口报关单外汇核销专用联；外汇水单是商业银行收到外汇货款后发给出口人收汇划账的通知单，是外汇货款已经到账的证明文件。出口人凭该出口收汇核销单、出口报关单和外汇水单等有关单证到外汇管理局进行出口收汇核销。

2. 出口收汇核销程序

出口收汇核销程序有以下几个环节：

(1) 有出口收汇货物的单位，应该到当地外汇管理部门申领经过外汇管理部门加盖“监督收汇”章的出口收汇核销单。

(2) 货物出口时，将出口收汇核销单与其他所需要的报关单据一起向海关申报；货物放行大约一周时间以后，出口人将海关签章后退回的出口收汇核销单、报关单以及其他有关单据取回留存，准备收汇核销时使用。

(3) 银行收到外汇货款以后，按照国家有关外汇管理的规定，将外汇货款按照当天的外汇牌价代替国家买入出口人收到的外汇货款，同时，将相应金额的人民币货款打入出口人账户，并且以水单的形式通知出口人。

(4) 出口人应该在一定时间期限内凭银行签章的出口收汇核销单、出口报关单、外汇水单等单证到外汇管理部门(外汇管理局)进行出口收汇核销工作。外汇管理部门通过对报关网络记录、报关单证的检查核对后，认为该笔业务出口、收汇等事宜属实后，便同意出口人的外汇核销，即认定该笔出口业务已经完成。

为了简化手续，对于经外汇管理部门批准自寄单据(指不通过银行交单索汇)项下的出口业务，向银行结汇时不必提交核销单。信用证、托收方式出口，可以不凭核销单交单议付，但需要多提供一联标有核销单编号的发票。外商投资企业的出口货物，实行每月定期办理收汇核销手续的办法。

3. 出口收汇核销的范围

按国家有关规定，出口收汇核销的范围有以下一些：

(1) 对于一般贸易、易货贸易、租赁、寄售、展销等出口贸易方式，只要涉及出口收汇，都必须进行出口收汇核销。

(2) 经商务部批准有权经营 1 万美元以下旅游纪念品、工艺品等小批量出口订货的国有企业出口货物，视同一般贸易出口，必须按照有关规定办理出口收汇核销手续(旅游者自带出境的用品除外)。

(3) 对外承包工程项下的出口，包括机器设备、材料的出口，也须按一般贸易出口办理核销。

(4) 援外项目物资、捐赠、暂时出口、样品、广告品等非贸易性的货物出口，无须凭核销单办理核销手续。

4. 出口收汇核销应该注意的问题

在办理出口收汇核销业务时，应该注意以下事项：

(1) 出口或报关后因故未能出口，要求退关时，海关在核销单上签注意见并盖章后，由出口单位将核销单退回外汇管理部门注销该核销单。

(2) 对转关运输出口的货物,在启运地外汇管理部门办理出口收汇核销业务,出口报关单和核销单则由货物出境地海关签发;如出运过程中发生退关或其他情况,出运地海关应及时通知出口人或其代理人,以便办理报关单和核销单的更改手续。

(3) 如果出口人委托有出口报关权的报关企业代理报关,但由委托单位签订出口合同并收汇的,报关时应使用委托单位的核销单。

(4) 如果出口单位委托其他有出口经营权的单位出口并报关,以代理出口单位名义签订出口合同并负责收汇的,应使用代理出口单位的核销单,并需在"出口单位备注栏"内注明委托单位名称。

(5) 两个或两个以上单位联合出口一笔业务时,应该以直接出口收汇单位的核销单报关。并在核销单的"出口单位备注栏"内注明联合出口单位名称、地址、各单位出口金额。

### 12.1.2 进口付汇核销

国家为了防止汇出外汇而不进口商品的逃汇行为,实行进口付汇核销制度。目前进口付汇核销手续由外汇管理局委托各付汇银行代为办理。企业进口付汇前,需要向付汇银行申领国家外汇管理局统一制发的进口付汇核销单,凭此办理付汇核销。货物进口时,需要多填写一联供付汇核销用的进口货物报关单。进口单位凭盖有海关"放行"章或"验讫"章的进口货物报关单和进口付汇核销单向银行办理付汇核销手续。受委托办理进口付汇核销手续的银行将进口付汇核销情况按月逐笔报当地外汇管理部门。进口单位一般不必直接到外汇管理部门办理进口付汇核销手续。



## 12.2 电子口岸

电子口岸是指海关、检验检疫、外汇、银行、工商、税务等部门或机构利用信息技术对进出口业务进行管理的方式。利用信息技术,将对外贸易管理部门分别管理的关于政策法规、货物流、资金流等进出口业务信息集中存放于能实现统一、透明、安全、共享的数据交换平台,从而实现对进出口业务的有效管理。

## 12.2.1　电子口岸的作用

(1) 实现各有关方面的信息资源共享。

进出口企业在进出口申报时,进出口信息便通过电子口岸从海关直接流向检验检疫、外汇、银行、工商、税务等有关部门或机构,可以使这些机构很快掌握有关业务的进行情况,为有效管理打好基础。

(2) 加强政府部门与企业的业务沟通。

通过电子口岸,企业通过联网可以进入数据交换平台直接向海关、检验检疫局、外汇管理局、工商税务等部门或机构申办各种进出口手续;各有关部门或机构也可以在网上办理各种审批手续,从而真正实现政府对企业的有效沟通,提高有关部门或机构的办事效率和服务质量。

(3) 提高对外贸易管理部门的管理能力。

检验检疫、外汇、银行、工商、税务等部门或机构可以从数据交换平台上获取本部门所需的管理信息,从而可以加强对本部门所管辖业务的管理,从根本上解决业务申报不实、走私、骗汇、骗税等违法犯罪活动。

(4) 降低企业的贸易成本,提高企业的经营效率和效益。

利用电子口岸数据交换平台操作进出口业务,企业既可以节约时间,又可以减少人力的投入,从而可以做到方便企业、提高企业外贸业务的操作效率,降低贸易成本,提高商品在国际市场的竞争力。

另外,数据交换系统直观易学,操作简便,只要企业的工作人员按照操作规范操作,有问题查询操作指南,就可以轻松实现网上办公。



(5) 有利于提高对外贸易业务操作的透明度。

利用电子口岸技术,各类企业(包括外国企业)进行进出口业务操作时都必须通过数据交换平台,这样可以减少人为因素的介入,提高业务操作的透明度,促进 WTO 公平、公正贸易原则的实现和与国际市场的紧密联系。

## 12.2.2　电子口岸各分系统的工作原理

1. 海关分系统

海关分系统的作用主要是在接受企业进出口业务申报以后,对每一笔进出口业务进行审单、查验、放行后,通过专用数据传输通道向中国电子口岸数据中心传输已结关的进出口报关单电子数据信息，将数据信息存放于交换平台，供有关分系统核查或业务操作使用。在实际操作过程中，海关利用该系统对企业登录这个系统用于报关的单证以及用于外汇核销的核销单等单证进行检验、核对，为是否放行提供依据。当所申报的出口业务单单一致、单证一致、符合放行条件以后，海关便对其进行结关，同时，利用专用数据传输通道将已经结关的出口报关单电子数据传送给电子口岸数据中心。由此可见，海关分系统是电子口岸的入口系统，其工作质量对电子口岸的工作效果有举足轻重的作用。

2. 企业分系统

进出口企业登录该系统可以网上申领报关单、出口外汇核销单等出口用单证，并且可填制、提交、查询、挂失有关单证。利用该系统所填制的报关单和出口收汇核销单相同项目的电子底账数据是一一对应的，很容易进行核查。该系统可以跟踪进出口业务操作的全过程。因此，利用该系统有利于企业进出口业务的信息化管理。另外，虽然电子口岸的很多数据是公开的、共享的，但是，企业的分系统对外却是保密的，这样，对各企业了解市场和开拓市场都是有利的。

3. 外汇管理局分系统

外汇管理局利用该系统可进行核销单的发放、撤销、注销、挂失等，还可以操作退税联挂失、数据下载和核销单信息查询等业务；出口外汇核销单是由国家外汇管理局统一印制，各分、支局核发（电子口岸通过数据交换系统发放），出口单位凭此向海关办理出口报关、向银行办理出口收汇、向外汇管理局办理出口收汇核销、向税务机关办理出口退税申报的重要凭证。同时，通过该系统海关每天定时将出口收汇报关单的有关数据传输给外汇管理局，外汇管理局和企业都可以通过该系统查询出口报关单外汇核销联的有关信息。外管局分系统具有以下功能：



(1) 提供核销单和出口报关单外汇核销联电子数据供企业查询，为企业提供可靠的核销数据和依据，从而可以有效地防止伪造单据进行逃汇、骗税等违法行为的发生；

(2) 系统具有核销单发放、撤销、注销、挂失等功能，企业可以通过电子口岸进行核销单申领、提交、撤销、挂失等业务操作，既可以方便企业，又可以及时解决企业外汇核销过程中可能出现的一些问题。

4. 出口退税分系统

出口退税分系统是指按照国家政策、以出口报关单退税联等单据为基础，对出口业务进行核查，以便决定对具体出口业务是否退税的联网核查系统。该系统以海关总署从各口岸海关收集的、保存在电子口岸数据中心的出口报关单退税专用联电子底账数据为基础，经企业进一步确认后，再将其传送给国税总局，国税总局收到后，经过进一步整理再通过信息网络发给各地国税局，供退税时参考查询。出口退税系统的业务流程如下：

(1) 企业加入中国电子口岸系统。

进出口企业使用本系统，首先要申请加入中国电子口岸系统，利用该系统进行出口退税操作权限备案。

(2) 海关传输企业出口报关单结关信息。

海关对企业报关的报关单审结后，海关报关系统自动向中国电子口岸数据中心发送报关单结关信息。

(3) 企业查询结关信息、打印出口退税报关单。

企业出口业务人员可以登录系统查询本企业已结关的出口退税报关单，并可前往海关打印该报关单。

(4) 海关传输报关单数据。

海关系统将所有出口退税报关单的数据传输至中国电子口岸数据中心。

(5) 企业确认报送。

企业登录本系统查询出口退税报关单数据，并提交报送申请。

(6) 企业传输报关单数据。

企业提交报送申请后，系统将企业确认的出口退税报关单电子数据传给主管的国家税务局。

(7) 出口退税操作。

企业持相关单据向主管国税局申请出口退税，国税局查询本系统传输的出口退税报关单数据，核对企业的纸质单据，进行出口退税操作。

电子口岸各部门、各单位之间的业务操作流程情况可以用下面的业务操作流程示意图表示(见图 12.1)。



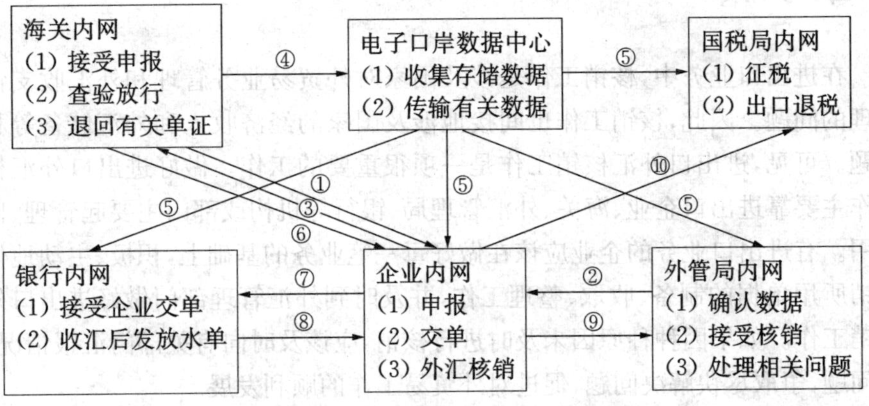


**图 12.1　电子口岸业务操作流程示意图**

① 企业申领出口报关单证。

② 企业申领出口外汇核销单。

企业持相关单据前往外汇管理局申领外汇核销单。外管局登录本系统外管局界面查询企业申请记录并向企业发放纸质核销单。核销单共三联，第一联为存根联，供海关报关及企业交单使用；第二联为核销专用联；第三联为退税专用联。

③ 向海关申报出口业务。

企业登录系统，制备报关单等单证向海关进行出口业务申报，同时，也对出口外汇核销单进行口岸备案。

④ 海关对每一单出口业务经过审单、查验、放行后，通过专用数据传输通道向中国电子口岸数据中心传输已结关的出口报关单电子数据，将数据存放于交换平台。

⑤ 电子口岸数据中心将出口报关数据同时传输给银行、外管局、国税局等机构或部门，用于对相关业务的查询和处理。

⑥ 货物出口后海关退单。

⑦ 企业制单，连同承运人开出的提单（或其他货运单据）、按照合同或信用证的要求委托银行托收或交单议付，之后还要将已交单确认的出口结关报关单数据传输至外汇管理总局，供外管局进一步确认。

⑧ 银行收取货款后将本币打入企业账户，同时以开具水单的形式通知企业。

⑨ 企业制备单据，连同外汇核销单、水单、核销用报关单等到外汇管理局申请核销，外管局使用自身的系统查询出口结关报关单数据，核对企业提交的纸面单据，对出口业务进行核销。

⑩ 企业开好增值税发票，连同有关的出口单据到国税局办理退税手续。



# 本章小结

在进出口业务中，核销工作是涉及国家对外贸易业务管理和外汇收支情况管理的问题。因此，核销工作也间接地涉及国家的经济收入和外汇储备等相关问题。可见，进出口外汇核销工作是一项很重要的工作。做好进出口外汇核销工作主要靠进出口企业、海关、外汇管理局、银行等机构或部门主要起管理、监督作用。有进出口业务的企业应该在做好每一笔业务的基础上，积极、主动地做好核销所用单据的制备、收取、整理工作，并及时到外汇管理部门做好进出口外汇核销工作。如果因种种原因未及时进行核销，应该及时向有关部门汇报情况、说明问题，争取尽快解决问题，促进对外贸易工作的顺利发展。

随着经济全球化形势的发展，信息技术在对外贸易业务中的应用会日益广泛和深入，电子口岸就是一个生动的例子。电子口岸将逐渐打破传统的通关程序和方式，为促进通关业务的透明和公平、公正作出贡献。我们应该熟悉已经发展起来的电子口岸技术，不断学习相关的新技术，使自己不断适应发展着的电子口岸技术。这对促进对外贸易的发展，无疑是有益的。

## 复习与思考

1. 为什么很多国家的政府要进行进出口业务的核销管理？
2. 我国进行出口核销管理的程序是什么？需要哪些单据？
3. 我国进行进口核销管理的程序是什么？需要哪些单据？
4. 出口核销应该注意哪些问题？
5. 什么是电子口岸？电子口岸的作用是什么？
6. 举例说明电子口岸在出口外汇核销和出口退税业务中的作用。

## 案例分析

1. 某生产企业生产船用柴油机。为了扩大新型柴油机的出口业务，该公司对老客户的情况进行了调查研究后发现，非洲的一些客户仍然在使用由该厂原来生产的柴油机驱动的渔船进行捕鱼作业。于是，该厂决定将剩余的原机的零配件赠送给非洲的客户，以便保持与非洲客户的联系，增加扩大出口贸易的机会。在出口业务的操作过程中，由于业务人员疏忽，将《出口货物报关单》中“贸易方式”一栏填为“一般贸易”，结果，发货半年之后，接到地方外汇管理部门的通知，要求该企业尽快到外汇管理部门进行该笔业务的核销工作。请分析：

(1) 为什么外汇管理部门通知该企业尽快到外汇管理部门进行该笔业务的核销工作？

(2) 该笔业务是否可以直接进行核销？如果不能，为什么？应该采取什么措施才能核销？

2. 广州某进出口公司为某电机生产厂家做出口业务代理，向南美洲某国出口矿区用的防爆电机。公司和厂家的分工是这样的，信用证开给公司，公司负责催证、审证、缮制出口单证和交单收汇等，然后将货款按事先约定好的汇率拨给厂家；而厂家自己租船定舱，送货到货场，支付运费，报关费及其他出口环节中的费用。业务做了几笔以后，发现出口的有关单据迟迟退不回来，无法进行核销，也无法到外汇管理局申领出口核销单。请你分析一下，这种情况是什么原因造成的？应该如何正确处理双方的业务关系？

# 主要参考文献


国际商会中国国家委员会编:《2000年国际贸易术语解释通则》2000年版。

石玉川等主编:《国际结算惯例及案例》,对外经济贸易大学出版社1998年版。

宫焕久主编:《工业商品外贸实务》,北京航空航天大学出版社1991年版。

吴百福主编,周秉成、李正方、徐小薇、聂清副主编:《进出口贸易实务教程》,上海人民出版社2001年版。

黎孝先主编:《国际贸易实务》,对外经济贸易大学出版社1994年版。

祝卫编著:《出口贸易模拟操作教程》,上海人民出版社2002年版。

杨长春编著:《国际货物运输公约主调解释》,对外经济贸易大学出版社1999年版。

赵承璧:《国际货物买卖合同》,对外经济贸易大学出版社2001年版。

Carl A. Nelson, *Import/Export*, Published by McGraw-Hill, Inc. 1995.

Thomas E. Johnson, *Export/Import Procedures and Documentation*, American Management Association, 1997.

# 附录　合同、商业发票和装箱单一般格式

## 附录一　售货合同

**售 货 合 同**

**SALES CONTRACT**

合同编号：
Contract NO：
签订地点：
Signed at：
签订日期：
Date：

买方：
The Buyers：

卖方：
The Sellers：

双方同意按下列条款由买方售出下列商品：
The Buyers agree to buy and the Sellers agree to sell the following goods on terms and conditions as set forth below：

| (1) 商品名称、规格及包装<br>(1) Name of Commodity，Specifications and Packing | (2) 数量<br>(2) Quantity | (3) 单价<br>(3) Unit Price | (4) 总值<br>(4) Total Value |
|---|---|---|---|
| | | | |
| | (装运数量允许有　%的增减)<br>(Shipment Quantity　% more or less allowed) | | |

(5) 装运期限：
(5) Time of Shipment：

(6) 装运口岸：
(6) Port of loading：

(7) 目的口岸：
(7) Port of Destination：

(8) 保险：由　方负责，按本合同总值110%投保______险。
(8) Insurance：To be covered by the ____ for 110% of the invoice value against ______.

(9) 付款：凭保兑的、不可撤销的、可转让的、可分割的即期有电报套汇条款/见票/出票____天期付款信用证，信用证以______为受益人并允许分批装运和转船。该信用证必须在________前开到卖方，信用证的有效期应为上述装船期后第15天，在中国______到期，否则卖方有权取消本售货合约，不另行通知，并保留因此而发生的一切损失的索赔权。
(9) Terms of Payment：By confirmed，irrevocable，transferable and divisible letter of credit in favour of ______payable at sight with TT reimbursement clause/____days'/sight/date allowing partial shipment and transshipment. The covering Letter of Credit must reach the Sellers before ______and is to remain valid in ____. China until the 15th day after the aforesaid time of shipment，failing which the Sellers reserve the right to cancel this Sales Contract without further notice and to claim from the Buyers for losses resulting therefrom.

(10) 商品检验：以中国________所签发的品质/数量/重量/包装/卫生检验合格证书作为卖方的交货依据。
(10) Inspection：The Inspection Certificate of Quality / Quantity / Weight / Packing / Sanitation issued by ______of China shall be regarded as evidence of the Sellers' delivery.

(11) 装运唛头：
(11) Shipping Marks：

其他条款：

OTHER TERMS：

1. 异议：品质异议须于货到目的口岸之日起 30 天内提出，数量异议须于货到目的口岸之日起 15 天内提出，但均须提供经卖方同意的公证行的检验证明。如责任属于卖方者，卖方于收到异议 20 天内答复买方并提出处理意见。
1. Discrepancy：In case of quality discrepancy，claim should be lodged by the Buyers within 30 days after the arrival of the goods at the port of destination，while for quantity discrepancy，claim should be lodged by the Buyers within 15 days after the arrival of the goods at the port of destination. In all cases，claims must be accompanied by Survey Reports of Recognized Public Surveyors agreed to by the Sellers. Should the responsibility of the subject under claim be found to rest on the part of the Sellers，the Sellers shall，within 20 days after receipt of the claim，send their reply to the Buyers together with suggestion for settlement.

2. 信用证内应明确规定卖方有权可多装或少装所注明的百分数，并按实际装运数量议付。（信用证之金额按本售货合约金额增加相应的百分数。）
2. The covering Letter of Credit shall stipulate the Sellers's option of shipping the indicated percentage more or less than the quantity hereby contracted and be negotiated for the amount covering the value of quantity actually shipped. （The Buyers are requested to establish the L/C in amount with the indicated percentage over the total value of the order as per this Sales Contract.）

3. 信用证内容须严格符合本售货合约的规定，否则修改信用证的费用由买方负担，卖方并不负因修改信用证而延误装运的责任，并保留因此而发生的一切损失的索赔权。
3. The contents of the covering Letter of Credit shall be in strict conformity with the stipulations of the Sales Contract. In case of any variation there of necessitating amendment of the L/C，the Buyers shall bear the expenses for effecting the amendment. The Sellers shall not be held responsible for possible delay of shipment resulting from awaiting the amendment of the L/C and reserve the right to claim from the Buyers for the losses resulting therefrom.

4. 除经约定保险归买方投保者外，由卖方向中国的保险公司投保。如买方需增加保险额及/或需加保其他险，可于装船前提出，经卖方同意后代为投保，其费用由买方负担。

4. Except in cases where the insurance is covered by the Buyers as arranged, insurance is to be covered by the Sellers with a Chinese insurance company. If insurance for additional amount and /or for other insurance terms is required by the Buyers, prior notice to this effect must reach the Sellers before shipment and is subject to the Sellers' agreement, and the extra insurance premium shall be for the Buyers' account.

5. 因人力不可抗拒事故使卖方不能在本售货合约规定期限内交货或不能交货，卖方不负责任，但是卖方必须立即以电报通知买方。如果买方提出要求，卖方应以挂号函向买方提供由中国国际贸易促进委员会或有关机构出具的证明，证明事故的存在。买方不能领到进口许可证，不能被认为系属人力不可抗拒范围。

5. The Sellers shall not be held responsible if they fail, owing to Force Majeure cause or causes, to make delivery within the time stipulated in this Sales Contract or cannot deliver the goods. However, the Sellers shall inform immediately the Buyers by cable. The Sellers shall deliver to the Buyers by registered letter, if it is requested by the Buyers, a certificate issued by the China Council for the Promotion of International Trade or by any competent authorities, attesting the existence of the said cause or causes. The Buyers' failure to obtain the relative Import Licence is not to be treated as Force Majeure.



6. 仲裁：凡因执行本合约或有关本合约所发生的一切争执，双方应以友好方式协商解决；如果协商不能解决，应提交中国国际经济贸易仲裁委员会，根据该会的仲裁规则进行仲裁。仲裁裁决是终局的，对双方都有约束力。

6. Arbitration: All disputes arising in connection with this Sales Contract or the execution thereof shall be settled by way of amicable negotiation. In case no settlement can be reached, the case at issue shall then be submitted for arbitration to the China International Economic and Trade Arbitration Commission in accordance with the provisions of the said Commission. The award by the said Commission shall be deemed as final and binding upon both parties.

7. 附加条款（本合同其他条款如与本附加条款有抵触时，以本附加条款为准。）

7. Supplementary Condition(s) (Should the articles stipulated in this Contract be in conflict with the following supplementary condition(s), the supplementary condition(s) should be taken as valid and binding.)

卖方(Sellers)： 买方(Buyers)：

# 附录二 商业发票

## Commercial Invoice

Correspondence address：
P. O. Box 889
3888 GC Bunsten Holland
Contract no.：CH/99/88.908
L/C no.：LC88E0074/99
Invoice no. 10823

Telephone：033-2989984
Facsimile：033-2989983
Telex：88191
Date：Sept. 19，2004

| | |
|---|---|
| Terms of delivery | CIF GUANGZHOU |
| Time of shipment | September 25，2004 |
| Weight | Gross weight：121 380.00 kgs Net weight：119 000.00 kgs |
| Shipment | From Rotterdam to Guangzhou，with mv Sea Nordica and Lindoe Maersk B/L No.：SEAU883107100 |

| Description of merchandise | Quantity | Unit Price | Amount |
|---|---|---|---|
| DEMENERALIZED WHEY POWDER<br>Origin：Finland<br>Packing：25 kg in 4-ply paper sacks with inner polyethylene liner and big bags<br>Payment：90 days after B/L date (due date：14-12-2004)<br>SHIPPING MARK：<br>CH/99/66.908<br>—————————————<br>GUANGZHOU，CHINA | 119.00 Mt | IN USD<br>990.00/Mt | IN USD<br>111 860.00<br>CIF GUANGZHOU<br>Including<br>Packing charges |

# 附录三　装箱单

## 装　箱　单
## PACKING LIST

至　　　　　　　　　　　　　　日期
To:　　　　　　　　　　　　　　Date:

发票号　　　　　　　　　　　　装运口岸
Invoice No.:　　　　　　　　　Port of Shipment:

售货确认书号　　　　　　　　　到货口岸
Purchase Order No.:　　　　　Port of Destination:

| 标志及箱号<br>Mark & Nos. | 品名及规格<br>Article & Specification | 件数<br>Quantity<br>(PCS) | 毛重<br>Gross Weight<br>(KGS) | 净重<br>Net Weight<br>(KGS) | 尺码<br>Measurement<br>($M^3$) |
|---|---|---|---|---|---|
| | | | | | |

**图书在版编目(CIP)数据**

进出口业务教程/宫焕久,许源主编. —3版. —上海:格致出版社:上海人民出版社,2011

工商管理系列教材

ISBN 978-7-5432-1955-7

Ⅰ. ①进… Ⅱ. ①宫… ②许… Ⅲ. ①进出口贸易-贸易实务-高等学校-教材 Ⅳ. ①F740.4

中国版本图书馆CIP数据核字(2011)第062677号

责任编辑 李 娜

封面装帧 路 静

---

工商管理系列教材

**进出口业务教程(第三版)**

宫焕久 许源 主编

---

**出 版** 世纪出版集团 www.ewen.cc 格致出版社 www.hibooks.cn 上海人民出版社

(200001 上海福建中路193号24层)

编辑部热线 021-63914988

市场部热线 021-63914081

**发 行** 世纪出版集团发行中心

**印 刷** 上海图宇印刷有限公司

**开 本** 787×1092毫米 1/16

**印 张** 25.5

**插 页** 1

**字 数** 460,000

**版 次** 2011年5月第1版

**印 次** 2011年5月第1次印刷

ISBN 978-7-5432-1955-7/F·425

**定 价** 39.00元